戦時経済体制の構想と展開

戦時経済体制の構想と展開

日本陸海軍の経済史的分析

荒川憲一

岩波書店

本書の出版にあたっては，財団法人防衛大学校学術・教育振興会の助成を受けた．

目　次

序　章　問題意識と視角——戦時経済体制と合理性……………………1

第Ⅰ部　戦時経済体制の構想——総力戦経済体制をめぐって

第1章　戦間期の戦時経済思想——日本陸軍を中心に……………15
　　　　はじめに　15
　　　1　総力戦の衝撃と戦時経済体制の設計　17
　　　2　体制構築の途　29
　　　3　アウタルキー思想と日満経済ブロック　36
　　　4　「生産力拡大」軽視への警告　45
　　　5　日満経済ブロックから日満支経済ブロックへ　47
　　　　むすび　48

第2章　生産力拡充問題と物資動員計画……………………………53
　　　　はじめに——本章の焦点と先行研究　53
　　　1　生産力拡充(「生拡」)構想の契機と特質　54
　　　2　転換期としての1936〜37年——昭和12年度予算の意味　58
　　　3　「生拡」計画の検討　60
　　　4　物資動員計画(「物動」)の誕生と機能　70
　　　　むすび——「戦時期経済」における「生拡」構想・計画の機能　88

第Ⅱ部　戦時経済体制の展開——アウタルキーの呪縛

第3章　日満支経済ブロックの構想と展開……………………………95
　　　　はじめに　95
　　　1　日満支(華北)経済ブロックの構想　98
　　　2　意図せざる日満支経済ブロックの成立　102
　　　3　日満支経済ブロックの実際　107
　　　　むすび　116

第 4 章　「大東亜物流圏」の再編と崩壊 ……………………121
　　はじめに　121
　　1　課題と視角　123
　　2　開戦決断の経済的側面——国力判断　124
　　3　「大東亜共栄圏」の構想——「大東亜物流圏」の再編　129
　　4　「大東亜物流圏」の実際(1)
　　　　　——海上輸送力，船舶喪失の分析　132
　　5　「大東亜物流圏」の実際(2)
　　　　　——重要物資の生産と物流の変容(1939～43年)　142
　　むすび　160

第 5 章　日本海軍とアウタルキー思想 ……………………163
　　はじめに——本章の問題意識と先行研究　163
　　1　総力戦を海軍はどう受容したか
　　　　　——日中アウタルキー体制論　168
　　2　第一次大戦前の海軍の国防思想と戦時経済思想　174
　　3　海軍アウタルキー思想と石油　183
　　4　アウタルキー思想とブロック経済　193
　　むすび　198

第Ⅲ部「戦時期経済」体制に見る軍事工業——航空機と艦船

第 6 章　戦時航空機工業の構想と展開——陸軍航空を中心に …205
　　はじめに　205
　　1　1920年代の陸軍航空——ライセンス生産期　208
　　2　1930年代の陸軍航空——自立期の航空機工業　212
　　3　日中戦争から太平洋戦争へ——量産問題　218
　　むすび——戦局という要因　232

第 7 章　戦時造船工業の造成——潜水艦と戦時標準船 …………237
　　はじめに——戦時経済体制と造船工業　237
　　1　第一次大戦の経験　240
　　2　ワシントン条約下の造船工業　247
　　3　転換期——1936～37年頃　251

目　次

　　4　日中戦争から太平洋戦争へ　256
　　　むすび──活かせなかった潜在能力　268

終　章　転換期の経済的背景 …………………………273

あとがき　289

参考文献　293

索　引　311

図目次

図 2-1　普通鋼鋼材の消費と生産の関係(1935〜44 年) ……………… 81
図 2-2　「満州国」銑鉄生産と対日輸出(1932〜45 年) ……………… 86
図 2-3　「満州国」銑鉄使用高と普通鋼鋼材生産高(1932〜44 年) …… 86
図 2-4　規模別従業者 1 人当たり生産額 ……………………………… 91
図 3-1　日満支の経済的関連性 ………………………………………… 101
図 3-2　日満支経済圏貿易収支の変化(1934 年と 1939 年) ………… 110
図 3-3　日本から植民地及び占領地への年平均投資額比較(1938〜41 年)… 111
図 3-4　在満華工累計数と「満州国」石炭生産高の連関 …………… 114
図 3-5　貿易依存度と軍事傾斜度 ……………………………………… 117
図 3-6　陸軍軍事費と弾薬生産量 ……………………………………… 118
図 3-7　弾薬生産量と銅の輸入量 ……………………………………… 118
図 4-1　重要物資別輸送量 ……………………………………………… 132
図 4-2　太平洋戦争期商船の建造と喪失の関係 ……………………… 137
図 4-3　大東亜圏地域区分と物流図 …………………………………… 140
図 4-4　船舶喪失海域分布 ……………………………………………… 141
図 4-5　商船(タンカーを含む)使用先別喪失推移(1942〜44 年) … 142
図 4-6　「大東亜物流圏」鉄鉱石循環の変容(1939〜43, 44 年) …… 144
図 4-7　ボーキサイト・アルミと航空機生産の関係 ………………… 147
図 4-8　大戦中の鉄鉱石地域別輸移入累積推移(1941〜44 年度) … 148
図 4-9　航空機体生産量とアルミニウム ……………………………… 150
図 4-10　タンカーと還送石油 ………………………………………… 153
図 4-11　「大東亜物流圏」石炭循環の変容(1939〜43 年) ………… 157
図 4-12　発電電力量と動力用石炭使用高 …………………………… 158
図 4-13　「大東亜物流圏」食糧循環の変容(1939〜43 年) ………… 159

図 5-1	原油の供給と自給率(1926〜40年)	184
図 5-2	貿易依存度と軍事傾斜度(1912〜36年)	194
図 6-1	英独日の航空機生産(1932〜44年)	220
図 6-2	製造工業生産額の部門別割合の変化	222
図 7-1	日米潜水艦による商船撃沈量(1942〜44年)	257
図 7-2	普通鋼鋼材用途別消費比較	260
図 7-3	日・米・三井造船労働者1人当たりの生産性	270
図 8-1	戦時経済体制の展開	273
図 8-2	戦時経済体制——負の転換	284
図 8-3	軍事費及び非軍事固定資本形成対GNP比率推移	285

表目次

表 1-1	総力戦経済体制(戦時経済体制)構築の課題	18
別表	軍人による戦時経済関連の論説	49
表 2-1	日満重要産業拡充計画所要資金等一覧表	62
表 2-2	生産力拡充4カ年計画(目標と実績)	76
表 2-3	鋼材関連生産,消費,在庫の推移(1935〜44年)	78
表 2-4	普通鋼鋼材と特殊鋼材の生産高(1935〜44年)	80
表 2-5	「満州国」の銑鉄生産高,対日輸出高,普通鋼鋼材生産高の推移(1932〜45年)	85
表 2-6	紡織機械と工作機械製造業の工場数・従業員数・生産額及び1人当たりの生産額の推移	89
表 3-1	日満支経済圏と圏外(その他外国)貿易マトリックス	108
表 3-2	中国における棉花生産量	112
表 3-3	中国(華中)鉄鉱対日輸出量	113
表 3-4	事変前と事変後の満中貿易と満日貿易における主要輸出品の変化	114
別表	戦略的重要物資の選定とその自給率の変化について	120
表 4-1	太平洋戦争中の保有船腹の軍需と民需推移及び500トン以上の民船(c船)による輸送量	133
表 4-2	鉄鉱石の生産と対日輸移入実績	143
表 4-3	銑鉄の生産と対日輸移入実績	148
表 4-4	石油の供給に関する計画と実績	152
表 4-5	大戦中の石油消費の計画と実績	152
表 4-6	石炭の生産と対日輸移入実績	156
表 4-7	「大東亜共栄圏」各地卸売物価指数の推移	161
表 5-1	軍・民需石油製品消費量(1931〜41年)	184

表 5-2	海軍燃料タンク築造推移一覧表	186
表 5-3	軍・民石油貯油(在庫)量(1931〜41年)	188
表 5-4	製品別精製率比較(1931年と1937年)	188
表 6-1	英独日の航空機生産(1932〜44年)	220
表 6-2	日英航空予算と各軍事費に占める割合	224
表 6-3	ドイツの機体工場	227
表 6-4	日本の陸軍機体工場(中島飛行機太田工場)	227
表 6-5	ドイツのエンジン工場	228
表 6-6	日本のエンジン工場(三菱第4発動機：名古屋)	228
表 7-1	船舶国内建造量と輸入量の推移(登簿汽船)(1913〜19年)	243
表 7-2	日本の艦船建造量，及び(民間)造船所の艦艇占有率の推移(1935〜44年)	259
表 7-3	固定資産中の建設勘定の割合	266
表 7-4-1	川崎造船所の生産高の計数化(1919年)	267
表 7-4-2	川崎造船所の生産高の計数化(1941年)	268
表 7-5	2A型貨物船とEC-2(リバティ船)要目比較	271
表 8-1	1930年代の日本経済動向指標(景気指標を中心に)	282

凡　例

- 資料などの引用は「　」で括った(ごく一部括らなかった所がある). 引用は基本的に原文のままとしたが, 必要に応じカタカナをひらがなに改め(原文カタカナ)とことわった.
- 旧字体は原則として新字体に改めたが, 人名・地名などの一部において, 旧字体のままとしたところがある. たとえば, 有沢広巳と有澤廣巳は同一人物であるが, 著書の初出の時期によって著者名の表記が異なっている. 平文では有沢広巳を用い, 著者名の際は初出の表記とした. また満洲や満洲國は基本的に満州,「満州国」とした(現代から見ると特別の含意があるとされるもの, また筆者の造語については「　」で括った). 特に原出典名などの表記では満洲を用いた場合がある.
- 引用文中の筆者による補足は〈○○：筆者〉, また筆者による省略は〈筆者中略〉などのような形で示した.
- 下線は引用文も含め, 筆者によるものである. 引用文の著者が下線を引いたところには〈下線著者〉と記した.
- 引用部分については, それが問題のある表記であるとされるものについても, そのまま引用したが, 一部改めたものもある. 戦争や地域の呼称についても同様である(たとえば支那事変を日中戦争になど).
- 年代の表記は原則として西暦で統一した. ただ特に和暦などが必要な場合, 和暦などで表記したところがある(たとえば昭和12年度予算など).

序章
問題意識と視角──戦時経済体制と合理性

　1937年7月から45年8月までの先の大戦を「アジア太平洋戦争」[1]と呼びたい．日中戦争勃発から太平洋戦争終戦まで，あしかけ8年続いた「アジア太平洋戦争」は総力戦であった．総力戦とは，前線も銃後も，戦闘員も非戦闘員もなく，交戦国相互の政治，経済，社会，文化そして心理が総動員された戦争であった．他方，アジア太平洋戦争は日本のアウタルキー(自給自足経済)の拡大と軋みそして破綻という様相を示した．日満ブロックから日満華北ブロックへ拡大する途上で日中戦争になり，太平洋戦争に突入して南方資源地帯を占領，アウタルキーは東亜全域に拡大したが，連合国との4年弱の激しい軍事戦ののち痙攣するかのように崩壊した．

　一方，日本は資源のない国である．資源小国が総力戦に備えようとする時，アウタルキーを拡大するのは自然の姿ではないだろうか．しかし，その拡大行為が戦争につながった．アウタルキーの拡大が総力戦を誘発し，米国が経済制裁で反撥した．それが更なるアウタルキーの拡大を促し，太平洋戦争という未曾有の大戦に至り破綻した．

　それでは，武力行使を伴わない融和的アウタルキー圏の構築という途はなかったのだろうか．このような漠然とした問題意識を念頭に置きながら，本書の目的は聞き慣れない「戦時経済思想」を考えることである．ここでいう戦時経済とは，戦争中の経済という一般的な意味で用いているのではない．政府が戦争を遂行するために，市場に統制や動員などという形で強く介入した時の経済

---

[1] 戦争の呼称については議論がある．われわれは1941年12月10日，日本政府が大本営政府連絡会議に於いて「今次ノ対米英戦争及今後情勢ノ推移ニ伴ヒ生起スルコトアルベキ戦争ハ支那事変ヲモ含メテ大東亜戦争ト呼称ス」と決定した事実(稲葉正夫ほか(編)〔1963〕618頁)，そしてこの呼称に対する反発等を踏まえ，主として，8年間の戦争の戦場となった地理的空間を根拠に「アジア太平洋戦争」と呼称する．ちなみに，元アメリカ軍事史学評議会会長アラン・R.ミレットは2007年9月に東京都内で行われた戦争史研究フォーラムにおいて，1937年から45年までの戦争をThe Asia-Pacific War(アジア・太平洋戦争)と呼称していた．

という意味で使っている．つまり，程度の差こそあれ戦争に経済を従属させた時の経済という意味である．

　戦争の歴史を繙くと，政府が戦争のために市場経済なり国民経済に介入した時代というのが意外にまれであったことがわかる．新しいところでは 2003 年からのイラク戦争は——2010 年アメリカは戦闘任務の終了を宣言したが，イラク国内の治安の不安はまぬがれず——，いまだ決着がついていない．交戦国であるアメリカ政府はこの戦争のために市場に直接介入しておらず，経済は平時同様に運営されている．これは，ここでいう戦時経済ではない．また，18 世紀から 19 世紀初頭のナポレオン戦争の時も，ナポレオンとその交戦国の政府が，食糧を調達し，税金で戦費を徴収したという記録はあっても直接その経済に介入し経済統制を行ったという記録は極めて少ない．結局，第一次大戦から第二次大戦の 30 年間のみが，この戦時経済の時代であると明確に区分できる特徴を有している（両大戦間期は戦時経済が潜在していた時期と見なしうる）．したがって，戦時経済とは長い経済史のスパンで見ると，世界大戦という未曾有の事件で生じた特殊な経済様相ということになる．

　なぜ戦争のために政府が市場に介入せねばならなくなったのか．それを明らかにするためには，第一次大戦の勃発からの戦争経緯をたどることが糸口になる．第一次大戦が始まった時，誰もこの戦争が 4 年以上に及ぶ長期の世界戦争になるとは思っていなかった．ドイツのシュリーヘン・プラン[2]発動によるフランス侵攻によって始まった大戦は，交戦国それぞれ，その年（1914 年）の冬には決着がつくと考えていた．兵士たちもクリスマスには帰国できると思いながら出征した．しかし，シュリーヘン・プランも連合国のこれに対する反撃も，予期のごとく進捗せず，戦線は膠着し，スイス国境から北海に至る長大な塹壕

---

[2] シュリーヘン・プランとは，ドイツ陸軍参謀総長シュリーヘンが 1905 年頃までに確定した対露仏戦争時の作戦計画である．ドイツがロシアかフランスと戦争になった場合，露仏同盟（1891〜92 年）により，ドイツにとって二正面戦争になる．その際，どちらを先に倒すかを考えた場合，動員速度が遅いが国土に縦深のあるロシアより，動員速度が速く国土に縦深がないフランスを先に圧倒的兵力で包囲殲滅した方がよいという計画であった．この計画には，ベルギーの中立を侵犯するリスクがあった．ベルギーの中立を侵せば，イギリスを敵に回すという外交上の非常に不利を招く恐れである．しかし，シュリーヘンはこれを全く無視して軍事的合理性のみからこの計画を立案し，外交官も追認し，皇帝に承認された（ヴァルター・ゲルリッツ（守屋純訳）〔1998〕188-199 頁より）．

戦となった．この段階ですでに存在していたが，それまで表面に出ていなかった原則が浮上した．「戦争の勝敗は軍事力よりも，それを創出する経済力で決定する」という原則である．

軍事思想家クラウゼヴィッツは『戦争論』で「戦争は他の手段をもってする政治(政策)の継続に過ぎない」[3] などと戦争と政治の関係を詳しく分析しているが，戦争と経済の関係については全くといっていいほど言及していない[4]．なぜか．いくつか理由があるが，その一つは戦争の勝敗に関するクラウゼヴィッツの考え方と関連がある．『戦争論』における殲滅戦とは敵の軍隊を戦場において撃滅することであり，それによって講和の有利な条件を造り出すことである．したがって戦争の勝敗を決するのは軍事力であり，経済力は表にでてこない．

確かにクラウゼヴィッツが『戦争論』を書いたナポレオン戦争の時代には，敵の軍隊を戦場で撃滅すれば勝敗が決まった[5]．この時代では軍事力と経済力の関係は希薄であり，軍事力によって戦争の勝敗が決定したのである．しかし，第一次大戦の時代，総力戦の時代になると，敵の軍隊を一時的に殲滅しても交戦相手に生産力，経済力のある限り，戦力は造成され，兵員と軍需資材が底を尽くまで相手の軍隊が兵器を携え戦場に出現する．戦場の軍隊だけ殲滅しても戦争の決着はつかなくなったのである．具体的には，大戦以前の戦争では敵の軍隊を殲滅すれば，おのずと敵の国土の占領につながった．しかし塹壕戦となった第一次大戦では彼我の砲兵火力の応酬が繰り返され，たとえ会戦で敵の部隊を撃滅しても，敵はすぐさま補充部隊を送り込んできて我方が敵国深く侵入

---

3) たびたび引用される命題である．従来，政治の継続と訳されるのが一般的であった．ドイツ語の原語，Politik には政治と政策の両方の意味がある．マイケルハワードとピーターパレットは『戦争論』の英訳に当たり，これを policy(政策)と訳した．Clausewitz, C. v.〔1989〕p. 87. クラウゼヴィッツ(日本クラウゼヴィッツ学会訳)〔2001〕44 頁でも政策と訳している．
4) クラウゼヴィッツ『戦争論』では戦争と経済の関係について正確には，触れていないわけではない．『戦争論』の第三編第十四章に「戦力の経済」がある．しかし，この中味は戦力の効率的使用を論じたものであり，兵站，生産力そして経済力とは全く無関係である．
5)「軍隊が壊滅すれば，新たにこれを建設することは不可能であり……」．クラウゼヴィッツ(日本クラウゼヴィッツ学会訳)〔2001〕314 頁．ただし，クラウゼヴィッツは「戦争においては，あらゆる力をもって敵の重心を打撃しなければならない」とも述べている．重心は時代や状況によって変化する．軍隊，首都，同盟国の軍隊，指導者個人と世論など(322-323 頁)．

することは難しくなった．

　前述のシュリーヘン・プランは殲滅戦の原則で作成されており軍事的合理性はあったが，実行の可能性に問題があった．『戦争論』での経済的側面の欠落は，この実行の可能性の議論につながっており，後の軍事史家によって批判されている[6]．マーチン・フォン・クレベルトは著書『補給戦』において「戦略は可能性の技術であるが，その可能性を決定するのは兵站という峻厳なる現実である」[7]と言明した．兵站とは，「戦力を動かし，戦力を維持する機能ないし機関であり，すなわち補給と輸送である」．クレベルトは同書でシュリーヘン・プランが失敗したのは，小モルトケがシュリーヘンの当初の案を修正したから失敗したのではなく，プランそのものに兵站上の問題があり，実行の可能性がなかったから失敗したことを明らかにした[8]．

　クラウゼヴィッツは『戦争論』における「戦争の本質」を論じた編で，「軍事的天才」について1章を割いている．ここでの天才とは「ある種の行動を遂行するためのきわめて高度な精神力」[9]である．軍事的天才とはいかなる精神力を保持した将軍であるか．彼は，その精神力の特徴を様々な視点から論じた．結局，クラウゼヴィッツが考察した軍事的天才を現実に具現したのはナポレオンのみであった．

　もうひとりナポレオンに「世界精神（絶対精神）」の化身を見出した思想家がいた．ヘーゲルである．ヘーゲルは，クラウゼヴィッツと同時代人であり，同じプロシャの哲学者であった．ふたりは同じ年(1831年)に亡くなっている．ヘーゲルにとって「世界史は世界精神の理性的かつ必然的あゆみ」であり，「神の本性である自由の理念の実現であり」[10]，世界精神が展開したものだ．ヘー

---

6) Howard, M.〔1983〕で言及された忘れられた側面が経済や兵站．
7) Creveld, M. V.〔1977〕p. 1.
8) 軍事史上では，通説として，シュリーヘンの後任の参謀長小モルトケが，第一次大戦前にドイツ軍の西部戦線に展開された部隊の8分の7を右翼に集中した本来のシュリーヘンの計画を修正し，右翼を弱体化し正面押しになったから失敗したとされている．これに対して，クレベルトは本来のシュリーヘン・プランは鉄道輸送の能力の点などで実行不可能であり，小モルトケはむしろプランを改善したと分析した．Creveld, M. V.〔1977〕pp. 113-118.
9) クラウゼヴィッツ(日本クラウゼヴィッツ学会訳)〔2001〕66頁．
10) ヘーゲル(長谷川宏訳)〔1994〕26-43頁，なお，41頁には「精神世界こそ実体的な世界であり，物理的世界は精神世界に従属する」とある．

ゲルは1806年10月イェナの街で,『精神現象学』を執筆中に,街の郊外でプロシャ軍を破り街に入城してきたフランス軍の中の,馬上のナポレオンと遭遇した.ナポレオンこそ世界精神そのものだ[11].ナポレオンは軍事的天才であり,絶対精神である.戦争史は絶対精神の展開であり,ナポレオンが軍事力そのものであり,これが戦争の勝敗を決定した.ナポレオンを通じてクラウゼヴィッツとヘーゲルがつながっていたことになる.

第一次大戦では「戦争の勝敗は軍事力の基盤である経済力によって決定する」という『戦争論』において欠落していた側面が正面に出てきた.同時に大戦の最中,1917年にロシア革命があり,社会主義国ソ連が出現した.ロシア革命の理論的基礎の一端がヘーゲルの弁証法的歴史観を「顚倒(reversement)」[12]させたマルクス・エンゲルスの唯物史観にあったことは,『戦争論』では明示的ではなかった「軍事力の基盤である経済力」が,同じ大戦を触媒に顕在化したことと照応している.

第一次大戦の10年前に生起した日露戦争は当時の日本にとって国家総力を上げての戦争であった.海戦は勝利のうちに終わったが,陸戦では極東ロシア軍を壊滅させることができなかった.その要因の一つに弾薬不足があげられる.1904年10月の遼陽会戦において,攻勢した日本軍の砲弾不足が露呈した.その原因は所要砲弾の見積もりの甘さと,陸軍弾薬工廠の生産能力を超えた大量の砲弾所要である[13].

ところが大戦中の1916年に生起したソンム会戦においてイギリス軍が砲撃した弾薬は日露戦争で費消された全砲弾の10倍以上に相当した[14].つまり,

---

11) ヘーゲル(小島貞介訳)〔1975〕74頁には「皇帝が――此の世界の魂が――検閲の為馬上ゆたかに街を出て行く所を見ました」とある.「世界の魂」は原語はWeltseeleであり,岩崎武雄は「ヘーゲルの生涯と思想」同編『ヘーゲル』(中央公論社,1967年所収)の中で,「皇帝,この世界精神が……」と訳している.原典はJohannes Hoffmeister (Hrsg.), *Briefe von und an Hegel Bd. I: 1785-1812* (Philosophische Bibliothek: Bd. 235), Hamburg: Felix Meiner Verlag, 1952, S. 120.

12) マルクスとエンゲルスは『ドイツ・イデオロギー』において,ヘーゲルの絶対精神(思想)が歴史を支配していることを批判し,観念が物質を説明するのではない,生産諸力,諸資本,諸環境の総和が,上部構造たる意識の全形態と全産物(思想)を説明するのだ,とヘーゲルの歴史観を「顚倒(reversement)」させた.マルクス,K・F. エンゲルス(花崎皋平訳)〔1966〕82-83, 100-101頁.

13) 谷壽夫〔1966〕430-431頁.

大戦はそれまで経験したことがなかった弾薬の消費に象徴される大消耗戦，物量戦となった．それまで備蓄していた弾薬など軍需品は底を尽き，早急にこれを補充せねばならない．軍の工廠だけではそれに対応できない．民間の工場を，民間経済をこれに対応させねばならない．こうして政府が市場に介入していった．戦争に民間経済の力を動員する．経済を戦争に向けて改造する戦時経済，つまり戦時経済体制が要請されたのである．

このような弾薬の大量生産に象徴される戦時経済体制が可能になったのは，産業革命における工作機械の出現である[15]．当時交戦国はともに産業革命を終えていたので戦時経済体制を確立することができた．他方，戦時経済体制が整備され，戦争が物量戦，消耗戦になった時，戦争の勝敗は軍隊を殲滅しただけでは決着しなくなった．戦力を造成する銃後の工場を，その労働者（婦女子も含めて）を殲滅しなければ決着しなくなったのである．ここに真の意味での国民の殲滅戦が認識された．国民の殲滅戦を実行するためには，地上軍の侵攻による敵工場の占領破壊，あるいは航空機による戦略爆撃が考えられたが，当時の兵器の技術水準では，戦車や航空機も幼稚なものであり，第二次大戦のような本格的な国民の殲滅戦は実行されなかった[16]．

自生的に出現した戦時経済体制であるが，参戦国の政府は「第一次大戦によって，はじめて，どんなに多くの権力，経済力，そして国民に対する支配力を掌中におさめることができたかを知って驚き仰天した」[17]のである．第一次大戦で起きたこの政府の行政力の変容をヒックスは「政府の行政革命」と呼んだ．大戦前にも行政力は発展していたが，第一次大戦が短期戦から長期戦に移行したことで戦時経済体制という行政革命が生起した．

交戦国はすべからく，速度の違いはあるが，戦時経済体制に移行していった．

---

14) 有澤廣巳〔1934〕36-38頁．同書によれば，日露戦争で日露両軍によって，消費された砲弾は95万4000発であり（『偕行社記事』臨時増刊第40号，1915年10月），ソンム会戦でイギリス軍が砲撃した砲弾は1000万発以上であった．
15) 「工作機械の発明と発展が産業革命の中心部分である」．J. R. ヒックス（新保博・渡辺文夫訳）〔1995〕246頁．原典は Hicks, J. 〔1969〕p. 147.
16) ドイツのゴータ爆撃機や飛行船によるロンドン空襲が行われ，市民を恐怖に陥れたが，その被害は第二次大戦の戦略爆撃の比ではない．Jones, H. A. 〔1931〕pp. 380-381.
17) J. R. ヒックス（新保博・渡辺文夫訳）〔1995〕271-272頁．Hicks, J. 〔1969〕p. 162.

ただ，一方，日本は連合国に与して参戦したが，ヨーロッパ戦場の恐るべき消耗戦や，通商破壊戦の枠外におり，極東のドイツ根拠地への攻撃程度で戦時経済体制への要請はなかった．しかし，陸軍も海軍も，ヨーロッパで起こっている大戦の実相に無関心ではおられず，数多くの調査員や観戦武官を送り，大戦を調査した．

彼らの調査報告書は陸軍と海軍でトーンが違っていた．海軍よりも陸軍が，大戦の「総力戦」[18]という特色に注目し，もしアジアで同じような大戦が生起した場合，国家総力戦という様相になる．そのために平時から準備をしなければならない．戦時経済を，戦時経済体制を平時から準備しなければならないと考えた．戦時経済体制を問題にするとき，軍人たち，とりわけ陸軍の軍人たちの経済思想を問題にするのはそのためである（海軍の「総力戦」に対する関心については，第5章で説明する）．

一方，J. B. コーヘンなどは，アジア太平洋戦争期の戦時経済体制では非合理な施策がなされたことを指摘する[19]．また，この戦時経済体制は，第一次大戦

---

[18]「総力戦」という名称は，一般にドイツのエーリッヒ・ルーデンドルフ将軍（1865～1937）の著書 *Der totale Krieg*, 1935 が最初とされている．確かにルーデンドルフは 1918 年 11 月より 19 年 6 月の間に書いた「回想録」にもこの概念をすでに使用していた．しかし，フランスのレオン・ドーデは「総力戦」論を 1918 年の 3 月に脱稿していた（Leion Daudet, *La guerre totale*, 1918）．したがって「総力戦」の概念を初めて公表したのは，ドーデということになる．ドーデによると「総力戦」とは「短期戦であれ，長期戦であれ，戦いを政治的，経済的，通商的，工業的，知性的，法律的及び金融的諸領域へ拡大すること」を意味する．戦争するのは，独り軍隊のみでなく「伝統，制度，慣習，法典，精神，就中銀行」が戦いを交えるのである（Leion Daudet, *La guerre totale*, p. 8）．陸軍省主計課別班〔1941〕．

[19] J. B. コーヘンは著書（大内兵衛訳）〔1951〕において，軍部に合理的徴兵免除政策の配慮が欠けていたと指摘した．具体的には，九州飛行機株式会社の全熟練労働力の 50% が 1944 年 12 月以後数カ月の間に軍務に召集された件を挙げた（48 頁）．コーヘンはこの件を兵役延期の権限をもった陸軍による海軍の被害の例とした（海軍士官の証言など）．確かに九州飛行機は海軍航空機，その機体の担当会社であった．しかし陸軍では召集延期制度を設け「軍需生産ノ為余人ヲ以テ代ヘ難キ重要ナル者（技術者，特種研究員，其ノ他生産ノ中核的要員等）ニ対シテハ召集ヲ延期シ一意生産増強ニ邁進セシム」策を講じていた（大江志乃夫（編・解説）〔1988〕315 頁）．それなら陸軍航空機担当会社の川崎，海軍航空機担当会社の川西の生産的従業員数の推移を比べて，九州飛行機の例からのコーヘンの見解は説得力があるのか検討してみよう．まず総論としては，確かに熟練工の召集延期制度は設けられていた．ところが各論になると，陸軍指定工場の川崎と海軍指定工場の川西には明確な違いが見られた．1944 年はじめから年末までの両工場の従業員数の変化を確認すると，前者が年初 6 万 8000 人弱で年末には 8 万 5000 人強に上昇していた．後者は年初 6 万 7000 人以上であったが，6 月頃

直後の構想当初から,非合理に制度設計されており,明治維新以来の日本の封建制の帰結であるという見解がある[20]。

果たしてそうなのか．これが本書の基軸となる問題意識である．したがって,本書の論旨は,当初の戦時経済体制の制度設計は思想としてどうだったのか.はじめから非合理だったのか.いや,始めは合理的に設計されていたのか.もしそうであったのなら,いつ非合理な体制に転換したのかについて明らかにすることである．その基軸となる分析を踏まえた上で,本書冒頭の問題意識,武力行使を伴わない融和的アウタルキー圏の構築は可能だったかに言及してみたい.

このような視角から,思想としての戦時経済(体制)についての先行研究を調べると,意外な事実に気づく．まず,戦時経済思想という概念を確認できないのである．経済学史学会編『経済思想史辞典』の項目にも索引にもない．現在流布されている膨大な経済思想史の書物にあたっても,この言葉は見出せない.死語(？)になったのであろうか．経済思想や戦時経済というカバレッジでは膨大な先行研究群がヒットするにもかかわらず,である．しかし,戦時経済思想史ないしは戦争経済思想史という研究がなかったわけではない．とりわけ第一次大戦後から第二次大戦にかけて,ドイツに存在した[21]。

一方,経済思想を広く概観すると,戦争と経済の関係,あるいは軍事力と経済力の関係などについては,第一次大戦以前から言及されていた．しかし,既述のように戦争経済,戦時経済という,戦時に政府が国民経済を管理(市場に介入)する思想が登場したのは総力戦である第一次大戦以降である．

から急激に減少し,年末には5万人まで落ち込んだ(米国戦略爆撃調査団(航空自衛隊幹部学校訳)〔1960a〕22頁,〔1960b〕17頁,ただし,川崎が従業員数を直接生産労務者と間接従業員に区分していないので,総従業員数で比較した).つまり,1944年後半になり,本土決戦の準備段階に入って多数の兵員の召集に迫られ,徴兵免除権限を握っている陸軍側が海軍指定工場の職工を意図的に召集したとする見解は根拠のないものではなかった.

20) アメリカ合衆国戦略爆撃調査団(編)(正木千冬訳)〔1950〕の第一章「真珠湾への道」でも,日本の戦時経済体制は明治以来のプロシャの膨張主義の帰結として記述されており,纐纈厚は「総力戦体制の構築総体がファシズム」(纐纈厚〔1981〕)つまり不合理な運動と規定した.また,須崎慎一は「日本陸軍が第一次大戦という総力戦の本質をゆがんで理解し」,非合理に戦時経済体制を制度設計した,といった趣旨で論じている(須崎慎一〔1997〕53-83頁).

21) 戦前にまで,その調査範囲を広げると,関連書物にたどりつく．クールト・ヘッセ(陸軍省主計課別班訳)〔1941〕である．1935年ドイツで発行されたものを,1941年,陸軍省主計課別班が翻訳した.

そこで，次の疑問(事実)である．日本の戦時経済というカテゴリーで先行研究史にあたると，第二次大戦以降の研究については詳細に説明されるが第一次大戦から第二次大戦までの間(両大戦間期)の戦時経済研究について殆ど言及されていない[22]．これには，なんらかの理由があるのだろうか．

一つの説明は戦時経済という概念の解釈にある．戦後の戦時経済研究は，戦時経済がどうであったのかという，戦時の経済の運営や実態を実証するというアプローチが主流であった．他方，戦前の戦時経済研究は，そのようなアプローチもなくはないが，主流は戦争経済という言葉が多用されたように，戦時経済がどうあるべきかというアプローチが主流になっていた．つまり，経済を戦争に従属させるアプローチが主流になっていた．したがって，夥しい犠牲者を出して終わった大戦後の経済史，経済思想史の学界が戦争経済を学問の課題とすべきか否か議論になり，結論が出ないまま今に至ってしまったともいえる．

しかし，時を遡ると第一次大戦の衝撃が自己調整的な市場に信頼をおいた自由放任体制を崩壊させ，戦争のために，戦争に勝ち抜くために，政府が市場に介入，経済を管理せねばならなくなった．つまり戦争経済，戦時経済体制が要請されたのである．まず，大戦の戦時経済の実態がどうであったかから始まり，もし次の大戦が生起したら経済運営はどうすべきか，来るべき戦争に備えての戦争経済はどう準備されるべきか，戦時経済体制はどうあるべきか，という方向に発展していった．本書で戦時経済思想という場合，「戦時に経済はどうあるべきか(そのために平時になにを準備すべき)と考えていたのか」と定義する．そして戦時経済体制は，戦間期に構想された「戦時経済はどういう体制であるべきか」と「戦時に経済体制はどうであったか」という二つの意味で用いる(以後，後者は「戦時期経済」体制と表記する)．この戦時経済体制を最も深刻に希求し，その構築に最も主導的であったのは戦間期から戦時にかけての軍人たちであった．

以上を踏まえてわれわれは二つの視点から先行研究を整理したい．まず，戦時経済の実態や運営を解明するという視点から整理する仕方がある．戦後日本の戦時経済研究を概観し，論点は何か，課題は何か，それらは，どの程度解明

---

22) 大石嘉一郎〔1994〕，原朗〔1996〕がそれまでの研究史を総括した代表例と言えよう．

されたのかを確認する.

実態を解明するという視点からの代表的な研究史の総括[23]では，敗戦直後の日本の戦争経済の崩壊の必然性，敗戦の経済的要因の解明から始まり，戦争による日本資本主義の変化，そしてその戦後への継承，とりわけ戦時と戦後の連続性と非連続性の議論，戦後の高度成長経済の源流としての戦時経済システムの再評価，これに対する戦後改革の役割を重視する観点からの批判といった論議を軸に戦時経済の全体像が解明されてきた.

とりわけ「戦時，経済がどうであったのか」という戦時の経済過程の運営ないしは構造，及び「戦時経済システムと戦後の高度成長経済をどうつなげるか」などの研究には関心が集中し議論は深まった．その結果，日本の戦時経済の世界史的位置と特徴，日本の戦時経済の特有の性格，中でも植民地・占領地を含む「日・満・支ブロック」「大東亜共栄圏」の経済的実態の解明などを課題として残しながらも戦時経済研究はあらかた論じつくされたかにみえる．主要な論点としては，戦時経済と戦後の高度成長経済などとの関連を問う連続説と断絶説に代表される戦時経済の評価であった．上述の課題，日本の戦時経済の世界史的位置と特徴については，ナチズムとの関連で世界史に位置づける一つの試みがなされた[24]．植民地・占領地研究では，「満州国」や朝鮮について継続的に作業が深められている[25]．

もう一つの戦後の戦時経済研究に対する視点は，戦時経済(体制)の合理性・非合理性に焦点をあてて整理する仕方である．一方に戦略爆撃調査団報告が言及しているように，日本の戦時経済体制は明治維新以来の日本の封建制から生まれた膨張主義の帰結であり，植民地における，また国民に対する激しい収奪に象徴される本質的に理不尽なものだ，という見解がいわば主流としてある．他方，この戦時経済体制(動員経済)は，非合理な側面を抱えたまま，同時に合理性を保持しているという両義性とりわけ合理性に特質を見出す研究がある[26]．

---

23) 大石嘉一郎〔1994〕参照.
24) 柳澤治〔2008〕参照.
25) 山本有造(編)〔1995〕，山本有造〔2003〕，安冨歩〔1997〕，ならびに堀和生・中村哲(編著)〔2004〕など.
26) 内田義彦〔1948〕によれば〈以下筆者要約〉「我国の資本主義は，明治以来，絶対主義の力を借り，戦争を画期として発展し，今次の戦争は所謂「国家総力戦」的な段階に突入すること

序章　問題意識と視角

　後者の研究は合理・非合理という点ではわれわれの問題意識に重なるように見える．しかし，これらの研究は実際の「戦時期経済」[27]に合理性を見出すものであり，われわれの問題意識「戦時経済体制は当初の制度設計から非合理だったのか」とは厳密には異なるものだ．われわれは主として戦時経済体制の構築の仕方に焦点をあてる．その合理・非合理を分けるものとしての指標が，実行ないしは実現の可能性であり，戦時経済体制を構成する要素のバランスである．この戦時経済体制の構築にイニシアチブをとっていったのは，軍人であるから，軍人の経済思想もしくは経済観の中味がこれらの指標から評価される．

　本書の構成であるが，前述のように，これまでの研究史には戦前の部分が欠落していた．そこで，以下のような組み立てで論述したい．第Ⅰ部では，戦前の研究史という意味も含めて，戦時経済体制の制度設計がどのようになされたのか，その経緯を論じる．結論の一部を先取りすることになるが，はじめは実

によって，そのプロシャ型での資本主義の発展を最後の段階まで推し進めた」．興味深いのは，戦争を一つの「与件」として，「生産力」増強の立場から，積極的に生産関係に立ち向かおうとする流れがあることである．この潮流は風早八十二の「戦争も又生産力の真実の本源が人間の労働であることを認識する一つの契機として与えられている」という指摘，また大河内一男の「産業労働力の合理的保全という社会政策の基本理念は早晩貫かれなければやまないであろう．また戦時統制の慌ただしい喧噪の中に，我々はかえって社会政策の静かな足取りを見出す」などの指摘に見ることができる．このように戦時中，戦争が社会政策を遂行するという主張が一つの進歩性を持ち得た根拠は，戦争遂行の過程に於いて資本主義を高度化せねばならず，しかも高度化そのものが基本構造に抵触するという日本資本主義の特質によって与えられているからである．かくして内田は「戦争は社会政策を必然ならしめるし，またならしめねばならぬという主張が合法的に存在し批判的であり得たのは，生産力の名に於いて，<u>前期的厚生的労働関係の掃蕩</u>と，労働力の軍隊的又は前期的くいつぶしからの労働力の肉体としての保持を，資本主義の<u>高度化</u>そのものが「内在的」に要求する労働力の「価値通り」の売買にかかわらしめて要求し，時局に対する一つの合理主義的プロテストとなし得た」〈下線著者〉と戦争経済に一種の合理的潮流を見出したのである．大河内一男は戦時動員体制の非合理性よりも合理性に着目していた（大河内一男〔1981〕参照）．戦時中の経済は一定の合理性を伴っていたのではないかというこの見解は，以下の研究者の論考にも見出すことができる．岡崎哲二〔1994〕でのインセンティブとしての価格の利用，非集権的，臨機の対応など．山崎志郎〔1996〕での，太平洋戦争期，次々に生ずる隘路への臨機な対応．渡辺純子〔1998〕は，統制する側が企業の力を無視しえず，企業の私的活動を利用し，企業もまた，それを利用して生き残ったことに注目しその相互作用に合理性を見出している．

27）われわれは，戦争前の構想の段階での戦時経済ならびに戦時経済体制と，実際に戦争に入ってからのそれらを区分して使用したい．したがって後者の場合は「戦時期経済」と表記する．

現可能なようにバランスよく設計されていた.それがある時期にバランスを崩し実現不可能なものに転換するのだが,その転換の時期と,その根拠を明確にする.第Ⅱ部では,戦時経済体制の日本的要素であるアウタルキー思想の自己転回と逸脱,そして体制崩壊,更に海軍とアウタルキー思想との関連を叙述する.第Ⅲ部では,戦時経済体制の大きな柱である軍事力の整備,それを支える軍事工業(航空機工業と造船工業)における造成から崩壊までを論ずる.航空機工業は目的と手段の適合性とその適合度の急減,他方,造船工業は戦争形態への適応性を欠いた軍戦備の選択と,その後の両工業の軌跡を明らかにする.終章は,当初の基軸的な問題意識に対するわれわれの回答である.その際,転換期はいつなのか.転換期とした根拠は何なのか.転換が生じた(経済)思想的構造,そしてその経済的背景が論ぜられる.最後にこれらの分析を踏まえた上で,武力行使を伴わない融和的アウタルキー圏の構築は可能だったかに言及して,むすびとしたい.

第Ⅰ部
戦時経済体制の構想
総力戦経済体制をめぐって

第1章
戦間期の戦時経済思想——日本陸軍を中心に

はじめに

　本章では，第一次大戦という総力戦を，日本陸軍がどう受容し，次期大戦に備えて，どう戦時経済体制を設計し，どう構築していったのかを論じる．その際，序章で言及したように，制度設計は合理的であったのかどうか，その特質はどのようなものなのかが焦点になる．また体制構築の途上でアウタルキー圏の構築が融和的になし得たかどうかという点も念頭においておかねばなるまい．

　一方，同じ頃(1921年)，英国でピグーが『戦争の政治経済学』(平和時の経済学とは異なる戦時の経済学)を上梓した．これを参考にしながら戦時経済について日本(軍人)と英国(経済学者)の違いも踏まえ，日本陸軍が構想した戦時経済体制の特質を考えてみたい．

　戦間期の戦時経済体制や戦時経済思想を扱った先行研究は，管見の限り少ない．とりわけ，エコノミストが戦時経済，戦争経済をどう考えていたのかについては，非常に少ない(日本の場合)．日本の帝国大学で経済学部が独立したのは1919年である．例えば，1922年6月創刊の東京大学の『経済学論集』第1巻から1937年10月号までに掲載された論説384篇のうち戦時経済あるいは戦争経済に関連する論説は1929年9月号の有澤廣巳「ドイツインフレーションと戦争費用負担」の1篇のみである．その理由は，ここでは深く立ち入らないが，日本のエコノミストの主たる関心がマルクス経済学にあったことが挙げられる．

　それに比べれば，日本の軍人たち，軍部がどのような戦時経済思想を持ち，どのような戦時経済体制を確立しようとしたかについての先行研究には，加藤俊彦[1]，山口利昭[2]，藤村道生[3]，纐纈厚[4]，宮島英昭[5]，塩崎弘明[6]，須崎慎

---

1) 加藤俊彦〔1979〕は第一次大戦から陸軍パンフレット(1934年)までの軍部の総力戦体制に向

第Ⅰ部　戦時経済体制の構想

—[7]などの仕事がある．これら先行研究で異色なのは，藤村道生の論考「国家総力戦体制とクーデター計画」である．この論考は，国家総力戦体制の確立とは，軍部による独裁体制の確立であったとして，総力戦体制を政治・経済・文化の総合的視角から分析したものである．1930年代日本の軍ファシズム体制の成立を検討するために，大正期，軍部が辛亥革命(中国問題)と第一次世界大戦という新しい状況に，いかに行動したかを分析した．したがって陸軍パンフレット問題も，その経済思想的意味より，満州事変から十月事件にいたる軍中枢部のクーデター計画の延長線上にあり，権力機関内部に軍部の独裁的地位を要求した高度国防国家への改造綱領であると，その政治的意義を強調するものであった．この論調は本章の論点から見ると纐纈厚研究と趣旨を同じくするものである．軍部は第一次大戦という総力戦をファシズム体制構築の契機にした．総力戦体制の確立そのものが，軍部独裁のファシズム体制の確立であり，体制設計が目指しているもの自体，非合理なものであるとするものである[8]．この点は須崎論考も重なっている．陸軍の総力戦認識は，ゆがんでおり，総力戦の勝敗は国力(生産力)で決するところを軍備充実に矮小化しすぎていたなど，体制の立ち上げそのものからのゆがみを指摘した．

けての経済思想，政策，とりわけ統制思想を扱った．特に軍需工業動員法に対する実業界の反応など詳細に論じている．但し，満州事変の戦時経済思想は取り扱っていない．
2) 山口利昭[1979]は第一次世界大戦から資源局の設立(1927年)までの国家総動員機関の設立と廃止そして再建の経緯を丁寧に扱っている．
3) 藤村道生[1981]は陸軍パンフレットの政治的意味から第一次大戦に遡り，大戦と寺内正毅内閣の関連，とりわけ中国問題への対応，そして軍需工業動員法から宇垣軍縮と資源局へと軍部を中心に総力戦体制を形成していく過程を総合的視点から論述したものである．
4) 纐纈厚[1981]の趣旨は戦前における社会体制のファシズム化の契機を総力戦体制の構築に求める．したがって総力戦体制構築過程の総体を日本ファシズム(非合理な思想体系を有する国粋主義運動)と称するというものである．
5) 宮島英昭[1990]は日本資本主義論争から始まり，高橋亀吉，吉野信次，松岡均平，北一輝，橘孝三郎，陸軍パンフレットと笠信太郎らの内容，所論のエッセンスを紹介それを解説・論評する形で，準戦時下・戦時下の経済思想を論じたもの．
6) 塩崎弘明[1998]は統制派の論客，主計新庄健吉を中心に統制派の経済思想がいかにして形成され，どう挫折していったかを論じた．
7) 須崎慎一[1997]53-83頁，この論考の趣旨は「陸軍の総力戦理解は，単なる軍備充実に短絡していった」に集約される．
8) 纐纈厚[1981]ではファシズムの定義ないし規定が明確でなく，ファシズム＝非合理なものという前提ないし与件で議論が進められている．

第1章　戦間期の戦時経済思想

他の論考は，第一次大戦から陸軍パンフレットまでの総動員体制確立の過程における，総動員機関の成立や総動員政策及び計画などの制度的，経済的側面を研究対象としている．これらの先行研究に対比して，われわれは総力戦体制の確立を目指した軍部，特に陸軍軍人たちの経済思想を主対象に，戦時（総力戦）経済体制の確立過程が合理的に設計され，構築されていったことを論ずる．その際，この体制を確立するためには，軍事力の整備は別にして，資源の確保すなわちアウタルキー問題と生産力の拡充という二つの要素があった．その際，なぜ二つの要素のうち前者が優先され自己転回[9]したのか．先行研究で殆ど使用されていない『陸軍主計団記事』などを利用し，この問題解明の一助としたい．

1　総力戦の衝撃と戦時経済体制の設計

（1）日本陸軍の受容と対応——三つの報告書

軍部とりわけ陸軍は，第一次大戦という総力戦をどう理解し，総力戦体制とりわけ総力戦経済体制（戦時経済体制）を構築するための課題をどう捉えたのであろうか．そして，その課題を実現するための経済政策はどうあるべきと考えていたのであろうか．

第一次大戦中から大戦後にかけて，陸軍は熱心に大戦を調査した．例えば，参戦した西欧列強の軍事に関する調査研究のための臨時軍事調査委員の定員外の増加であり[10]，調査員の欧州諸国への派遣である．それらの調査報告の内，参謀本部「全国動員計画必要ノ議」（1917年9月）[11]，臨時軍事調査委員「参戦諸国の陸軍に就いて」（陸軍省，第1版1917年1月，第4版[12] 1919年3月，第5版1919年12月），そして参謀本部内で調査研究された報告書，小磯国昭『帝国国防資源』（参謀本部，1917年8月）[13]，以上の三つから陸軍が総力戦経済体制を構

---

9) 体制を構築する主体がコントロールを逸脱し回り出す様相を自己転回と表現した．
10) 1915年9月，軍令陸乙第十二号で陸軍省，参謀本部その他所要の官衙，学校に定員外の人馬を特に増加配属した．防衛研修所戦史室（編）〔1967b〕15-16頁．
11) 防衛研修所戦史室（編）〔1967b〕45-46頁，原本は参謀本部〔1917a〕．
12) 第4版は「交戦諸国ノ陸軍ニ就イテ」と表題を一部変えて，『偕行社記事』第535〜536号の間の臨時号として発行された．防衛研究所図書館所蔵．

表 1-1　総力戦経済体制(戦時経済体制)構築の課題

		総力戦経済体制(戦時経済体制)			補 足
		平 時	移行期	戦 時	
目 的		〔Ⅰ〕軍事力(軍隊)の整備 〔Ⅱ〕生産力の増進(拡充)[1] 〔Ⅲ〕資源管理(充実)		所要軍事力の充足 所要生産の充足 資源管理 (所要資源の供給)	想定される戦争の規模と期間が所要軍事力や生産そして供給資源を規定する.
方 法		〔Ⅳ〕国家総動員計画 (全経済の統一的指導を) 含む 市場経済—統制経済[2] 自由貿易—管理貿易	計画発動 〔Ⅴ〕 迅速な移行	国家総動員 総動員機関 戦時動員経済 (戦時統制経済) 統制手法・統制組織 計画経済[3] 自給自足経済 (閉鎖経済)	国家総動員構想には総力戦体制を構築するために平時の段階から統制経済が良好という思想が一部にあった.

〔備考〕本文中の三つの文書から筆者作成.
注1)〔Ⅱ〕の生産力の増進は国力の充実と同意義で用いている．国力の充実の場合，需給両面が循環する経済力の充実の意味から，生産力の拡大(供給面)を強調するもの，そして軍需品の生産力の拡充を意味するものまで範囲が広い．
注2) 統制経済は市場経済(放任経済)の行き詰まりに対応して出現し世界恐慌で急速に進行した．統制経済には度合いがあり，戦時に入ると組織的・統一的な計画性を帯びる計画的統制経済となる．
注3) 計画経済は，二種類あり，一つはソ連型の生産手段の私有を認めず，営利企業の私営を認めない社会主義計画経済，もう一つは戦時統制経済が一定の計画の下で運営される計画的統制経済である．谷口吉彦〔1937〕より．

築する課題をどう捉えたのか，そしてこれを実現する経済政策をどう考えていたのか，それは妥当なものといえたのかを整理してみたい．

　総力戦体制構築の究極の目的は，予測される戦争に勝利する体制を築きあげることである．したがって，その体制は戦時において最も有効に機能しなければ意味がないが，その準備は平時から始めねばならない(表1-1参照)．まずは〔Ⅰ〕軍事力(軍隊)の整備と，それを支える〔Ⅱ〕生産力の増進(拡充)である．軍備整備が生産力の増進(拡充)にどう影響するかは当時の経済の初期条件によって異なるが，通常この二つは trade off の関係にある(本来，この二つは並行「共存」して進められないわけではないが)．しかし，時として二つの要求が(大概前者の要求であるが)日本経済の能力を超えた時，両者の要求が衝突する(資本調達の競合など)．もう一つの準備は〔Ⅲ〕資源管理(充実)である．戦時になれば，発生

---

13) 参謀本部〔1917b〕.

第1章　戦間期の戦時経済思想

する膨大な軍需と国民が生存するための民需が要求する資源を戦争終結まで供給し続けねばならない．そして総力戦経済体制を機能させる計画としての〔Ⅳ〕国家総動員計画であり，それを計画・実行する機関としての総動員機関である．

この総力戦経済体制を構築する方法には，総力戦経済体制を支える経済政策の議論がある．戦時になれば，戦時動員経済という統制経済さらには計画経済にならざるを得ないし，自給自足経済にならざるを得ない（三つの報告書は戦時経済の運営のあり方については，大戦時の列国の経済動員の概要を紹介するのみで[14]，あるべき姿など詳しくは言及していない）．しかし，平時，いかなる経済政策をとるべきかには議論があった．この点を比較的詳しく具体的に論じている報告が，小磯国昭『帝国国防資源』であった（後述）．最後にそれに関連して，〔Ⅴ〕平時経済体制から戦時経済体制への迅速な移行である．

この五つの課題について，三つの報告はその関心や重点が違っている．参謀本部「全国動員計画必要ノ議」（以後「必要ノ議」と略称）は，「軍の整備」と「生産力の増強」を相互に平衡させながら行うことを基本に，国家総動員計画（平時から戦時への転換計画）と国力（生産力）の涵養[15]を軸においている．その理由は，長期戦になると国力競争となり，勝敗の岐路は，平時蓄積された国力の多寡とその組織が戦時の運用に適するや否や（国家のすべての力を動員し戦争に集中できるかどうかにかかっている）にあるからだ（この点は須崎論考の反証になる）．

ヨーロッパの戦いでドイツと英仏を比較すると，後者は「国力ノ総量」でもとよりドイツに譲ることはないが「其の組織を戦時の要求に応ぜしむるの顧慮を欠きたる結果，全国動員の事業遅滞し軍の作戦を掣肘し」と評価された．他

---

14) 臨時軍事調査委員〔1919a〕には諸交戦国の施設（施策）として，軍需品，国民生活必需品並びにその原料の生産増加，それらの消費を節約制限する方法，その配給を円滑整正迅速ならしめる手段，諸物料（ママ）に対する代用品の利用，戦時における労力の需給調整，国民力の按配統制，物価規正（ママ）し輸出入の禁制を適当に実施せることなど国家総動員のための施策が紹介されている（31頁）．
15) 参謀本部〔1917a〕では「国力」と「生産力」の概念が厳密に区分されて使用されていない．「戦時激増する軍需品需要に適応し得る国力の養成を必要とする」といった表現からは「国力」とは「軍事工業力」とも解釈できる．他の箇所でも「挙国一致国力の涵養発達に努力し」や，「平時工業力の充実」「平素における工業力とその原料」そして「軍の整備と生産力の増進とを互いに平衡せしめざるべからず」など「国力」と「生産力」「工業力」もしくは「軍事工業力」が同じ概念として使用されている．

方，前者(ドイツ)は，平時から国力の発展に尽力し，同時に国家全般の組織を戦争の要求に適応させていたから，開戦になって社会組織の平時体制から戦時体制への転換を迅速に行い得た．それで国力の戦時運用を充分にでき，国軍の作戦に寄与できたと評価したのである．つまり，まず「平時工業力の充実を図り」，その上で「平時の戦時化」，すなわちできるだけ平時を準戦時化して迅速に戦時に移行できるようにしておくことが提言された．その基本が全国動員計画の作成である．

他方，臨時軍事調査委員「参戦諸国の陸軍に就いて」(第1版，1917年1月)では，産業力は軍備の有力な一要素であると位置づけられた．国家総動員の準備を整え，国軍の精鋭無比を期するとともに，国力の増進就中工業原料供給の途を確保し戦争資源の充実を図らなければならないと，国力の増進と資源問題を強く結合させて結論としている[16]．

また第4版の「交戦諸国ノ陸軍ニ就イテ」(1919年3月)では「近世の戦争は国家総力の戦いにして軍隊のみの戦いにあらず．〈筆者中略〉国家総動員の実績を最大ならしむるの基礎は戦争諸資源の充実を図るに在り．〈筆者中略〉戦前極端なる国際分業経済に依り富の増進のみに汲々たりし国家が戦争遂行上周章狼狽の色あり．〈筆者中略〉然れども一方平時国富増進の為には有無相通の国際分業経済を棄つるべからず．〈筆者中略〉要するに経済と戦争との連携調和を図るは実に容易な問題ではなく国家を挙げて研究せねばならない」(56-57頁)(原文カタカナ)．

ここで指摘しておきたいのは，この資料で言及している「国力」とは国富を基礎とした需給両面の経済力を意味していることである．他方，第5版の「参戦諸国の陸軍に就いて」(1919年12月)は「国防上より見たる産業」について論述し，第一次大戦は「軍備が産業力を維持し拡張し発展せしむるに緊要欠くべからざるものなると共に産業力もまた軍備特に戦争力を維持培養増大する直接要具にして産業力は軍備の極めて有力なる一大要素たるを理解自覚せしむるに至れり」とした．それゆえ，国軍の優劣強弱はその軍事力とともに「その産業力の如何を併せ評価するを要する」(37頁)．つまり，ここで臨時軍事調査委員

---

16) 防衛研修所戦史室(編)〔1967b〕30-31頁．

のイメージしている産業力とは「国防は帝国目下の現状に鑑み工業力特に軍需品或いは其の類似品製造技術及び製造力の長足なる進歩発達を要求し」と，いわば軍事生産力[17]と解釈できる記述があったことである(48頁).

確かに，戦時になれば戦争遂行に直結する軍需品製造工業の力がものをいう．しかし，平時，軍需品製造工業だけに，生産(供給)を集中しても，消費(需要)面でそれを賄いきれない．また日本の当時の産業の特質として，非軍事の繊維など軽工業に競争力があった．したがって軍需品製造工業を下支えする意味でも非軍事の軽工業など消費財産業の隆盛が要請されたのである(臨時軍事調査委員は単に軍事工業力のみを充実すべきと述べたのかどうかは議論があろう)．例えば，1920年7月，同じ臨時軍事調査委員が他の報告書では「国防と産業の関係は明白である．一国の整備運用し得べき軍備は産業の振否強弱に関する所甚だ大なり」[18]と述べ，工業原料問題から棉花工業まで，産業を幅広い視点から論じていた．

しかし，国力の増進と資源問題とはどう関連するのか．総力戦体制の確立に向けて，経済政策はどうあるべきかが課題として残る．この問題を正面から論じたのが，小磯国昭『帝国国防資源』(以下『資源』と略称)である．『資源』は，参謀本部から「秘扱」の研究資料として印刷配布され，部内外の注目を集めたといわれている[19]．

ここで言及しておきたいのは，『資源』が作成された経緯である．小磯の自伝によれば，『資源』が作成される契機は，参謀本部ドイツ班長の香椎浩平少佐に推薦され小磯の実弟に翻訳してもらったドイツの戦時自給経済を叙述したドイツ書を読んだことにある．これにひどく感銘を受け，同様の日本版を小磯

---

17)「軍事生産力」とは，軍需品を生産する能力であり，軍事産業力である．通常重化学工業が主体となる．生産力の中で，軍需品の生産に直結した分野を意味する．なおこの概念は村上勝彦の示唆による．

18) 臨時軍事調査委員〔1920〕106頁．

19) 防衛研修所戦史室(編)〔1967b〕40頁．参謀本部〔1917b〕は，「参戦諸国の陸軍に就いて」などと違い小磯個人の研究書である．したがってこの文書の位置づけ，つまり陸軍を代表するものとするのには異論がある．しかし，この研究の完成後の陸軍の扱いは参謀本部の名前で発刊し，小磯の私案であるが，研究資料として価値ありとその閲読を推奨しており，その後の陸軍が採った行動の指針になっていることから，単なる個人の研究資料とはいえないものがある．なお，小磯は満州事変の時の陸軍軍務局長であった．

が班長の兵要地誌班全員で作成することとした[20]．つまり『資源』には，ドイツのモデル本があり，そのモデル本の思考過程に沿って作成された[21]．

『資源』はその緒言において「東亜戦乱準備のため戦争資源を基礎として将に来たるべき経済戦対策案を達観するは吾人の責務なり」（原文カタカナ，以下同じ）と総力戦は経済戦であり，その対策案が本論文のテーマと述べる．総論（第1章）では，まず「長期戦争最終の勝利は戦時自足経済を経営し得る者の掌裡に帰する」とし，経済戦対策案の課題は戦時経済の独立を平時からいかに準備するかであると主張した（戦時自給経済が最大の目標）．そのためには，まず「平時に於ける国富増加の最良策案は国際分業経済の要則に基づき盛大なる国産輸出の利益に依り不足原料の輸入を図るに在り」[22]と，戦時自給経済を構築する平時の原則は自由貿易による国富の増大にあると主張した．

また，大戦後の東洋経済界を考えると「我が経済上に於ける支那の価値実に大なり」．しかし，この中国の原料を欧米人も狙っているので「〈彼らに中国の原料を〉壟断せられざるの処置あること緊要なり」と大陸資源の囲い込みに論及した[23]．ところが平時，極端な国際分業経済を営むものは，戦時輸出入の途絶に基づき諸原料の欠乏に陥って国家は自活の途を失う．したがって，平時・戦時の調節の方策が焦点になる．次の6項目がその答えであり，それをもって帝国国防経済政策の大綱とした．

つまり，日本の戦時自給自足経済の強靱性を高めることを目標に，①輸入貿易を防止して他国への依存度を低める．同時に，②輸出貿易を促進し，③国内

---

20) 小磯国昭／小磯国昭自叙伝刊行会（編）〔1963〕334-335頁．
21) ドイツのモデル本を調査したが，特定できなかった．今後の課題としたい．候補としてはヴォエルケル「戦時に於けるドイツの国民経済」（1909年），ラテナウ『ドイツの原料供給』（1914～15年？）など．クールト・ヘッセ（陸軍省主計課別班訳）〔1941〕参照．
22) 参謀本部〔1917b〕10頁．国富を基礎とした生産（供給）と消費（需要）の両面を反映させた経済力の充実がわれわれの「国力」の充実の定義であり，農業・工業（重化学工業と軽工業）・商業が調和をもって発展していくのが産業力の充実であり生産力の拡充である．そういう意味で平時は軍備整備や資源の確保，なによりもまず生産力の拡充を進めねばならぬという参謀本部〔1917b〕の見解をわれわれはバランスを保ったものと評価している．
23) 当時の軍人たちには，中国の資源が欧米の列強に簒奪されるという共通の恐怖感のようなものがあったように思われる．例えば1919年の『偕行社記事』第544号掲載の森二等主計「世界現勢ノ経済的観察」のなかでも，列強に対する日本による隣邦大陸（中国）の保全を強調している．

資源の保存及び増収を図り，④原料をできる限り貯蔵して，富と資源の集積を図り帝国の自給度を高める．これはF.リストが主唱した重商主義であり[24]，抗争的性格があり，列国がこの政策を採用すれば，貿易摩擦や紛争を惹起することは必定である．

戦時になれば輸出工業の大部分は作業停止し，他方，軍需品製造工業は急激に拡張することとなる．そこで，平時から綿密な⑤工業転換に関する計画を立案すること，例えば機械及び労力(労働力)の転換法，労力・原料の配当に関する統一的計画などの必要性である．最後に，日本は大陸資源に対する依存度が高い．そこで戦時，本土を封鎖されても大陸資源を常時安全に入手(輸入)できるように，対馬海峡にトンネルを建設して⑥大陸との交通連絡を確保すべきだ．

各論は4章にわたっており，その論旨は以下のようになる．まず，人口などを算定の根拠として，日本が第一次大戦のドイツ並みの動員を行った場合の総動員兵力を計算した．すると，「人 900万，馬 200万」であった[25]．この数字を前提にして，「将来亜細亜方面に於ける世界的戦争」[26]に際し，これらの兵馬が動員されたら，食糧，衣料，金属，薬物(化学製品)，燃料などの戦時所要量はどれほどになるかを算定した．この戦時所要量と現在の可能な戦時供給量を比較し，その差(不足)を充足する方策を考究したのである．

戦時になれば，日本の不足原料の入手先は中国以外にはない．中国産原料は，日本の不足原料の大部を補足する．したがって，中国産原料の戦時利用法を平時から研究・準備すべきだ．他方，日本の平時経済政策の最終目標は，日本の強靱な戦時自給経済を造りあげることにある．そのために，国内産業を発達させ，世界流通経済の勝者となる具体的方策を対外・対内経済で掲げた．注目すべきは，対外経済策の冒頭に「日支関税同盟」[27]を挙げていることである．その目的は，欧米列強の対中経済活動から中国を囲い込み，日本の戦時所要量の中国産原料による補足に憂いなきを期するためであった．

---

24) フリードリッヒ・リスト(小林昇訳)〔1970〕175頁.
25) 参謀本部〔1917b〕24頁．ちなみに，太平洋戦争終戦時，陸海軍の総兵力は826万人.
26) 参謀本部〔1917b〕216頁.
27) 参謀本部〔1917b〕148頁．この経済政策は西原亀三の対支経済政策と重なるところがある．小磯と西原の直接の接点は確認できないものの，西原亀三〔1917〕などの対支政策は内容的にも時期的にも(1917年)，小磯のそれと相似している．

総結論では，迅速に戦時自給経済に転換できる状態にしておいて，国際分業経済の利益を自給経済圏に注ぎ込むというものであった．しかし，目標としての強靱な戦時自給経済の確立は，際限なく自給圏内に資源を抱え込むことになるので，当然対外摩擦を引き起こす．また，国力の増進は，資源の自給を中心とした戦時自給経済を確立する手段と位置づけられていた．

以上，三つの報告書が共通に重視している課題は，「総動員計画と機関の設置」である．また，三つの報告書は戦時経済体制を構築する柱として，微妙にその意味合いが違っているが，いずれも国力の充実を掲げている．さて，この点から見て，これらの報告書が構想した戦時経済体制を構築する方策は総力戦の時代に整合していたであろうか．三つの報告書が国力の充実を重視している点は須崎論考の軍部の総力戦理解は軍事力の整備に偏重しているという見解の反証たりうる．

つまり三つの報告書をまとめてみると，戦時経済体制の当初の構想段階では，国力の充実を土台にして軍備整備と資源の確保とが均衡を保って準備するよう制度設計されている．そういう意味では軍事力の基盤は経済力にあることを認識していたのであり，均衡ある戦時経済体制を実現する可能性があった．

議論は『資源』で強調された資源の確保，すなわち戦時自給経済のために中国資源の戦時利用の追求をどう見るかであろう．当時の日中関係は微妙な状態にあった(1915年，21ヵ条要求に基づく日華条約調印)．ただ，関税同盟を構想していたことは，不足資源を輸入によって，つまり融和的な入手を考えていたといえる．したがって中国資源の追求のみを捉えて，戦時経済体制の構想や設計がゆがんでいたと断ずるのは早計ではないだろうか．

(2) ピグー『戦争の政治経済学』

ピグーの『戦争の政治経済学』の特徴は，「戦時期経済」の生理学，解剖学であることである．同時に，戦争の要請から政府は市場に介入せざるを得ないが，その場合，国民の負担や犠牲は最小限にすることを目標にしている．戦時の経済運営を論じているので，諸々の経済統制は緻密に議論されているが，上述の日本の軍人たちのあるべき戦時経済体制の構築方策の議論や平時から戦時への迅速な移行を主眼とした政府の産業動員計画などには言及していない(大

戦での英国の経験から当然作成されるという前提があるのかもしれない).

　第1章は序論であり，第2章「戦争の暗翳」で，戦争が経済に与える影響を論じ，それに対応するため戦争の進展段階に応じて直接充当できる財・用役の総量を実質戦争資財(real war fund)と称した．それを捻出するための政府の市場介入策，つまり経済統制を論じていく．「戦時でも，平時でも，一国の基本的な人的・物的資源には，変わりはない．ただし，それらは別の水路に移動し，関心の中心点が変化する」[28]．別の水路に移動させるのが経済統制である．経済統制策には，その後日本でも議論になる方策が一通り出てくる．

　本書で，ピグーが最も力を入れていると思われるのが，戦費をどう賄うか，すなわち戦費調達論である．税金か公債か，任意公債を消化する技術などである(後述)．日本の軍人たちはこの点について具体的に議論していない．本書を読むと，イギリスの伝統的発想なのであろうか，戦時でも貿易は自由に行われているという前提があり，不足する資源は輸入すればよく，そのためには外貨や正貨があればよい．したがって問題は資源現物ではなく，それを購入する資金なのである．一方，日本の軍人たちは，封鎖されれば貿易は不可能になり，当然不足資源も輸入できなくなる．したがって資金を持っていても意味はなく，資源現物を確保する必要がある．そこから資源確保のためのアウタルキー思想が生まれた．もともと，ドイツなどの内陸国で周囲から包囲され，封鎖される可能性のある国ではこのようなアウタルキー思想が自生した[29]．ただ，日本でも英国的な戦時経済思想が無かったわけではない[30]．しかし，結局，大勢はア

---

28) Pigou, A. C.〔1921〕．邦訳は1940年の改定版を底本とした大住龍太郎訳『戦争の経済学』(今日の問題社, 1941年)を参考にした．
29) フリードリッヒ・リストの政治経済学の背景に安全保障上の危機意識があった．プロシャはナポレオン戦争後，ロシアとフランスが接近，両国に挟まれる形になる．リストはとりわけロシアに脅威を感じた．それが著書『農地制度論』で土地整理によって交錯圃制度に縛られた零細農民を中農民に変え，あふれる農民の移住先として北アメリカではなく，ハンガリー方面を選定した理由である．ハンガリーはその潜在的能力とドイツに隣接する南東地域という地政上の位置ゆえにロシアに対する防塞となるからである(フリードリッヒ・リスト(小林昇訳)〔1974〕141-144頁)．また，前述のように，小磯の『資源』は，ドイツの戦時自給経済に関する書物をモデルにしていた．
30) 1884年，福沢諭吉の『時事新報』に「国を富強するは貿易を盛大にするに在り」と題した社説が掲載されている．「古へは国を富ますと兵を強くするとは自から別問題に属し，富国必らずしも強国ならず，強国必らずしも富国ならざりしと雖ども，今や則ち然らず．富国

ウタルキー思想に傾倒していったのである(後述).

　ピグーは大戦に従軍し,戦争の現実に衝撃を受け,教壇に戻った時全く人が変わったといわれた.戦争から帰還したピグーは,『戦争の政治経済学』[31]を上梓する.本書は日本の経済学者,ピグー研究者の間では,あまり議論されていない[32].ここでわれわれが注目したいのは,ピグーは戦時の経済学には平時の経済学とは異なる別種の理論体系を要すると考えていたことだ[33].われわれが,この点に注目した理由は,その後の戦時経済思想や体制を検討する時,戦争の経済理論面の分析では,ピグーのように別種の理論体系で戦争経済を解明しようとするグループと,平時の経済理論の延長で,これを解明しようとするグループに分けることができるからである.

　ピグーの『戦争の政治経済学』の内容を,戦時経済(体制)での論点を踏まえながら,要点のみを述べれば,次のようになるであろう.ピグーによれば,一国の実質戦争資財を引き出しうる重要な源泉は四つある.①生産の増加,②個人的消費の節減,③新投資の形態における投資の削減,④現存資本の減耗である.この実質戦争資財を大ならしめるか否かが,戦時経済の政策運営の長短を判断する尺度にもなりうる.ここで①の「生産の増加」とは,失業者の吸収で

は即ち強国にして,強国は即ち富国なり.〈筆者中略〉故に今日の戦争は兵士の戦争にあらずして機械の戦争なり.機械の良否多寡は資財の多少に関す.〈筆者中略〉果して然らば今日の戦争は,機械を闘はすものなりと云はんより,富を闘はすものなり〈筆者中略〉.他に後れを取らざらんとするには,必ず先ず国富まざるべからず,兵強からざるべからず.而して富を致すの道は唯外国貿易を盛にするに在り」.この社説は英国の例を挙げ,「英国は世界第一の貿易国にして,世界第一の富国なり.〈筆者中略〉富は貿易より生ず,富の貿易を生ずるにはあらざるなり」と説いた.慶應義塾(編)〔1960〕351-353頁.

31) Pigou, A. C.〔1921〕参照.
32) 本郷亮〔2007〕でも,『戦争の政治経済学』は,戦争の経済的要因に言及した部分のみ採り上げられて,戦争時の経済の解剖学としての本題は論評されていない.一方,武藤功〔2007〕は比較的簡潔にピグーの本書を,戦費調達を焦点に,ケインズの『戦費調達論』と対照させて論じている.
33) ピグーは本書の緒言で述べている.「アダム・スミスの時からイギリスの経済学者は,平常の状態における経済過程の作用を研究してきた.〈筆者中略〉ところが,1918年11月終焉した4カ年の間に,ヨーロッパは戦争による苦悶へと陥った.戦争のために緊迫し,重圧を蒙った経済とはどんなものなのか,その経済に関する解剖学,生理学とはどんなものか.従来の「政治経済学」の外に,更に「戦争の政治経済学」という姉妹編が必要となった」(Pigou, A. C.〔1921〕pp. 1-2).

第1章　戦間期の戦時経済思想

あり，余暇の切り詰め（有閑階級の人間が，軍人など活動的な労務者になること，そして課税も含む）である．②の「個人的消費の節減」は比較的（第6章で）詳しく論じている．この関連で「戦時における家庭婦人の産業活動の大部分が一国の生産力のプラスにならず，既存の生産力を個人的消費から，戦争の用途に振り向けたものに過ぎない」[34] と，そのような婦人の活動が生産力の増加と考えていた通念をひっくり返したことである．③の「投資の削減」は新しい投資に振り向けられる資源の削減である．つまり，非戦争用の新投資を節約すれば，戦争用の資源に大きなプラスになる．いわゆる「戦時の財政・金融統制」であろう．④の「現存資本の減耗」とは資本の民生用から軍需用への振替であり，民生資本の維持費を戦争に振替ることである．交戦国が閉鎖経済でなければ，（外国借款という形の負債である）外債によっても戦争用の物資を製造できる．

第5章では「戦争の実質的及び貨幣的負担と支出」（実質的な戦争資源の動員は政府の監督下，予算機構を通じて行われること）を論じ，第6章では「個人的な節約の選択」として個人的消費の節減を論ずる．この章で興味深いのは，民衆が輸出できない凝った手製のレースを購入するのを控えたからといって，レース職人に，それを作る以外に能力がなければ，この職人の労働力は国家の戦争必需品に対してなんら寄与し得る生産力を解放することはできない，つまり，「民間の労働から解放されたその生産力が，戦争の遂行に必要なものの生産に，どの程度適合しているかということによって左右される」[35] としていることである．「企業整備」の本質的問題点を指摘し，後に日本の戦時経済体制で当然のように思われていた通念がこの時期，ピグーによって，その誤りを指摘されていた．そして第7章では「政府の徴発」を論じた．この章で注目したいのは，政府が特定の物資や労働力に介入する方法を紹介していることである．商品の流通に対する介入はまさに，日本で行われた物資動員計画の考え方である（政府は自己の必要額だけをとっておき，残った部分を国民の間に分配する計画を樹立）．

第8章では日本の軍人たちが殆ど行わなかった実質戦争資財の具体化である戦費をどう調達するかという議論に入る．それは税金か公債かという問題であ

---

34) Pigou, A. C.〔1921〕p. 37.
35) Pigou, A. C.〔1921〕p. 54.

る．ピグーは様々な側面から考察して，公債(国内)よりも，租税が妥当であるのは明瞭だという．ただし，ここに考慮せねばならない大きな問題は戦争の期間の件である．戦争が短期戦で終わるなら，税金で賄うことに問題はない．しかし，長期戦になると，実際に第一次大戦で英国政府が採ったように，税金では賄いきれず，公債に頼らざるを得なくなる[36]．

　従来，公債は将来世代に負担を転嫁するという意味で世代間不公平をもたらすと批判されているが，そうではないという．すべての戦時公債は，国内で消化されるから，公債発行によって政府部門の負債の増加とちょうど同額の民間部門の資産の蓄積が生じている．この意味で世代内の所得移転である[37]．問題は公債や税金などの戦時負担の公正な配分はどうあるべきかである．ピグーは累進的な負担こそ，社会的正義にかなう負担の原則であり，戦時には平時の課税原則以上に金持ちに負担させるべきだとした[38]．

　社会的正義にかなった戦時負担という問題意識こそ，厚生経済学という分野を確立するピグーをピグーたらしめる所以であろう．しかし，戦争が長期戦になれば，実質戦争資財では賄いきれないインフレになる．それをどう具体的に解決するかは，ケインズの『戦費調達論』(1940年)の提案を待つことになる．

　第11章は「価格統制」である(この問題は戦時経済の最も困難な問題の一つである)．ピグーは戦時経済において価格統制は当然だという．戦争により法外な利潤を得るものを阻止すること，最高価格制がやり方によっては有効なこと，そうするために，極めて緻密な統制システムを構築した．ここでも原料や食糧は戦時でも輸入できるという前提がある．

　第12章は「消費者に対する割当制」である(犠牲の平等化ではなく犠牲総額の最小限化，必要に基づく割当の調整となる)．

　第13章は「優先権と会社に対する割当制」である．これは希少物資の諸々の用途の間に於ける優先権制度の設計であり，民間部門への配分調整である．日本では戦時期，商工省(軍需省，農商省)がこれを行った．

　総括すると，日本の軍人たちが構想した戦時経済体制を構築するための平時

---

36) Pigou, A. C.〔1921〕pp. 84-85.
37) 武藤功〔2007〕187-188頁.
38) Pigou, A. C.〔1921〕pp. 81-82.

の目標である，①軍事力の整備，②生産力の拡充，③資源の確保等に対して，ピグーの『戦争の政治経済学』は，戦時期の経済運営のあり方を論じている．重要なのは実質戦争資財を充実させることであり，国の人的・物的資源，実質戦争資財や戦費を引き出しうる重要な源泉に手当することであった．それがピグー流の「戦時期経済」体制の運営法であった．しかし，このことは，日本の軍人たちの戦時経済体制を構築する方法とピグーの「戦時期経済」体制の運営法が全く無関係であることを意味しない．前述したように日本の三つの報告書の根底には，経済力としての国力の充実という目標があった．資源確保の問題(すなわちアウタルキーの問題)が前面に出てくるのは日英同盟の廃棄，対米戦への考慮によって封鎖されるという恐怖が軍人たちを捉えだしてからである．

2　体制構築の途

（1）始動と停滞

　国家総動員(計画)の制度化には，総力戦経済体制に向けた二つの狙いがある．一つは，平時経済体制から戦時経済体制への迅速な移行であり，もう一つは国家総動員(国力を戦争に集中する)体制をつくることである．軍は，前者を「軍需工業動員法」で，後者については総動員計画を担当する中央機関を設立することで，その端緒を実現させた．

　軍需工業動員法が成立したのは，前述の三つの報告がなされてから1年ほどたった1918年4月である(第一次大戦はまだ休戦に入っていない)．同法は陸軍が主務になって請議推進したが，その直接の狙いは，1917年ロシア革命後の極東情勢に備える戦争準備の意味をもっていた[39]．結果的に，前述の三報告で強調された総動員計画の一部実現といえる．同法はまず陸軍省が中心となって検討起案された．陸軍省は，参謀本部等部内の調整を終えた後，海軍省と法制局との内調整を行い，1918年2月に成案を得た．陸軍省がとりまとめ，陸海軍大臣が連署した軍需工業動員法案は，3月初旬，衆議院に提出された．

　議会における審議の際，政府側の説明員には，前述の「必要ノ議」の報告者，

---

39) 防衛研修所戦史室(編)〔1967b〕51頁，原出所は「大正七年陸軍省密大日記」(雑の部)．

鈴村吉一少佐の名前がある．鈴村少佐は，欧州各国での工業動員制度創設の経緯とその後の整備強化の状況の概要等を説明した．軍需工業動員法は，4月中旬，1918年法律第38号として制定された．その内容には，第一に戦争に際し軍需関係の工場や事業場を管理，使用あるいは収用し，そこに強制的に労働力を配置して平時経済から戦時経済への転換を図ることがある．第二に，軍需生産の拡大や軍需輸送の円滑化を図るとともに，平素から軍需生産力の実態を把握し，さらに軍需関係の企業に一定の援助を与えてその保護育成を図ろうとするものであった[40]．

換言すれば同法は，全国の企業を軍需関連と非軍需関連(民需)企業に区分し，前者について平時から保護育成し，戦時に際してはその企業を「差し押さえ」[41]て強制的に労働力の配置も含めて管理統制し，戦時経済に転換させ，戦争に効率的に対応しようというものであった．いわば，軍需生産力の平時からの育成(この比重は低かったが)と，戦時に際しての国家の管理を規定した法律であった．この法律によって，軍事に関連ある諸産業の生産力の実態を調査把握し，特定の軍需産業に奨励金を与えてその振興を図ることも可能となった．軍部の経済過程への介入は，この法律の制定によって根拠を与えられた[42]．

軍需工業動員法施行に伴い，軍需局という中央機関が創設された(1918年6月)．軍需局は，「内閣総理大臣ノ管理ニ属シ軍需工業動員法施行ニ関スル事項ヲ統轄スル」機関であり，総裁は内閣総理大臣，次官は陸海軍両次官であった．軍需局開庁の目的は，「工業動員ノ事タル其ノ範囲極メテ広汎ニシテ〈筆者中略〉之力調査計画ノ統一機関ヲ特設スルニアラスンハ法ノ運用全キヲ期シ難」[43]いからであった．

政府は，軍需工業動員法を朝鮮，台湾，樺太，そして関東州と南満州鉄道(満鉄)付属地に施行した(1918年10月)．また軍需調査令を制定した(1919年末)．これは，軍需工業動員計画にしても，国家総力の統制運用計画にしても，戦時の需要と供給を質と量と時期の点で最も効率的に調整するものである．したが

---

40) 加藤俊彦〔1979〕75頁．
41) 有澤廣巳〔1934〕76頁．
42) 加藤俊彦〔1979〕80頁．
43) 防衛研修所戦史室(編)〔1967b〕73頁．原出所は大正七年内閣訓令第一号．

って，必要な諸要素のすべてにわたる最新の正確な各種データをそろえることが第一に必要であった．そのための軍需調査令である．

調査の範囲は，まず主として工場，事業場，船舶，鉄道，軌道，海陸連絡輸送設備にわたり，人員，設備，機械器具，材料，原料，燃料，動力に及び，更に進んで，軍需品中，必要なものの取引，保管業者に至るまでも調査するよう規定された．調査の方法としては，報告者に対し一々様式を配布してこれに記入させる形をとった．

調査は，毎年12月末日現在の状況について行い，翌年2月15日までに報告させる．これによって，1919年以降，毎年12月末日現在における諸調査資料が定期的に提出報告される体制が整備された．なお，軍需調査令は1929年12月1日，資源調査法と資源調査令[44]が施行されるに及んで廃止されたが，実質的に後者に受け継がれた．

軍需局は，内外にわたる軍需資源の調査，工業動員の計画準備，軍需品生産能力の増進，戦時法規の立案，審査等の業務と取り組んだ．しかし，その事務内容は，広範かつ複雑であり，その進捗は容易ではなかった．とりわけ，軍需工業動員計画の策定については，研究途上で組織の統合・廃止があり，後の資源局という総動員機関の復活を待たねばならなかった．したがって，軍需工業動員計画は陸軍の陸軍軍需工業動員計画のみが先行して策定されていた．

政府は，1920年5月，内閣統計局と軍需局を統合して国勢院とし，軍需局業務を拡大した．しかし，その2年半後，1922年10月に国勢院は解体され，軍需局の後身である国勢院第二部は，その業務を継承する機関を設けることなく11月1日に廃止された．これに伴い，軍需局関係法令も廃止され，残ったのは軍需工業動員法と軍需調査令のみである．

（2）復活と発展

陸軍は，第一次大戦後の軍縮の風潮の中で，縮小されていた総動員関係機関

---

44) 二つの資源調査法規は調査対象資源を軍需資源調査より幅の広いものにした．前者は国家総動員の関連で広く資源を調査する必要があるという趣旨で立案されたものであり，後者は，その資源調査の範囲，方法等を更に具体的に規定したものである．防衛研修所戦史室(編)〔1967b〕264, 671 頁.

や総動員体制を復活整備するようかねてから政府に働きかけていた．その結果，第一次大戦後の軍縮期に，一旦解体された国家総動員中央機関(国勢院第二部)は1927年5月の資源局官制及び同年7月の資源審議会官制の制定で復活した[45]．資源局とは，「内閣総理大臣ノ管理ニ属シ」主として「人的及物的資源ノ統制運用計画ニ関スル事項ノ統括事務」を執行する機関で，その施策目的は総動員であり，「総資源の統制運用を全うして，軍需と民需を充足する」ことであった．

資源局は，単なる軍需局の復活ではなかった．両局はともに総力戦への対応の中心となる．ただ軍需局は「軍需品の充足」「軍需品の自給自足」を最終目的に掲げ，関心の対象を軍需品においていた．他方，資源局は，戦時に要求される国家の戦争遂行力(軍需・民需の充足)を最大限に向上するため統制運用の対象を総資源においていた．これが，国家総動員思想である．この資源局設置に至る政府の国家総動員機関の設置準備努力の中で，難航する設置準備委員会の審議を推進してまとめ上げたのが，委員会の陸軍出身幹事永田鉄山大佐であった．

資源局は，まず，資源調査法案を1929年4月に貴・衆両院において成立させ，同年12月に全国に施行させた[46]．資源調査令の特色は，その別表にあった．別表では，調査担任各省(外務，内務，大蔵，文部，農林，商工，通信，鉄道)ごとの調査項目，調査の時期，報告の細部に関する事項を規定していた．

1926年9月，陸軍は国家総動員，軍需品整備に適応する陸軍省官制を改正し，整備局を新設した．陸軍省整備局は10月1日に発足し，陸軍軍需工業動員計画の精到を期するとともに国家総動員業務推進の中心となった．新設整備局の初代動員課長には前述の永田鉄山が任命された．永田の国家総動員思想は，1927年12月に大阪で行われた永田の講演記録『国家総動員』にみることができる〈以下筆者要約〉[47]．

第一次大戦後，国防力を形成する因子として，軍備以外の他の重要なもの

---

45) 防衛研修所戦史室(編)〔1970〕9-10頁．
46) 因みに，1929年11月「資源調査法ヲ朝鮮，台湾及樺太ニ施行」及び「関東州及南満州鉄道付属地並南洋群島ニ施行ノ件」が公布されている．
47) 永田鉄山〔1928〕．

第 1 章　戦間期の戦時経済思想

が産まれ出ている．今日の戦争は，国民的性質を帯びてきた．戦争の規模が大きくなり，期間も自然長引き易くなり，武力戦の外に，科学戦，経済戦，政治戦や思想戦がある．戦争が進化したので，この戦争を対象とする国防施設も変化してきた．軍備そのものも，同時に軍備以外にも戦力化し得べき一国の有形無形のあらゆる資源は，総てこれを挙げて組織し，統制し，運用して，いわゆる挙国的の国防力を発揮するというために之に応ずる施設〈施策：筆者〉をも必要とするに至った．今日の国家総動員準備計画とは，「あらゆる国力を組織統制して，戦争力化すべき準備を整えよう」という施策にほかならない．

このように永田は戦時経済体制を構築する上での国家総動員を強調したのである．

（3）総動員期間計画[48]

総動員期間計画とは，軍需局で作成できなかった総動員計画を資源局になって作成したもので，有事を想定し，各種資源(ヒト，モノ，カネそれに制度・組織)の戦時需要と戦時供給力とを調査し，その需給の調整と対策を図るものである．

「最初に作られた総動員期間計画は暫定総動員期間計画と呼ばれている．計画する資源の範囲を限定し，計画の程度(精密さ，精細さ)を制限したので暫定という 2 字が冠せられた．この計画は 1933, 34, 35 年の 3 カ年間適用する目的で，1930, 31, 32 年の 3 年がかりで作業が予定された．第 1 年に資源の現況，戦時供給力を調査し，戦時の軍需，国民生活需要額を算定した上で，第 2 年に各資源の配当補塡の綱領を作成し，これに基づいて第 3 年に各庁が再調査，再検討して提出する．このやりとりが幾度となく繰り返された」[49]．満州事変が勃発して若干の影響を受けたものの，1932 年 6 月，一応計画綱領案の作成にこぎつけた．

野村実『太平洋戦争と日本軍部』によれば，「海軍の「年度出師準備計画」[50]

---

48)「期間」が挿入されているのは，それまでの総動員計画と違って，作成に数年(通常 3 年)かけるためである．したがって計画適用期間も数年(3 年)になる．
49) 高崎正男〔1965〕27-28 頁．

第Ⅰ部　戦時経済体制の構想

と陸軍の「年度動員計画」[51]「年度軍需動員計画」[52]は相互に全く協議されていなかった」とされている[53]．果たしてそうであったろうか．1927年に資源局が設立されて以来，陸海軍から将校が事務官として資源局に派遣されていた．そこでのちの国家総動員計画になる総動員期間計画が1930年頃から作成されていた．その作成時には，局員となっていた陸海軍のスタッフが，それぞれ省部(陸軍省と参謀本部，海軍省と軍令部)と調整しながら(対ソ・対米戦)の戦時需要額を提出していた．その戦時所要数や所要額が基本となって，需要と供給が突き合わされ，不足がある場合には対策が検討されていたのである．

つまり，総動員計画機関である資源局を通じて陸海軍の戦時所要が調整される体制にあった．暫定総動員期間計画，第二次総動員期間計画作成にあたっては，共通の有事想定の下，それぞれの年度動員・軍需動員計画および出師準備計画に基づき，戦時需要を資源局に提出し，需給ギャップの対策・補塡について検討していた．そういう意味では，総動員期間計画作成を通して，それらの計画の調整がなされうる体制にあったことはまちがいない(制度的には計画実現の可能性が準備されていた)．総動員期間計画の想定している戦争期間は3年以上である．2年までを短期戦とすれば，この想定は長期戦を想定しているといえる[54]．陸海軍ともに，同じ長期戦の想定で戦時需要なり，補塡措置などについて研究していた．

第二次総動員期間計画は「昭和11, 12年度に於て開戦の場合に適用する」目的をもって，1934～35年に作成された．その計画作成の手順は，暫定総動員期間計画と同様であり，我が国の各種資源の供給力の調査からスタートした．

---

50) 戦争勃発に対処して，全海軍を迅速に戦時状態に移行させ，戦争期間中の戦闘力発揮に遺憾のないようにするため，平時から艦船部隊・特設艦船部隊等の整備手順，器材の準備，人員の充実補充・速成教育・兵器軍需品・燃料・衣糧・治療品等の充実補給，運輸の方法等について細部計画を定め，必要な準備を進めておく策案．防衛研修所戦史部[1980]．
51) 陸軍の編制を，平時(常時)の態勢から作戦遂行に適応できる態勢に移す計画．
52) 戦時または事変に際し，陸軍の建設・維持・拡充と運営に必要な軍需品の研究・審査・整備・供給と運輸に関する組織並びに業務を，平時状態から戦時状態に移し，かつこれを継続・拡充する計画．防衛研修所戦史部[1980]．
53) 野村実[1983]276頁．
54) その根拠は，「国家総動員計画関係書類」(防衛研究所図書館所蔵)の中の戦時需要調書には，それぞれの物資について開戦第3年以降の所要量の調査項目がある点である．

第1章　戦間期の戦時経済思想

次に有事の想定に基づいて，それら各種資源の所要を算定し，需要と供給の差を調整する対策を明らかにするものである．

この第二次総動員期間計画の想定は「陸軍の対北方作戦(対ソ戦争)と海軍の対東方作戦(対米戦争)を同時に全面的に発動する」というものであった[55]．このような想定であれば，当然所要は膨大なものとなる．どのような対策が考えられていたのだろうか．例えば，後に問題になる鋼材についてはどうなのであろうか．

現存する1936年12月26日付の「第二次期間計画ノ概要」によれば，鋼材の戦時総需要額は年約420万トンで，これに対する鋼材生産能力は約500万トンである[56]．したがって鋼材の原料にあたる鋼塊，銑鉄，屑鉄，鉱石などの生産・入手量が生産高の決め手になる．既に作成されていた暫定総動員期間計画ではこれら原料の不足に対しては，国内鉱山の開発や増産，設備の拡張新設，国内需要の節約または鉱石，屑鉄等増加の対策を掲げている．しかし，この第二次総動員期間計画では，屑鉄で約300万トンの不足を生じ，上記のような対策では実効あるものにはならず，製鋼法に一大改革を加える以外に方法がなかった．したがって，遅くとも開戦を予期するようになったら，速やかに現設備を鉱石法によるものに改めるとともに，これに必要な設備を増設するよう計画を修正した．その結果，屑鉄の所要量を減らすことができたが，かわりに銑鉄を得るための多数の溶鉱炉と，また鋼を得るための所要の平炉と予備製鉄炉を新たに建設することが必要になった．当然，このような設備は完成までにそれぞれ1年半から2年を要するので，この間は依然としてこれまでの製鋼法に頼らねばならない．したがってなお，かなりのこれらの原料の貯蔵と輸入を必要とした．

またこれらの準備が不十分のままで開戦になると，(需給バランスの)不安は少なくないものがあり，国民生活に対し極度の節約を強行する特別の処置など計画しなければならなくなるのである[57]．第二次総動員期間計画の鋼材部門のこの結論が示唆するものは，対ソ・対米二国同時戦争の開戦を予期しての準備

---

55)　防衛研修所戦史室(編)〔1967b〕524頁．
56)　陸軍省〔1936〕参照．
57)　防衛研修所戦史室(編)〔1967b〕514頁．

第Ⅰ部　戦時経済体制の構想

期間は少なくとも 1.5〜2 年以上必要だということである．それより準備期間が短ければ短いほど需給バランスに不安を生じ，国民生活に悪影響を与え，戦争遂行の弾発力(ママ)を失う恐れがあるということであった．

　戦時経済体制を構築する途上での総動員期間計画のこのような作成手順や思考過程そして結論は，かろうじて体制実現の可能性を保持していると言える．対ソ・対米二国同時戦争という想定自体に無理があるという見解もあるが国防方針自体が統一できなかったのである[58]．その制約の中で作業し，戦争遂行のためには準備期間は少なくとも 1.5〜2 年以上必要などの提言は評価に値しよう．なによりも，各省庁挙げて，日本の各種資源の戦時供給力を調査したことは総動員計画作成の基礎データを得たことになる．

　一方で第二次総動員期間計画では，1936 年に陸軍が徴用予定船として，運航見込みを調査指定した船舶は約 48 万総トン，120 隻であった[59]．しかし，「1940 年 12 月現在，(陸軍が)徴用中の船舶は約 90 万トン」[60]であった．すなわち，日中戦争の時ですら，第二次総動員期間計画で想定した徴用船舶の倍以上の船舶を徴用していたのである．こうした事実から，この総動員期間計画の想定は対ソ・対米二国同時戦争であるが，実際の作業では，楽観的な見通しから，戦時所要を算出していたと見なしうる．

3　アウタルキー思想と日満経済ブロック

(1) 日満経済ブロックの経済思想的背景

　1931 年 9 月，関東軍の謀略により満州事変が生起した．関東軍は，何故このような危険な軍事的冒険をおかしたのであろうか．その動機と日本の戦時経済体制の構築とは，どう関連しているのであろうか．その視点から，事変を主体的に推進した石原莞爾や板垣征四郎等の発言を検討してみたい．

　1928 年 1 月，第 3 回木曜会(1927 年に鈴木貞一を中心として組織された陸軍の革新を目指す中堅将校の勉強会)の会合で，石原は「我カ国防方針」について発表し

---

[58] 帝国国防方針が統合できず迷走した経緯は，黒野耐〔2000〕に詳しい．
[59] 防衛研修所戦史室(編)〔1967b〕492 頁．
[60] 船舶残務整理部(編)〔1946〕10 頁．

第1章 戦間期の戦時経済思想

ている．その要点は，次の通りである[61]．

　将来戦は国家総動員に依る消耗戦ではなく，殲滅戦である．この戦争は，日本内地よりも一厘も金を出させないという方針の下に賄わねばならない．対露作戦の為には数師団で十分，全支那を根拠として遺憾なくこれを利用すれば20年でも30年でも戦争を継続することができる（原文カタカナ）．

　この発言から読みとれるのは，石原は，対露戦争のために満州だけでなく全中国を利用（領有？）しようとしていたということである．石原は，その年（1928年）10月に陸軍大学校教官から関東軍参謀に着任し，1929年7月，軍内で「国運転回ノ根本国策タル満蒙問題解決案」（以後「国運転回解決案」と略称）を発表した．その要旨は以下の通りである[62]．

　三　満蒙問題解決方針
　1　対米戦争の準備成らば直に開戦を賭し満蒙の政権を我手に収む
　2　若し戦争の止むなきに至らば東亜の被封鎖を覚悟し適時支那本部の要部をも我領有下に置き我武力により支那民族の進路の障壁を切開し東亜自給自活の道を確立し長期戦争を有利に指導す（原文カタカナ）

　満蒙問題とは，中国の国権奪還運動による満蒙地域に於ける日中の衝突である．それを石原は軍事力を行使して解決しようとしていた．時機は対米戦争の準備ができた時である．そうすると，満州事変の目的は満蒙問題の解決，すなわち中国による国権奪還運動の軍事力による封じ込めである．それを契機に満蒙を占領，できれば中国関内（万里の長城以南）も領有して日満支自給経済圏の確立を目指していた．

　1929年10月，ニューヨーク株式市場が大暴落し世界恐慌が始まり，米国経済は混乱に陥った．こうした米国の状況を踏まえた上で，石原は対米戦争覚悟の満蒙問題解決を決断する．その構想は，1931年4月の下記の「満蒙問題解決ノ為ノ戦争計画大綱（対米戦争計画大綱）」[63]に見てとれる．この時期の石原の戦争観は，将来戦の予測ではなく，満蒙問題解決（満蒙の領有）のために武力を発動し，やむを得ざれば，米・中・英・ソとも交戦しようというものであった．

---

61) 木戸日記研究会・日本近代史料研究会〔1974〕367-372頁．
62) 角田順（編）〔1971〕40頁．
63) 角田順（編）〔1971〕70-72頁．

戦争の経過不良にして広く世界の封鎖を受くる場合は国内及占領地を範囲とする計画経済を実行して断乎戦争を継続し進んで我産業の大進展と支那の大改新を策す．また我領土が敵機に対し甚だしく不安なるときは主要なる政治経済施設を逐次大陸に移すことあるべし(原文カタカナ)．

当時，石原が構想していた戦時経済体制は，軍需工業動員を発動した計画経済であり，占領地の軍備は占領地による自給というものであった．

上述の石原の一連の発言を見ると，石原の中では満蒙問題の解決と対米戦は連動している．それなら石原はいつ頃から対米戦を意識するようになったのであろうか．太平洋戦争開戦時の参謀本部第一部長(作戦部長)田中新一は戦後次のように回想している．「石原の漢口時代(1921年)が重大な転機だった．この時代に最終戦争観(対米戦争)が芽生えた．戦争史的検討から，石原は支那問題は結局米国問題だ．米国との対決を辞さない日本の決意と準備を欠いては，支那問題を永久に解決できぬ，という明確な結論を打ち出した」[64]．しかし対米戦の決意と中国問題の解決がなぜ結合するのか．その理由を解く鍵は石原の「「戦争史大観」の由来記」にあるように思える．

第一次大戦を通じて「ロシヤは崩壊したが同時に米国の東亜に対する関心は増大した．日米抗争の重苦しい空気は日に月に甚だしくなり，結局は東亜の問題を解決するためには対米戦争の準備が根底を為すべきなりとの判断の下に，この持続的戦争に対する思索に漢口時代(1920〜21年)[65]の大部分を費やした」[66]．

持久戦の研究中に佐藤鉄太郎海軍中将の『帝国国防史論』の海洋国家論について，一応評価しながらも，日英の大きな違いを見過ごしているとして批判，むしろナポレオンの対英戦争を研究すべきだと，「陸をもって海を制する国策」[67]を考察した．

石原はこうして，対米戦争を検討する時，戦争史研究の中のナポレオンの対英戦略である大陸封鎖をアジアに適用することを着想した．英国が米国であり，

---

64) 「近代日本の100人」(『文藝春秋』1964年8月号)310頁．
65) 五百旗頭真〔1971〕70頁．本年表は単なる年表ではない．記事の内容，丁寧な調査に裏付けられた注の数など「年表論文」とも称すべき緻密さと重厚さを持っている．
66) 石原莞爾〔1972〕117-118頁．なお，「「戦争史大観」の由来記」は1940年に書かれていることに注意する必要がある．
67) 五百旗頭真〔1971〕70-71頁．また加藤陽子〔2007〕97-98頁でもこの点が指摘されている．

第 1 章　戦間期の戦時経済思想

ヨーロッパ大陸が中国大陸である[68]．これによって満州事変前の石原の一連の発言，すなわち中国大陸に盤踞して，米国の封鎖に備えるとした対米戦覚悟の満蒙問題を武力解決する思想の由来が示唆されよう[69]．対米戦を意識すると封鎖されることを覚悟しなければならない．封鎖に対応するために，自給自活の道すなわちアウタルキーの道が俎上に上がってきた．

　もう一人の満州事変実行者板垣征四郎は，1931 年 3 月，陸軍歩兵学校で「軍事上より観たる満蒙に就いて」[70]と題して講話していた．まず，「満蒙の資源は頗る豊富にして国防資源として必要なる殆どの資源を保有し帝国の自給自足上絶対必要なる地域なることが明瞭であります」と述べ，ところが今や東四省（満蒙）では中国側の利権回収熱に基づく排日運動が盛んで「日支抗争時代」となっている．このような「満蒙問題の解決は外交的平和的手段のみを以てしては到底其の目的を達成できない」と結論し，「満蒙は対露作戦に於いては主要な戦場，対米作戦に於いては補給の源泉を成す」と付け加えた．

　板垣は，満蒙問題を軍事力で解決すること，及び満蒙の資源は対米戦の補給の源泉となりうるほど豊富であり，自給自足が可能であると考えていた．明確に満蒙がアウタルキーを成立させる地と見なしていたのである．

　一方，事変前の『偕行社記事』における満州関連の記事には「経済的に見たる我国の満蒙に於ける地位」[71]（1930 年）と「満蒙問題について」[72]（1931 年）があり，その主張は，前者が「満蒙はその産する資源価値に至りては食糧問題解決上，国内産業開発上必要とするのみならず有事国防資源充足上唯一無二の給源たり」と結論し，後者はいかに日本の満蒙における「特殊権益」が圧迫，侵害されているかを訴えていた．

　他方，満州事変にまたがる時期の『偕行社記事』や『陸軍主計団記事』を見

---

68) 石原莞爾〔1942〕307 頁の「ナポレオンの対英戦争に就いて」で，「もし，このヨーロッパ大陸の経済一体化を図って英国に対抗し得る状況に置いたならば，〈ナポレオンは：筆者〉非常に，合理的に戦争ができた訳であります」の一文がある．
69) ただ，われわれは，石原が日英同盟が廃棄される（1922 年）前に，独自の戦争史的検討から対米戦を意識し，封鎖の対策を検討していたことに注意せざるを得ない．
70) 小林龍夫・島田俊彦（編・解説）〔1972〕139-144 頁．
71) 『偕行社記事』〔1930〕85-100 頁．
72) 『偕行社記事』〔1931〕19-147 頁．

ると(章末の別表「軍人による戦時経済関連の論説」参照)，経済封鎖関連のものが目に付く．事変前の1929年の遠藤二等主計「経済封鎖に就いて」[73]では，「将来戦争については世界戦争当時よりも一層深刻な経済封鎖の出現を予期しなければならない」．したがって，この「経済封鎖の脅威」に対処するには，「資源の獲得利用等に関して一層努力する必要がある」としていた．

また事変後，国際連盟を脱退した1933年，陸軍航空本部一等主計中島金護の「経済封鎖を顧慮し，満蒙資源の価値及び利用の方策を論ず」[74](懸賞論文)の結論は，「満蒙は我が国防上特に重要であって，将来我が国が経済封鎖の国際的制裁を受くる場合ありとするも，我が国にして満蒙に確固たる地歩を占め，其の効果を十分に発揮せば，国家の自存自立に支障なし」である．

これらの記事とは別に，陸軍造兵廠長官吉田豊彦中将は「満州は日本の最も必要とする而も欠くべからざる物資を供給する可能性がある．〈筆者中略〉また，満州は日本の食糧問題，鉄問題，石炭問題及び石油問題の大部分を解決する．〈筆者中略〉したがって満州は日本民族の生存上必要欠くべからざる関係にある」と結論し総力戦遂行のための資源供給地としての満州を強調した[75]．

以上の一連の満州事変，満州問題関連の軍人の著作を読むと，事変の根底にある心理的動機として，経済封鎖されることへの危機感とそれを克服する手段としての満蒙の領有が看取できる．石原ら軍人たちは，戦時経済体制を構築するにあたって，資源を確保するために満蒙は不可欠の地と考えていた．満蒙問題が浮上した時，あらゆる手段を行使してでも，これを確保することが必須の途と確信されたのである．

問題は，その実現の可能性である．中国東北軍と関東軍では，その兵力は中国側が20倍以上(装備も関東軍より近代的)であり，問題にならない．しかし，石原たち関東軍は，綿密に中国東北軍を調査し，その弱点を把握，日中全面戦争に至らずと確信して，これを遂行したと思われる[76]．当然，この関東軍の行

---

73) 『偕行社記事』〔1929〕41-43頁．
74) 『陸軍主計団記事』〔1933a〕1-49頁．
75) 藤村道生〔1981〕119頁，吉田豊彦〔1927〕215頁．
76) 石原ら関東軍がどの程度，張学良や蒋介石等の中国側の情報を把握していたかについての一次資料を筆者は入手していないので，断定的なことは言えない．ただ，当時蒋介石は汪兆銘の広州政府と抗争中であり，掃共戦(共産党撲滅作戦)も加わって内紛状態にあった．した

動はワシントン体制の9カ国条約に抵触するものであり，米国や国際世論の反発を生んだ．ただ，日本の国際的信用の失墜という点では満州事変より中国関内での第一次上海事変の方が大きかったのである[77]．

（2）日満経済ブロックと戦時経済体制

満州国が建国され，日満経済ブロックが成立した．ここで問題になったのが，日満経済ブロックの運営方法である．池田純久少佐は「日満経済統制に就いて」[78] において，この問題を以下のように解決すべきと提案した〈筆者要約〉．

> 世界は関税障壁によって，自給自足経済へ転向した．日本は東洋経済ブロック形成の一過程として，日満経済ブロックの形成に邁進せねばならない．現状では関税障壁の存する限り外国貿易の促進は望まれない．ゆえに真の経済復興はブロックエコノミー以外にはない．「このブロックエコノミーは国民全体の利益福祉を基調とした経済の統制によって運営される」．満州の経済機構の根底に於いては，自由主義的な資本主義を是認するが，それは国家権力が統制しなくてはならない．又我国産業も統制を加えることによって日満経済機構の合一化を図ることができる．日満親善，日満ブロックエコノミーの建設こそ，対外的に実行せねばならぬ急務である．

第一次大戦直後に構想された戦時経済体制の基礎である国力の充実を達成する方法としての国際分業経済は，世界経済のブロック化によって機能しなくなった．ブロック化による関税障壁という閉塞感の中で経済統制に生産力拡大の活路を見出す理論も登場してきた．1931年の重要産業統制法の公布の頃から，同法公布の趣旨や解説の文書には，例えば松岡均平のように，カルテルを再定義し，カルテルなどの経済統制を生産性の上昇に結合させるという解釈があっ

がって東北部で日本軍と衝突すれば南北二正面作戦になる．1931年8月中旬，蒋は張に日本との衝突を避けよと指示しており，事変当時北京に所在した張は9月上旬，関東軍と紛争が起きても抵抗するなと隷下に指示した．阿部博行〔2005〕187-188頁．

77) 日本の対外信用が失墜していく経緯は，三谷太一郎〔1980〕に詳しい．三谷研究によれば，米国の最有力銀行モルガン商会の事実上の主宰者ラモントのそれまで好意的であった対日態度が一変するのは，満州事変からでなく1932年1月の上海事変によってである．それを井上準之助や団琢磨の暗殺事件が増幅した．

78)『偕行社記事』〔1933〕．

第 I 部　戦時経済体制の構想

た[79]．この思想は，有沢広巳等の学者の間では，常識になっていたとされている[80]．池田は，そのような経済理論の影響を受けて，生産力拡大につながる経済統制を唱えていたとの解釈も可能であろう．

　1933年頃から，軍の間で1935年危機説がとりざたされた．そんな中，陸軍の統制派の幕僚によって，この難局を乗り切るために迅速に総力戦経済体制（戦時経済体制）を確立しようという構想が生み出された．それを表している二つの文書を手がかりに，この時期の統制派の中堅幕僚が戦時経済体制確立の方策をどう考えていたのかを確認してみたい．一つは，「政治的非常事変勃発ニ処スル対策要綱」（片倉文書と略称）[81]であり，もう一つは陸軍パンフレット「国防の本義と其の強化の提唱」[82]（1934年？）である．

　前者は，1933年秋から片倉衷大尉を座長とする統制派少壮幕僚の手で研究された成果で，1934年1月に上司に提出されたものである．題名の通り，1935年ないし36年に国内でなんらかの事変があることを想定している．その事変を契機に国家革新を図ろうという趣旨であり，最終目標は，国力の充実[83]による対外危機（戦争）の克服である．また，国力の充実と軍備増強を同時並行的に推進しようとしたところに，その特徴がある．

　その「施政要綱要旨」の項では「方針」として「帝国は速やかに友邦満州国の発達を助成し，我経済的海外発展を策する」（原文カタカナ）と日満提携しての経済発展を確認している．同「経済」の項では「国際経済戦における我国の優位を益々向上することを主眼に，勤労第一主義に依る国民全般の慶福を増進する如くす」とした上で，「経済革新政策の実施は漸進合理的にして，国家総動員施設の大綱より逐次に具現する」と過激な経済政策は採らないことを言明．具体的には重要産業の統制など既存の施策の推進である．

---

79) 松岡均平〔1931〕21-22頁．
80) 宮島英昭〔1990〕354頁．
81) 秦郁彦〔1977〕312-321頁．
82) 高橋正衛（編・解説）〔1964〕266-282頁．本パンフレットが最初に発刊された時期が明確でない．本資料の解説によると，陸軍省新聞班が本パンフレットの影響を冊子にまとめて発刊したのが1934年11月である．
83) この「国力の充実」の中味は具体的には述べられていない．しかし，「経済」の項では，「国民全般の慶福を増進する」及び「民力涵養」とあるところから「国富をベースにした需給両面が循環する経済力」と推測される．

第1章　戦間期の戦時経済思想

　また「革新大綱」の「経済機構」の項ではさらにこの点に踏み込んでいる．重要産業を統制する具体的方策として「作戦準備と為るべき重要産業(海運，機械工業，化学工業，製薬等)は速やかに国家の監督制を確立して漸進的に国営又は公営に移管する」[84]．民力涵養に依り間接的に国富を増進すべき重要産業(農業，牧畜，漁業)は速やかに国家の監督制を確立して統制を加える」等である．

　そして「外交」の項では「八，支那に対しては分権的勢力を支援して中央政府の勢力削減に勉め此の間対支経済進出を図る」と中国関内に対する進出をうかがっている(資源の関連は言及されていない)．「国防」の項になると，過激になる．「一，方針：帝国は其の国是国策遂行途上武力を以てこれを阻害する国家を膺懲す　之が為米露英支の連衡的戦争に於いても兵力の運用に依り対応し得るの軍備を保持するに努む」．

　ここでは，対数カ国同時戦争(対米ソ英中戦争)に対応し得る軍備を保持しようと宣言している．しかも，二で，この軍備を1935年までに整備することと言明し，加えて「右戦争不惹起の場合には武力を支撐とし対支国策の遂行を期し之が為終に対英米戦争惹起を辞せず」(ただ，対米英戦争と対ソ戦争の二正面同時戦争は回避する)とした．この研究文書の核心は，1〜2年後に予想される国内外の事変に備えるため，国富としての国力の充実を基礎に日満連携して危機に対応できる軍備の整備運用を含んだ総合国策案にある．

　この研究の「革新大綱」のうち，外交では対中外交がこの研究通りに進行，経済機構では国家総動員施設(施策)がより進捗，中央計画機関としては，資源局に企画庁が合して企画院が誕生したのである．

　後者の陸軍パンフレットは，陸軍がこれを国民に発表，各界の識者にも送付してそのコメントを求めたところに特徴があった．執筆者は，前述の池田純久少佐と清水盛明少佐である．これは，陸軍の国家権力掌握のための政策要綱を示す系列の一つと考えられている．このパンフレットについて論じた先行研究には加藤俊彦[85]，藤村道生[86]，宮島英昭[87]らの研究がある．

---

84) 新庄健吉陸軍三等主計正は『陸軍主計団記事』〔1933c〕〔1934a〕で「公営企業論」を論じている．ポイントは企業の公営が，国民経済的見地から国民の物質生活を均衡(消費者保護)させ，社会政策上，国民特に下層階級の福利を増進させると主張していることである．
85) 加藤俊彦〔1979〕97-102頁．

第 I 部　戦時経済体制の構想

　藤村研究はこのパンフレットは軍部独裁体制への布石となる要求であり，高度国防国家への改造綱領であると経済的側面はあまり注視していない．加藤，宮島両者の研究は「この文書の主眼が国家総力戦体制の確立におかれていることは明らかである」としながらも，その経済的側面に注目している．確かに，本パンフレットは冒頭の「たたかいは創造の父，文化の母である」のように一見戦争や国防にすべてを従属させる「国家総力戦」思想の啓蒙書の印象を受ける．しかし，われわれの戦時経済体制の構築方策という論点から見ると，大戦直後の戦時経済体制を，三要素とりわけ国力の充実を基礎として均衡を保って構築するという思想は依然堅持されている．例えば「近代的国防観」では「世界的経済不況並びに国際関係の乱脈で国際生存競争は白熱状態である．したがって国家の全活力を総合統制しないと，国際競争の落伍者となる．従来の武力戦争本位の観念から脱却して新たなる思想に発足せねばならなくなった」と国防における武力のみでない国家の全活力重視の思想が保持されている．

　「経済」の項では，「国防の主体は殆ど経済戦である．経済が国防の重要な部門を占めるについては議論の余地はない」「経済を対内的見地において見る場合は，武力戦その他の国防力を維持培養するの任務を有している」等である．また，清沢冽が指摘していた[88]が，このパンフレットの特色は，農山漁村の匡救を最大の課題としていることである(対策は，観念的な提案にとどまっていたが)．最後に，前述の片倉文書との総力戦体制の構築という点での違いの一つに「国防力構成の要素のひとつに資源がある．武力戦の場合は戦用資源の充実と補給の施設とを考慮するとともに，経済戦対策としての資源の獲得，経済封鎖に応ずる諸準備に遺憾なきを期さねばならない」と資源を強調している点を挙げたい．

---

86)　藤村道生〔1981〕90 頁．
87)　宮島英昭〔1990〕365-374 頁．
88)　高橋正衛(編・解説)〔1964〕xxiii, 原出典は陸軍省新聞班(編)「『国防の本義と其の強化の提唱』に対する評論集」(1934 年 11 月)18 頁．

4 「生産力拡大」軽視への警告

　1935年，有沢広巳が雑誌『改造』3月号に「戦争と経済」を発表し，戦時経済，戦争経済をマルクスの再生産表式で分析した．本論考は，その後の日本の経済学者の戦時経済，戦争経済を分析する基本的枠組を提示している．かなり長くなるがその論旨を要約したい．

　　近代戦争は必然的に軍事闘争の土台たる経済戦争である．問題は，戦争経済が如何なる過程をたどるのか．つまり戦争における「現実の経済過程」とは何か，である．戦争は直接貨幣をもって戦われないので，生産部門を含んで戦時の国民経済は如何なる過程を歩むかである〈有沢は戦時ドイツに進行した「現実の経済過程」をモデルに分析した：筆者〉．
　　平時の経済過程における均衡は，生産手段部門（第1部門）と消費手段部門（第2部門）との一定の関係によって維持されている．いま単純再生産過程を記号化すると以下の通り．
　　Ⅰ　$C_1 + V_1 + M_1 = X$　（Xは生産手段の全需要を満たす）　C：不変資本
　　Ⅱ　$C_2 + V_2 + M_2 = Y$　（Yは消費手段の全需要を満たす）　V：可変資本
　　均衡関係は，$C_2 = V_1 + M_1$ の条件が充たされる時，維持される．すなわち剰余価値（M）の全部が消費される場合である．
　　ところが，戦争経済下には膨大な軍隊需要が現れ，軍需品生産部門（第3部門）が拡大する．
　　Ⅲ　$C_3 + V_3 + M_3 = Z$，この $C_3 + V_3$ をどこから持ってくるか．戦争だから輸入不可能．すると，国内のⅠ，Ⅱ部門の M_1, M_2 から持ってくるしかない．この部分は本来拡張再生産過程の場合には，$M_1 = \alpha_1 + (\beta_1 C + \beta_1 V)$，$M_2 = \alpha_2 + (\beta_2 C + \beta_2 V)$ と分割され，α_1 及び α_2 はそれぞれ資本家の個人消費に当てられるのに反し，$(\beta_1 C + \beta_1 V)$ はそれだけ第1部門の生産規模を，$(\beta_2 C + \beta_2 V)$ はそれだけ第2部門の生産規模を拡張する（この場合の均衡条件は，$C_2 = V_1 + \alpha_1$，及び $\beta_1 V = \beta_2 C$ の二つの関係が充たされることである）．そこで，人々がこの拡張部門をもって第3部門に充当するならば，第3部門の生産を開始することができる．ただしそれは以下の関係においてのみである．

$$C_3 < (\beta_1 C + \beta_2 C) \text{————①} \quad V_3 < (\beta_1 V + \beta_2 V) \text{————②}$$

すなわち，第3部門の生産の規模が拡張生産部分のそれよりも大ならざることを要求する．ただ，Zはことごとく戦争で消費されてしまう．他方，消費手段も個人的に消費されてしまうが，この消費は労働力を再生産する．しかし，Zはその消費によって戦争の遂行を可能にさせるが，経済的には何ものも再生産しない．経済過程から永久に取り去られる．第3部門のC_3も1生産期間をもって消磨すると仮定すれば，生産期間の回転ごとに，第1部門及び第2部門の生産規模が縮小していく．XとYがZ化する．戦争需要が増大するにつれてZもまた増大．それだけC_3+V_3も増大，X＋YのZ化は急テンポになる．ただ，①と②の条件が充たされる時においてのみ，Z化の進行を防止できる．

労働力の稀釈化は，労働生産性を減退させMの減少となって現れる．つまり$(\beta_1+\beta_2)$は減少し，Z化過程は促進され，Z化の進行が死点に到達するのは時間の問題となる．近代戦争下における経済過程は必然的に螺旋的縮小再生産の過程である．交戦国の全戦闘力が緊張して一定のバランスを保っているとき，交戦国の経済過程にZ化が進行しているとすれば，そのバランスを破るモメントは，いずれが早くZ化の過程における死点に到達するかの点に存する〈有沢の論考はここで終わっている：筆者〉．

以上要約した有沢の論考の含意は言及するまでもないであろう．戦争が長期戦になれば，経済力としての生産力の小さい国が先に死点に到達し敗れる．戦時経済体制の構築において平時から準備せねばならない最も重要な要素は生産力の拡充である．さらに死点に向かうZ化の経済過程は，戦争になって始動する．だから交戦国以上の，国富としての国力を保持するまで交戦してはならない．生産力拡充に専念すべきだ．これが有沢の本論考の含意であり警告である[89]．同月の『中央公論』には笠信太郎の同趣旨の論文が掲載された．「有沢

---

[89] 山崎広明〔1979〕43-47頁において，山崎は有沢の再生産表式を日本の戦争経済に適用して，1936年から44年までの戦争経済表を試算した．その結論は日本の戦争経済は1940年までは順調であった．1941年に禁輸を受けたが，①と②の条件は依然満たされていた．つまり国民に犠牲を強いながら拡大の余力を残していた．しかし，1943年に急激にZ化が進行したというものである．

も笠も燃えあがる戦争熱に冷水を浴びせたつもりであったが，焼石に水となった」[90].

5 日満経済ブロックから日満支経済ブロックへ

順調に進展すると考えられた日満経済ブロックであるが，行き詰まりを感じる軍人(関係者)が出てくる．1935年1月号『陸軍主計団記事』で経理局長以下経理局員，陸軍経理学校教官，研究員，それに参謀本部員も加えた総勢14名による「日満経済座談会」が企画された．まず，司会の経理学校教官石原通が「日満経済について研究することは，日本の生命線である満蒙の資源を確保開発し，平戦両時を通じ日本の地位を確立して，万一の場合の経済封鎖に備える意味に於きましても非常に必要なことと思います」ときりだした．ところが，軍務局軍事課員の平井豊一が「日満経済ブロックということは中々困難である．というのは結局日本は商工業国と言いますけれど，未だ五百万戸以上の農民がおりまして満州の農業国と対立的関係にありますので，完全なブロックエコノミーを建設するには相当の困難がある」「結局日満両国を完全な一つの経済圏に作り上げるには，両国の関税を殆ど自由にしなければなりません．これを自由にすることは満州よりも日本が困ります．特に日本の農産物が困ります．日満両国の関税同盟はちょっと見込みがありません」と述べたのである[91]．また，経理局長の平手勘次郎も，「日満経済ブロックということは何となくその成果が十分に現れて居らぬのじゃないかという風にみえる．どうも遅々として進まぬといった感じがしてならない」と発言した．

注目したいのは，前述の平井軍事課員が「日満経済統制は日満支の経済的融合を眼目とせよ」と発言をしていることである．彼は「日満経済の上に於きまして，この両国の隣接地域，特に支那に対する貿易の振興を図って，日満支の経済的融合に資せしめることに着意しなければなりません」「日満だけを見て他の方面を見ないで日満経済ブロック問題を扱っていると行き詰まりがくる」

---

90)　有沢広巳〔1957〕162頁.
91)　『陸軍主計団記事』〔1935〕127頁.

と述べた．これをひきとって，参謀本部の岡田酉次は，「日本商品が支那の市場を支配するということにならなければ，日本の現在の生産力から見て十分でない．理想は平井君が言うように日・満・支経済ブロックというものにまで進めねばならない」「とにかく，支那の市場を日本の経済が或程度支配する，こういう風に指導するべきだと思っています」と述べた．つまり，日満経済ブロックの行き詰まりを日満支経済ブロックに拡張して解決するという方向性が陸軍省と参謀本部の部員から打ち出されたのである．

むすび

陸軍二等主計正 森武夫は，1935年12月号の『陸軍主計団記事』に「戦時経済講話」を投稿した．森は「戦時統制経済論」で経済学博士号を取得した論客であり，陸軍の戦時経済思想をリードしていたといっても過言ではない．

「戦時経済講話」は，総力戦体制を構築する五つの課題のうち国家総動員と資源の獲得を強調したものであった．森は，ブロック経済の必然性，既成事実としての日満ブロックの正当性，戦時経済論では戦力の源泉は経済力であると言及しながら，平時に於ける生産力の拡大方策には言及せず，もっぱら戦時財政論で，また最後も満州・北支の資源の重要性で締めくくっていた．

おりしも，1936年3月に支那駐屯軍司令部は，「北支・満洲ノ重要資源比較ト北支ノ重要性」という調査報告書を参謀本部に提出した．調査の結論は「要するに北支の資源は満州のそれに比し遙かに優位にあり，これが開発は満州資源の開発に比し容易かつ有利なるもの多く，日本を中心とする東亜経済「ブロック」の結成は北支の参加により著しく増強せられ対外経済戦力並びに国防力の強化に至大なる影響を有するを以て，北支の開発の為我が朝野を挙げて積極的支援を与えることは現下の情勢に照らし喫緊の要事なりとす」[92]（原文カタカナ）である．いよいよ日満ブロックの行き詰まりを日満華北経済ブロックで打開しようという気運が軍部に醸成されてくるのである．

---

92) 支那駐屯軍司令部〔1936〕4頁．

別表　軍人による戦時経済関連の論説(主として『陸軍主計団記事』『偕行社記事』による)

年次	出来事	題名	著者	掲載誌等
1915年	第一次世界大戦 (1914.7〜1918.11)	欧州戦ノ経験ヨリ見タル国軍ノ建制	大竹歩兵中佐	〔偕〕2月号
		戦争ノ為メ独国ノ財政及ヒ経済上ノ動員準備ニ就イテ	筒井歩兵大尉	〔偕〕4月号*
1917年	金輸出禁止	参戦諸国の陸軍に就いて	参謀本部	報告書1月*
	石井ランシング協定	帝国国防資源	小磯国昭	8月***
	ロシア革命(11月)	全国動員計画必要ノ議	参謀本部	9月**
1920年	日本社会主義同盟結成	近世戦争ノ経済的性質(翻訳) (原書はシカゴ大、アンハースト大の二教授による共著)	陸軍経理学校	〔偕〕1月号
1922年	ワシントン条約，全国水平社・日本農民組合・日本共産党結成	独敗因の一節に就いての所感	高田少将	〔偕〕1月号
1923年	関東大震災 虎ノ門事件	未来戦争(其の科学的性質) (翻訳：仏国メイトロ将軍著)	朝比奈歩兵大尉	〔偕〕5月号
1924年	第二次護憲運動	戦争と恐慌(Panite)	清野歩兵大佐	〔偕〕3月号
		朝鮮陸軍部隊費消経費と朝鮮物資の利用に就いて	朝鮮陸軍倉庫長	〔偕〕11月号
1925年	日ソ基本条約／治安維持法／普選法			
1926年		ゾンバルト「戦争と資本主義」(1)	陸軍経理学校訳	〔主〕8月号
		戦争と通貨膨張(1)	木村一等主計	
		ゾンバルト「戦争と資本主義」(完)	陸軍経理学校訳	〔主〕9月号
		戦争と通貨膨張(2)	木村一等主計	
		戦争と通貨膨張(完)	木村一等主計	〔主〕10月号
1927年	金融恐慌／山東出兵(〜1929)			
1928年	最初の普選／3.15事件／張作霖爆殺	帝国陸軍予算について	山本二等主計正	〔偕〕8月号
1929年		経済封鎖に就いて	遠藤二等主計	〔偕〕6月号**
1930年	金解禁／ロンドン条約調印／昭和恐慌	経済的に見たる我国の満蒙に於ける地位	伊藤三等主計	〔偕〕5月号##
		「戦時工業と平時工業」 (仏：F.テヴレジ)	KK生(翻訳)	〔偕〕10月号
1931年		特集「満蒙問題に就いて」		〔偕〕3月号#
		満蒙問題の変遷	干城	
		満蒙の現状	天明生	
		満蒙に於ける特殊権益とは何ぞや	朝仰子	
	重要産業統制法公布 (4月1日,カルテル強制)	我国民の生存上必要なる満蒙の資源に就いて	YT生	
		満蒙をめぐる国際戦	暁天	
		米国と満蒙	OM生	
		蘇聯邦の対支特に対満政策	建樹	

年次	出来事	題名	著者	掲載誌等
1932年	満州事変(9月) 金輸出再禁止(12月) 第1次上海事変 満州国建国宣言 5.15事件／日満議定書 リットン報告書(10月)	仏軍経理官ラポート著『経済動員と陸軍経理部』に対するドイツ国防総省の評論及之に関する所見	満井歩兵少佐訳 (独国駐在員)	〔偕〕6月号
		軍需関鍵原料の重要性について	森三等主計正	〔偕〕7月号#
		米軍参謀次長の観たる産業と国防の関係	YN生(訳)	
		総動員業務の概況	横山歩兵中佐	〔偕〕12月号**
		満州国承認の意義──及之とリットン報告書との関係	中谷陸軍経理学校講師	〔主〕11月号
		満州に於いて作戦する場合の我が軍の使用貨幣に就いて	岡林三等主計正	
1933年	ヒトラー首相となる(1月) 米フランクリン・ルーズベルト大統領(3月) 国際連盟脱退宣告(3月)	対日経済封鎖論	東大法学部経理部依託山本学生	〔主〕1月号**
		経済封鎖を顧慮し，満蒙資源の価値及び利用の方策を論ず	中島一等主計	〔主〕2月号*
		日満経済統制に就いて	池田歩兵少佐	〔偕〕2月号*
		日満経済統制に関する考察(其一)	陸軍経理学校研究部	〔主〕3月号*
		満鮮に資源を訪ねて	依田三等主計正	
		経済封鎖下に於ける羅紗の補給に就いて	中牟田予備役三等主計	
	塘沽停戦協定(5月)	最近の世界経済の動向	土方成美	〔偕〕5月号
		満州農産物需給と其輸出貿易に就いて	大連重要物産組合長	〔主〕5月号
		日満経済統制に関する考察(其二)	陸軍経理学校研究部	〔主〕*
		軍縮会議と世界経済会議	大塚二等主計正	〔主〕6月号
		日満経済統制に関する考察(其三)	陸軍経理学校研究部	〔主〕7月号*
		日満経済統制に関する考察(其四)	陸軍経理学校研究部	〔主〕8月号*
		満州国開発の展望	森二等主計正	〔主〕9月号
		満蒙経済建設方針	東福一等主計	〔主〕12月号** ##
		公営企業論(第1篇企業公理論)	新庄三等主計正	
1934年		政治的非常事変勃発ニ処スル対策要綱	片倉グループ	部内報告書* 1月
		公営企業論(第2篇各国産業公営事情)	新庄三等主計正	〔主〕1月号
		満州事変以後に於ける内外経済情勢の一斑(其の一)	参謀本部SY生	〔偕〕2月号
		「戦争に勝つには幾何の金が要るか」『非常時国民全集 経済篇』所収	森武夫	中央公論社， 2月1日
	満州国帝政実施(3月)	朝鮮資源の現在及び将来	奥薗二等主計	〔主〕3月号
		孫子とクラウゼヴィッツの養軍観	山口一等主計	
		資源彙報(其一)ニッケル	陸軍省動員課	〔偕〕3月号
		国産自動車工業確立の必要	堀砲兵中佐	
		日満経済統制方策要綱	閣議決定	3月30日
		資源彙報(其二)アルミニウムの話	陸軍省動員課	〔偕〕4月号
		資源彙報(其三)マグネシュウムの話	陸軍省動員課	〔偕〕5月号

年次	出来事	題名	著者	掲載誌等
		満州国財政金融の近状	星野直樹	〔主〕5月号
		将来戦の戦費に就いて	松本三等主計正	〔主〕6月号
		満州国計画経済の展開と日満経済の融合	森二等主計正	***
		資源彙報(其四)石油	陸軍省動員課	〔借〕6月号
		資源彙報(其五)石炭	陸軍省動員課	〔借〕8月号
		国防の本義と其の強化の提唱	陸軍省新聞班	10月1日頒布**
	大凶作	資源彙報(其六)鉄鉱	陸軍省動員課	〔借〕10月号
		戦争経済概説(翻訳)	陸軍経理学校研究部	〔主〕11月号
		戦時財政研究資料(翻訳)	陸軍経理学校研究部	〔主〕12月号
1935年	天皇機関説問題となる	軍事経済座談会		〔主〕1月号
		軍需工業座談会		
		日満経済座談会		***
		統制経済について	土方成美	〔主〕2月号
		軍需インフレの発展性	太田二等主計	〔主〕5月号
		ブロック経済の概念	森二等主計正	〔主〕6月号*
	日満経済共同委員会設置協定(7月)	国防資源の調達地域について	両角一等主計	*
		資源彙報(其八)自動車	陸軍省動員課	〔借〕8月号
	国体明徴声明(8月)	朝鮮の金融事情	林三等主計	〔主〕9月号
		軍需工業と朝鮮の鉱物資源	穂積三等主計	
		満州帝国概観	陸軍省軍事調査部	〔借〕9月号
		朝鮮工業の現在及び将来	奥薗一等主計	〔主〕10月号
		世界に於けるブロック経済	覆面子	〔借〕10月号***
		資源彙報(其九)食塩の話	陸軍省動員課	
	国民政府幣制改革(11月)	主要各国の軍事費(翻訳)	永井三等主計	〔主〕11月号
		資源彙報(其十)非鉄金属	陸軍省動員課	〔借〕11月号
		財政の現状と国防費問題	吉野二等主計正	〔借〕12月号
		戦時経済講話	森二等主計正	〔主〕12月号***
		南洋の資源に就いて	厚東資源局事務官	
1936年	ロンドン海軍軍縮会議脱退	軍隊経理所感	森二等主計正	〔借〕1月号
		朝鮮の木材	松前一等主計	
	2.26事件	北支・満州重要資源比較ト北支ノ重要性	支那駐屯軍司令部	3月5日付***
	広田内閣成立(3月)	アメリカ経済の現勢及び其動向	森二等主計正	〔主〕3月号#
		東洋南洋の石油資源	森二等主計正	〔主〕4月号#
		朝鮮石炭鉱業の概要	児島一等主計	〔主〕5月号
		世界大戦間独軍の仏占領地行政(1)	陸軍経理学校	#
		世界大戦間独軍の仏占領地行政(2)	(武田康雄訳)	〔主〕7月号#
		独経済に関する資料(翻訳)	横田憲吾	
	ベルリンオリンピック(8月)	世界大戦間独軍の仏占領地行政(3)	陸軍経理学校	〔主〕8月号#
		朝鮮に於ける相互金融に就いて	朝鮮金融組合連合会金融部長	〔主〕9月号
	五相会議国策の基準決定(8月)	若干の国防経済問題	森一等主計正	〔主〕10月号

年次	出来事	題名	著者	掲載誌等
	日独防共協定(11月)	北満経済事情の概観	第3師団経理部	〔主〕10月号#
		世界大戦間独軍の仏占領地行政(4)	陸軍経理学校	〔主〕11月号#
		世界大戦間独軍の仏占領地行政(5)	(武田陸軍教授訳)	
		英国の国防費と軍需工業政策	三菱経済研究所	
		米国の国防拡充計画と財政	三菱経済研究所	
	西安事件(12月)	日本の発展と太平洋会議に就いて	高橋亀吉	〔主〕12月号
	ワシントン・ロンドン条約失効(12月末)	仏国財政に於ける国防費と軍需工業	三菱経済研究所	
		独国国防計画と軍需景気	三菱経済研究所	
1937年	広田内閣総辞職(1月)	戦争経済談叢(1)	片岡三等主計正	〔主〕1月号*#
	宇垣内閣流産(1月)	世界大戦間独軍の仏占領地行政(6)	陸軍経理学校	〔主〕2月号
	林内閣成立(2月)	本年の台湾経済	三井物産池田卓一	〔主〕4月号
	林内閣総辞職(5月)	我国に於ける石油問題概観	熊谷主計大尉	〔主〕5月号#
	第1次近衛内閣成立(6月)	世界大戦間独軍の仏占領地行政(8)	陸軍経理学校	5月29日
	盧溝橋事件(7月)	重要産業五年計画要綱(陸相決裁)	陸軍省	

注)〔偕〕は『偕行社記事』,〔主〕は『陸軍主計団記事』 *:軍部の戦時経済思想に重大な影響を与えたもの. #:軍部の戦時経済思想として先駆的なもの. *や#の数は筆者の評価による重要度.

第2章
生産力拡充問題と物資動員計画

はじめに――本章の焦点と先行研究

　本章の主題は戦時経済体制の柱になった二つの経済計画を評価することである．一つは戦時経済体制を構築する基幹要素である「生産力拡充」(以後「生拡」と略称)構想と計画であり，もう一つは「戦時期経済」体制の運営に際し基軸になった物資動員計画(以後「物動」と略称)である．前者は平時に作成され，後者は戦時に入ってから作成された．前者の満州版は戦争前に実行されたが，本土版が実行されるのは戦時になってからであり，後者に従属する形に修正された．

　本章の焦点は，「生拡」という施策が1936年頃に作成された「生拡」計画によって本当に推進されたのか，つまり「生拡」計画は戦時経済体制の構築に整合的な経済計画だったのかを再考することである．次に，想定外の日中全面戦争となり，日本の「戦時期経済」体制の基軸となった「物動」が誕生する．この「物動」の機能，そして「物動」を通して実行されていった戦時の「生拡」計画の評価も試みたい．

　先行研究について言及すると，戦時経済の実態の関連で「物動」についての研究はかなり充実している[1]．一方，「生拡」構想や計画それ自体を扱った研究は意外に少なく，中村隆英，原朗，小林英夫，山崎志郎の著書・論文に限られる[2]．ここに「物動」と「生拡」を本格的に論じた三輪芳朗の仕事[3]が出て

---

1) 安藤良雄〔1987〕第二部では，戦争経済の崩壊過程を「物動」の推移から論じている．なお，安藤研究では戦時経済体制が検討の対象とされる時期は満州事変以後であり，日中戦争で本格的に成立したとされている(第一次大戦直後，日本の戦時経済体制が制度設計されたという認識は明示的にはない)．ほかにも「物動」研究は多いが，ここでは沢井実〔1996c〕が「物動」や「生拡」を簡潔にまとめており，戦時経済の中のこれら計画の位置付けを把握する上でも適切と思われるので特筆したい．
2) 中村隆英〔1971〕，原朗〔1967〕，小林英夫〔1980〕，中村隆英・原朗(編・解説)〔1970〕，及び

くる.また,通史の中の一環として金子文夫[4],関連研究として,八木紀一郎,岡崎哲二の仕事がある.われわれは「生拡」問題と「物動」を正面から明示的に論じている中村・原研究[5]を継承しながらこれを補完する形で本テーマを深めていきたい.

1 生産力拡充(「生拡」)構想の契機と特質

生産力拡充が構想されたのは1935年夏,参謀本部作戦課長に着任した[6]石原莞爾大佐が,満州方面の関東軍の対ソ戦備が極めて劣勢と危機意識をもった時である.そこから戦備充実のための軍需工業の拡充が要請された.石原は宮崎正義(満鉄)を主宰者とした「日満財政経済研究会」[7](以後「日満財経」と略称)

山崎志郎〔1987〕〔1995〕など.
3) 三輪芳朗〔2008〕は,重厚大部の研究書である.著者の問題意識は「「計画的」に「準備」された「戦争」が有効な「軍需動員」「経済統制」に基づいて実施された」という通説に対する疑問であり,それを反証する形で論旨が展開される.結論は当時の「計画」や「政策」はペーパーワークに過ぎないというものである(ただ著者が「通説」や「通念」と設定している見解が果たして「通説」や「通念」かという疑問が残る).「物動」や「生拡」計画については,著者によって『経済学論集』(東京大学経済学会)第73巻第3,4号で,その実質的機能・役割そしてパフォーマンスが検討された.一般に経済思想の適否を評価する場合,三輪研究のように構想・計画と実態の乖離をデータで実証する手法が採られる.ただ,戦時経済思想の場合,構想や計画の文書は膨大に作成され,残存しているが,実際,実態のデータは不足しており,信頼性も低い(闇価格,密貿易等).加えて,構想や計画と実際に乖離が生じたのは,構想・計画自体に問題がある場合もあるが,構想・計画自体にではなく,実現の方策や,その他構想以外の要因が原因で乖離が生ずる場合も考えられる.例えば,戦局(戦争の展開)は構想にとって外生的要因だが,これが実態に重大な影響を及ぼした事実がある.したがってわれわれは,実態のデータを論証の契機と補完に用い,評価は構想や計画自体が妥当なものであったかどうかを基本とした研究を経済思想史的に行いたい.
4) 金子文夫〔1994〕400-404頁.
5) 両氏は原朗〔1976a〕,中村隆英〔1977〕で二つの経済計画を日本の戦時経済の中に位置づけ,中村は〔1971〕で石原「生拡」構想を更に詳述し,原〔1967〕は「生拡」構想の金融面について委細を尽くしている.
6) 石原が着任した1935年8月,白昼,陸軍省内で軍務局長永田鉄山が現役陸軍中佐相沢三郎によって斬殺されるという異常な事件が起きている.
7) 「日満財政経済研究会設立計画案要綱」(作成時期不詳,1940年頃か? 複製史料として防衛研究所図書館蔵)によれば,設立趣旨は「満洲国建設後の日満両国の財政経済に関する根本国策の確立に資するため」(原文カタカナ)である.言及しておきたいのが,「日満財経」と満鉄経済調査会との関係である.「満鉄会社総裁は本会委員に対して満鉄経済調査会東京

第2章　生産力拡充問題と物資動員計画

を組織し，軍備充実に直結する軍需工業拡充計画など一連の「生拡」計画を作成させた．これが「生拡」構想の契機である．

　しかし，この「生拡」構想は，発想の動機から明らかなように軍事生産力（軍事産業の生産力）の拡充という特質を持っていた．それに石原は参謀本部第二課長（つまり作戦課長，その後，戦争指導課長，そして作戦部長）という立場にある．本来，この事業の担当部署は，陸軍省軍務局や戦備局である．それゆえ石原は，それらの部局や満州国に，日満財経に起案させた軍需工業拡充計画（案）を提示し計画の完成や実行を要望した．例えば1936年6月「満洲国ニ関スル要望」[8]や同年7月の「戦争準備ノ為産業開発ニ関スル要望」[9]であり，日満財経による「昭和十二年度以降五年間帝国歳入歳出計画（附緊急実施国策大綱）」[10]（以後「五年間歳入歳出計画」と略称）である．この「五年間歳入歳出計画」は満鉄経済調査会（局）と調整され「満洲ニ於ケル軍需産業建設拡充計画」となる．他方，陸軍省軍務課満州班班長片倉衷少佐は，日満財経や陸軍省戦備課と調整しながら「満洲開発五年計画に対する目標案」[11]を関東軍に提示した．これらを受けて同年10月，関東軍，満州国，満鉄による「湯崗子会議」が開かれ「満洲産業開発五年計画綱要」が検討され1937年1月成案をみた[12]．その半年後の1937年6月には陸軍省軍務課と戦備課起案の「重要産業五年計画ニ関スル件」が杉山元陸相まで決裁された．本計画の目的は「昭和十六年ヲ期シ計画的

　　在勤顧問〈宮崎正義のこと：筆者〉を嘱託するとともに本会経費18万円を経調東京出張所本年度追加予算として計上支出せしむ」である．つまり，本資料によれば本会の経費は満鉄によって全面的に賄われていた．一方，中村隆英［1971］236頁には，満鉄からの資金援助と参謀本部の機密費から各10万円計20万円投入されていたらしいと記されている．
8) 稲葉正夫・小林龍夫・島田俊彦・角田順（編）［1963］226頁．本文書は参謀本部から満洲国への要望であろう．その眼目は対ソ戦争準備のため「満洲ニ於ケル産業ノ飛躍的発展ヲ要望ス」とりわけ「日，満，北支ヲ範囲トシ戦争持久ニ必要ナル産業ノ開発」である．
9) 稲葉・小林・島田・角田（編）［1963］226頁．本要望も参謀本部から陸軍省・満洲国へ発せられたもので「戦争持久ニ必要ナル産業ハ昭和十六年迄ヲ期間トシ日満北支（河北省北部及察哈爾省東南部）ヲ範囲トシテ之ヲ完成シ特ニ満洲国ニ於イテ之ノ急速ナル開発ヲ断行スルコトヲ要望ス」と軍事生産力の完成時期と軍事産業地帯の範囲を特定していた．
10) 日本近代史料研究会（編）［1970］19-89頁．本計画は，「重要産業五年計画」の最初の案ともいえるべきもので，満洲と本土の軍需工業拡充計画が入っている．
11) その目的は「日満北支を通ずる自給自足主義」である．
12) 国民経済研究協会・金属工業調査会（共編）［1946］54-78頁．本資料は国民経済研究協会・金属工業調査会戦時経済調査資料生拡（資）第1輯としてまとめられたものである．

ニ国防重要産業ノ振興ヲ策シ以テ有事ノ際日満及北支ニ於テ重要資源ヲ自給シ得シムルト共ニ東亜ノ安定勢力タル国力ノ培養ヲ図ル為」[13] である．この目的には，軍事生産力の拡充と，国富としての国力の培養の両面があるが，前者が優先していることはそれまでの経緯から明白である．

それならば本来の意味での国力の充実，つまり需給両面を含んだ経済力としての国力の充実・培養を目標とした「生拡」計画が，それまで計画されていなかったかというとそうではない．まず，既述の「総動員期間計画」がある．本計画は資源局が担当し，戦時資源の需給調整と対策の計画であるが，本来の国力の充実・培養というねらいも保持しており[14]，1935年に36年及び37年有事想定の第二次総動員期間計画まで完成していた．第三次総動員期間計画を設定する矢先の日中戦争勃発であった．国力の充実を目的とした生産力の拡充構想を具現した経済計画は他にも存在していた．1933年3月，満鉄経済調査会宮崎正義らによる「満洲国建設要綱」[15]であり，1934年3月，日満両政府で閣議決定された資源局による「日満経済統制方策要綱」[16] である．つまり生産

---

13) 「重要産業五年計画ニ関スル件」〔1937〕．
14) 「国の存栄上遺憾なきを期する」ための「資源保育」に留意する．防衛研修所戦史室（編）〔1967b〕372頁．ただこの保育の概念が国富を基礎とした経済力としての国力の充実と直結するとの解釈には異論もあろう．
15) 国民経済研究協会・金属工業調査会（共編）〔1946〕16-17, 27頁，その内容は「所要の国家統制を加えて国民大衆の経済生活を豊富安固ならしめ其の国民生活を向上し，我が国力を充実し」と弾力的経済統制策を適用して国民生活の水準向上としての国力の充実を目標とするものであった．
16) 小林龍夫・島田俊彦（編・解説）〔1972〕593-597頁．本要綱の「第一　統制方針」によれば，「日満経済統制方策を樹立」する目的は，「満洲国をして帝国と不可分の独立国家として進歩発展せしめ，両国国民生活を安定向上せしむ」「帝国の対世界的経済力発展の根基を確立し併せて満洲国の経済力を強化する」等である．その方針としては①「適地適応主義」②「日満両国の国民全体の利益を基調」③「平時及び非常時に通ずる日満両国の組織的経済の確立を期すること」を挙げ，「第二　一般統制要綱」では「日満経済統制の方針を害せざる範囲に於いて適当なる第三国の投資を誘致す」と外資導入にも意欲的であった．また「支那に対する貿易の振興を図りて相互間の経済的結合に資せしむ」との記述もある．「第三　統制方法」では「門戸開放機会均等の原則に顧み〈筆者中略〉適当なる行政的乃至資本的統制の措置を講ずる」とした．総じて「方策要綱」には，「軍事生産力」を優先的に造成しようという色調はない．国民生活の安定・向上という国力の充実が明確な目標として掲げられており，それを達成しようという統制方針や要領も柔軟であった．また本要綱の起案担当部署をわれわれが資源局起案によるものと判断したのは，「日満経済統制方策要綱ノ改正案」（1933年11月，国立公文書館所蔵）の末尾に，資源局の松井春生長官の名前で中嶋委員に資源局会議室に参

第2章　生産力拡充問題と物資動員計画

力の拡充構想は，石原が作戦課長に着任する前までは，経済力としての国力拡充という本来の意味での「生拡」計画であった．それが石原によって軍事生産力の拡充計画に特化・変質されたといえる．

確かに石原の「生拡」構想は，それまでの軍事予算要求などの軍の政府に対する圧力と異なって「全体的な経済機構，政治機構に及ぶ総合経済政策の形で軍の要望が提示されたものであり，まさに一つの画期であった」[17]．しかもその構想は修正された形であれ実行された．また石原による軍事「生拡」構想・計画が，本来の国力の充実，生産力の充実に全く寄与しないと断ずるつもりもない．しかし，国富を基礎とした需給両面が循環する経済力としての国力充実の「生拡」構想・計画から，軍事「生拡」構想・計画への性格変化は戦時経済体制の構築方法の大きな転換を意味する．図6-2(後出)でわかるように，1930年代前半の日本経済の成長のエンジンは重化学工業より依然，繊維などの軽工業である．例えば，1936年の輸出品価額に占める軽工業産品(繊維・陶磁器など)の割合は46%であり，重工業産品(鉄製品・機械類など)の7%をはるかに凌ぐ[18]．一方，石原の「生拡」構想は，欧米に対して競争力のある「軽工業」部門から，競争力に劣る「重化学工業」部門，それも「軍事産業」部門にヒト・モノ・カネの資源を傾斜的に投入しようという構想である．このような構想は日本の当時の産業構造に適応していない戦時経済体制を構築する経路の選択である．大戦直後に構想された，抽象的なものではあったが，あるべき戦時経済体制とは異なったそれを目指しており，その実現は困難なことが容易に想像されよう[19]．

　集されたい旨の記録があったからである．
17)　中村隆英〔1971〕236頁．
18)　日本銀行調査局(編)〔1937〕79-83頁，なお，ここで「本邦」とは日本内地と樺太を示す．
19)　中村隆英〔1971〕251頁で，泉山三六の池田成彬に宛てた報告書などから，この計画の問題点が指摘されている．第1は「資源調和の問題」つまり各産業間の資源などの相互依存という連関に考慮がなされていない．第2は労働力供給の可能性の問題．第3は資金対策，第4が実行の可能性である．そして最大の問題は鉄鋼などの大増産を行った時，平時にその需要を見出し得るかとしていた．

2 転換期としての 1936〜37 年——昭和 12 年度予算の意味

(1) 石原構想(「国防国策大綱」)独走の経緯

作戦課長に着任した石原は長期的な国防構想を持っており,その課題は二つあった.一つは対ソ国防の立て直しであり(前述した),二つ目は時代に即応した国防計画である.二つの課題は関連しており,まず,海軍側を説得して日本の国防方針のベクトルを同一方向,この場合は「南守北進」に統一する必要があった.しかし,この方針は従来,仮想敵国として米国を想定し軍備を整備してきた海軍側には決して受け入れられるものではなかった.それでなくても国力に劣る日本が対ソ・対米同時戦争などできるわけがない.それでも,石原のまずソ連優先案を海軍は承諾しなかった.それどころか,「北守南進」を唱え,結局 1936 年 8 月決定の「国策の基準」では陸海軍の主張が両論併記された.国防国策は統一されなかったのである.

そこで,石原は国防方針の統一を諦め,陸軍だけで,石原独自の国防体系「「国防国策大綱」→戦争指導構想・計画→軍備充実計画→産業計画」の設定と実現を図るのである.後述の「生拡」計画とはこの産業計画を意味し,軍備充実計画を実現するための基盤となる軍需関連の重化学工業造成計画である.石原はこの計画の作成を「日満財経」に求めた.

(2) 軍拡計画としての昭和 12 年度予算

1936 年 2 月の 2.26 事件の後,広田弘毅内閣が成立した.事件で殺害された高橋是清の後の蔵相を馬場鍈一が担った.馬場のもとで編成された昭和 12 年度予算はそれまでにない大型のものになった(30 億 4000 万円であり,前年度より 7 億円以上,3 分の 1 近く増加した).国防関係費は全歳出の 43% であった[20].

馬場蔵相の財政金融政策は陸海軍の大幅な軍備拡張の要求を受け入れたために採らざるをえなくなったものである.馬場蔵相は高橋蔵相が強化していた公

---

[20] 昭和 12 年度の歳出決算では全歳出額 27 億円,そのうち国防関係費は 12 億 3600 万円で全歳出の 45.8% となったが,臨時軍事費が昭和 12 年度だけで 20 億円以上に上ったため,一般会計に計上された国防関係費の数字はあまり意味のないものとなった.

債漸減政策を放棄し逆に公債増発のための低金利政策を強化する一方,根本的税制改革による大幅増税も計画して軍備拡充を続ける方針を採った.

それでは何故陸海軍はこの年,例年にない軍備拡張予算を要求したのか.陸海軍統帥部はこの年(1936年)6月,帝国国防方針,用兵綱領,国防所要兵力の第三次改訂案を検討し天皇の決裁を得た.しかし,これは陸海軍独自の要求を両論併記したものだ.したがって,改訂された国防所要兵力は「大東亜並に西太平洋を制し得る」ものとして1923年の第二次改訂を次のように拡大した.陸軍は戦時兵力40個師団基幹であったのを,50個師団及び航空142中隊基幹(これに特色)とし,海軍は戦艦10隻,重巡12隻,航空隊12隊基幹であったのを主力艦12隻,航空母艦10隻,巡洋艦28隻,その他海上兵力そして航空兵力65隊と両軍とも大幅に拡張したのである.

陸軍の軍備充実の要求は上述の石原構想を陸軍独自でなしとげようとしたものから来た.背景にあるのは,主として極東ソ連軍の増強による日ソの軍備格差に対する「あせり」であり,加えて当時の国防情勢に危機感を抱いたためである[21].他方,海軍はワシントン海軍軍縮条約の廃棄を通告し(1934年),また第二次ロンドン軍縮会議からも脱退して(1936年1月),自ら海軍軍備無条約時代に入り,条約の制限を考慮せずに自主独自の海軍軍備を整備しようとした.その軍備整備計画は「〇三計画」と呼称された昭和12年度海軍軍備補充計画(第三次補充計画)で,戦艦大和,武蔵の建造はこの計画の中に入っている[22].

パナマ運河通行の制約に米国側の弱点を見出し,大和型戦艦の巨砲で米艦隊をアウトレンジして撃破しようという,対米戦の深刻な分析なき軍備整備計画であった.ちなみに「〇三計画」の予算書によると,戦艦大和1隻の建造費は実用機1100機余りと同額である[23].これら軍拡要求を折り込んだ昭和12年度

---

21) 石原は昭和11年度予算編成に関する大蔵当局との打ち合わせで,石原の要望に対し「現在のわが財政では無理だ」と反論した関係官に次のように放言した記録がある.「わたしは軍人として財政がどうであろうと,あなた方が困ろうと関係ない.国防上必要最小限度を要求するもので,この要求を充たすようにするのが,あなた方の仕事で,高橋大蔵大臣が出せないというなら,出せる人が大臣になり,出せる方法を講じてもらうだけのことだ」.横山臣平[1971]264頁.ただ,この発言の情報源が明確でない.
22) 防衛研修所戦史室(編)[1967b]542-545頁,[1969a]477頁.
23) 防衛研修所戦史室(編)[1969a]497-498,518-519頁の「昭和十二年度予定経費要求説明書(臨時部)海軍省」より筆者算出.

予算は第70通常議会(1936年12月26日開会)に提案され可決成立した.

3 「生拡」計画の検討

(1) 計画主体と内容

「生拡」計画を作成した主体である「日満財経」とはいかなる機関なのであろうか. 小林英夫研究[24]によると, 主宰者である宮崎正義は満鉄経済調査会東京駐在員である. 調査会のメンバーで実際に計画を作成したのは, 古賀英正(東京大学経済学部の助手から土方成美同教授の紹介で採用, 当時27歳)をリーダー格とした大学出たての若手集団であった. エコノミストは岡野鑑記(横浜高商教授)ぐらいで, 委員で実際, 実務にタッチした泉山三六も当時三井銀行調査課次長, 同じ委員の土方成美はアドバイザー的存在で, 諸計画自体の作成にはほとんど関わっていなかったようである. つまり東大助手であった古賀英正を中核とした, ベテランエコノミストの殆どいない若手中心のシンクタンクだったのである.

次に「生拡」構想の具体的内容を, 1937年6月に陸軍省で成案した「重要産業五年計画」(要綱と政策大綱)[25]で検討したい. 計画は方針と指導要領, そして表2-1のような別紙で構成されている. 計画の骨子は次の通りである. 軍から要望される航空機などの兵器の生産規模が前提となり, それを成立させるように鉄鋼, 石炭, 電力, アルミなどの基礎物資の生産規模を決定した. 拡大すべき生産能力は, この目標生産能力から現有生産能力をマイナスしたものである.

この拡大されるべき生産能力に1単位当たりの推定設備費を乗じて所要資金を算出した. その所要資金の合計は85億3500万円である(ちなみに昭和11年度の国家予算は約23億円). 所要資金とは生産設備建設資金であり, その日満の比率はおよそ7:3となる. 注目すべきは21種の選定された重要産業のうち,

---

24) 小林英夫〔1995〕122-126頁.
25) 島田俊彦・稲葉正夫(編・解説)〔1964〕730-749頁より. なお,「日満軍需工業拡充計画」〔1937〕, 及び中村隆英〔1971〕244-253頁を参考にした. 表は「重要産業五年計画ニ関スル件」の表「重要産業振興一般目標」を基礎に中村の第9・4表を参考に加えて要約した.

第 2 章　生産力拡充問題と物資動員計画

　所要資金を特に充当しているのが，電力の 29%，人造石油の 15.5% そして鋼材，銑鉄，鉄鋼部門の 14.0% である．ちなみに後に問題になる一般機械と工作機械はそれぞれ 7.3%，1.6% であり，合わせても 9%，造船工業にいたっては 1.5% にすぎなかった．

　続いて，「重要産業五カ年計画要綱実施に関する政策大綱(案)」は要綱の目標をいかに実現するか，その方策を提示したものである．具体的には，1937 年度から 41 年度まで要綱の目標を実現するために必要と見積もられた 85 億 3500 万円をどう賄うかである．その所要資金の支出分担は日本政府，「満州国」政府，そして民間(主として日本)であり，その分担比率は順番に 12%，6%，82% である．つまり民間が 8 割以上を担当するのである．

　方策について以下 10 部門にわたって万遍なく計画された．金融対策，貿易及び為替対策，産業統制政策，技術者及び労働者対策，機械工業対策，交通政策，国民生活の安定保障政策，財政政策，行政機構の改革である．ここではその対策の概要のみに止めるが，基本的には，所要資金が膨大なため，資金供給力を育成する方策と所与の資金を優先順位の低い産業から高い産業にドラスチックに付け替える方法がともに統制という形で計画されている．

　金融対策では日銀に各種金融機関の統制機能を付与し産業金融を管掌させる．同時に興銀に公社債発行受託の独占権を付与し起債市場を統制させ，その債券発行限度額を 15 倍まで拡張するというものであった．ただ，一方で貯蓄を奨励しながら，低金利政策を採るといった矛盾もあった．また金融コストの低下を図るため各種金融機関の合同や合理化の促進をあげている．しかし，比較的実行が容易で実際の経済に直接影響を与えるのは，不要不急事業に対する新規投資の抑制であろう．

　貿易及び為替対策はこれらの方策の中で最も困難が予想される部門である．はじめに 1937 年度及び 38 年度は国際収支の大幅な入超を予測しているが，1940 年度以降は好転すると楽観的である．とりわけ問題なのは，輸出の重点を軍需工業品や生産財においている点である[26]（ママ）（これらの財は，英米が生産するそ

---

26) 輸出先をどこにおいているのかこの文書からは明示的ではない．しかし，例えば，1935 年の実績ベースで，鉄鋼材の輸出価額は全輸出価額の 2.6% であり，その 56% は関東州に移出されていた．中華民国，蘭領インド，シャム，英領インドなど(輸出価額順)を合わせても

表 2-1　日満重要産業拡充計画

区　分		戦時需要量			輸出入見込		生産目標(A)		
		日　本	満　州	計			日　本	満　州	計
兵　　器	(1,000 円)	891,000	70,000	961,000			891,000	70,000	961,000
航空機	(指数)	857	119	976	出	25	850	150	1,000
軍用自動車	(指数)	500	500	1,000			500	500	1,000
計									
一般自動車	(台)	145,000	5,000	150,000			145,000	5,000	150,000
車　　輛	(台)							3,400	
一般機械	(1,000 円)			13,000,000	入	2,000,000			2,750,000
					出	1,700,000			
工作機械	(1,000 円)			1,000,000	入	250,000			180,000
計									
鋼　　材	(1,000 トン)	8,000	4,000	12,000			8,000	4,000	12,000
銑　　鉄	(1,000 トン)	8,500	4,000	12,500	入	1,000	7,000	4,500	11,500
鉄　　鉱	(1,000 トン)	15,300	7,200	22,500	入	6,500	6,000	10,000	16,000
計									
液体燃料	(1,000 トン)	11,750	900	12,650	入	6,139	3,955	2,555	6,510
石　　炭	(1,000 トン)	86,000	28,000	114,000			76,000	38,000	114,000
採　　金	(トン)						80,000	20,000	100,000
アルミニウム	(トン)	65,000	20,000	85,000			65,000	20,000	85,000
マグネシウム	(トン)	3,000	2,000	5,000			3,000	2,000	5,000
計									
造　　船	(1,000 トン)	860	70	930			860	70	930
電　　力	(1,000 kW)	11,170	1,400	12,570			11,170	1,400	12,570
曹　　達	(1,000 トン)	550	3	553	出	117	598	72	670
染　　料	(1,000 トン)	70		20	出	20	40		40
パルプ	(1,000 トン)	1,800		1,800	入	570	1,110	120	1,230
計									
合　　計									

出所) 陸軍省〔1937〕, 及び島田俊彦・稲葉正夫(編・解説)〔1964〕745-749 頁.
注) 航空機の生産目標は 1 万機. 中村隆英〔1971〕246-247 頁は最終案の一つ前の第三次案
　　(「日満綜合軍需工業拡充五ヶ年計画」)を掲げている. 本表もこれをベースにした.
　　液体燃料とは油田, 人造石油, 無水酒精を合わせた総称(所要資金の 87% は人造石油).

要資金等一覧表

現在能力(B)			拡充計画			所要資金(単位：1,000 円)		
日本	満州	計	日本	満州	計	日本(単価円)	満州(単価円)	計
450,000	10,000	460,000	441,000	60,000	501,000	441,000	60,000	501,000
95	5	100	755	145	900	302,000	72,000	374,000
100		100	400	500	900	40,000	100,000	140,000
						783,000	232,000	1,015,000
37,000	400	37,000	108,000	5,000	113,000	146,020 (1,352)	6,750 (1,350)	152,770
				3,000	3,000		28,100	28,100
480,000	20,000	1,500,000	1,170,000	80,000	1,250,000	585,000	40,000	625,000
43,000		43,000	107,000	30,000	137,000	107,000	30,000	137,000
						838,020	104,850	942,870
4,400	450	4,850	3,600	3,550	7,150	504,000 (140)	497,000 (140)	1,001,000
2,260	850	3,110	4,740	3,650	8,390		98,500 (65)	98,500
1,230	2,700	3,930	4,770	7,300	12,070	38,160 (8)	58,400 (8)	96,560
						542,160	653,900	1,196,060
545	169	714	3,410	2,388	5,799	772,500	739,300	1,511,800
42,000	13,560	55,560	34,000	24,440	58,440	476,000 (141)	293,800 (12)	769,280
40,000	2,800	42,800	40,000	17,200	57,200	144,000 (3.6)	41,500 (2.4)	185,500
21,000		21,000	44,000	20,000	64,000	79,200 (1,800)	62,000 (3,100)	141,200
500		500	2,500	2,000	4,500	7,000 (2,800)	7,120 (3,060)	14,120
						1,478,700	1,143,200	2,621,900
500		500	360	70	430	108,000 (300)	21,000 (300)	129,000
6,750	458	7,208	4,420	942	5,362	2,210,000 (500)	266,800 (283)	2,476,800
410	36	446	188	36	224	18,800 (100)	4,900 (136)	23,700
18		18	22		22	33,000 (1,500)		33,000
880	70	950	230	50	280	80,500 (350)	17,500 (350)	98,000
						2,450,300	310,200	2,760,500
						6,092,180	2,444,150	8,536,330

れらの財に対して競争力に劣り，結局ドル・ポンドの獲得に寄与しないおそれがあった）．同時に「国際収支の均衡を保持するため依然繊維工業及び消費財の輸出増進をも促進する」．

産業統制政策では，努めて民営事業の自主的統制により国家の目的を達成するごとく必要な国家管理を強化するとした．一方，重要産業には助成策を強化し助成金の交付，損失補償または利益保証といった保護・助成策が講じられる．注目すべきは技術者及び労働者対策である．この中で1941年頃における工，鉱業及び交通業等の技術者，熟練工及び一般労働者の需要は1936年のそれぞれ，1.69倍（23万2000人），1.99倍（133万9000人），1.32倍（802万9000人）となると見積もった．そのために，技術者に関しては大学工学部・工専の卒業生の増加，工学部の新設，工専・甲種工業学校の昇格などを提案した．他方，熟練工対策としては，府県及び大工場に熟練工養成所を新設拡張することを掲げ，一般労働者対策としては職業紹介機能を強化して，この分野に農業及び商業人口を吸引することを挙げていた．

機械工業対策については当時の国産機械が技術的に低位にあることを認め，当面，外国製機械の輸入はやむを得ないものの迅速にその技術を吸収，国産機械の独立自給の途を確保し世界市場に進出すべきとした（特殊法人国策機械製作会社設立，現存企業にとり困難なものの製作を管掌せしむ．下請業者の統制に努め其の素質能力を向上せしむ）．

国民生活の安定保障政策としては，この計画が遂行されれば1941年頃には国民所得が現在（1936年）の200億円より300億円以上に上昇するであろうから，その増大した国富を国民各階層に妥当均衡に配分すべきだとした．

財政政策としては1937年度から41年度までの歳出総額を188億4300万円と予想した．これに対して歳入は189億1600万円と見積もり，そのうち33%を公債で23%を自然増収及び増新税(ママ)で賄えると見積もった．ここでも財政政策を遂行するため不要不急経費の徹底整理がうたわれていた．

総じて，この重要産業五年計画に代表される「生拡」計画とは軍需関連の重

27%であった．東洋経済新報社（編）〔1980〕646頁，及び日本銀行調査局（編）〔1937〕79頁より筆者算出．

化学工業を優先的に特定し，市場にまかせるのではなく政府主導で計画的に資金，労働力などの資源をこれら特定工業に充当するよう統制するものであった．

（2）計画のモデルと評価

柳澤治はその著書[27]で従来，当然のごとく論ぜられていた「生拡」計画がソ連の社会主義五カ年計画をモデルにしたものだという通説に反論した．柳澤は，むしろ「生拡」計画はナチスモデル(第二次四カ年計画)に準拠したものだという．その根拠は，「生拡」計画(重要産業五年計画(1937年))の原案を起案した「日満財経」，その主事，宮崎正義の著書[28]や同会の当時(1936～37年)の活動記録にある．確かに，私企業，私有財産を認めない社会主義体制を採る国の長期計画経済のモデルより，私企業を認め，国として全体的に指導する形で長期的経済目標を達成しようというナチスモデルの方が，準拠として移入しやすいのは理解できる．また，宮崎もそういった趣旨を著書で述べている．

しかし，われわれはそう思わない．「生拡」計画はナチスモデルでもなければソ連モデルでもない．あえていえば，日本独特のモデルである．その理由としては，まず，ナチスモデル(第二次四カ年計画)でないというのは，日本の「生拡」計画とナチス「第二次四カ年計画」の計画の目的と目標達成の方法の違いである．

次に，両者とも起案は戦時ではなく，平時に行われており，ともに，経済環境はデフレからインフレに変化した時期(1935～36年)であったことを確認しておきたい．前者の目的は，(対ソ戦という)戦時の所要軍需量を充足するための五年がかりの対策である．他方，後者の目的は原料と食糧の最大限の自給である[29]．

つまり，「生拡」計画の場合，対ソ戦のための軍備造成を目標とした軍事生産力拡充計画であることである．しかも，その戦時需要を5年で充足できるとした根拠が薄弱である．また対策にも無理なものがあり，見積もりも希望的観

---

27) 柳澤治〔2008〕117-139頁．
28) 宮崎正義〔1938〕．
29) 日満財政経済研究会〔1938〕，小穴毅〔1938〕240頁，ギルホード(世界経済調査会独逸経済研究部訳篇)〔1944〕105-108頁，Klein, B. H.〔1959〕pp. 35-36 等より．

測が多い．他方，「第二次四カ年計画」の目的は原料や食糧（民間消費財も含まれる）の最大限の自給である．具体的には国外依存の原料の代用品を製造したりすることになるが，「最大限の自給」という表現でわかるように実現の可能性が重視されている．

もう一つの大きな違いは目標達成の方法である．「生拡」計画の場合，最大の問題は所要資金の調達である．この点は「第二次四カ年計画」の場合も計画に要する新規投資をどう賄うかという，前者と同様の問題があった．また，両者とも民間資本にその大部分を依存していた（前者は8割，後者は実績5割）[30]．ただ，前者は，興銀に起債市場を統制させ，債券発行限度額を15倍まで引き上げるなど独占的公社債発行受託権を委任するという手法をとった．しかし後者は「民間会社が全構成員の集団的保証で資金を借り入れる借款団を作ることを奨励した．また，危険が多く，初期の生産費が高くつくような場合には，政府は会社と契約を締結し契約期間中は生産費と減価償却費を控除した適当な利潤を確保する価格を関係会社に保証したのである」[31]．

ここで，両者の計画の最大の違い，価格の問題が出てくる．「第二次四カ年計画」の最大の課題は，物価問題，価格の統制である．実際には，ドイツは広汎な権限を持つ価格形成官の任命，何よりも広汎な食糧類の輸出入及び国内産物の購買，販売の独占的統制権を有する中央局（Reichstellen）の創設によって，一応解決した．他方，「生拡」計画には物価政策の項目があり，価格官を新設し，価格査察を担当させるなどとしているだけで，ナチス中央局の行った内外価格差の調整，賃金と物価の関係に対する配慮がない．したがってインフレ状況で，「生拡」計画が実際施策されたら，ますますインフレを昂進することは当然予想される．日満財経は，たしかに柳澤が主張するように「第二次四カ年計画」を翻訳し，これを参考にして「生拡」計画を作成したように見えるが，その「物価政策」にはナチス「第二次四カ年計画」を貫く経済の論理がない．

一方，「生拡」はソ連モデルでもない．その理由は，二つある．一つは目標数字の問題である．「生拡」の目標は上述のように，戦時所要という形で軍か

---

30) ギルホード（世界経済調査会独逸経済研究部訳篇）〔1944〕121頁.
31) ギルホード（世界経済調査会独逸経済研究部訳篇）〔1944〕121頁.

ら与件として外生的に付与された．他方「社会主義五カ年計画」の場合の，目標数字は「統制数字」という形の，議論はあったが，かなり多方面から実現の可能性という視点で練られたものである[32]．また，「社会主義五カ年計画」の場合，第一次(1928～33)第二次(1932～37)ともに，農業部門や消費財部門についても目標を掲げている(実際は，重工業部門の目標達成が重視されたが)．なによりも，「社会主義五カ年計画」では，農業部門と工業部門の均衡的発展が意識されており，計画実行と並行して農業の集団化が強行された．計画化については当時から議論があった[33]．農業部門の目標を掲げる限り，年々の収穫は天候その他に影響され，目標が再検討された．他方，「生拡」計画は，農業部門について，検討はされたようだが，最終的には項目として挙がっていない．せいぜい，工業労働力の供給源として言及されただけである(農業や食糧部門に問題はないと認識していたからだとすれば，後の戦時の食糧事情などから見て，楽観的過ぎたといわざるをえない)．

結局，「生拡」計画は，日本独特の軍需関連の生産力拡充計画である．計画の目標，これを達成する思考過程から見て，「総動員期間計画」の系列に入り，その源流は小磯国昭『資源』である．「五カ年」とか，「計画」とかいう名称で，ソ連やナチスの計画との関連を当然のように想像したのであろうが，実は，そのような装いはしているが，内容や考え方を検討するとこれらをモデルにしているという見解には同意できない．

宮崎正義が取りまとめて作成された「生拡」計画の基本的考え方は，政府主導で不要不急の産業部門から重化学工業などの特定部門に資源を振り替えるというものである．しかし，このような考え方は「不要不急の労働から解放された生産力が決して全てそのまま，戦争に政府が必要とするものを提供することにはならない」[34]とピグーによってすでに批判されていた．不要不急の産業部

---

32) E.H.カー(南塚信吾訳)〔1977〕383頁．「「1925-1926年度国民経済統制数字」は以下の三つの方法を用いて得られた．①〔動態係数の方法〕：1921年以来，数年の復興期のいくつかの統計的すう勢を将来に向けて外挿するという考えを基礎とした数字．②〔専門評価〕の方法，③〔戦前データとの照合比較の方法〕で前二者の方法での結果をそれに対応する戦前数字に合わせて照合するもの」であった．「ふりかえって見ると，ゴスプランの1925～26年度の統制数字は偉業であり，かなりの程度まで正しかった」384頁．経済批判会(訳編)〔1932〕66頁．
33) E.H.カー(南塚信吾訳)〔1977〕389頁．

門と軍需関連の重化学工業部門との適合性が問題になる．ピグーはその要素として労働力をイメージしている．資金の振替は可能だが，労働力の振替は難しい．「生拡」計画は性急に作成されたためだろうか，その辺の詰めが不足しているようだ．

（3）「満洲産業開発五年計画」の分離・先行

陸軍自体は，戦時の軍需品[35]需要に備える計画として，陸軍軍需動員計画を整備していた．軍需動員とは「戦時または事変に際し，陸軍の建設・維持・拡充と運営に必要な軍需品の研究・審査・整備・供給と運輸に関する組織ならびに業務を，平時状態から戦時状態に移し，かつこれを継続・拡充する」ことである[36]．

この陸軍軍需動員計画の特色は，年度ごとに策定された実行計画であり，1920年以来15年以上策定され続けていたことである[37]．計画は年度の作戦構想や動員計画に基づく軍需品の種類，時期別所要数量などの具体的基準を指示するものであり，戦時需要量と整備(供給)能力を勘案して，補給の要求に応え，実現を期するものでなければならなかった．したがって実行の可能性について比較的詰められていた．日中戦争当時の昭和12年度陸軍軍需動員計画の内容は「帝国陸軍の全軍作戦の場合」に応ずる「甲号計画」と，「一部作戦の場合」のための「乙号計画」から成っていた．いわゆる「甲号計画」は陸軍作戦が主体となる対北方作戦(対ソ全面戦争)を想定したものであり，「乙号計画」は

---

34) Pigou, A. C.〔1921〕p. 53.
35) 軍需品とは「軍用に供する一切の物品(兵器・弾薬燃料・海図・治療品・食糧・衣服類・教育図書類など)と造船・造機・造兵用材料及び原料までも含めたものの総称」．防衛研修所戦史部〔1980〕338頁．
36) 防衛研修所戦史部〔1980〕338頁．
37) 前述の総動員中央機関である資源局の前身は軍需局である．この機関は一時，国勢院第二部となって勢力を拡充したが，1922年業務を継承する機関を設けることなく廃止され総動員期間計画に該当するものを策定するまでにいたらなかった．一方で，軍需局創設に伴い陸海軍に関係業務を担当する陸軍省兵器局工政課，海軍省艦政局第六課が新設され，同課は軍需局廃止後も廃止されることなく業務を継続し工政課は，陸軍軍需(工業)動員計画を1926年まで策定し続け整備局に引き継いだ．また，軍需局は廃止されたが，軍需工業動員法と1929年の資源調査法の前身である軍需調査令は存続した．軍需調査令の施行範囲と報告義務については30-31頁参照．

陸軍が海軍と協同して行う一部作戦を想定したものであった．

　陸軍は，1937年度を初年度として，本格的軍備充実計画に着手していた．当時の陸軍における軍需品整備能力は，この軍備充実計画実現のためには大幅な拡充を要する．つまり，軍需品充足のためには軍需品製造工業の充実だけでなく，その基盤としての国防産業[38]の生産力拡充が要請された．そこでまず陸軍省の当局者が計画したのが，「軍需品製造工業五年計画要綱」[39]である．この計画の規模は飛行機生産能力軍民需合計1万機，武器工業民営設備拡充4倍，戦車生産能力年1580台等であった（なお，この計画では拡充軍需品製造工業の満州・朝鮮への推進も重要な一項をなしていた）．ただ本計画は1937年6月29日，日中戦争の直前に陸軍大臣の決裁を得たまでで，陸軍省内の関係局課の業務の統一に資するべきか，関係機関に通達すべきかに関し議論が残り，この要綱の取り扱いに関し決定できなかった[40]．

　陸軍は前述のように，軍需品製造工業拡充の基盤であり本来内閣の所掌でもある「生拡」計画の起案検討にも着手し自ら重要産業五年計画要綱案をまとめ，これを内閣に移して，その促進を図ることにした．この「重要産業五年計画要綱（陸軍部内用）」を杉山陸軍大臣が決裁したのは1937年6月14日であった（この計画は1941年までに明示的に日満北支で重要資源を自給できる体制，つまり戦時封鎖に耐え得る日満北支アウタルキーを確立することを目標に掲げていた）．

　軍需品製造工業五年計画要綱においても重要産業五年計画要綱（陸軍案）においても，大陸特に満州における軍需品製造工業力または重要産業生産力の推進拡充が重視されていた．満州国指導の窓口をなしていた陸軍は関東軍を通じて「満洲産業開発五年計画綱要」を策定させ，関東軍司令官（駐満大使を兼ねていた）は1937年1月，満州国政府に対しこれの実施を要望した．満州国政府は「1937（康徳4）年度から発足し，1941（康徳8）年度をもって完結する産業開発五年計画」を立て，1937年度を初年度としてその実行に着手した[41]．このように軍需品製造工業能力の向上とその基盤をなす日満両国重要産業の拡充開発が

38）軍需品製造工業に原材料を供給する基幹産業．
39）島田俊彦・稲葉正夫（編・解説）〔1964〕752-770頁，防衛研修所戦史室（編）〔1970〕19-20頁．
40）岡田菊三郎「口供書」〔1947〕．
41）防衛研修所戦史室（編）〔1970〕21-22頁．

企画され，それが実行されようとした矢先，日中戦争が勃発したのである．

したがって日満経済ブロックでは，「満州国」が緒についたばかりで，重要産業の拡充も軍需品製造能力の向上も本格的になし得なかった時点において，日中戦争に対応せねばならなくなった．つまり日中戦争で戦時経済体制に移行していったとき，実際に根拠となった総動員計画は，陸軍軍需動員計画と総動員期間計画を日中戦争対応に修正したものであった[42]．

4 物資動員計画(「物動」)の誕生と機能

(1) 外貨の欠乏と事変の勃発

1937年の第1四半期には日本(朝鮮，台湾，南洋を含む)の貿易入超額は3億2300万円となり，昭和年代に入って未曾有の額に上った．この根本原因は巨額の軍事費の支出にある．すなわち14億円の軍事費は当時の我が国の生産力をもってしては消化しえない軍需資財の需要を喚起した．国内の生産力で賄えないものは輸入に待つしかなかった[43]．

馬場蔵相による30億円を超える昭和12年度予算案の発表を契機として，輸入は爆発的に増大し，入超の激増をもたらして，1937年1月の輸入為替管理令の施行となった[44]．入超の激増による外貨不足が国家による経済統制の始まりとなった．つまり日中戦争勃発前すでに，外貨欠乏の恐怖から外貨の使用統制，すなわち経済統制が始まっていたのである．

これに覆い被さるように1937年7月に日中戦争勃発，8月から9月にかけて全面戦争の様相を呈した．当然，平時と戦時では軍需資財の輸入の量も額も格段の違いがある．外貨使用の統制も軍需が優先されるから民需は強く圧迫さ

---

42) 先行研究では軍需品製造工業五年計画要綱や重要産業五年計画要綱が過大評価されているように思われる．例えば金子文夫〔1994〕400-404頁では「戦時期経済」体制に突入する時期の経済動員政策として陸軍軍需動員計画と総動員期間計画には全く言及がない．

43) 東洋経済新報社(編)〔1937a〕141-142頁．なお，同昭和12年第1輯第27輯では「満洲産業開発五ヶ年計画」の特集も組まれており，「生拡」構想がメディアを通して広くアナウンスされていたことがわかる．したがって実業界などが，輸入商品の価格高騰，輸入関税の引き上げ，そして我が国の為替不安などを見越して思惑輸入に走るのは当然の成り行きであろう．この動きも輸入増加を増幅した．

44) 原朗〔1976a〕218-221頁，〔1972a〕19-21頁．

れた．この外貨使用統制(輸入為替の許可制)が「物動」の契機となった．

　この外貨の使用統制(輸入為替の許可制)は当然のように考えられているが，石橋湛山は「それは間違った政策だ」という興味深い論考を発表している．石橋は，まず「為替相場が常態を失った原因は時局の不安に在る」とし，しかも「為替市場の状態は戦時の不安だけから起った現実ではなく，政府の為替政策が為替市場に不安を激成し，其の円滑なる運転を阻害したものである」「大蔵省は何故，輸入為替の許可を渋るのか．〈筆者中略〉我が国が今日維持せんとしている対英1シリング2ペンスの為替相場と，現在及び予想される将来の我が国内物価を以てもし輸入為替の許可を寛大に与えたら，其の需要は果たしてどれだけの巨額に上るか想像が及ばない(不安にかられているのであろう)」．

　石橋がこの問題を解決する方法とは以下のような大胆なものである．「私は断然対英1シリング2ペンス標準の為替相場堅持策を放棄すると同時に，輸入為替の制限，及び之と共に少なくとも原料品の輸入制限を撤廃すべしと主張する．言い換えれば，為替相場がもし低落するなら，低落するに任せ，而して貿易はこの自然の為替相場の下に，営業者をして自由に之を営ましめよと云うのである」[45]．

　この提言は実際そうなるかについては異論はあるものの，本章の論旨からすると非常に重要である．なぜなら，外貨の使用統制(輸入為替の許可制)が「物動」という経済統制策の契機になったので，もし石橋の提言が受け入れられたら，円の対英相場が低下し，輸入が困難になり，疑問はあるが輸出は増加し，為替相場は均衡，外貨の使用統制など不要となり，「物動」という制度も生ま

---

45) 石橋湛山〔1938〕25-32頁．なお，石橋はこの提言の理由を次の4点で説明している．理由の一つは「国内で無茶苦茶なインフレーション政策を行わない限り，物価の騰貴，従って為替相場の低下にも限度があるからだ」．二つ目は国際収支の均衡が破壊されるという懸念である．「私の主張するようにすれば，為替相場は，此の均衡を自然に保つ点まで低落するから，輸入は減少せざるを得ず，輸出は増進せざるを得ない」．「三番目は物価の問題である．為替相場を自然の位置に下らしめて，輸入制限を撤廃する方が，却って物価騰貴を防ぐ」．「四番目の問題は，政府が必要とする軍需品や戦時の必要品を，私の主張する方法に依って果たして豊富に輸入しえるのかという疑問である．〈筆者中略〉私の方法によれば，政府は先ず其の所有正貨と年々の買上産金とを以て，為替市場とは全く関係なく，其の必要とする物資の輸入を行う．勿論それで足りなければ，為替市場で政府も普通に為替を買う」というものであった．

れなかった可能性がある．しかし，現実には「物動」は誕生した．それならば，「物動」の生成過程とはどのようなものなのであろうか．

(2)「物動」の誕生

1937年6月，第1次近衛文麿内閣が成立した．賀屋興宣蔵相はその6月末の閣議で昭和13年度(1938年度)概算要求に際し各省に対して要求に伴う物資需要を正確に見積もり，物資需要調書(いわば「物の予算」)の提出を求めた[46]．何故に賀屋は各省に前例のないそのような物資需要調書を求めたのか．その理由はこの内閣の財政経済三原則(賀屋興宣蔵相と吉野信次商工相の，いわゆる賀屋・吉野三原則)にある．

三原則の第一は，生産力の拡充である．第二は国際収支の均衡を図る．第三が，物資の需給調整である．「生産力を拡充するには，原料を輸入したり技術を入れたりして外貨がいるが，国際収支が赤字なら，それを無視してはやれない．国際収支の均衡というものをあくまで堅持し，その枠内で生産力の拡大をやる．一方，カネの面だけでなく物の面でも需給の調整が必要だ．やたらに予算をぶんどっても物の供給が伴わなければ，予算は使いこなせない」[47]．賀屋のねらいは，当時，暴走しがちだった軍を物の面から牽制しようというものであった．

同年7月，日中戦争が勃発した．当初早期に解決するものと見込まれたが，8月には上海まで拡大した．9月初旬，「北支事変」は「支那事変」と改称され，議会で臨時軍事費特別会計が設けられ，それまでの事変関係支出はこれに組み入れられた．結局昭和12年度の臨時軍事費は20億3400万円に上った．この間5月成立の企画庁[48]が10月に資源局[49]と合体し，企画院[50]が設立した．

---

46) 閣議指令〔1937年6月29日〕この指令の後半部で，賀屋は物資需要調書を求める趣旨を国際収支の適合範囲でなるべく多量の必要物資を輸入する方策を研究するためと説明している．
47) 吉野信次〔1962〕356-357頁．
48) 内閣調査局が改組拡大されて設立(1937年5月)，内閣の主要政策の立案，審査，統合調整にあたった．
49) 1927年発足，戦時に「総資源の統制運用を全うして軍需及民需を充足する準備計画」の作成を任務とした．
50)「国家総動員の中枢機関」として「生産力の拡充，需給の調節，配給の適正，国際収支の均衡を図り，依って以て総合国力の拡充運用に違算なきを期する」ことを主たる任務として

第2章　生産力拡充問題と物資動員計画

「物動」は企画院で作成されたが，企画院創立の経緯には，国際収支の悪化による外貨の使用規制問題が関係している．最初の「物動」の作成に参画した三島美貞(当時陸軍大佐)[51]，田中申一そして稲葉秀三の回想によると，企画院創立から「物動」誕生の経緯とは次のようなものである．

　　日中戦争が全面化すると軍用資材の需要も増加し，諸外国，とりわけ米国の対日感情が悪化していつ対日輸出禁止をうけるかという不安が拡がり，大蔵省に対する輸入要求は活発を極め国際収支が非常に悪化した．この問題の処理機関として内閣直属の第一委員会が設立された．その任務は重要な17品目を選定して生産，在庫，需要等の調整をして要輸入の種類，数量を国の輸入力と見合って決定することとした〈この第一委員会の輸入数量の決定要領は「物動」の作成手順と同様である：筆者〉．

　　一方，陸軍側から，事変の展開を考えると第一委員会以上の，より強力な統轄機関が必要との要求があった．平時は企画庁，戦時は資源局が政策調整機関とすみ分けていたが，いまや準戦時であるので両者を一本化することになり企画院が創設された．企画院には総裁次長の下に7部あった．産業部が重要物資全部に付き物資需給計画を樹立し経済統制する仕事を担った．輸入物資に関する仕事を担当したのは，商工農林両省からの官僚そして陸海軍から調査官として参加した軍人であった[52]．

　物資需給計画が「物動」になっていくわけだが，三島の回想によると，「物動」策定にあたり問題になったのは，物資の範囲を如何なる程度にするか，及び原料物動にするか，成品(ママ)物動にするかという点であった．前者の問題は戦争遂行と国民生活に必須のものということで130種類に限定したが，これを成品物動にすると何万何十万という数になり少ないスタッフでは裁ききれず，計画を単純化するため原料物動にした．需給計画そのものは資源局以来の研究(総

発足した．
51) 三島美貞〔1955〕．三島美貞陸軍大佐(当時)は1936年11月から資源局事務官となり，1937年12月企画院創設とともに企画院調査官となって「物動」の作成に最初から参画し，1941年2月ドイツに出張するまで，つまり昭和16年度の「物動」の大綱まで，その作成を主導した(他に「物動」の策定に参画したメンバーには，稲葉秀三，真山寛二(海軍大佐)，田中申一，佐伯喜一がいた)．
52) 三島美貞〔1955〕12-13頁．

動員期間計画など)が十分役に立ち，形式や方法等には問題なく成立した．すなわち約130の物資を鉄鋼，非鉄，繊維，化学薬品，燃料，機械，食料，雑品の八つの分科に分け，計画上の需要は軍需を第一として陸軍需要をA，海軍需要をBとし，その他の需要をCとした．Cは細かく細分されC$_2$が生産力拡充であり，C$_5$はその他の一般民需である[53]（「物動」が成立した段階で「生拡」は「物動」の需要の一部門にすぎなくなり，「物動」に従属することになる）．また，供給の方は生産，在庫，回収，代用を計上し不足額は輸移入及び節約として需要供給のバランスをとるという形式をとった．

日中戦争が勃発し拡大した1937年後半，急激に輸入が減少した．日中戦争が全面化して軍用資材の需要が急増し，本来なら輸入は増加しなければならない．それが逆に減少したのは，政府が輸入を強力に規制したからである．規制にあたっては限られた輸入力(保有外貨と正貨)の中で軍需の要求を確保しつつ，生産力拡充の点も考慮し民需のどの部門を削減するかが統制のポイント(輸入許可の論点)になった．

　一般民需配当で困った点は各用途別消費統計が不備であったため用途別に細分した消費データがなかった．それでやむなく，一応思い切って需要を切って見て，その影響をみつつ逐次修正していくという方法を取らざるを得なかった[54]．

「物動」の当初の形態は重要物資の需給計画，とりわけ重要輸入物資の需給統制計画であった．その統制のやり方とはそれぞれの特定物資(鋼材，銅，等)について次期の供給力の中で軍需と民需にどう配分するかを統制するものであった．とりわけ民需の統制とは物資を輸入要求してきた産業部門間のどの部門をどの程度削減するかである．この際，「物動」担当者が意図していたのは統制を通して産業間のバランスをとって，軍需と「生拡」の二つの要求に応える経済に転換しようという試みであった[55]．

---

53) なお，C$_1$は充足軍需というもので軍需関連の工場の建築など，民需であるが軍需に直結したもの．C$_3$は官庁需要であり，C$_4$が輸出原材料と区分された．
54) 三島美貞〔1955〕15頁．C部門については，部門区分が明確なところは要求数字も明確に出てくるが，C$_5$(一般民需)のようなところは用途別の消費統計が不備であったため，やむなく思い切って需要を切るようなことをした．C$_5$の部門別割当は商工省が担当していた．

第2章 生産力拡充問題と物資動員計画

したがって，削減されたのは，非軍事，非「生拡」部門である（後者の部門が明確に規定されたのは1939年1月「生拡」計画が閣議決定してからである．当初はどの部門がそれに入るのか入らないのか，その判定は難しく，いきおい非軍事の民生部門が削減の対象となった．重要金属については土木，建築関連部門が削減の主な対象になっていた）．

この「物動」の誕生経緯をみて，われわれが疑問におもったのは，これほど重要な経済計画の作成にエコノミストが参画していないことである[56]．実は有沢広巳は「原料補給問題」というドイツの外国為替の欠乏に起因する原料統制と貿易統制問題について，1934年，『経済学論集』に「ドイツ強制経済への途」と題して論考を発表して以来，継続的に研究していたのである．1934年以来ドイツが直面していた経済的課題は1937年当初の日本のそれと酷似していた．ともに「原料の輸入を直接制限する必要」にせまられた．この問題に対するドイツの対応は日本の場合に比較して極めて組織的であった[57]．しかし，

---

55) 戦争調査会事務局〔1946〕3頁．稲葉によれば「戦時経済統制計画の作業の基本になるものは，国家経済の全体を如何に計画的に動かして生産を調整し，その中に於いて戦争目的に必要な軍，官，民需等の物資並びに部門の調達を如何に確保するかという目的をもって立案せらるべきものなのである．これに関連して一番重要な点は，如何に日本全体の経済力のバランスをとるかである」．稲葉は「産業のバランスを通じて経済のバランスをとって，物動の目的を達成しようとした．〈筆者中略〉しかし，それがうまくいかなかった根本的原因はひとつに日華事変の長期化を予想していなかったこと，つまり経済動員の準備なしに戦争に突入したことである．もうひとつは事変前の日本経済の構造自体が経済の「統制化」或いは「計画化」を行うにはあまりに組織せられていなかったことである．具体的には家長的な，或いは封建的な小農経営，中小企業，商業組織，資本主義的な企業組織，電力や鉄道などの国家資本主義的要素など，日本の経済構造の中にはいろいろ複雑な要素が混入していた．これを統制することは非常に困難である」と述べていた (4-5頁)．

56) この点は現在も変わっておらず事の性質上，官庁エコノミストだけが関わるのが常態との見解もある．ただ，Milward, A.S.〔1979〕p.110によれば，第二次大戦期，英米の物資統制機関は経済的知識と統計データが必須のため，官僚だけでなく実業家そしてエコノミストを政府の中に取り込むことを必要としたとある．事実，当時の日本でも日中戦争勃発前1937年春に軍需資材が急騰すると，政府は「臨時物価対策委員会」をつくってその対策を講じた．その委員会の委員に有沢広巳が任命され価格基準をどうするかの原案を作成していた (有沢広巳〔1957〕163-164頁より)．

57) 有澤廣巳〔1937〕294頁．ドイツでは各原料ごとに輸入管理局を組織した．輸入管理局は為替管理局の下に立ち全商品の輸入管理を行い，一方においては輸入をその支払いに要する為替現在高の範囲に限定し，他方においては国内に生産されない必要商品の輸入を確保し，もって商品貿易における収支の均衡を維持しようとするにある．だから為替管理と輸入統制と

75

表 2-2　生産力拡充 4 カ年計画（目標と実績）

(上段：目標／下段：実績)

	普通鋼鋼材 (1,000 トン)	人造石油 (キロリットル)	アルミニウム (トン)	石　炭 (1,000 トン)	銅 (トン)	船　舶 (1,000 総トン)
1938 年	4,615(100) 4,891(106)	38,000(100) 7,400(19)	19,000(100) 22,118(116)	58,565(100) 57,737(98)	97,906(100) 101,069(103)	402(100) 416(103)
1939 年	5,630(100) 4,657(83)	74,000(100) 17,934(24)	29,200(100) 30,840(106)	65,803(100) 63,922(97)	128,183(100) 107,912(84)	550(100) 342(62)
1940 年	6,280(100) 4,560(73)	159,000(100) 30,870(19)	39,100(100) 41,889(107)	71,725(100) 71,691(99)	149,477(100) 112,784(75)	600(100) 226(38)
1941 年	7,260(100) 4,303(59)	536,000(100) 52,076(10)	126,400(100) 71,747(57)	78,182(100) 72,510(93)	179,000(100) 108,565(61)	650(100) 286(44)
4 カ年合計	100 80	100 18	100 96	100 97	100 81	100 62

注1) 中村隆英〔1971〕274 頁，中村隆英・原朗（編・解説）〔1970〕244-246 頁，国民経済研究協会（岡崎文勲）（編）〔1954〕から作成．
注2) （ ）内は 1938 年目標値を 100 とした指数．

「物動」が作成されていた 1938 年 2 月，有沢は人民戦線事件の関連で逮捕され[58]，有沢の知力は「物動」に活かされることはなかった．

（3）「物動」の機能

1939 年 1 月，「生拡」計画は正式に閣議決定された．その目標と実績は表 2-2 の通りである．このように「生拡」計画は思惑通り実現しなかった．以下その原因について論じる．

まず，この「生拡」計画は「物動」を通して実行されたことを確認しておきたい．その上でわれわれは根本的な原因を次のように考えている．「生拡」構想・「軍備拡張政策」が実行されようとする矢先に日中戦争が勃発した．この武力衝突は事変と呼称されたが事実上の戦争である．したがって平時に構築途上の戦時経済体制を文字通りの「戦時期経済」体制への移行が要請された．動員計画が発動され「物動」が実行されたことは前述した通りである．それまでの市場経済は，政府が，日中戦争を遂行するため「物動」という形で，市場に介入する一種の「指令」[59]経済に移行していった．この「指令」経済の基軸に

原料統制の三つの機能が管理局において直接結合され，ここに初めて為替欠乏と貿易収支の均衡と原料の確保との三角関係から生ずる全困難を解決すべき新制度が創造された（295 頁）．
58) 有沢広巳〔1957〕173 頁．

第 2 章　生産力拡充問題と物資動員計画

なったのが「物動」である．「物動」は企画院の成立とともにいわば制度化したが，この「物動」そのものに，生産力の拡充を停滞させる負の機能があった．すなわち「物動」という，特定資源の部門別配分計画で経済を運営しようとした機構と手法に問題があり，生産力を拡大するのではなく停滞させる結果になったと考えられる．

　この仮説を普通鋼鋼材の場合から具体的に検討してみよう．「生拡」計画の重点目標である普通鋼鋼材の生産は，太平洋戦争に入る前，日中戦争前半期(1938〜41年)からすでに停滞していた．それでは何故当時の産業の米であり超重点物資でもあった鋼材の生産が停滞したのであろうか(表2-3参照)．従来は，屑鉄の禁輸に象徴される原料が生産停滞の原因とされている．しかし，屑鉄が禁輸されるのは，1940年秋でありながら，鋼材の生産はその前年1939年から減少し始めたこと，普通鋼鋼材の原料にあたる鋼の生産は1937年から43年まで逓増していることなどから(従来からの通説[60]である)，原料だけが生産停滞の原因ではない．

　普通鋼鋼材の生産を低下させたのは政府が鋼材を部門別に配分しようとしたその機構と手法にも原因があったと考えられる．つまり政府が需要統制したこ

---

59) 指令の定義は「特殊な種類の情報タイプ」で「指令が受信人の機能変数を制御する．指令を怠った場合には法的制裁を受ける」．詳しくは J. コルナイ(岩城博司・岩城淳子訳)〔1975〕84-87頁．

60) 有沢広巳(監修)〔1994〕371頁，また岡崎哲二〔1988〕は，1939年から普通鋼鋼材の生産が逓減し始めた主因は，第二次大戦の勃発による屑鉄などの輸入物資の高騰にあり，輸入量が激減したことを，詳細に論述している．もとよりこの件を否定するものではない．ただ，根拠として60万トンの浮遊切符(使われていない切符)の件をあげている．たしかに浮遊切符は基本的には配当を受けたが現物が(生産されなくて)入手できない場合(生産割当に達成不足)という岡崎研究のケースに生起する．一方，鋼材自体は品種が多数に上るので，(配当が民需を削減して軍需に傾斜した場合)「需要者の需要するものと現実に供給されるものと食い違いが生ずる場合も空切符は生ずる」(椎名悦三郎〔1941〕398頁)．これに関連して1942年3月から陸軍省軍務局に勤務し「物動」に関与した国武輝人少佐(1942年当時)への原朗東大教授(当時)や筆者のインタビューにおいて「陸軍の中で，切符を配当しても使い切れない部署があった．とりわけ航空部門」等の証言があった(1996年，都内国武氏の自宅で)．現実に鋼材全体の生産高は1938〜39年に低下しているが1939年の消費(使用)高は供給高(生産高＋輸入高)よりも25万トンも低い．つまり，民間では民需用の鋼材を要望するが削減されて，切符を入手できず，軍の方は要求通りの配当を受ける(切符を受領する)が，軍需用の鋼材は入手難となって切符を使い切れないという現象が起きたと思われる．それが生産量と消費量の差になり，在庫が生じる現象となった．

表 2-3 鋼材関連生産, 消費, 在庫の推移(1935〜44年)

(単位：1,000トン／( )内は指数)

	①銑鉄			②鋼生産高	③普通鋼鋼材生産高	歩留り ③/②	普通鋼鋼材消費高	官軍需の割合(％)	在庫	
	生産高	輸入高	在庫						鋼	特殊鋼
1935年	1,907(95)	961	6.5(89)	4,704(90)	3,737(88)	0.79	3,145(84)	13	405(133)	14.0(115)
1936年	2,008(100)	972	7.3(100)	5,223(100)	4,264(100)	0.81	3,761(100)	12	304(100)	12.2(100)
1937年	2,308(115)	995	6.2(85)	5,801(111)	4,673(110)	0.8	5,518(147)	18	294(97)	14.6(120)
1938年	2,563(128)	857	14.9(204)	6,742(129)	4,870(114)	0.72	3,771(100)	27	358(118)	18.4(151)
1939年	3,178(158)	707	18.5(253)	6,696(128)	4,640(109)	0.69	4,253(113)	32	323(106)	37.1(304)
1940年	3,511(175)	690	21.3(293)	6,856(131)	4,522(106)	0.65	3,820(102)	37	381(125)	87.3(715)
1941年	4,172(208)	646	41.3(566)	6,844(131)	4,242(99)	0.61	4,084(109)	40	316(104)	74.0(606)
1942年	4,256(212)	745	32.2(441)	7,044(135)	4,121(95)	0.58	3,514(93)	53	531(175)	185.3(1519)
1943年	4,302(214)	315		7,650(146)	4,346(102)	0.57	3,715(99)	49		
1944年	3,156(157)	377		6,729(129)	3,510(82)	0.52	2,333(62)	41		

出所）東洋経済新報社(編)〔1950a〕140頁．国民経済研究協会(岡崎文勲)(編)〔1954〕79頁，及び日本製鉄株式会社史編集委員会(編)〔1959〕392頁．在庫関係は商工省(編)〔1939〜42〕174頁より．
注1）銑鉄の在庫は大部分がフェロアロイ(鋼鉄の製造に使われるさまざまな合金鉄)．鋼には板を含む．
注2）この場合の歩留りについては，鋼がすべて普通鋼鋼材の原料になっているという前提で計算．

と，それに軍需部門の割合を増加したことである．1937年末，軍需確保のために，民需を節約(統制)し，減産調整した(特に土木建築業種)．しかし，民生用鋼材(例えば，建築用鋼材)をそのまま軍需用鋼材として使用することはできないし，建築用鋼材を機械製鉄用鋼材に使用することもできない．

生産者側からすれば，そのような生産転換指令に対応するには設備投資などを含めて新たな生産体制が必要となり，その転換に時間と費用を要する．また，配分を厚くされた部門(例えば軍需産業)でも，その増加分を川下にあたる実需サイドのどの企業・どの工場に充当するかで中間統制機関の調整に時間を要し，物資(普通鋼鋼材)の流通速度が遅れることになる．それが1938年の急激な消費減になり，翌年39年の生産減につながったと考えられる．軍需用の鋼材は高級鋼材であり，製品の歩留りは民生用に比べて低い．したがって需要に占める軍需の割合が増加すれば当然それに伴って全製品の歩留りも低下する．この点も生産実績を低下させる要因となった．

1940年にはこれまでの配給統制に加えて生産統制の徹底を図ろうと「鋼材連合会」を「日本鉄鋼連合会」に改組するなど，需給統制をさらに強化した

(統制の強化は,法令によって行われ,消費者側の各企業に煩雑な事務手続きを課した).この需給統制は再び消費を減退させた(鋼の生産は前年比2%増であるのに,鋼材の消費は前年比約10%減である).また1940年には需要に占める官軍需の割合も前年比5%増加し,歩留りも4%低下した.さらにこの年の10月に屑鉄の禁輸があり,翌年1941年には鋼の生産高も幾分低下したのである.

つまり,1937年末から38年にかけて本格的に導入された「物動」などによる物資の使用(消費)を統制する仕組みに生産停滞の一つの原因があったのではないか.この新しい制度が定着するまで財(この場合普通鋼鋼材およびその関連)の流通速度が遅滞することになったものと思われる(実際,表2-3でわかるように銑鉄,鋼,特殊鋼のどの在庫も1938年末は前年37年末より増加している).

われわれのこの仮説に対して,兵器用等の特殊鋼の需要が増加したから,その分,普通鋼鋼材の生産が減少したのではという反論が当然考えられる.確かに特殊鋼とはいろいろな特殊元素を鋼に合金して,これに特殊な性質を与えたものであるから,特殊鋼の生産が上昇すれば,鋼の生産が一定である限り,その分普通鋼鋼材の生産高は減少する.しかし,われわれが議論している時期,とりわけ1939年から40年にかけて,鋼の生産高は前年比2%増加しているのに,普通鋼鋼材も特殊鋼もともに前年に比べ生産高が減少している点がわれわれの仮説への裏付けとなりうると考える(表2-4参照).

われわれのこの見解に対し,「物動」によらない経済統制の手法があるのかという異論がある.確かに企画院の中で「物動」に代わる統制手法について議論があったという記録は見出せなかった.また第二次大戦の交戦国も日本の「物動」と類似した物資の統制を行っている.ただ,米国は元来,物資の賦存条件が豊かであり,その統制手法の成否を日本と比べることはできない.英国も米国が参戦し本格的に英国への支援に乗り出す前まで物資統制が有効に機能したとは言いがたいし[61],米国の支援を受けてからは比較対象として適切ではない.

ただ,ドイツだけが1942年以降に革新的な物資統制の機構と手法を創出し敗戦直前まで,「生産の奇跡」と呼ばれる軍需品の生産性や生産量の上昇を実

---

61) Hurstfield, J.〔1953〕pp. 83-95.

表 2-4　普通鋼鋼材と特殊鋼鋼材の生産高(1935～44年)

(単位：1,000トン／( )内は1936年＝100とした指数)

	①鋼	②普通鋼鋼材	③特殊鋼鋼材	②+③＝④	③/④ (%)	歩留り ④/①
1935年	4,704(90)	3,737(88)	69(81)	3,806(87)	2	0.81
1936年	5,223(100)	4,264(100)	85(100)	4,349(100)	2	0.83
1937年	5,801(111)	4,673(110)	155(182)	4,828(111)	3	0.83
1938年	6,742(129)	4,870(114)	257(302)	5,127(118)	5	0.76
1939年	6,696(128)	4,640(109)	389(458)	5,029(116)	8	0.75
1940年	6,856(131)	4,522(106)	362(426)	4,884(112)	7	0.71
1941年	6,844(131)	4,242(99)	396(466)	4,638(107)	9	0.68
1942年	7,044(135)	4,121(97)	501(589)	4,622(106)	11	0.66
1943年	7,650(146)	4,346(102)	463(545)	4,809(110)	10	0.62
1944年	6,729(129)	3,510(82)	639(751)	4,149(95)	15	0.62

注1) 出所は表2-3と同じ．加えて国民経済研究協会(岡崎文勲)(編)〔1954〕80頁．
注2) ここでの歩留りについては，鋼から普通鋼鋼材と特殊鋼が生産されているという前提で計算．

現させた．よってここではドイツの「戦時期経済」体制での物資統制の機構と手法を日本での「物動」の機構と手法に比較し，その違いに着目したい．

　日独の物資統制の手法の大きな違いは物資の需要配当部門の区分原理の違いである．日本の場合，はじめ，陸軍軍需・海軍軍需そして民需であった．その後，民需がC_2「生拡部門」，C_3「官庁需要部門」，C_5「一般民需部門」と細分化されていった．つまり最終的なユーザーで区分した．一方，ドイツの配当部門は，その物資を使用して軍需品などを造るメーカーで構成される産業ごとで区分された．各産業は委員会を編成し，自らの生産能力に適合した配当要求をした．各委員会は「中央計画(Zentrale Planung)委員会」(後述)にそれぞれの物資の必要性などを説明しなければならなかった．また，最終的には各委員会は軍需省によって設定された生産目標を達成する責任があった[62]．この産業ごとの委員会には企業の代表，生産現場を熟知した技師などが参画し，正確な企業の生産能力などの情報が委員会に提供された．それらの委員会をコントロールするのが1942年4月に設立された「中央計画委員会」という，たった3人の最高統制機関である．この機関はヒトラーから全権を委任されていた．3人とは

---

62) Milward, A. S.〔1979〕p. 117, 125.

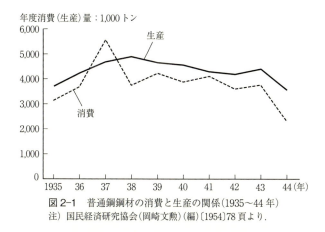

図 2-1　普通鋼鋼材の消費と生産の関係(1935〜44年)
注) 国民経済研究協会(岡崎文勲)(編)〔1954〕78頁より.

軍需相シュペーア,経済省からパウル・ケルナー,そして空軍からミルヒ元帥である[63].この中央計画委員会が下部の委員会から上がってくる末端メーカーの生産能力＝消費可能量という情報を共有しながら物資の配当量を決定していった.

他方,日本の場合,まず陸海軍がそれぞれの兵器などの軍需工業の生産能力を超えた水増し要求をした.また,配当部門を上記のような区分にしたため部門ごとの正確な消費能力の蓄積情報がなく,企画院に上がってこなかった.企画院総務班の数人が手探りで,配当量の大枠を決めていた.というより陸海軍の軍需の残余を民需に「生拡」部門優先で配当していた.配当は切符を通して行われたが,1940年現在で鋼材60万トン分の浮遊切符が生じたといわれている[64].このような事態が生起したのは,生産自体が見積もりより減少したことと,軍が消費能力以上の配当を要求したことも一因になったといえよう.

現に図2-1「普通鋼鋼材の消費と生産の関係(1935〜44年)」を見ると,「物動」開始(1938年)以降,毎年生産量が消費量を上回っている(つまり「物動」で需給を調整しているはずなのに需給が均衡しておらず,毎年在庫が生じ滞積していた)[65].

一方,ドイツの場合,前述の統制手法に連動して「合理化と集中化」運動が

---

63) Milward, A. S.〔1979〕pp. 116-117.
64) 日本経済聯盟会〔1940〕70頁.
65) 日本経済聯盟会〔1940〕64頁によれば「1939(昭和十四)年度に於ける物資の需給状態は物

推進され，生産性の向上と原材料とりわけ希少資源の節約が徹底された．実際メッサーシュミット社のMe109戦闘機の生産は7工場で月産180機であったのが3工場で月産1000機まで生産性を高めた．またシュペーアは1943年5月までに軍需品1トンを生産する工業が1941年に比較して半分の鉄や鋼材，6分の1のアルミニウム，12分の1の銅しか使用していないと報告することができた[66]．

日本やドイツで運営された戦時の「指令」経済は集権化された経済と見なせる．「この経済では，中央機関がこれに従属する（従属することが義務付けられている）単位に，数量的指標を与える．〈筆者中略〉集権化された経済では，問題を知らせるシグナルは多段階のヒエラルキーで経由しなければならない．つまり情報は当該問題の決定権があるレベルまで上がり，それから摩擦解消の決定実行を行うレベルまで，ぎくしゃくしながら下がる」[67]．

つまり集権化された経済では，指令する上部機関と生産する下部の実行レベルとの情報が共有される機構であることがその経済運営の成否を決めた．日本の「物動」システムでは最上位指令機関と最下部の現場にあまりにも雑然と物資ごとに異なった組織が異なった方法で介入し続けた．以下1940年の日本経済聯盟会による『現行産業統制ノ欠陥実情並ニ之ニ対スル業種別改善意見』[68]は，日本「物動」の統制機構と統制方法の主要な問題点を示唆している（以下，カッコ内の頁数は本資料の頁数を示し，原文はカタカナである）．

例えば具体的にメーカーが統制物資を取得するためには，以下のような経路と手順をたどらなければならない．「先ず書類を作成して配給申請をする．それに対して切符を入手し更にこれを現品に換えなければならない．ところがこ

動計画に基き明確に決定せられ居る筈なのに不拘，実際物資の生産と消費の量が不一致なる現状なり」と産業界（機械及び金属業界）から「物動計画に基く物資生産の消費（需要）に対する無連繋」が指摘されていた（原文カタカナ）．

66) Overy, R. J. [1995] p. 358, 369, 及び Klein, B. H. [1959] p. 207 によれば，ドイツの軍需生産は1942年の第1四半期(1-3月)を100とすると，1943年の第1四半期には185そして1944年の第3四半期には279まで上昇した（金額だけでなく量的にも上昇）．

67) コルナイ・ヤーノシュ（盛田常夫訳）[2006] 185-186頁．

68) 本資料は，日本経済聯盟会が「戦時経済」統制下における産業統制の欠陥の所在を究明し，官民による対策の考究に資するため，1940年，産業界各方面の関係当事者に意見を徴したものである．

第2章 生産力拡充問題と物資動員計画

の出願から切符の入手までがなかなか簡単に行かないし,入手した切符を更に現品に換えてこれを取得するまでの手数もまた容易ではない.関係先に対する依頼陳情その他の交渉は容易でなく手数を要する」(61頁).「一方配給機構は各種産業別,品目別に配給協議会を組織し,これを対象として自治的に配給数量の割り当てをしていた.その結果,各単位協議会において平面的で公平な分配に終わり協議会を構成する各個の「メンバー」の実力実情を考慮しない欠陥があった」(22頁).また「統制方法及び統制機構は物資毎異なっていた.しかも常に,変更改訂などが行われるため,多種多様の資材を取り扱う所はそれらすべてを誤り無く知り,手続きを進めることは至難の業である」(60頁).

一つの改善策として,次のような提言がなされた.「統制上の齟齬は,要するに統制者側に〈生産者側の正確な情報を持った:筆者〉実際家がいないためである.いわゆる「官僚独善」になっている.統制は事態に応じ早急なる処理を要すると同時に之が具体化については各産業方面の実際家の参加と協力により違算なきを期すべきなり」(70頁).

他方,オーバーレイはドイツの生産の奇跡について,次のように結論している.「合理化は成功させようという産業間同士の協調と国家による支援を必要とした.これらが確保される1941年から42年の冬まで,ドイツ戦争経済は生産者優先というより軍部に支配されたままだった.軍の指令のもとではドイツ工業は伝統的な職人技術と高品質高コスト生産に後退した.他方(1942年以降の)民間人の統制のもとでは,質は維持されたまま,作業工程の近代化と資源の科学的管理へのシフトが強調された.ここにドイツの生産の奇跡の鍵があった」[69].くしくもドイツの「生産の奇跡の鍵」と日本経済聯盟会の改善策の方向が一致していた.「物動」の統制機構と統制手法に問題があったことが,「生拡」計画の実現を阻害した一つの要因であったと考える[70].

---

69) Overy, R. J. [1994] p. 375.
70) 原朗[1967]では,資金が供給されても労働力や機械の入手が困難であったことが指摘されている.岡崎哲二[1988]では,日本の戦時経済を政府−統制会−企業という三階層構造を持つ経済システムと捉えたうえで,統制会が機能しだすと,パフォーマンスも良くなったと鉄鋼統制会の例を分析して1943年の鉄鋼生産の上昇を説明した.

（4）満州「生拡」計画の発展

「満洲産業開発五年計画」（以後「五年計画」と略称）の最も重要な指導理念は，日本の欲する国防国家の建設と，陸軍の「現地調弁主義」の実現であった．この指導理念に基づき，関東軍は細部計画作成を満州国政府に指示，政府は満鉄経済調査会を事務局として計画を立案した[71]．「五年計画」は日本の生産力拡充計画に先駆けて，1937年の1～5月より実行された．その矢先，日中戦争が勃発した（1937年7月）．

このような情勢の変化に対応して，関東軍では，「五年計画」の修正を検討することになる．その修正の経緯について，1938年11月東京で開催された日満支経済懇談会の席上で，満州国の産業部次長の岸信介は以下のように述べている．

> 1937年1月以来，我々は満州産業開発五ヶ年計画の第一年度の実行に入ってまいりました．丁度その半ばに北支事変が起きました．これは五ヶ年計画を樹立した当時は全く予想していなかった事態であります．第一年度の実績といたしましては，電気，製鉄，石炭部門は計画通りあるいは計画以上の成果を収めました．〈筆者中略〉このような1ヶ年の実績，更に発展して来た新事態を考えて，今後満州産業の進んでいく目標を考えますと，計画目標を拡大しなければ新時代に対応できない．幸い，満州の資源，その後の開発状況の進行からみますと，その拡大は不可能ではない．それで，1938年の始め修正五ヶ年計画を樹立，これを実行しています[72]．

それでは，実際，どう修正されたのか，修正部門，目標，対日還送，資金関連などの点から分析してみよう．部門別（鉱工業，農畜産，交通通信，移民）に見て，大きな変化があったのは，鉱工業部門である．鉱工業部門の目標修正で顕著なのは，銑鉄が1.8倍，鉄鉱石が約2倍，石炭は1.25倍，アルミ1.5倍，マグネシウム6倍，鉛2.3倍，亜鉛7.6倍，自動車7.5倍，航空機14.7倍，電力1.8倍と引き上げられた[73]．

この際，当初計画では，その製品は基本的に満州産業開発に充当されること

---

71) 国民経済研究協会・金属工業調査会（共編）〔1946〕7-8頁より筆者要約．
72) 日満支経済懇談会事務局・日満中央協会〔1939〕183頁．
73) 国民経済研究協会・金属工業調査会（共編）〔1946〕106-108頁．

表2-5 「満州国」の銑鉄生産高,対日輸出高,普通鋼鋼材生産高の推移(1932〜45年)

	対日輸出高A	生産高B	(A/B)(%)	満州使用高	満州普通鋼鋼材生産	鋼材対日輸出	備考(数字は月)
1932年	322	368	87.5	46			3 満州国建国
1933年	455	434	104.8	―			当年生産高に在庫を加えて対日輸出か？
1934年	409	476	85.9	67			
1935年	382	608	62.8	226			
1936年	271	652	41.5	381	167		
1937年	212	762	27.8	550	260		1 満州五年計画, 7 日中戦争
1938年	209	753	27.7	544	385		5 満州修正五年計画
1939年	352	1,028	34.2	676	402		9 独・ソ,ポーランド侵攻
1940年	431	1,061	40.6	630	441		9 三国同盟, 11 日満支経済建設連携要綱
1941年	553	1,399	39.5	846	490		8 対日石油全面禁輸, 12 真珠湾攻撃
1942年	714	1,488	47.9	774	492		
1943年	265	1,728	15.1	1,463	630	54	
1944年	325	1,266	28		351		
1945年	52						

になっていた．それが修正計画では，対日還送資源とその割合が義務づけられた．液体燃料は生産目標の9割，銑鉄・アルミは3〜4割を日本に送る計画とされたが，軍需工業品・鋼材は除かれた[74]．このような修正の形から，従来，修正計画の意義は，「満州国」の日満ブロックでの役割が軍需品自給(現地調弁)と資源の対日供給の両者が並列状態になり，傾向としては対日供給にシフトしつつあることを示しているとされている[75]．ただ，資金関連を検討すると，次のような変化があった．鉱工業の所要資金総額は当初計画15億円から38億8030万円の2.58倍になったが，その調達先は当初計画では大部が満州国になっていたのが(87.5%)，修正計画では日本国側が当初計画の12.5%から44%と負担増となり，満州国は37%，残余は第三国(外貨資金)19%となっている[76]．これは上乗せされた目標の分(例えば対日還送分)の開発資金を日本側や第三国に転嫁したと見られなくもない．

　もう一つ，表2-5，図2-2,2-3を分析すると修正計画の意義について，従来

---

74) 石川滋〔1958〕751頁.
75) 金子文夫〔1994〕402頁.
76) 国民経済研究協会・金属工業調査会(共編)〔1941〕70-71, 116頁.

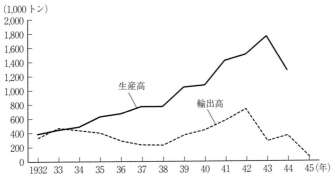

図 2-2 「満州国」銑鉄生産と対日輸出(1932～45 年)
注) 東洋経済新報社(編)〔1950c〕266 頁より作成. 生産高は 1936 年まで満鉄調査部(編)〔1939〕より, 1937～42 年度は, 企画院第二部(調整)〔1943〕より, 1943～44 年度は, 山本有造〔2003〕118 頁, 及び萩原充〔1995〕397 頁より再引用して作成, 普通鋼鋼材生産高も同じ.

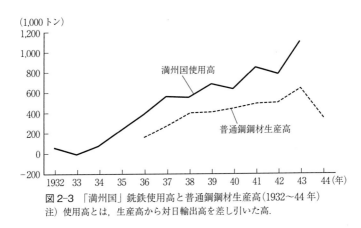

図 2-3 「満州国」銑鉄使用高と普通鋼鋼材生産高(1932～44 年)
注) 使用高とは, 生産高から対日輸出高を差し引いた高.

の説に異論がある. というのは銑鉄や鋼材の関連で銑鉄の対日輸出高は, 確かに 1937 年以来逓増しているし, 生産高に対する輸出高の割合も上がっている(ピークは 1942 年の 48%). しかし, 生産高も上がっているため, 満州国の使用高も, そして満州国自体の普通鋼鋼材の生産高も上がっていた. また日本本土から植民地, 占領地への年平均投資額(1938～41 年)における満州国への圧倒的投資額などから見て, 修正計画は日中戦争という新事態に対応して関東軍が日本国に従属することのない現地調弁主義を貫くための防衛策ではなかったかと

第2章　生産力拡充問題と物資動員計画

考えられる(但し,太平洋戦争という事態でまた,その役割は変わってくる).

加えて,この時期の資本の移動に注目すると,1935年から40年まで日本本土の資本収支は一貫してマイナス,つまり資本は流出傾向にある.1937年が3億1900万円の出超,38年が1億3200万円の出超を記録していた.ところが,1939年にはその出超額が8億1300万円に跳ね上がる.40年には3億2700万円と37年並みの出超水準にもどり,41年には逆に8億5300万円の入超に変わる[77].この39年の急激に出超になった資本の輸出先はどこなのであろうか.山本義彦の調査によれば,1939年の海外投資総額11億8600万円の93%の11億円余りが満州に投資されている[78].40年,41年になってもその比重は72%,88%と高いままである.この39年の満州への投資の急増は,前年1938年5月に成立した「満洲産業開発修正五年計画」の資金計画が当初計画の28億9700万円からその1.8倍の52億6800万円へと増大したことと関係していると思われる.この資金の78%は鉱工業部門に向けられており[79],その30%の調達先は日本であった[80].しかも,この修正五年計画の目標数値の拡大は日本における「生拡」計画の作成過程とも密接に連関していた[81].つまりこれらの資本の内地から満州への移転はピグーの指摘[82]を待つまでもなく,本土の「生拡」計画実現のための資本の量を減退させる.修正五年計画による内地資本の「満州国」への吸収は,新「生拡」計画の目標達成を掣肘したといえよう[83].

---

77) 山澤逸平・山本有造〔1979〕226-227頁.
78) 山本義彦〔1978〕239頁.原出所は日本銀行調査局(編)〔1970〕77頁.
79) 原朗〔1972b〕72-75頁.
80) 小林英夫〔1975〕168頁.
81) 原朗〔1972b〕74-79頁.
82) Pigou, A. C.〔1921〕p. 183.
83) 日本の対満投資額が日満設備投資額合計に占める割合を1938年から41年まで算出すると,37%, 47%, 49%, 48%となる.これは当初計画(1936年)の満日の分担比率3:7と比べると,満州国側が両国の設備投資の資金をより吸収していることが窺える(日本の対満投資は安冨歩〔1997〕図表篇14頁.日本の設備投資資金は日本銀行調査局(編)〔1970〕118頁の金融機関の事業設備資金貸付状況の鉱業と工業部門).一方,原朗〔1967〕が示唆しているのは,まず「戦時期経済」体制下の「生拡」計画が,所要資金計画に対し,供給実績は1938年49%, 39年54%, 40年49%そして41年(ただし,42年3月までの調整実績)105%と40年まで低調であったことである.ただ原は資金が重点的に「生拡」部門に配分されていたという.にもかかわらず成果が思わしくなかったのは,工事が計画通り進捗しなかったためであり,その遅延の理由は,資材・労力の不足であり,機械入手の遅延である.特に輸入機械の入手難

第Ⅰ部　戦時経済体制の構想

むすび――「戦時期経済」における「生拡」構想・計画の機能

　1941年の夏頃から米英蘭による対日石油全面禁輸となり，これらの経済圏から資源は全く入手できなくなった．そのため，石油を筆頭とする南方資源を武力によって確保しようという軍事的冒険に乗り出すことになる．これ以降，「生拡」計画の成否はこの資源の入手如何に左右され，それが資源を還送する船舶の膨大な損耗によって失敗したことは今更説明する必要はないであろう．損耗の主要な原因は対潜作戦の不備からくる敵潜水艦による損害であり，対米作戦の敗退による敵航空機による損害であった．

　太平洋戦争に入ってから(正確には1941年の夏頃から)，生産力拡充計画は生産拡充計画と名が改まり，軍事生産力を充実させる国防産業の設備投資より明日の戦いに必要な兵器の増産が優先された．この時以降，軍事力の基盤となる生産力の拡充という「生拡」構想の本来の性格は失われ，「生拡」構想は終焉したといえる[84]．

　最後に「戦時期経済」体制における「生拡」構想の経済的含意について言及し本章を締めくくりたい．重要産業五年計画に象徴される軍備充実のための「生拡」構想は，前述の事情により政府による経済統制下，以下のような形で実行された．政府が限られた資源(ヒト，モノ，カネ)の産業間の配分について，市場に介入して非国防関連部門から国防関連部門に強制的に付け替えるという形で実行されたのである．その結果，生産力拡充という目的を達成するために資源配分を市場にまかせておいた場合に比して，異なった様相を示した．その具体例として機械製造工業の中の非国防関連部門である紡織機械製造業(以後

　　が工事未着手の圧倒的な理由である．「資金がいかに潤沢に供給されても，拡充に必要な物資＝生産手段と労働力の供給がそれに伴わない所では人為的統制がその効果を上げ得なかった」(73頁)．結局，「生拡」計画は「物動」に従属していた．たとえ，いかに金融統制で，「生拡」計画の実現を期しても，「戦時期経済」体制では，モノやヒトの統制がカネの統制より強く機能していた．ただ，前述の本土の「生拡」資金と満州開発資金の競合の問題は，日本の民間資金供給の範囲など議論のあるところであり，早急な断定を控え今後の課題としたい．

84)　その根拠としては，昭和16年度生産拡充計画(1941.8.29)に，現在進行中の鉱山の新規開発や工場の整備拡充等でも超重点産業以外は中止及び繰延の記述があることもあげられる．

表 2-6 紡織機械と工作機械製造業の工場数・従業員数・生産額及び1人当たりの生産額の推移

	工場数		従業者数 (人)		生産額 (1,000 円)		従業者1人当 たり生産額 (円)		備　考
	紡織 機械	工作 機械	紡織 機械	工作 機械	紡織 機械	工作 機械	紡織 機械	工作 機械	
1930 年	361	454	11,677	6,144	22,079	10,666	1,891	1,736	
1931 年	404	470	13,990	6,071	25,684	10,216	1,836	1,682	満州事変
1932 年	603	493	21,605	11,379	48,106	25,780	2,227	2,265	
1933 年	494	397	17,095	7,678	32,112	14,170	1,878	1,845	
1934 年	782	622	29,830	15,519	70,457	38,929	2,362	2,508	
1935 年	913	765	35,185	18,400	89,649	46,580	2,548	2,531	
1936 年	1,032	771	43,110	19,799	113,560	48,612	2,634	2,455	2.26 事件
1937 年	1,276	1,021	43,318	35,399	144,764	102,276	3,342	2,889	日中戦争
1938 年	972	1,978	38,138	75,801	134,559	256,468	3,528	3,383	
1939 年	601	4,759	25,695	169,230	76,131	642,192	2,963	3,795	第二次大戦
1940 年	567	4,110	17,984	181,113	64,405	764,658	3,581	4,222	工作機械禁輸
1941 年	455	3,467	10,879	187,406	40,960	873,714	3,765	4,662	太平洋戦争
1942 年	318	3,213	7,800	213,881	35,287	984,476	4,524	4,603	

注）資料は商工省（編）〔1932～40〕による．

「紡機」部門と略称）と国防関連部門である工作機械製造業（以後「工機」部門と略称）の1930年代の変化をとりあげたい．つまり1937年を画期としてそれ以前の市場経済の時期（1932～37年）と，それ以降の「戦時期経済」体制の時期（1937～42年）での両部門のパフォーマンスを比較して，どう変化したか確認してみたい．

周知のように，日本の機械製造業における「紡機」部門は外国技術の資本節約的改変などもあり，廉価高性能で高い国際競争力をもっていた[85]．これに対して「工機」部門の方は価格はともかく，性能（質）において外国機に遅れをとっていた（とりわけ大型機）．ただ1930年代の前半期，高橋蔵相の経済政策も当を得て，両部門とも順調に成長していた．表2-6からわかるように，工場数，従業員数とも同じようなテンポで上昇していた．従業者1人当たりの生産額も総平均では「紡機」部門が多少勝っていたが，ほぼ同じであった．1934年から「紡機」部門で中規模（従業者50人以上500人未満），大規模（従業者500人以上）

---

85) 中村隆英〔1993〕77頁，及び清川雪彦〔1995〕298-304頁などでこの点が指摘されている．

工場が増加・建設されはじめ，その投資効果が，1936年と1937年の従業者1人当たりの「工機」部門との格差となって表れた．経済の論理からすれば，このような状況であるなら市場にまかせておけば，利益の上がる「紡機」部門に労働力(ヒト)と資本(カネ)が流れるはずであった．ところが1937年を画期に後半の「戦時期経済」に入ると，その資源の流れは一変する(ただ，ここでは労働力の流れのみにその確認をとどめざるを得ない)．つまり上昇するはずであった「紡機」部門の従業者数が減り始め，1942年には37年の6分の1余りとなる．一方，「工機」部門は1938年に，37年の倍近くになり，その後増加の一途をたどり42年には37年の約6倍に達した．

なぜこのような労働力の流れになったのか．確かに政府はこのような流れになる環境を準備した(企業整備)．しかし，実際に「工機」部門が雇用を増やしたからこの部門に労働力が流れたのである．なぜ「工機」部門が雇用を急増させることができたのか．それは工作機械の生産が追いつかないほど，売れたからである．端的にいって品質にかかわりなく売れたからである[86]．1939年から42年までの「工機」部門の従業者1人当たりの生産額は「紡機」部門を大きく凌駕する．図2-4からわかるように，「工機」部門内では1938年から42年まで小規模(従業者5人以上50人未満)工場の従業者1人当たりの生産額が，大規模工場のそれとほぼ同じか，それを上回った．これは零細工場の製品が売れたことを意味する．実際，この時期「物動」の枠外で，小零細資本が生産する安価な工作機械が大量に工作機械工業自体に供給された．それが政府の流通統制によりおびただしい滞貨となった記録がある[87]．また，1937年9月制定の臨時資金調整法による金融統制には，工作機械製造業等の軍需関連産業に参入しようとする小企業には，資金調達上，有利な点があった[88]．これも「工

---

[86] 日本工作機械工業会〔1969〕74頁の「工作機械需給実績」によれば，1938年は37年に比して生産台数，重量で約3倍，生産金額で5倍弱，内需は金額比で約4倍に急増しており，その水準を41年までおおむね維持している．

[87] 沢井実〔1984〕165-168頁．

[88] 臨時資金調整法による金融統制は不要不急産業への設備資金供給を制限することを通じて間接的に軍需関連産業および政府(国債)へ資金を集中するものであった(岡崎哲二〔1995〕112頁)．この法律は，軍需関連産業の小企業にとって，有利な点があった．つまり，軍需関連企業であれば，増資・社債発行について商法の例外が認められ，また設備の新設ないし拡張改良について10万円未満であれば，政府の許可が必要なかったからである(荒川憲一

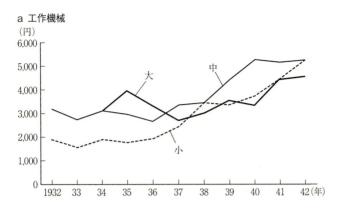

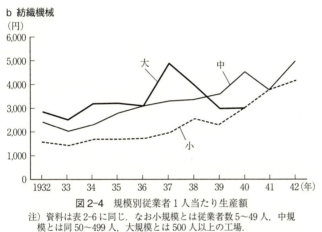

図 2-4　規模別従業者 1 人当たり生産額
注）資料は表 2-6 に同じ．なお小規模とは従業者数 5〜49 人，中規模とは同 50〜499 人，大規模とは 500 人以上の工場．

機」部門，小規模工場数急増の追い風となった．他方，「紡機」部門の側は1938 年，従業者数，生産額において「工機」部門に大きく逆転された（「工機」部門の 2 分の 1）．従業者 1 人当たりの生産額も 1942 年に「工機」部門と同じ水準に回復するまで同部門に水をあけられた．

図 2-4, 2-5 で示した「工機」と「紡機」両部門の規模別従業者 1 人当たり生産額の変化を見ると，両部門とも前半期は規模が大きいほど高い生産額を上げているが（「紡機」部門が顕著），後半期はそれが逆転しており大企業に不利な

―――――――――――――――
〔2003c〕20-24 頁，参照）．

状況になっている(とりわけ「工機」部門).

　総括すると，前半期は規模による格差が明確であり，投資効率(資本の生産性)が良好で投資が促進される環境にあった．後半期になると逆に設備投資を掣肘する現象が生じた．小規模な企業の製品でも売れる状況になった．設備投資して規模を拡大しなくても利益が上がるという状況が生じたのである．これは投資のインセンティブを殺ぐ環境に変質したことを意味する．この後半期「戦時期経済」の様相をどう評価するかである．中小「工機」部門に投資インセンティブを殺いだが，逆に参入インセンティブを促進する環境が造られた．つまり中小「工機」企業の簇生による工作機械の多量生産は「戦時期経済」体制にとってマイナスばかりではない(もちろん質の問題はあるが).

　こうして生産力拡充を目指した「生拡」構想，これを実現する装置としての「物動」を基軸とした「戦時期経済」体制は，企画院があらかじめ望んだ形とは別な形の「生拡」を実現していた．このような「戦時期経済」体制下の「生拡」の様相は，平時，「生拡」に期待された目標の実現を阻害する環境を造り上げることになったが，戦争遂行に不適合とは言い切れず，その評価には両義性があると言えよう．

第Ⅱ部
戦時経済体制の展開
アウタルキーの呪縛

第3章
日満支経済ブロックの構想と展開

はじめに

　本章の課題は，融和的アウタルキー圏の構築は可能だったかという問題意識を念頭に，戦時経済体制が，日満支経済ブロックの構想と展開という形で，資源問題を契機に意図せざる「戦時期経済」体制へ転換する姿を明らかにすることである．第1章の最後で述べたように1930年代半ば陸軍の中に，日満ブロックの行き詰まりを日満支経済ブロックで打開しようという気運が醸成されていた．この日満経済ブロックから日満支経済ブロックに拡大する過程で，日中戦争が生起し全面戦争化する．日中全面戦争となる中，日満支経済ブロックはどう展開していったのか，戦前から戦中にわたる，その変容の諸相を，先行研究を踏まえて検討してみたい．

　「満州国」の建国は，様々な問題を孕んでおり，国際的反発も生み出し，日本は国際連盟から脱退，国際的に孤立する結果になったが，満州事変を遂行した関東軍の参謀たち，陸軍省部や政財界にとって，日満経済ブロックの成立は世論の支持もある順調な成果であった．ところが，日満経済ブロックが成立してから，数年も経たぬうちに，日満経済ブロックではうまくいかない．日満支経済ブロックでなければだめだという動きや言説が飛び交う[1]．

　この日満支経済ブロック構想の内実は，その構想主体によって一様ではない（細部後述）．ともかく，日満経済ブロックから，日満支経済ブロックへと自給圏を拡大しようというモメントが機能しはじめた．それが，はっきり表面に出たのが，華北分離工作である．この政治戦が，盧溝橋事件という軍事衝突を契機に，北支事変そして支那事変という日中全面戦争に拡大した．結果的に，形

---

1) 『陸軍主計団記事』〔1935〕127頁，「日満経理座談会」の中で，陸軍省軍務局軍事課員が「日満経済統制は日満支の経済的融合を眼目とせよ」，同参謀本部員は「日満だけを見てはだめだ．日満支にいかなければ」などと発言した．

第Ⅱ部　戦時経済体制の展開

の上では，完全なものでもなく期待された形でもないが，日満経済ブロックから日満支経済ブロックへと自給圏の拡大が成立したように見える.

本章の具体的課題はブロックを構想した主体によって二つに区分される．一つは，日満経済ブロックの段階で財界人や学者によって構想された日満支経済ブロック，具体的には日満支経済連関(循環)モデルが実現されたかどうかである．二つ目は，軍人たちが意識した戦時経済体制(総力戦経済体制)を確立する課題の一つ，資源の確保＝戦略資源の自給率の向上が，軍事力で中国関内を占領した結果実現したか，しなかったかである．

序章の先行研究で言及したように大石嘉一郎〔1994〕は，第二次大戦期日本帝国主義史に関する戦後研究史を総括した．大石は研究史を検討した結果，残された課題の一つに，植民地・占領地を含む「日・満・支ブロック」，「大東亜共栄圏」[2] の経済的実態を明らかにすることをあげていた．

この研究は，小林英夫や原朗そして山本有造によってなされていたが，その後，「満州国」の経済的実態は山本有造，安冨歩らによって深められ，朝鮮や台湾の戦時期経済の実態は金洛年(キムナクニョン)，堀和生により長いスパンから位置づけられている．ただ，あまり進展していないのが，占領地中国の問題である．浅田喬二(編)〔1981〕以来，中村隆英〔1983〕を超えるものは出ていないように思われる．他方，本庄比佐子・内山雅生・久保亨(編)〔2002〕が占領地経済の実態を解明する貴重な案内書として上梓された．

「大東亜共栄圏」の経済的実態は本章の中心課題ではないので，日満支ブロックの経済的実態に絞ってこれらの研究をまとめてみよう．原朗〔1976b〕では日満支ブロックについて，興中公司や中支那振興株式会社などへの投資構造の分析に焦点があてられ，貿易構造については1939年の自給圏の貿易循環を図示するにとどまっていた．小林英夫〔1975〕は日満支経済ブロックに関し，華北占領政策，日中戦争下の占領政策の展開を論じた．貿易構造については日中戦争下，日本の「生拡」計画との関連で，とりわけ第二次大戦が日本の貿易に与えた影響を焦点にアウタルキーが脆弱になったと評価している．

---

2) はじめて公的に使われたのは1940年8月1日松岡洋右外相談話．日本経済に不可分な重要資源供給地満州・中国・東南アジアを包括的に示す概念．

視角は異なるが，この日中戦争期に一部重なり日満支ブロックを含んだアジア貿易を論じた杉原薫〔1996〕がある．長いスパンで世界貿易の中にアジア間貿易を位置づけ，この時期，世界貿易が世界恐慌からブロック化して収縮したといわれる中，アジア間貿易は成長していたことを実証した．アジア間貿易には，二つのグループがある．東アジアグループと東南アジア・南アジアグループである．この二つは，性格も構造も違っていたが，二つのグループの連携の仕方によっては，アジア間貿易の好循環が成立する可能性があったという．

杉原は同書の前に「フリーダ・アトリーと名和統一」[3]を発表している．本論説は副題が「「日中戦争」勃発の経済的背景をめぐって」であり，「北支侵略の経済的動機が当時の知識人にどのように理解されていたかをアトリーと名和をとりあげ検討すること」を課題としていた．このテーマは本章の問題意識と重なるところがある．

杉原は，当時，日中間を中核とする東アジアは，国際分業の相互利益が実現する可能性を十分持っていたのに，日本政府は東アジアにおける経済的相互依存のダイナミクスを維持しようという円ブロックの拡張ではなく，中国への軍事的侵略に至った．つまり，武力行使に突き進んで，そのダイナミクスを維持しようという政治勢力を消滅させてしまったという．ただ，日本侵略の背後にある経済的動機は，もう一度問い直す必要があるとした．

アトリーは日本貿易の英米圏依存を指摘，もし日本が中国を侵略し，その資源を支配すると，日本は英米圏依存から脱却し，日本の粘土の足は鋼鉄のそれに鋳直してしまうと警告した．その前に英米に対日経済制裁せよ，とせまったのである．アトリーの『日本の粘土の足』は発禁になったが，この論理は逆に軍人たちに中国への侵略を促す論理になりかねない．現に杉原が指摘しているように，日本の知識人の中には，日本社会の崩壊を避けるためにも中国に進出する必要があると唱えた知識人もいた[4]．一方，名和は日本の侵略はますます英米圏依存の体質を高めるであろうというものだ．杉原の結論はこの名和のテーゼを支持していた．

---

3) 杉原薫〔1995〕．
4) 杉原薫〔1995〕215頁．

先行研究のうち，植民地・占領地研究の通史的なものとして金子文夫〔1987〕及び〔1994〕がある．これらは日中戦争以前と以後で区分された二つの論考で円ブロックの貿易構造を詳細に分析しているが，区分が日中戦争以前と以後になっているため，日中戦争でどう変わったかという視点はない．ただし日中戦争以前を扱った前者では，戦争前から円ブロック経済は貿易において外貨状況の悪化傾向を現出しており，アウタルキーの自給度は低下傾向にあったと評価している．この指摘は杉原薫〔1995〕で言及した名和統一〔1937〕の結論の延長上にある．最後に中村隆英〔1983〕『戦時日本の華北経済支配』を挙げたい．内容は表題の通りであり，日本の華北経済支配が計画通りにいったのか，いかなかったのかを実証的に論じた．

これら一連の植民地・占領地研究は，帝国日本が自給圏を拡大していったその自給圏としての植民地や占領地の実態の解明である（杉原論文は視角が異なるが）．他方，これらの実態解明の研究と異なる手法の自給圏研究があった．石川滋「終戦に至るまでの満州経済開発──その目的と成果」[5]である．本研究は日満経済ブロックにおける「満州国」の経済開発に関してその基礎目的，計画目標そして実績を調査し，その目的と成果を定量的に評価し，経済開発の特色を明らかにしたものである．

これらの先行研究を総括すると，各植民地，占領地，本土ごとの日中戦争前後における経済的実態は論じられ深められてはいた．しかし日満支経済ブロックが構想されていった経緯とその実現度，華北分離工作での軍内部の路線闘争の有無，日中戦争全面化で日満支経済ブロックの貿易循環がどう変化したのか，その全体像，加えて，戦略物資の自給率の変化の統計的評価など検討されるべき問題は残されていると考えられる．われわれは石川研究の方法論を意識しながら，前述の課題を通してこれらの問題に一案を提起したい．

1　日満支（華北）経済ブロックの構想

日満支（経済）ブロックという構想は個々にはかなり早い時期から散見される

5）石川滋〔1958〕．

が，政府が公式にこれを掲げたのは 1933 年 10 月の閣議決定「五相会議決定の外交方針に関する件」[6]であろう．その内容は，日本の指導の下に「満州国完成のために日満支三国の提携共助を実現」（原文カタカナ）し，これにより「東洋の恒久的平和を確保し惹て世界平和の増進に貢献する」という日本主導の秩序再編というかなり政治的色彩の強いものであった．この構想は 1936 年 8 月の広田弘毅内閣の五相会議決定「国策の基準」[7]で「英米に備え日満支三国の緊密なる提携を具現して我が経済的発展を策する」と変質した．同時に「南方海洋殊に外南洋方面に対し我民族的経済的発展を策し」と日満支の大陸ばかりではなく同時に南方にも経済発展を志向するものになった．加えて，この「国策の基準」では「国防及び産業に要する重要なる資源並びに原料に対する自給自足方策の確立を促進す」と定めた．

資源の自給自足方策としての日満支アウタルキー構想の起源を遠くたどれば，第一次大戦という総力戦の経験から国家総動員戦への対応策として陸軍で提起された『資源』[8]に行きつく．この種アウタルキー構想は，満州事変を主導した前述の石原莞爾が事変前（1929 年 7 月）に部内で発表した「国運転回解決案」[9]の中にも見出すことができる．この構想は，満蒙問題を解決するためには対米戦争を覚悟の上で，満州さらに必要なら中国本部をも武力占領し，これを兵站基地にして封鎖されても対米戦争を戦い抜くという過激なものであった．石原はこの直後のアメリカの大恐慌を，満州武力占領の好機と見て，事変を実行した．事変後，石原は関東軍を去り，この空想的アウタルキー思想がどう変化したかは明確ではない．ただ，1935 年 8 月に石原が参謀本部作戦課長に着任してからは対ソ戦準備が最優先であり，中国と摩擦を起こすことを極力回避していた．

しかし，当時の言論界の文書や学者の論説にあたってみると，このような極端な論説ばかりではない．日満支経済問題に関連したそれら記事や書物から以下の点に気づかされる．それは，日満支経済ブロック形成の直接の契機は満州

---

6) 外務省（編纂）〔1966〕275-276 頁．
7) 外務省（編纂）〔1966〕344-345 頁．
8) 参謀本部〔1917b〕．
9) 角田順（編）〔1971〕40 頁．

事変にあったということである.

　1932年,「満州国」が建国され,中国から切り離された.その結果満州の農民はそれまでの農産物市場であった華北を失った.事変以降満州の農村は窮乏していた.その原因は世界恐慌の件もあるが,もう一つは,華北との高粱,その他の天産物の取引が杜絶したことである[10].また,満州における中国人系統の都市企業ではそれまで為替とともに利用されていた満州と天津との間に流通していた滙票(ホイピョウ)という手形が,天津で通用しなくなった(正確には一部でしか通用しなくなった).そして満州の企業が天津の金融市場を利用できなくなったのである.このように「満州国」の建国は,満州と華北のモノとカネの流通を遮断してしまった(「満州国」の対中輸出額は建国以来年々低下していた)[11].したがって満州経済開発のためには,華北との連絡を再開しなければならない[12].

　加えて,満州の農民は世界市場からも切り離され,特産の高粱,粟,稗などの市場も失ったのである(事変前は満州貿易の7割は日本以外に依存していた.それが事変後1935年の時点で逆に貿易の6割を日本に依存するようになった)[13].代替市場として当てにしていた日本は,日本農家への配慮から満州農産物の輸入関税を引き上げた[14].したがって日本への鉱産物の輸出は増えたが農産品のそれは減少した.

　一方,華北経済は,満州事変後の農産物の貿易動向,華北から満州への労働力の移動状況などからみても,満州側ほど,事変によるマイナスの影響を見出せない.例えば,1934年から36年の間,華北の農産物の輸出に対する輸入の

---

10) 満州から対支重要輸出品である大豆,高粱,落花生は1931年から34年に,数量比で34%,60%,1.5%まで低下した.他方,対支主要輸入品の綿糸,小麦粉,棉花の変化は75%,65%,19%の低下である(猪谷善一〔1935〕20-21頁).

11) 東洋経済新報社(編)〔1937b〕372頁によれば,1931年「満州国」の対中輸出額は国幣2億3000万圓であった.ところが名目価格ではあるが,1935年には,それが6500万圓まで減少した.

12) 日満実業協会〔1935〕19-20頁.

13) 東京商工会議所(編)〔1936〕427-431頁.1935年の「満州国」貿易データは東洋経済新報社(編)〔1941〕304頁.

14) 通商産業省(編)〔1971〕201-203頁.これは1931年9月のポンド引き下げに対応したものだが,1932年6月の関税定率法中改正では,満州産の農産物,高粱やトウモロコシが,前者は関税無しから毎100斤1円へ.後者は毎100斤0.3円から1.7円へと大幅に関税が上がっている.

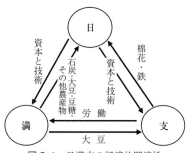

図 3-1　日満支の経済的関連性
出所）猪谷善一〔1935〕27頁より．

割合は，80.4%から31.3%へと大幅な出超傾向を示している．その主要輸出品は，棉花，落花生，粟である(1936年)．つまり主食である小麦の品質や一畝当たりの収穫量は華中にはるかに劣り農法などの改良の余地は大いにあるが，満州側の主要輸出品である大豆などの豆類は，華北でも生産されており華北にとっては必須の輸入品ではない[15]．また，満州事変で一時途絶した華北労働者（農民）の入満も復活していた[16]．

　経済的には満州と華北を事変以前の状態にもどして農産物，資金，労働力の流通を復活させ，両地方の農民をその窮乏から救わねばならない．これが当時の財界や学界の共通した認識であったが，両側の経済事情を見る限り，事変以前への復活の要請は，満州側に強く存在したと思われる．ただ，復活を実現させる華北側のメリットとして「学者や財界人に共通な（認識）が華北の棉花栽培の技術支援を初めとする中国への農業技術支援にあった」[17]．

　また，猪谷善一〔1935〕でも，「日満支ブロックの目標は第一に日満支ブロックの相互扶助，第二に，満州及び北支の経済開発である」とした．そのため，「日本から資本及び技術を満州及び北支に与え，大豆，鉄，石炭及び棉花などの原料を購入し，また満州と北支とでは満州から大豆等の農産物を送り，北支から労働力を供給せしめることによって相互扶助を期する〈以下筆者略〉」(図3-1)[18]と平和的な日満支経済圏構想を論じていた．木村増三(東京商工会議所理

---

15) 北支那開発株式会社業務部調査課〔1939〕9-10頁．
16) 興亜院華北連絡部政務局(編)〔1940〕175頁．
17) 東京商工会議所(編)〔1936〕454-455頁．

事)も中国農民の購買力の向上を唱え,それが日満支経済ブロックにつながると述べた.これらの日満支経済ブロックの実現について(朝鮮銀行総裁の加藤敬三郎のように「日満支経済ブロックなど時期尚早」という意見[19]もあったが),方法論は明示的に議論されていない.しかし財界や学界の大部が武力を行使せず平和的に行うことを暗黙の了解としていたと思われる.

これに対し陸軍省新聞班は軍公式の見解として「事ある時に日本一国では原料不足である.満州国及び支那と一緒になって始めて戦時需要を充足し得る.したがって資源開発から見たならば日満支は離れ可らざるものである」[20]と資源問題からの日満支の一体化を表明した.そういう中,軍人たちの一部に国防上の理由から華北の資源を強調するグループが台頭してきた.いわゆる華北分離工作である.

2　意図せざる日満支経済ブロックの成立

華北分離工作から日中全面戦争に至る経緯については,政治学の分野でかなり議論され,先行研究も多い.この過程には,いくつかの論点がある.一つは華北分離工作の実態である.その主体,狙い,手段についての路線闘争の有無等である.二番目は盧溝橋事件そのものの真相であり,三番目はこの事件から北支事変への拡大経緯であり,四番目は北支事変からいわゆる支那事変へと事変が日中全面戦争に拡大した経緯である.

われわれは本章の趣旨からして,一番目と四番目の議論に主として言及し,課題究明の一助としたい.最初に華北分離工作であるが,まず言明したいのが,この工作の主体であった支那駐屯軍も,強権的にこれを行うことを使嗾した関東軍も目指していたのは,日満支経済ブロックではなく,日満華北経済ブロックであったことである.しかも,その実現手段について,支那駐屯軍には時期や司令官そして参謀長によって温度差があった.関東軍でも一時,国民党政権を倒すために強権的にこれを行い,華北の地方政権を関東軍に従属させ,華北

---

18)　猪谷善一〔1935〕127-136頁.
19)　日満実業協会〔1935〕5頁.
20)　陸軍省新聞班〔1936〕47-48頁.

を中国から分離して準満州国化しようという見解があった[21]．しかし関東軍にとって，華北は直接的管轄地域ではなく，実質的にどうこうすることもできなかった．加えて関東軍とソ連軍の軍事力の格差が増大し，華北どころではなくなっていた．

したがって，華北分離工作を推進した主体は支那駐屯軍と概定しても異論はないと思われる（もちろん，陸軍省部という上級司令部の意向が入るのは当然であるが）．近年，永井和が発見した「北支那占領統治計画」[22]（支那駐屯軍が当時作成していた）を根拠に，支那駐屯軍の華北占領の意思と支配の計画性を主張した[23]．この見解は，それまで江口圭一や古屋哲夫によって主張されていた華北分離工作の計画性やこれが日中戦争を準備・誘発したという見解を補強するものとなった．確かにこの計画の第5条には「新政権ヲ擁立シ日満支経済「ブロック」ヲ確立シ不足資源ノ獲得並国内生産品ノ販路拡張等ニ協力セシメ以テ戦争遂行ニ支障ナカラシム」とあり，ここには，江口が指摘した華北分離工作の目的「資源・市場・反共」の前二者が明記されている．しかし，ここでわれわれが言及したいのは，永井研究が，このような計画が存在していたから，支那駐屯軍が北支那占領統治を行う意思をもっていたと断ずるのは早計ではないかということである．

軍隊というのは，常に最悪の事態を想定して，その事態に対処する計画を策定し続ける[24]．例えば，米国は，日露戦争後，対日戦争計画（いわゆるオレンジプラン）を第二次大戦前まで毎年作り続けていた．だからといって，米国がこの間，終始，対日戦争に意欲的であったかというとそうではない．

むしろ永井研究が明らかにしたものとは，永井自身が指摘している次のような命題である．「〈華北占領＝支配計画〉の存在は全面戦争に対応する「戦争計画」の不在を裏から証明している．〈筆者中略〉日本軍には，華北でひとたび軍事力を行使すれば，戦争を局地限定にとどめることは不可能であり，全面戦争

---

21) 秦郁彦〔1961〕327頁付録資料．
22) 「秘密書類調製ノ件報告」〔1936〕に所収．
23) 永井和〔2007〕「第1章 日本陸軍の華北占領地統治計画について」．
24) この点は戦時経済体制の構築においても同様である．陸軍は体制構築の途上において，戦争が生起した場合，年度ごとに作戦計画，動員計画そしてこれに連動した陸軍軍需動員計画と総動員期間計画を作成しており，これらの計画を一部修正して最悪の事態に対処した．

を必然化するものであるという戦略的認識が決定的に不足していた．その欠陥は中国ナショナリズムの力に対する認識不足に由来する」[25]．この点は，陸軍省部の対中戦争計画（年度対支作戦計画）が抱える本質的な問題点ともつながっている．つまり，たとえ黄河などの地理的境界が存在しているとはいえ，一旦，日中武力衝突が華北で生起したら中国側に抗戦意思が存在する限り，紛争が中国全体に波及するのは当然の流れといえよう．

　また，支那駐屯軍や陸軍省部が，1933年から37年にかけて終始，この工作に積極的であった，あるいは武力行使し中国と衝突してまで，この工作を遂行しようと考えていたわけではない．総括的に述べれば，支那駐屯軍の酒井隆参謀長の時期（1934年8月から35年12月）に最も強硬になり，武力行使も辞せずに工作をなしとげようとした（満鉄の乙嘱託班に北支の資源調査を依頼したのも酒井であり[26]，象徴的なのが多田声明である．この声明は多田駿司令官が就任直後であり，酒井参謀長が主導して起案されたと推測される）[27]．その後の永見俊徳，橋本群参謀長の時期（1935年12月から37年8月まで）には駐屯軍も陸軍省部も中国とは宥和的に衝突を起こさずに，可能であれば，華北に親日政権を樹立し，対ソ作戦の背後を固めようとした[28]．そこに盧溝橋事件が勃発したのである．

---

25) 永井和〔2007〕97頁．
26) 1934年10月，着任間もない酒井大佐は満鉄に北支の経済資源調査を申し入れていた．調査の目的は「帝国の対支経済的発展を助長し併せて戦時我国国防不足資源の充足を容易ならしむる為」であり，その眼目は「北支に於ける帝国の経済的勢力の扶植増進であり，日満支経済ブロックの形成の促進に必要なる準備を整えること」であった．中村隆英〔1983〕から再引，原出所は「北支に於ける重要なる資源，経済調査の方針及要領」（支那駐屯軍参謀長酒井隆発・満鉄総務部長石本憲治宛，昭和9年10月23日）南満州鉄道株式会社調査部『支那立案調査書類　第二編第一巻其二　支那経済開発方策並調査資料』．
27) なぜなら，この頃，司令官の個性にもよるが，日本軍の司令部業務は参謀長が取りまとめ，それを司令官が承認するという形式を踏むのが一般的なスタイルだったからである．
28) 1936年2月12日，永見大佐によって修正された「北支産業開発指導綱領」は酒井参謀長時代の強権的で性急な経済開発指導案と異なって，「北支の産業開発は成るべく支那側の自力を以て漸進的に開発せしむる如く指導する」を方針の冒頭に掲げた対中協調的なものであった．永見大佐は，この点について戦後次のように述べている．「私が東京からの招電で上京し陸軍省や参謀本部などの首脳部に会って，最先きに感じ取ったことは，「陸軍省参謀本部などの陸軍首脳部をはじめ，政府一般の考え方が，蒋介石の国民党軍や宋哲元軍などとの間に絶対に摩擦を起こしたくないという堅い信念が燃え上がっている」ということだった」．永見俊徳「回顧録」347-349頁，防衛研究所図書館蔵．また1936年1月13日付陸軍省軍事課「第一次北支処理要綱」では強権的に華北を分離する工作から華北民衆の自治の完成を

第3章　日満支経済ブロックの構想と展開

　次に，第二，第三の問題はあらかた論じつくされているので割愛し，論点の第四番目，事変が華北から華中に拡大し，日中全面戦争に至る過程について検討しよう．実は，この過程はそれまでの三点に比べあまり論点になっていない．通常，7月の北支事変が8月上海に飛び火して，日中全面戦争になったと簡単に記述され，すまされてきた．しかし，われわれは，この「飛び火して」とかたづけられた日中戦争拡大の過程にこそ，その後の日満支経済ブロックの構造を規定する重要な要因が潜在していたと考える．

　前述したように，華北分離工作の推進主体である支那駐屯軍(陸軍省部や関東軍も含めて)が構想していた日満支経済ブロックとは，日満華北経済ブロックであった．盧溝橋事件が大規模な軍事衝突に発展した段階でも，支那駐屯軍や陸軍省部は事変を華北に限定しようとしたが，これには理由があった．当時の陸軍の対中作戦(戦争)計画では，対中全面戦争は回避し，某地で紛争が生じても，華北なら華北，華中なら華中と一地に限定せねばならないと考えていたからである[29]．

　ところが，北支事変の翌月8月，上海で大山事件[30]が生起した．この事件処理をめぐって，日中両軍は対立，上海で蔣介石軍と日本海軍陸戦隊との間に緊張関係が生じ，これが8月15日の武力衝突に発展した．8月14日午前，中国空軍が日本の第三艦隊や周辺施設を空爆，日本海軍は報復爆撃を決意する．前日の8月13日午前，閣議では海軍の強い要請により陸軍部隊の上海投入が決定していた．ここに日中両軍は，華北，華中を戦場とする日中全面戦争に入っ

　　援助する工作への転換を示唆している(島田俊彦・稲葉正夫(編・解説)〔1964〕349-350頁)．
29) 防衛研修所戦史室(編)〔1967a〕413頁，「中支那方面で作戦が生起した場合，北支那方面では作戦を行うべきでない」とされていた．作戦計画の原本は残っていないが，この筆者は当時の参謀本部作戦課の主務参謀，島貫武治であり，その記述の信頼性を否定はできない．同(編)〔1975c〕100-104頁でも「あくまでも北支，中支または南支の一方面のみの作戦に制限することを根本方針」としており，「対支全面戦争は持久消耗戦争となるので絶対に避けるべきであり，対ソ作戦準備の要請上から，対支局地戦をも極力回避しなければならない」と考えていた．
30)「大山事件」とは，上海租界外西方にある虹橋飛行場付近の越界道路において，平常通りに巡察中であった大山勇夫海軍中尉と斎藤與蔵一等水兵が中国側の保安隊兵士に射殺された偶発事件である．越界道路とは租界から他へ連絡するための通路で共同租界と同様に治外法権地区である．したがって外国人の通行は自由であるが，中国保安隊は行動する権利を有していなかった．影山好一郎〔1996〕参照．

た．石原莞爾作戦部長は陸軍の上海派遣に激しく抵抗した(対ソ戦争を前提とする限り，対中全面戦争は長期戦となることは必定であり，これは対ソ対中両面戦争という最も避けねばならぬ事態を招くからである)．しかし，この反対が一因で，石原は作戦部長を更迭されることになる．

　従来，日中戦争が全面化したのは，日本軍が中国の抗日ナショナリズムを軽視したからだとされている．われわれはそのことは否定しないが，全面戦争化のさらなる要因として，蒋介石が対日戦争を華北に限定せず，ナチス・ドイツの援助を得て近代化された軍隊を配備し充分に準備した華中に日本軍を誘致し，日本軍に対中全面戦争を指向させたその戦略にあると考える[31]．

　その後，日中戦争の軍事的展開は，多大の犠牲を出しながら表面的には日本軍の連戦連勝，1938年10月の武漢三鎮，広東の占領で膠着状態に入った．戦争の決着はつかなかったのである．日本陸軍は，その戦力が限界に来ており，奥地に踏み込む大作戦を遂行する能力はなく，占領地に親日傀儡政権を樹立して，次の段階への転機をうかがうしかなかった．加えて華北・華中の日本軍占領地の実態は，都市や鉄道といった点と線を押さえているだけで，その治安は不安定であった．

　ここで，華北，華中の占領地行政という問題が出てくる．華北は前述のように事変前から準備されていたが，華中占領は陸軍の想定外であり，全く準備はされていなかった．その証左を1938年11月に誕生した二つの国策会社の目的を比較することで確認できる．華北を業務範囲とした北支那開発株式会社は満鉄の興中公司を前身としており，その目的は「北支那における経済開発を促進

---

31) 劉振東[1941]は日中戦争直前に中国の国防経済政策について論じられたもの．その中で中央政治学校教授である著者は対日戦争になった場合，中国が採るべき戦争戦略は持久戦略であるべきだと主張，当時持久戦略が中国側共通の認識であったことをうかがわせる(つまり，日本側は持久戦争を避けようとしていたが，中国側は持久戦争を望んでいた)．また今井駿[1997]では，同様の認識は満州事変当時から存在していたこと，また同著231-237頁では，蒋介石が全面戦争を決意するに当たって，日本を持久戦の泥沼に引き込むために，日本の侵略線を横に長い東西に変えさせる戦略を行使する．つまり，北方で牽制活動を展開する一方，1937年8月7日，全力で敵を長江の東端・上海に引きつける作戦を命令したと蒋緯国編著の論文「八年の抗戦はいかにして勝利したか」を根拠に論じている．加えて，加藤陽子[2007]186，208頁でも，中国側が揚子江沿いの対日持久戦計画を準備していたことが言及されている．

し，〈筆者中略〉支那民衆の生活安定，我が国防資源の供給を豊富にし経済力の補強拡充に資する」である．他方，華中の中支那振興株式会社の目的は「中支那経済の復興及び開発を助成，そのため産業振興の根幹的事業に対して投資融通乃至経営を行う」[32]であった．このように華北は直ちに経済開発に入れるが，華中はまず，戦災の復興から始めねばならなかったのである．

3　日満支経済ブロックの実際

このように日満支経済ブロックは，極めて複雑な過程を経て不安定な状態で形成された．加えて日中戦争は長期戦となり，このブロックが安定することはなかった．治安の不安を抱えたままでの経済開発，建設となったのである．

（1）日満支経済圏内外貿易マトリックス

冒頭，われわれは異なる二つの主体（財界人・学者と軍部）の構想が日満支経済ブロック形成によって実現したか否かを，定量的に評価することを課題とすると述べた．ただ，この二つの構想が全く異なっていたわけではない．とりわけ，日中戦争前の支那駐屯軍強硬派の軍人たちの日満華北経済ブロックの構想は，財界人や学者の日満支経済連関（循環）モデルとかなり共通する部分がある．つまり，華北の鉱物資源や棉花を日本に取り込むといった点である．

そこで，二つの課題を検討する前に，日満経済ブロックの段階から日中戦争を媒介に日満支経済ブロックの段階へと進展して，「日満支」間の，そして「日満支」と「その他外国」との貿易構造がどう変化したかについて貿易マトリックス（表3-1）を作成して分析してみたい．この表が経年変化でなく，二時点間（1934年と1939年）の変化にしたのは，一表にできて，一目でその変化が読み取れるからである．二時点に1934年と1939年を選んだのは，前者は「満州国」が建国されて2年目，安定してきた頃であること，後者は日中戦争が1938年の秋の武漢三鎮，広東占領で大規模な武力戦が終了し，政治戦に入ったこと，日本本土では「生拡」計画がスタートし，本格的な戦時統制経済に入

32）閉鎖機関整理委員会〔2000〕310-320頁．

表 3-1　日満支経済圏と圏外(その他外国)貿易マトリックス

(単位：100万円(%)，上段：1934年，下段：1939年)

		輸出先(輸入元)							
		日本	「満州国」	中華民国	日満支計①	その他外国②	合計③	①/③	②/③
輸出元(輸入先)	日本		474.8 (20.9)	125.3 (5.5)	600.1 (26.4)	1,668.8 (73.6)	2,268.9 (100)	26.4	73.6
			1,666.2 (42)	447.7 (11.3)	2,113.9 (53.3)	1,850.7 (46.7)	3,964.6 (100)	53	47
	「満州国」	260.3 (52.8)		72 (14.6)	332.3 (67.4)	160.7 (32.6)	493 (100)	67.4	32.6
		587.9 (69.0)		172.4 (20.4)	760.3 (89.4)	90.7 (10.6)	851 (100)	89.4	10.6
	中華民国	145.6 (23.3)	68.4 (11.0)		214 (34.3)	410.6 (65.7)	624.6 (100)	34.1	65.9
		265.6 (25.8)	66.6 (6.5)		332.2 (32.3)	697.8 (67.8)	1,030 (100)	32.3	67.7
	日満支計④	405.9 (12.0)	543.2 (16.0)	197.3 (8.8)		2,240.1 (63.2)	3,386.5 (100)	52.1	47.9
		853.50 (14.6)	1,732.8 (29.6)	620.1 (10.6)		2,639.2 (45.2)	5,845.6 (100)	69.5	30.5
	その他外国⑤	1,978.5 (63.8)	109.8 (3.5)	1,013.7 (32.7)	3,102		3,102 (100)		
		2,309.10 (74.3)	83.2 (2.7)	714 (23.0)	3,106.8		3,106.8 (100)		
	合計⑥	2,384.4	653	1,211	5,535.1	2,240.1	7,775.2	71.2	28.8
		3,162.6	1,816	1,343	9,120	2,639.2	11,759.2	77.5	22.5
	④/⑥	17	83.2	16.3	44		44		
		26	95.4	46.2	66		66		
	⑤/⑥	83	16.8	83.7	56		56		
		74	4.6	53.8	34		34		

注1) 日本には，朝鮮，台湾も含まれる．梅村又次・溝口敏行[1988]149頁によると，朝鮮から「満州国」への輸出品の56%が，日本本土産とある．そのような中継貿易の問題を回避するため，ならびに本章のテーマとの関連で，朝鮮と台湾を日本に含めた．

注2) 日本のデータは山澤逸平・山本有造[1979](日本本土データ)に，朝鮮銀行調査部[1948]Ⅲ-44，45頁を加算し(ただし，この資料では台湾を日本本土と区別していないので)台湾と朝鮮の関係については台湾経済年報刊行会(編)[1941]604-605頁より計上した朝鮮，台湾を含んだデータ)．次に問題は「満州国」と中華民国(占領地)の貿易である．満州国の貿易データは東洋経済新報社(編)[1941]304頁より，原出所は「満州国外国貿易統計月報」，原データは単位が国幣1000圓であるので，1934年は国幣100圓＝日本円110円で換算，1939年は国幣100圓＝日本円100円とした(根拠：安冨歩[1997]図表篇13頁(但しここでは1934年の為替相場のみに言及))．中華民国のデータが一番出所により異なる．上海総税務司公署統計処発行のデータを元にしているのは共通でも，為替の問題，「満州国」との貿易は国内貿易として扱っていることなどから資料によって異なる．よって中華民国のデータは上記の他地域のデータを埋めたのち残額として導出した．

った年であることなどである．1939年は第二次大戦が始まった年ではないかという批判もあろう．しかし，この年9月のはじめにドイツ，続いてソ連のポーランド侵攻で始まった大戦は，すぐに一種の小康状態に入り，英仏のドイツへの宣戦布告はあったが，戦局に大きな展開はなかったからである．

　この貿易マトリックス作成に当たり，次の点に留意した．表の日本には朝鮮と台湾が含まれている．ただ，データの出所上，第一段階では，日本本土，朝鮮，台湾の項目をそれぞれ設けて作成，次の段階で，朝鮮，台湾を日本に包含した．包含したのには，二つの理由がある．一つは本章の課題は日満支の経済構造の変化に注目しているので，朝鮮や台湾を取り上げると焦点がぼけるからである．

　もう一つは，特に満朝貿易に顕著なのだが，朝鮮貿易には中継貿易という問題があるからである．表3-1の注1にも付記したが，朝鮮から満州への輸出品の内，56%が日本本土産であったという記録がある[33]．しかし，朝鮮，台湾を日本に包含してしまうと，この問題が回避できる．作成手順は表の注2に記した．付記したいのは，合計の行と列が一致しないセルがあることである．その場合，輸出の行の数字を優先したが，われわれはこの問題をまだ解決していない[34]．

　さて，この貿易マトリックスから何が明らかになったであろうか．1934年には「日満支」間の貿易とりわけ各国の各国への輸出の合計は，11億4600万円であり，これら三国の，「その他外国」への輸出合計が，22億4000万円であるから，後者が前者の1.95倍であった．それが1939年になると，「日満支」間の輸出合計は32億600万円で，「日満支」の，「その他外国」への輸出合計は26億3900万円と，後者は前者の0.82倍とその比率を落とした．貿易額は名目価額であるから，価額の数字よりも，その圏内と圏外輸出の比率に注目したい．この変化は，日満支間の圏内貿易が，日中戦争を通して，圏外貿易に対して比重を高めたと言える．ただ，この表の1939年の中華民国とは，日本によって占領された占領地中華民国であり，1934年の蔣介石政権下の中華

---

33) 梅村又次・溝口敏行〔1988〕149-150頁．
34) FOB(本船渡し条件)がCIF(運賃保険料込み条件)と等しくないことなどの関連があるのかもしれない．今後の課題としたい．

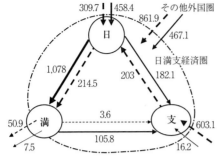

図3-2 日満支経済圏貿易収支の変化（1934年と1939年）

注）矢印の始点側が出超，終点側が入超，矢印の破線は1934年，実線が1939年，単位は100万円．出典は表3-1に同じ．

民国ではないことを注意する必要がある．

　図3-2は，この貿易マトリックスから日満支経済圏の各国と圏内外の貿易収支を図示したものである．貿易収支の1934年と1939年を比較してみると，変化があったのは日中関係である．1934年には中国は日本に対し，2億円余の出超であった．それが1939年には1億8200万円の入超となる．中国は対「満州国」貿易でも1934年が360万円の，わずかな入超が1939年には1億円余の入超になり，対日，対満合わせて2億8700万円余の入超を記録した．一方，日本で目立つのは，対満出超額の増大である．その他外国に対しては，日本，中国ともに入超，満州の出超(額は小さいが)の傾向に変化はなく，前述した「日満支」圏全体としての，「その他外国圏」との収支も入超に変化はなかった．

　1939年に中国が日本との貿易で大幅な入超になった原因の一つに，戦争が中国占領地への日本製品の輸入を促進したからという見解がある．つまり，中国側が意図的に日本製品の輸入を促進したという見解である．事実，様々な規制をくぐって対中貿易の決済が法幣を通じて行われたため，膨大な日本商品が法幣取引の流通ルートにのって法幣地区(敵地区)に流出した．このため大陸に輸出された日本商品は，その多くが日本占領地の建設には役立たなかったのである．1939年9月，華中で蒋介石軍と会戦した後，ある師団参謀は敵地を見て「我方は物資欠乏人民流離の荒地なるも敵方は物資豊富人民和楽の平和郷なり」[35]と記録している．また1940年秋，海軍省部では極秘裡に財界代表と懇談会を実施したが，その議事録には「大陸建設こそ最大の援蒋行為なり」と断

---

35) 防衛研修所戦史室(編)〔1975d〕128頁，呂集団参謀部〔1939〕．

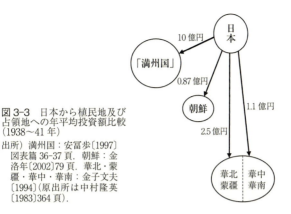

図 3-3 日本から植民地及び占領地への年平均投資額比較(1938〜41年)

出所）満州国：安冨歩〔1997〕図表篇 36-37 頁．朝鮮：金洛年〔2002〕79 頁．華北・蒙疆・華中・華南：金子文夫〔1994〕(原出所は中村隆英〔1983〕364 頁).

じる記録があった[36]．

（2） 日満支経済連関（循環）モデルの実現度

　財界人や学者が構想した日満支経済連関モデルでは，「満州国」と，とりわけ支すなわち中国関内に日本から資本が投ぜられモデルが活性化されると期待された．では資本投入の実際はどうであったろうか．図 3-3 を確認してもらいたい．これは 1938 年から 41 年までの日本から「満州国」「華北・華中」への年平均投資額を図示したものである（参考に「朝鮮」へのそれも付け加えた）．この図が示唆しているのは，日満経済ブロックから日満支経済ブロックへの拡充期（1938〜41 年）であるにもかかわらず，日本からの海外投資の 7 割以上が依然「満州国」に投下された事実である[37]．

　この事実は，財界人や学者が日満支の経済連関モデルをバランスよく発展さ

---

36) 防衛研修所戦史室(編)〔1975d〕128 頁，原出所は「高木資料」，防衛研究所図書館所蔵．
37) この時期の海外投資が市場の原理もしくは経済の原理で行われたかどうか細部は明確でない．ただ，「満州国」では，五年計画の鉱工業部門の所要資金の分担に関して，民間からの調達は 17.6% であった．残余は「満州国」政府，満鉄，日本政府がこれを負担した．修正計画では所要資金は 2.79 倍になるが，「満州国」側の負担に，ほとんど変化はなく，日本政府と外資に頼ることになった(国民経済研究協会・金属工業調査会(共編)〔1946〕71, 113 頁)．一方，投資先は政府系の国策会社が多かった(満州は満州重工業開発株式会社，華北・華中は北支那振興株式会社，中支那振興株式会社など)．それゆえ，政府が国策上の意向から損失補償して融資を強制する統制投資も行われていたと考えられる(日本銀行調査局(編)〔1970〕135-136 頁)．

表3-2 中国における棉花生産量　　　（単位：1,000担）

	1936年	1937年	1938年	1939年	1940年	1941年	1942年	1943年
華北棉	6,360	5,552	2,709	1,319	1,440	2,994		
上海棉	3,794	2,790	2,412	2,082	3,321	1,214	1,615	1,267
合計	10,154 (100)	8,324 (82)	5,121 (50)	3,401 (33)	4,761 (47)	4,208 (41)	1,615 (—)	1,267 (—)

注1）高村直助〔1982〕241頁，及び東亜研究所（編）〔1944〕153頁より再引．上海棉と華中棉は同じ．
注2）（　）内は，1936＝100とした指数．

せることを構想していたが，日中戦争以前への復活要請は満州国側に強かった．つまり日満支経済ブロックとは，日満経済ブロックをより有効に機能させるために占領地中国が「満州国」を支援する経済ブロックという形で形成されていたといえよう[38]．

さて，不完全な形ではあるが日満支経済連関モデルが形成された．まず，中国から，日本への棉花や鉄鉱石の輸出はどう実現したであろうか．棉花，とりわけ華北棉は良質化しており，米棉に代替しうる棉花として特に期待された[39]．しかし表3-2のように中国における棉花生産は日満支経済ブロック形成後，激減した．華北棉に限ってみても，1936年の生産高に対し，1940年は23％に過ぎなかった．この原因については，土着流通機構の再編失敗，買収価格の低廉性，戦禍による荒廃，治安の不良が挙げられている[40]．これに対して，われわれは，まず日本軍の占領地が，都市を中心とした点と線であったこと，華北では特に共産軍が農村に浸透し，これら戦略的農産物の占領地への搬出を規制したこと，加えて国民政府，重慶政権側がその統治下にある紡績業のために棉花を買収していた[41]ことを挙げたい．戦況有利であった華北ですら，日本軍は地域一帯を支配下に入れることはできなかった[42]．

---

[38] 1938年11月，日本各地で開催された日満支経済懇談会の報告書によれば，日満支経済懇談会であるにもかかわらず，日満とりわけ満州の発展を重視し期待する旨の発言があった．日満支経済懇談会事務局・日満中央協会〔1939〕5-7頁の永井八津次中佐（軍務局長代理）発言，及び52-54頁，東条英機陸軍次官発言．

[39] 杉原薫〔1995〕221頁，原出所は名和統一〔1937〕35頁．

[40] 浅田喬二（編）〔1981〕165-169頁，中村隆英〔1983〕200頁など．

[41] 名和統一〔1941〕161-163頁では，国民政府下の奥地を核とする非占領地の紡績工場の棉花入手の優位性を指摘している．

[42] 防衛研修所戦史室（編）〔1968a〕83, 85頁によれば，中国共産党は，華北は八路軍を，華中

一方，対日輸出量はブロック形成後，増大していた．これは政府が貴重な外貨を要する米棉やインド棉から円ブロックの中国棉へ輸入を代替させた結果と考えられる[43]．ただ，中国棉花を論ずる場合，在華紡の動きに注目しないわけにはいかない．在華紡の中国棉の消費量は1936年には全棉消費量の8割を占めていたが，ブロック形成後は4割前後まで低下するのである[44]．したがって，日本本土の棉花輸入量と在華紡の棉花消費量を合計したものに中国棉が占める割合は，1936年16%，1940年17%と日中戦争になっても変化がない[45]．つま

表3-3　中国(華中)鉄鉱対日輸出量

(単位 1,000トン)

	大冶	華中鉱業	華中小計	華北	海南島等	中国合計
1936年			1,252 (100)			1,252 (100)
1937年			592 (47)	4 (1)		596 (48)
1938年			51 (4)	96 (8)		147 (12)
1939年			521 (42)	165 (10)		686 (55)
1940年	254	592	885 (71)	290 (23)		1,175 (94)
1941年	926	1,102	2,028 (162)	447 (48)	151	2,626 (210)
1942年	1,435	1,387	2,822 (225)	494 (58)	224	3,540 (283)

注1) 東亜研究所(編)〔1944〕209-210頁，日本製鉄株式会社史編集委員会(編)〔1959〕334頁，中村隆英〔1983〕320頁より．
注2) ( )内は，1936＝100とした指数．

は新四軍を中心に国民政府軍の支配地区とは別の「解放区」を日本軍の占領地内に創設した．1940年の段階で，この中国共産党を支持する中国人口は1億人となっていた．また，興亜院華中連絡部〔1940〕34-37, 44頁による華中の日本軍占領地での米の市場への搬入量の事変による変化の例を挙げたい．上海と南京の中間にある江蘇省無錫の場合，無錫市場への近郊農村などからの米の搬入量は，事変後(1939年)は事変前(1936年)に対して2割と激減した記録がある．
43) 通商産業省(編)〔1971〕245頁によれば，1936年には輸入棉花の8割が米棉とインド棉であった．政府が輸出入品等臨時措置法を活用して1937年9月頃から(棉花等の)不足物資の調達を，回復しつつある北支貿易へ発展させて達成するとの記述がある．
44) 多谷泰三〔1941〕250頁．
45) 日本の棉花の輸入量は東洋経済新報社(編)〔1950b〕108-110頁，日本統計研究所(編)〔1958〕182頁，及び在華紡の消費量は東亜研究所(編)〔1944〕242頁より．

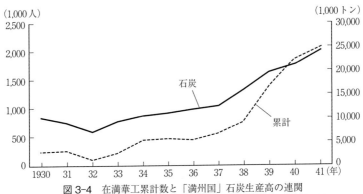

図 3-4　在満華工累計数と「満州国」石炭生産高の連関

注1) 華工動態は東洋経済新報社(編)〔1943〕187頁，原所は満州国通信社「満州国現勢」．なお，在満華工累計の数は1930年以前を0としている．華工動態の1930〜32年までは興亜院華北連絡部政務局(編)〔1940〕175頁．石炭生産高は1936年まで東洋経済新報社(編)〔1941〕328頁．1937〜41年までは企画院第二部(調製)〔1943〕による．

注2) 満州国石炭生産高を Y，在満華工累計数を X として，前者を従属変数として単回帰分析を試みると，$Y=7702.011+7.999X$ という回帰式が推計される．X の回帰係数 t 値は 17.39，定数項のそれは 17.27 で両方とも 1% で有意になる．単相関係数は 0.9839 と高い値を示し，1% で有意である．

表 3-4　事変前と事変後の満中貿易と満日貿易における主要輸出品の変化

	満州→中国	満州→日本						
	大豆 (トン)	石炭 (1,000トン)	大豆 (トン)	蕎麦 (トン)	粟 (トン)	トウモロコシ (トン)	高粱 (トン)	落花生 (トン)
1934年	154,773	3,026	494,285	276	17,908	61,695	98,493	4,498
1939年	89,312	1,260	660,938	415	1,325	137,370	116,350	41,709

注) 出所は東京商工会議所〔1935〕〔1941〕より．なお「満州国」からの日本への粟の輸出が1939年に激減しているが，「満州国」における粟の生産高は1934年が24万367トン，1939年が21万3641トンと殆ど変化はない．一方1934年には6%しか輸入していなかった中国が39年は「満州国」生産量の48%も輸入し，朝鮮とほぼ同じ量になっている．これが日本への輸出が激減した原因であろう．

り，ブロック圏外の棉花に対する依存度はブロックを拡張しても変化がなかったのである．一方，本土の棉花輸入量と在華紡棉花消費量の合計は1935年を100とすると，1936年の125をピークに逓減していき，1941年には62となる．一方，在華紡棉花消費量が前述の合計に占める割合は，1935年が18.6%であり1941年になると36%と倍増するという変化を示した．

鉄鉱石は表3-3のように華北は鉱山の開発に，華中は鉱山の戦禍からの復興に時間を要し，1936年の対日輸出水準をとりもどしたのは，1941年過ぎてか

らである.

　満中関係はどうか.労働力の中国から満州への移動は図3-4の通りであり，1941年までは日中戦争を契機に急速に在満華工数が上昇している.これに相関して「満州国」の石炭生産高も上昇しているので，この循環については意図したモデルが実現したといえよう.満州から中国への大豆，日本への石炭や農産物の輸出については表3-4の通りであり，中国への大豆は構想通りには行かず，半減した.他方，日本へは石炭や粟(これらは日本の競合商品があり)以外の農産物は構想通りに輸出を増加させていた.

　総じて，財界人や学者が構想した日満支経済の連関構想は狙い通りに実現したと言えるだろうか.端的に言って，「満州国」のほぼ期待通りに，中国にとっては殆どメリットのない形で実現した.つまり，日満支経済ブロックを活性化し，日満支の相互扶助，満州及び華北の経済開発を狙いとした日満支経済連関の形成は，中国関内には特段の利益がない偏向した形で実現されたのである.

(3) 戦略資源の自給率は向上したか？

　それでは二番目の課題である.軍人たちが意識した日満支経済ブロックの形成による主要戦略物資の自給率の上昇は実現したのであろうか[46].

　ここに，『東亜ニ於ケル重要物資自給力調査』という，経済安定本部総裁官房経済計画室，1951年発行(国会図書館所蔵)の「昭和15〜16年刊の複写」(謄写版)がある.編者は不明であるが，企画院と推察される.本調査は，1936年から1938年ないしは39年の自給圏(「日満支」地域を呼称)の自給率を調査する目的で作成された総括篇，地域別篇の2分冊で構成された大部(814頁)のものである.重要物資39種類，物資ごと自給率の変化が詳細に調査されている.ただ，全体としてどうだったのかという結論がない.また，1936年には，政治的には中国を支配していなかった.当然本来の意味での日満支経済ブロックは

---

[46] 軍人たちは戦略資源の絶対量の確保を目指していたのではないかという見解もある.確かに総動員期間計画や前述の新聞班の声明にも，「戦時需要を充足するため」という表現がある.それで不足資源は輸入してストックすることによって可能ではないかとも考えられる.しかし，戦争の期間は限定できない.また封鎖により輸入が不可能になる場合がある.それらに備えて，不足する戦略資源の産地を自給圏に取り込み調達を確実にしようと発想したのではと思われるが，引き続き調査課題としたい..

成立していないわけだが，実質的には日満支経済圏は成立し，貿易が行われていたので，本調査に準じて自給率の分母となる地域は1936年も1939年も日満支経済圏とする．もう一つ議論になるのが，自給率を算出するときの分母になるのは当該物資の自給圏での消費量か，供給量かである．本調査では，消費量＝生産量＋輸入量−輸出量であり，供給量＝生産量＋輸入量と規定していた．われわれは日中戦争が事変と呼称されたように，貿易が平時に準じて行われたままでの戦争という性格を踏まえ，輸出量を考慮した消費量を分母としたい．

以上の前提で，重要物資の自給率の変化を検定した．対象物資の日満支経済圏における消費量(C)，対象物資の圏外からの輸入量(I)とするとI/Cが圏外依存率であるから，1−(I/C)が自給率になる．これを物資ごとに1936年(事変前)と1939年(事変後)を比較し，自給率に変化のなかった12物資を除いた27物資に関してノンパラメトリック検定を試みたのが，本章末の別表である．この検定の結果，自給率に変化はなかったという帰無仮説は棄却されなかった．

注目したいのは，錫とアンチモニーの自給率がプラスになっていれば5%で，また銅と棉花がプラスになっていれば1%で有意となって，帰無仮説は棄却されることである．これらの物質は棉花を除き，戦争関連の物資であり，日中戦争という武力行使が戦略物資の自給率を高めることを阻害したと言える．

結局，帰無仮説が棄却されないというこの検定結果が意味するのは，武力行使する前と後で，なんら自給率に変化がない．つまり武力行使は無用のものであったということである．日中戦争前(1936年)の段階ですでに事実上の日満支経済圏(国際分業体制)が成立していた．華北を政治支配し，戦略資源の自給率を上げようとの企図も含まれて武力行使された事変は，思わぬ長期戦となった．その結果，自給率に変化がなかったどころか，膨大な戦費(富)の浪費となり，異論もあるが，事変はむしろ日本の経済力を弱化させたのである．

むすび

図3-5の貿易依存度(GNPに占める貿易量の割合)と軍事傾斜度(GNPに占める軍事費の割合)を時系列で比較すると，1928年から36年日中戦争が始まる前までは，後者は前者の10%から15%であった．それが，日中戦争以降，軍事費は

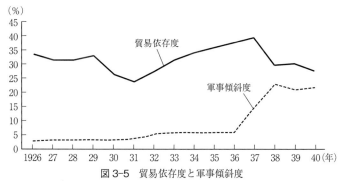

図 3-5 貿易依存度と軍事傾斜度

注 1) 貿易依存度とは貿易量(輸出＋輸入)が GNP に占める割合(%), 軍事傾斜度とは直接軍事費が GNP に占める割合(%).
注 2) 山澤逸平・山本有造〔1979〕208-213 頁. なお GNP も貿易量も当年価格. GNP は大川一司ほか〔1974〕200-201 頁. 軍事費は, 大蔵省財政金融研究所財政史室(編)〔1998〕370-391 頁より筆者作成.

急激に上昇し, 1937 年が 36%, 1938 年が 77%, 1939 年が 69%, 1940 年が 79% と軍事傾斜度が急増した.

戦争勃発とともに臨時軍事費が議会に上程され承認された. 戦線の拡大に伴い戦費の要求は増大し, その都度臨軍費が計上され, その額は膨大なものになっていった.

支出された臨軍費を陸海軍別に分け, それを物件費と人件費に分けると, その支出の 80～90% が物件費であった. 陸軍を例にとると陸軍臨時軍事費予算における物件費の占める割合は, 1937 年度が 89.7%, 1938 年度が 89.3%, 1939 年度は 89.4%, そして 1940 年度も 86.5% を維持した. 物件費の中心をなすのが兵器のための支出であり, この兵器には地上兵器と航空兵器がある. 陸軍の場合, これらの兵器が物件費に占める割合は 1937 年度が 49%, 1938 年度が 67%, 1939 年度は 50%, そして 1940 年度も 48% であった[47]. さらにこの兵器の中に弾薬(航空弾薬も含む)が占める割合は, 陸軍主要兵器生産実績から推計すると, 1937 年度が 38%, 1938 年度が 55%, 1939 年度は 45%, そして 1940 年度も 41% であって終始, 陸軍主要兵器の 4～5 割を占めていた[48].

---

47) 大蔵省昭和財政史編集室(編)〔1955〕232, 236 頁.
48) 大蔵省昭和財政史編集室(編)〔1955〕240-241 頁.

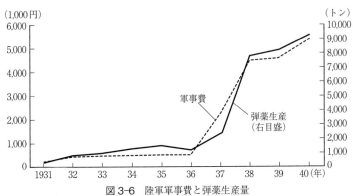

図 3-6 陸軍軍事費と弾薬生産量

注)軍事費は,大蔵省財政金融研究所財政史室(編)〔1998〕370-391 頁より筆者作成.弾薬生産量は国民経済研究協会(岡崎文勲)(編)〔1954〕14 頁の陸軍の欄.

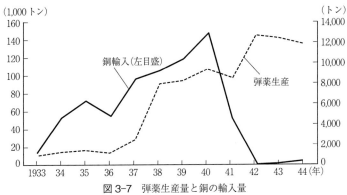

図 3-7 弾薬生産量と銅の輸入量

注)銅輸入量は国民経済研究協会(岡崎文勲)(編)〔1954〕87 頁.
弾薬生産量は国民経済研究協会(岡崎文勲)(編)〔1954〕14 頁の陸軍の欄.

　軍事費の増大と弾薬の生産は図 3-6 のように正の相関である.弾薬の素材である真鍮は銅と亜鉛の合金である.国内での銅の供給には限界があることから銅の需要急増は輸入増につながった.これは銅の輸入額が 1940 年には 1936 年の 4.3 倍の 1 億 5500 万円になったことと,符合している.銅の輸入元は,朝鮮以外に日満支のブロック圏内にはなく,大半が米国やチリなどのブロック圏

---

49) 山田文雄〔1940〕39 頁.山田はこの論説で日本の銅の自給率は 1936 年が 62% であったの

外であった[49]. したがって，貿易が可能であった日中戦争時は弾薬の生産と銅の輸入も正の相関であった(図3-7参照).

　軍部が特に自給圏拡大の目的とした戦略資源の自給率の向上が実現しなかったのは，戦争が長期化して決着せず，戦争遂行に必要な戦略資源の多くが，日満支経済圏外に存在したからである．満州事変は短期戦で問題解決した．このことは戦史を重視する軍人たちには負の学習効果となった．日中戦争で日本軍は蔣介石の巧みな戦略に誘導され，一撃派の楽観論は見る間に潰え去った[50]．戦争の長期化が，軍人たちの，政治的に支配すれば自給率は拡大するという自明と思われた目的の達成を打ち砕いたのである．

が，1940年には40%まで低下し，しかも銅輸入の95%が米国からであると警告している．
50) 保阪正康[2005]52頁，1937年7月の盧溝橋事件の際，参謀本部作戦課長の武藤章は強硬路線を主張した一撃派として知られている．その武藤は同年10月，中支那方面軍参謀副長として，泥沼の前線に直面した．参謀の石井秋穂に漏らしている．「いくらやってもだめなら，考え直さなくてはならないかのう」．

別表　戦略的重要物資の選定とその自給率の変化について

　企画院(?)が重要物資として選定した『東亜ニ於ケル重要物資自給力調査』の調査対象物資の中には，元来，日満経済ブロックから日満華北経済ブロックへ拡大するとき確保したかった原材料物資(石炭，鉄鉱石，棉花など)だけでなく，これら原材料から製品化した物資も含まれている．したがって製品化された物資も自給率算定の対象とした．全部で対象物資は27種になる．
　全体として，日満支経済ブロックの形成は重要物資の自給力を高めたか，統計的に検定してみたい．
　検定法としてはノンパラメトリックの WILCOXON'S SIGNED-RANK FOR MATCHED PAIRS を採用したい(Neave, H. R. and P. L. Worthington〔1988〕pp. 160-166, 373)．

仮説　H_0：日満支経済ブロック形成後も重要物資の自給率に変化はない．
　　　　H_1：日満支経済ブロック形成により重要物資の自給率は上昇した．

	データ		検定統計量		
	日満支形成前 (1936年)	日満支形成後 (1938/39年)	差	順位	+/−
普通鋼鋼材	80.5	93.3	12.8	21	+
銑鉄	80.1	99.0	18.9	23	+
鉄鉱石	64.8	62.6	2.2	7	−
マンガン鉱	39.6	45.5	5.9	11	+
銅	59.9	51.5	8.4	14	−
鉛	17.2	26.9	9.7	15	+
亜鉛	33.7	56.7	23.0	25	+
錫	48.2	20.7	27.5	26	−
アンチモニー	100.0	64.5	35.5	27	−
アルミ	67.2	56.1	11.1	18	−
棉花	45.3	31.9	13.4	22	−
羊毛	13.7	26.1	12.4	19	+
生ゴム	5.2	7.5	2.3	8	+
ゴム製品	98.1	97.7	0.4	2	−
石炭	39.6	45.5	5.9	11	+
原油	17.1	14.5	2.6	9	−
揮発油	45.8	47.1	1.3	6	+
重油	24.2	23.0	1.2	4	−
塩	82.5	75.6	6.9	13	−
苛性ソーダ	90.7	97.2	6.5	12	+
ソーダ灰	86.0	97.0	11.0	17	+
硫安	82.0	92.2	10.2	16	+
米	99.3	99.1	0.2	1	−
小麦	97.7	97.1	0.6	3	−
小麦粉	96.3	83.8	12.5	20	−
トウモロコシ	94.8	93.5	1.3	6	−
砂糖	75.2	97.2	22.0	24	+

棄却域と結論　$N=27$ 片側検定，5%, 1%, 0.5% の棄却域はそれぞれ $T<119, T<92, T<83$ である．一方，このケースの T は 172 であるので棄却域に落ちず，帰無仮説は棄却されない．

第4章

「大東亜物流圏」[1] の再編と崩壊

はじめに

　ここに2人の1945年の日記がある．1人は清沢洌の『暗黒日記3』，もう1人は山田風太郎『戦中派不戦日記』である．前者はフリーランスの文筆家55歳であり，後者は医大の学生で23歳であった．1945年初頭，2人の日記にはアジア太平洋戦争末期の東京の市民生活の惨状が記録されている．まず山田の1月7日の項は銭湯の件，「なぜこんなに銭湯が汚くなってしまったのか．それは一つの湯槽に入る人間の数が多くなったからである．〈筆者中略〉その上，やはり燃料と人手の不足のためと，企業整備のために，お風呂屋の戸数と回数が激減した．その他に〈筆者中略〉石鹸不足のため，人間が甚だしく不潔となったことがあげられよう．〈筆者中略〉今石鹸は闇で五円するそうだ．すでに自分のごとき，上京以来二年半になるけれど，配給された石鹸といえば，浴用が三個，洗濯用が五個くらいなものであろう．タオルなどは一本も買ったことがない．衣料切符には一昨年も去年も今年もちゃんとあるけれど，売っている店がない．もしあっても，朝暗いうちから寒風に吹かれて行列して待っているありさまだ．〈筆者中略〉それで，今は蒲団の敷布を裂いてタオルにあてているという始末である」[2]．つづいて1月16日の清沢の記録では電車の件に触れていた．「電車が滅茶々々にこわれている．窓硝子はなく，椅子席の布がない．窓は乗客が強いてこわすのであり，布は盗んで行くのである．電車が遅いといっては，無理に破壊するのだそうだ」[3]．同じく2月14日には工場の状況である．「工

---

1) 用語の一貫性からはアジア太平洋物流圏と呼称すべきかもしれないが，当時の日本は，満州・中国関内・東南アジアを包括的に括る「大東亜」の概念を掲げて先の大戦に臨んだ．また，物流圏再編の課題が本格的に浮上するのは太平洋戦争直前である．それゆえあえてアジア太平洋物流圏を「大東亜物流圏」とした．
2) 山田風太郎〔1985〕19-20頁．
3) 清沢洌〔2002〕42頁．

場を休むものが非常に多い．一つはそうして他でかせぐのであるが，もう一つは工場に行っても仕事がないそうだ．築比地君の話しでは，同君の甥が工場に行って，石炭がないので一ヶ月に三日しか働かなかったとのことだ」[4]．

　これが1945年，「大東亜共栄圏」の盟主帝国日本の首都東京の市民生活の姿である．しかし，企画院及び軍部は太平洋戦争前に，これを予測していた．その根拠は1940年8月の「応急物動計画説明資料」および1941年夏の「秋季開戦の場合の国力判断」である．その中味については後述するが，それでは何故開戦したのであろうか．

　太平洋戦争開戦に至る過程は日米相互の応酬によって形づくられるものであり，日本側だけの調査によってはその全貌は解明できない．しかも日本側の開戦理由を見ても当然，経済的要因ばかりではなく，政治・軍事・文化的要因などが絡む複雑なものである[5]．したがって一面的要因のみを論ずれば，片手落ちになる．しかし，そのような限界を踏まえた上で，あえて日本側が開戦を決断した経済的要因に焦点をあてれば，問題は物資入手の可能性であった．開戦する以外にこれらの物資を獲得する方策はないと判断されたのである．開戦したならば，本戦争の成否は外地の戦略資源を確実に獲得し，その物資を本土に還送する，あるいは戦力を戦場に送り込む輸送力の消長にあった．

　この点について1941年12月8日，元日銀総裁で枢密顧問官の深井英五は，枢密院会議において東条英機総理大臣に以下のような質問をしていた．「戦争に必要なる物資調達の能力に関し，従来政府の本院に示されたる所を以てしては，真の理解を以て安心し得ざる所あり．鈴木貞一企画院総裁は，資源ある地方を我が勢力下に置くを以て解決の一方途とせらる．今回の米，英，蘭に対する開戦は其の方途に進むものと解するを得べしと雖も，作戦上果たして充分に資源を獲得輸送し得べきや否やは今尚未知に属す．〈筆者中略〉財政金融，即ち資金関係方面の処理は比較的容易なり．問題の核心は物資の上にあり．財政金

---

4) 清沢洌〔2002〕84頁．
5) 開戦に至る意思決定，過程や経緯の問題については膨大な研究がある．まず日本国際政治学会太平洋戦争原因研究部(編著)シリーズ『太平洋戦争への道』(朝日新聞社)を挙げねばなるまい．特筆したいのが森山優〔1998〕である．また比較的新しいものでは，五百旗頭真〔2001〕が開戦経緯のダイナミズムを日米両側から，先行研究を踏まえて，組織論・人物論も交えながら総合的にバランスよく叙述している．

第 4 章 「大東亜物流圏」の再編と崩壊

融支障なしと云うを以て安心せず，重点を物資に置きて此の方面より破綻を生ずることなきよう慎重に考慮せられんことを望む」[6]．深井はこのように太平洋戦争の問題の核心が物資にあること，しかも勝敗はその物資を獲得輸送し得るや否やにあることを的確に見抜いていた．

1 課題と視角

本章の課題は，日本の「戦時期経済」体制が「大東亜物流圏」の再編と崩壊という形で展開する姿を明らかにすることである．具体的には，一番目の課題は対日石油全面禁輸を強いられた日本の指導部は，どのような論理で開戦を決断したのか．その開戦決断の経済的側面(すなわち戦時経済思想的背景)はいかなるものだったのかを検討すること．また彼らは，強いられた戦争の中で，大東亜共栄圏を実現することによって，戦争に対応していこうとしたのだが，この大東亜共栄圏を実現するには二つのクリアしなければならない問題があった．一つは艦船と航空機に象徴される戦争を遂行する戦力の造成(資源地帯から資源を日本に還送して日本で生産，戦場に送り出すこと)であり，二つは大東亜共栄圏の人々が，生存していける食糧やエネルギーを確保することであった．この問題を解決するためには「大東亜物流圏」を再編成しなければならない．つまり二番目の課題は企画院や軍部の戦争経済当局が「大東亜物流圏」をどう再編しようとしたのか．その結果，予想外の船舶喪失という事態になり，その関連で重要物資の生産と物流は，どう変化したのか．前者の分析と後者の変容の実態と，それらが示唆していることを解明することである．

先行研究は以下の通り要約されよう．中村隆英[7]，原朗[8]の研究が投資や通貨の問題も含めて総合的に扱っているが，貿易(物流)や輸送力という点にしぼると金子文夫[9]，古川由美子[10]の研究が目標になる．われわれは中村研究と問

---

6) 深井英五〔1953〕197-198 頁．
7) 中村隆英〔1977〕．中村は他でも多数，この問題を論じている．ただ原点はこの論考にあるようである．
8) 原朗〔1976b〕．
9) 金子文夫〔1994〕．
10) 古川由美子〔2004〕．

第Ⅱ部　戦時経済体制の展開

題意識を同じくするが，中村が言及している課題で重要とおもわれる点を更に深く追究し，それを補完できればと考えている．

金子研究は太平洋戦争下の貿易動向の概要と，主要物資(鉄鉱石，銑鉄，石炭，米)の貿易動向をまとめている．古川研究は海上輸送力に特化しており，海上輸送力の実態その増強策，造船，陸送転移は詳細を極めている(また大井篤の著作[11]は学術研究書ではないが海上護衛戦という形で軍事面から日本商船の喪失の問題を分析した)．ただ「大東亜物流圏」の再編の問題で最大のネックであった船舶喪失の踏み込んだ分析や，物資の生産と物流がどう変化したのかを解明することなど課題として残る．

太平洋戦争期の「大東亜共栄圏」とは，日本の戦争経済を実効的に運営するための手段としての経済圏であった．この戦争経済の目的は共栄圏の人々(日本国民も含む)が最低限の生活，生存を確保しつつ，最大限の戦力の造出，就中兵器の生産を実現することが中心になっていた．その数ある兵器の象徴が航空機と艦船であった．航空機と艦船を生産するためにはそれぞれ所要の原材料と工場・労働者そして工場を稼働させる動力が必要である．これらの原材料や動力源(石炭など)は工場から離れた国内外にあったので，その輸送網を確立し確保することが必要であった．また生産された航空機や艦船を動かすには石油が必要であることは論をまたないが，兵士や労働者そして一般の人々(共栄圏内の植民地，占領地の人々も含めて)が生存し，工場が稼働するための食糧やエネルギーも欠かせない．本章では，これら資源の生産や物流網(海上輸送網が中心)が太平洋戦争でどう変化していったのかを明らかにしたい．

2　開戦決断の経済的側面——国力判断

日本は日中戦争を軍事的に解決できず，占領地に傀儡政権を立てて，政治的解決を目指した．その間1939年9月には第二次大戦が始まり1940年春，ドイツ軍は西方攻勢でフランスを占領，戦局は大きく転回した．日本はこのドイツの勝利に幻惑され枢軸側と同盟する途を選択した．それに伴い，英米と戦争に

---

11) 大井篤〔1983〕．本書の初版は1953年，修正版が1975年そして本版に至る．

なる可能性が出てきた．1940年9月の三国同盟締結後，当時の近衛文麿首相は，重臣を呼び，報告会を行った．その際，広田弘毅元首相は東京裁判供述書の中で次のように述べている．「自分は本条約に憤激していたので相当強く言った」として「英米を真正面に敵とすることになる」「英米を敵に回したら，どこから物資を入れることができるか」．これに対し，星野直樹企画院総裁は「(物資に関し)英米は民主，自由主義の国だから政府は不合意でも民間とは話はつけられる」と回答．元首相は「反論する価値もない主張と思い返事もしなかった」と回想している[12]．しかし，企画院スタッフは総裁の発言とは別に，一体日本は戦争が遂行できるのか．そのような国力をもっているのかという疑問から国力判断を研究していたのである．

　最初の国力判断は「応急物動計画」(1940年)といい，国際情勢の急変に伴い予想される想定を前提に，「物動」の供給力がどうなり，国民生活への影響はどうなるかを試案したものである．その想定とは「帝国は支那事変処理のため交戦権を発動，全面的に英，仏と交戦する．同時に米国は経済断交を決意し各種の圧迫を加えよう」である．そうすると，「物動」供給力としての「国内生産額は十五年度生産確保用資材の三分の一程度が配給せられたるにすぎざることとなり」．この案の実施に伴う影響は「①生産力拡充計画については十五年度に於いて完成する設備の拡充は中止となる．②官需については，鉄道，通信の改良，拡張は勿論，港湾，道路等の土木工事は殆ど中止となる．③一般民需に対しては，公共団体に対する極端なる配給資材削減の結果土木工事は改修の若干を除き全部中止になる．被服小児老人婦人肌着編糸の諸用途に対する羊毛の供給は零となる，北海道，樺太，朝鮮北部等に於いては屋外労務者虚弱者に相当の苦痛を与えるであろう．石油の極端なる圧縮により鉄工業，農林，水産業に於ける生産の減退輸送障壁を惹起すべし」[13] というものであった．この結論は積極急進論者に対し一応の鎮静剤になった．ただ大勢は戦争回避の方向に傾きつつあったが，万一の場合を考慮して貯蔵政策の強行，繰り上げ見越輸入の計画的推進，国内増産対策の指導などの措置がとられたのである[14]．

---

12) 『日本経済新聞』2007年10月22日付「東京裁判　幻の弁護資料発見」より．
13) 中村隆英・原朗(編・解説)〔1970〕535, 564-569頁．
14) 中村隆英・原朗(編・解説)〔1970〕139頁．

つづいて，1940年末には「昭和十六年春季開戦を想定せる軍部の国力判断」が行われた．この場合の想定は，①昭和16年春季に於て対米開戦(4月1日開戦)であり，②絶対避戦，隠忍建設である．両想定の総合結論は「貿易が真に杜絶するまでは飽くまで開戦を避けるべきで此の間，専ら国力を充足すべきである」というにあった．この結論を陸軍大臣と参謀総長へ説明するにあたり「基本国策は全般情勢の上に求められるべく，物資の面のみから直ちに結論を求められない．但し物資事情のみから観れば，石油事情が国防力を左右する．之には貿易の推移が決定的影響をもたらす．現況では尚開戦すべきでない」旨を述べ，且つ「開戦の場合は石油を始め重要物資の供給に関し成算あるは当初の約2年で，爾後の事は戦況との関連もあるが予断を許さぬし需給の逼迫は免れない．尚，特に着目すべきは日本経済の基盤たる海運の消長で，船舶の喪失が甚大なるか，また作戦輸送力と総動員物資輸送力の偖調(ママ)を保つを得ないかの様な事があれば戦争遂行力の維持は至難である」[15]とされた．つまり開戦か避戦かの鍵は海運の消長にあることが指摘されたのである．

ここに1941年夏，米国の在米日本資産凍結，石油全面禁輸を受け，「昭和十六年秋季開戦を想定せる軍部の物的国力判断」がなされた．今回も石油と海運力が研究の対象となった．石油は重要物資の項で後述するとして，海運力に絞って，その結論のみを要約しよう．

開戦の場合，経済産業の面から見ると，「戦争力維持の可能性は一応ないではないが重大な不安が伴う」ということに帰する．これは同時に戦略関係よりする徴用船の増加と船舶喪失の拡大に危惧があることを意味した．以下経済産業面より，生産を維持するための所要船腹を考察すると，1940年度程度の経済産業活動を維持するために稼働船腹は最低毎月300万トンを必要とするが，それが保有できるのが(A)のケースである．もしこれが250万トンになるならば(B)のケース，またもし200万トンに下がればが(C)のケース，さらにこれが150万トンに低下するというのが(D)のケースと四つのケースを想定した．

もし(B)以下のケースになると1940年度の供給力に対し，それぞれ低下が予想される．とりわけ(D)の状態になると以下のようになる．(イ)鋼材，米は

---

15) 中村隆英・原朗(編・解説)〔1970〕139-140頁.

ともに80%(実際には鋼材は,44年が74%,45年が19%であり,米は45年71%であった).(ロ)石炭,塩,肥料,大豆,鉱石類,煉瓦,棉花などは40%(実際には石炭は41%,塩28%,硫安16%,大豆73%,鉄鉱石29%であった).(ハ)その他は1%となる,と予想したのである.

ではこの肝心の輸送力は開戦となればどう増減すると見たのだろうか.「開戦初期輸送力は一応(D)以下となり,次いで徴用船の減少により(C)(B)との中間に回復し〈筆者中略〉,もし船舶の被害僅少ならば第二年前期(B),後期概ね(A)となる(実際は第二年前期から後期,(C)から(D)へと逓減して行き三年目に激減した).開戦初期若干箇月の(D)に対しては貯蔵物資の消費で輸送の不足を補うこともできるが(B)(C)の状態が長期に亘るようでは好ましくない.戦争は継続できるだろうが局面打開の為の弾力を造出する上に於いて不安が去らない」[16]という悲観的結論であった.

このように応急物動計画の説明資料,そして1941年秋季開戦に際しての国力判断は,その最悪の想定で,1945年の日本の惨状を予測していたのである.後者の国力判断の結論が示唆しているのは,輸送力維持のポイントは船舶の被害の多寡の如何にあるということだ.

以上のように,秋季開戦の場合の国力判断までは,開戦について悲観的,とりわけ3年目以降は極めてリスクが高く不安があると読み取れた.ところが開戦直前の企画院総裁説明の国力判断は,なぜか面妖なものであった.それは次のような船舶の損害そしてその輸送力の見通しである.

　対英米蘭戦争に進みました場合に於きまする帝国国力特に重要物資に見透に関しまして其の概要を申上げます
　第一に民需用として常続的に最低300万総噸の船腹保有が可能の場合に於きましては一部の物資を除き概ね昭和十六年度物資動員計画の供給量を確保することは可能と存じます.〈筆者中略〉第二に消耗船舶を年間100万総噸乃至80万総噸と推定致します場合年平均60万総噸内外の新造船を確保出来ますならば前申上げました300万総噸の船腹保有は可能と存じます
　即ち常続的に最低300万総噸の船腹保有致しますには消耗を年間100万

---

16) 中村隆英・原朗(編・解説)〔1970〕145-147頁.

総噸乃至 80 万総噸とするときは造船を三ケ年 180 万総噸年平均 60 万総噸とすれば可能と存ずるのでありまして〈以下筆者略〉[17].

　当時(1941 年)日本の保有していた総船腹量は約 650 万総トンであった．これから陸海軍が作戦のため徴用することになる．徴用船舶量は時期によって異なるが開戦 8 カ月以降が一番少なく常続的に両軍合わせて 280 万総トンと政府と統帥部の間で協定された．したがって約 370 万総トンが見積もりの基数となる．

　そこで消耗船舶が年間 100 万ないし 80 万総トンで，新造船が年平均 60 万総トンであるなら，年間 20〜40 万総トン減少していくことになり，3 年目には民需用船舶は 250〜310 万総トンになる．もし戦争が 3 年以内に終わるという前提での見積もりなら常続的に 300 万総トンの船腹保有可能とは言えなくもない．しかし，戦争が 3 年以内に終わるという説明は誰も行っていないし，会議資料にも見当たらない(付け加えれば，対英米蘭戦争に進んだ場合の，重要物資の見通しに重大な影響を与える欧州戦線の戦局が枢軸側に不利になる場合について言及されていない)．

　他方，「臥薪嘗胆の場合」では，日本側が態度も変えず，したがって英米の態度も変わることのない強硬なものであるという前提で説明されている．つまり 1941 年秋当時の対日経済封鎖の状況がより厳しくなるとして見通しが述べられている．要約すると，もちろん船舶に損害はないが，英米勢力圏の戦略物資(タングステン，錫，生ゴム，米など)，特に液体燃料の取得に重大な困難を生ずる．したがって，戦果の活用や国民の士気の集中などの条件つきではあれ望みのある「開戦の場合」に比し，「国力の物的部面の増強」という点だけでも頗る不利であると断定されている．

　つまり，この開戦直前の国力判断は，意図的に開戦の場合を楽観的に，避戦(臥薪嘗胆)の場合を悲観的に見積もっているといえよう．いわば，本来合理的に分析されていたし，そうあるべき国力判断が，ある時期，あるレベルから政治的モメントが働き，開戦の方に可能性があるように修正された．

　軍部及び企画院はこうして開戦の方に希望があるとして開戦を提言する．11 月初めの御前会議で東郷茂徳外相が対米交渉継続を主張した．結局，和戦両様

---

17)　稲葉正夫ほか(編)〔1963〕574-578 頁．

の構えで交渉を継続，それが妥結したら避戦ということで米国側に最終案としての乙案が提起された．一時は交渉が妥結なるかと思われたが，日本軍の中国からの全面撤退などの日本陸海軍が到底受け入れることができないと判断されるハル・ノートが提示され，日本は開戦を決意した．

3 「大東亜共栄圏」の構想──「大東亜物流圏」の再編

(1)「大東亜共栄圏」の建設構想

太平洋戦争の開戦は経済的に，とりわけ貿易物資交流の面から見ると，英米圏との断絶であり「大東亜共栄圏」でのアウタルキー(自給自足経済)の確立である．当時，ある民間の学者は大東亜共栄圏の経済建設を唱え，その建設に当たっては「民族を出発点とし，その需要を出発点とすると，その需要構造は，第一に皇国を盟主とする大東亜共栄圏の国防国家の建設によって定められ，第二は民族の厚生によって定められる」[18]と論じた．つまり，大東亜共栄圏の生産の基礎となる需要構造は，①大東亜共栄圏の国防国家の建設(軍事力の創出)と，それを支える②民族の厚生(生存)が基軸になるとしたのである．

その点は官によって1942年2月設立された大東亜建設審議会による同年5月の「大東亜建設基本方策」も同様である．初戦の軍事的勝利によりその根本方針は「大東亜産業建設は概ね十五ヶ年間に重要国防資源の自給自足を図るを目標とし之を二期に分かつ．第一期に於いては大東亜戦争遂行に必要なる重要国防資源の確保，大東亜諸民族の戦時生活の保障及び将来に於ける産業発展の基礎確立に重点を置き長期戦に応ずる経済体制を整備す．第二期に於いては重要国防産業の生産力を飛躍的に拡充し民生の暢達(ママ)を図り大東亜産業建設を概成すると共に新世界経済に対する皇国の指導力を確立す」[19](原文カタカナ)と遠大であり，第一期とは5年，第二期は10年を想定していた．

しかし，大東亜共栄圏の経済建設の課題はそのような遠大な構想をたてることではなく，英米圏との貿易断絶による物資交流をどう再編するかにあった．

---

18) 生島廣治郎〔1942〕78頁．
19) 松本俊郎〔1993〕81頁，原出所は美濃部洋次文書：大東亜建設審議会「大東亜建設基本方策」(1942年5月4日)(No. 4533, R63)，国会図書館憲政資料室所蔵．

ここで言及しておきたいのが，経済学者武村忠雄の指摘である[20]．武村はその著書で，「大東亜共栄圏」実現の条件として政治力，道義力，そして経済力をあげた．第一の政治力とは武力に裏付けられたものであり，具体的には日本軍が西北，西南太平洋の制空・制海権を確立することである．武村は，これが確立しないことには第二，第三の条件は成立しないと断じた．つまり大東亜共栄圏の分業経済の実現は戦局の如何に規定されていたのである．

戦局の問題は，戦争経済を運営する企画院にとって外生的要因である．企画院としては政府が開戦を決断した以上，その中で，「大東亜物流圏」の再編という課題に取り組まねばならなかった．

(2)「大東亜物流圏」再編の問題点

これを検討するにあたって1936～40年の輸送量(海上輸送量：貿易量＝輸入量)に占める第三国との輸送量の推移を見てみよう．第三国を北・中米に限定しても1936年が34％，37年が36％，以後38～40年まで38％と変化していない．対米英開戦により，北・中米に加えてヨーロッパの連合国もこの第三国になるので，この物流圏の再編の作業は更に困難になった．

この第三国の輸送量(貿易量＝輸入量)を南方圏(第一，第二補給圏：前者はインドシナやタイなどの太平洋戦争開戦前から順調な貿易が行われていた乙地域，後者は開戦後日本軍が占領する南方地域，いわゆる甲地域)との貿易(還送)に代替せざるをえないのである．これが最大の問題である．

この問題は二つの課題に分けられる．一つは第三国から入手していた物資がすべて南方圏にあるのか，すなわち入手できるのかということであり，もう一つの課題は輸送手段である船があるのかである(というのは開戦前1941年の貿易品の積み取りの35％は外国船によって行われていたが，それがすべて引き揚げることになるからである)[21]．

したがって，通常であればそのような代替ないし振替は常識的には無理な話である．ただ，この問題は当時の企画院でも当然課題として受け止められ，

[20)] 武村忠雄〔1943〕181-190頁．
[21)] 「戦時海運関係資料」，東京大学経済学部図書館所蔵．

検討されていた．まず，前者の課題であるが，以下の物資については南方圏には現存せず，無理であるとされ，これらは消費の節約と代用物資の作成，現存鉱山の増産，新たな鉱山の探求などに待たねばならぬとされている．その物資とは，水銀，コバルト，銅，石綿，鉛，黄麻(南京袋の原料)，加里塩(肥料)，タンニン材料，羊毛，紡績用棉花[22]という重要戦略物資の10種類であり，これらが南方資源圏には存在しなかったのである．

しかも，現実的には節約しかなく基本的に2年はなんとかなるが，それを過ぎると大部分は枯渇し危険な状態になるとされた．ただ戦争遂行にあたっての致命的な戦略物資である石油やボーキサイト，生ゴムなどは戦争による施設の破壊の程度にもよるが，十分，戦争遂行をまかなえるとされた．

しかし，更に深刻な課題は後者の船の問題である．日中戦争で商船の徴用が始まり，第二次大戦でアジアから外国船が次第に去っていった．しかも，更なる対米戦となると民間船の徴用は更に増加する．既述のように日本国民が(「大東亜共栄圏」の人々がではない)最低限の生活を営み戦争を継続するためには，最低300万総トンの船舶が必要とされた．

しかし，対米戦にあたっての船舶徴用は陸軍260万総トン，海軍160万総トン，合計420万総トンと見込まれた．したがって残る船腹は230万総トンにすぎない．しかも徴用期間も戦局次第で数カ月で解傭されるのか1年以上かかるのかわからない(統帥部は8カ月と楽観していたが)．しかも，船の損害の問題もある．

したがってc船(民間運用の船＝非徴用船)は数カ月から1年以上200万トン程度で忍ばねばならず，その間はストックを節約しながら食いつないでいくしかない．かくしてこの問題は極めてリスクが高いと当時も考えられた．しかし，陸軍省戦備課長の岡田菊三郎はその国力判断の結論で，「幾十年の拮据経営の結晶たる東亜に於ける優位が一朝にして崩壊せしめられる如き境地に立った場合之を擁護せんとすることが自衛にあらずとは断定できまい」[23]と述べていた．

---

22) 原朗・山崎志郎(編・解説)〔1999〕445頁．
23) 中村隆英・原朗(編・解説)〔1970〕154頁．

4 「大東亜物流圏」の実際(1)
——海上輸送力，船舶喪失の分析

(1) 太平洋戦争中の海上輸送の全体像

太平洋戦争中の海上輸送の概要は表4-1の通りである．前述したように日本の貿易量のうち全輸入量の4割が第三国からであり，日本の貿易品の全積み取り量の4割を外国船が担っていた．加えて，日中戦争が華中にまで拡大した1937年8月の陸軍の船舶徴用量はすでに110万トンに達していたのである[24]．

開戦直前の船舶輸送力の見積もりでは，1942年の後半期以降，1400万トンに回復しそれが続くとみていた[25]．しかし，実際の輸送量の推移は図4-1の通りであり，見積もりの1400万トンを大きく下回った．見積もり通りに推移したのは，1942年の6月まで，つまり開戦から半年までだった．それ以降輸送量は見積もりからどんどん乖離して逓減していき，1944年(開戦から3年目)には激減する．このような全体像と見積もりと実際の比較から，われわれは以下

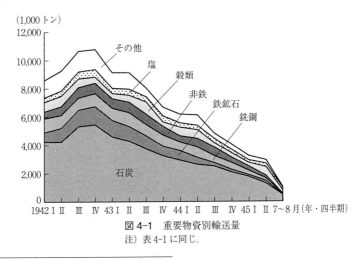

図4-1 重要物資別輸送量
注) 表4-1に同じ．

---

24) 田中新一「支那事変記録 其の二」，防衛研究所図書館所蔵．当時，軍事課長であった田中大佐が，戦後自分の日誌をもとに回顧執筆した記録．
25) 参謀本部(編)〔1967〕467頁，ただ開戦前の海上輸送力見積もりは1943年1〜3月までである．

表 4-1 太平洋戦争中の保有船腹の軍需と民需推移及び 500 トン以上の民船（c 船）による輸送量
(単位：1,000 トン)

	①保有船腹（指数）	②軍徴用(ab)（②/①%）	③民需用(c)（③/①%）	④民船(c)輸送量実績（指数）	民船輸送量実績の内訳（%）		戦争の展開（数字は月）
					日満支間	南方・第三国等	
1941 年							
4〜6 月				16,204(100.0)			
7〜9 月				13,534(83.5)			
10〜12 月	5,421(100)	3,706(68)	1,513(28)	9,863(60.9)			12真珠湾攻撃
1942 年							
1〜3 月	5,502(101)	3,728(68)	1,576(28)	8,612(53.1)			3蘭印軍降伏
4〜6 月	5,559(102)	3,452(62)	1,801(32)	9,272(57.3)			6ミッドウエー海戦
7〜9 月	5,541(102)	2,846(51)	2,262(40)	10,727(66.2)	11,520(96.6)	402(3.4)	8米ガダルカナル島上陸
10〜12 月	5,388(99)	2,629(49)	2,371(44)	10,855(66.9)	10,394(95.7)	460(4.3)	10日本第2師団ガダルカナル島攻撃失敗
1943 年							
1〜3 月	5,098(94)	2,810(55)	1,930(37)	9,150(56.5)	8,799(96.3)	339(3.7)	3日本ダンピールの悲劇
4〜6 月	4,856(89)	2,570(53)	1,912(39)	9,159(56.5)	8,182(88.2)	1,091(11.8)	5米アッツ(9ラエ・サラモア)上陸
7〜9 月	4,649(86)	2,460(52)	1,790(38)	8,045(49.6)	6,751(83.2)	1,366(16.8)	9日本絶対国防圏決定
10〜12 月	4,325(80)	2,346(54)	1,611(37)	6,693(41.3)	5,892(87.9)	809(12.1)	11米ブーゲンビル島上陸
1944 年							
1〜3 月	3,839(71)	1,967(51)	1,449(37)	6,186(38.2)	5,451(88.1)	735(11.9)	2米トラック島大空襲
4〜6 月	3,474(64)	1,714(49)	1,329(38)	6,129(37.8)	5,298(85.9)	866(14.1)	6米サイパン島上陸
7〜9 月	3,055(56)	1,343(44)	1,239(40)	4,333(26.7)	3,728(85.4)	636(14.6)	9米ペリリュー島上陸
10〜12 月	2,279(42)	873(38)	1,024(44)	4,072(25.1)	3,674(90.4)	390(9.6)	10米レイテ島上陸
1945 年							
1〜3 月	1,874(34)	626(33)	848(45)	3,263(20.1)	2,003(93.6)	137(6.4)	2米硫黄島上陸
4〜6 月	1,895(35)	530(28)	921(48)	2,964(18.3)			4米沖縄上陸
7〜8 月	1,660(30)	426(26)	663(40)	1,047(6.5)			

注 1) 保有船腹関連は大井篤〔1983〕382-385 頁より筆者作成．ただし，民需用船腹量は運航可能なものをあげているので軍需と民需を合計しても総船腹量には満たない．陸軍徴用船を a 船，海軍徴用船を b 船，民需用船を c 船と呼称した．
注 2) 輸送量関連は中村隆英〔1977〕127 頁，及び船舶運営会（編）〔1947〕587-588 頁．日満支間及び南方その他第三国関係の % は全輸送量に占めるそれぞれの割合．

の二つの疑問を感じた．

　第一点は，南方輸送が1943年の半ばになってからやっと本格的になった点である．南方資源の還送は大東亜戦争の目的であったはずである．このことは，南方資源の還送という大東亜戦争の目的が，すみやかに実現されなかったということを示している．南方資源地帯を獲得するために軍事的冒険にのり出したにもかかわらず，南方からの輸送実績は平均すると全輸送量の1割にしか満たなかった．

　1942年春，いわゆる第一段作戦が順調に完了し，南方資源地帯はほぼ無傷で占領することができた．またこの頃，米潜水艦の魚雷の欠陥もあり，南方航路は比較的安全であった．ところがその頃はまだ南方その他第三国関係の輸送量の全輸送量に占める比率は3～4%で低迷しており，それが10%を超えるのは翌1943年の春になってからである．その頃になると米潜水艦の魚雷は漸次改善されており[26]，南方航路は危険なものになっていた．なぜ遅れたのか．この輸送体制の遅れの原因について検討してみたい．

　結論から先に述べれば，その原因の第一は，海運を一元的に統制する組織の設立が太平洋戦争開戦以後であり，しかもその統制機構・要領が複雑でこれの円滑な運営をみるまで1年余りも要したことである．第二は，日中戦争間に設立された日満支間の交通統制組織（日満支経済協議会等）が，南方への船舶輸送の転換にとって桎梏になったことである．

　海運の統制に関わる機関の設立について順を追って述べれば，1941年12月19日の勅令で海務院が発足した．これは逓信省の管船局と灯台局を統合したもので，その業務は「逓信大臣の管理に属し水運，船舶，造船，その他海事に関する業務を掌る」とされた．海務院長官は海軍中将であり，次長は逓信省側職員で海軍軍人と逓信省職員が混在して業務を実施することになる．明けて1942年1月企画院に戦時輸送委員会が設置された．この委員会は関係各官庁の派出した委員によって成り，輸送を要する物資に順位を付し，輸送計画の大綱を決するとともに，交通動員計画具現に必要な措置を講ずるものである．そして1942年4月1日に船舶運営会が設立された．

---

26) 大井篤〔1983〕402-403頁．

第4章 「大東亜物流圏」の再編と崩壊

　この船舶運営会(以後運営会と略称)は戦時における海運の一元的運営を行うため，戦時海運管理令に基づき，政府の命令によって設立された特殊法人である．政府は戦時海運管理令によって民間の所有船と船員を徴用するが，船舶はこれを運営会に貸し下げ，船員を使用船舶に配乗した．海運の運営は政府の総合的計画の下に，運営会が一元的にこれを行った．つまり，運営会は海運国家管理の政府の執行機関としての地位を占めその中核をなすものであった．しかし，新しく国家使用となる船舶の受け渡しに時間がかかったり，運営会の内部事務機構が未整備のため，前の組織である海運中央統制輸送組合から事務の全部を引き継げず，4月，5月はこの組合の事務局が事務の代行をしたりで，船舶国家使用令書の各船舶への受け渡しが完了したのは，1942年8月であった[27]．

　それでは運航統制の基本となる海上輸送計画は，どのようにして作成され決定されるのであろうか．この海上輸送計画は「物動」[28]において計画された重要物資の海上輸送を確保するため，一定期間内における使用可能の船腹量と，要輸送物資数量とを対照し，輸送力と要輸送量とを総合調整して決定された．作成手順を具体的に述べれば，次のようになる．まず物資ごとの所掌官庁が輸送要求量の詳細を企画院(1943年11月，軍需省となる)と，海務院(同年11月，運輸通信省海運総局となる)とに提出をする．次に海務院は運営会と協議の上，輸送計画を立案して，企画院に送付し，戦時輸送委員会に諮って，これを決定する．最後に海務院は運営会に対し輸送実施の指令を出すという手順である[29]．

　この手順の問題点は，計画決定まで時間がかかるということである．それぞれの機関が新設されたものであり，特に使用可能船腹量の把握に時間がかかったはずである．戦争はすでに始まっており，刻一刻被害も出ている．加えて国家管理になった船舶は計画が決定し指示が出るまで遊船になるおそれも出てくる．また，このような輸送計画の作り方であると，戦略物資など重要物資は不定期船で，雑貨などは定期船で輸送するので，いきおい既に航路が円滑に運航

---

27) 船舶運営会(編)〔1947〕270 頁．
28) 「物動」は，第2章で論じたように「物資動員計画」の略称で「重要物資の需要供給の関係を定め供給の計画的実施を可能ならしむる如く其守則を規定するもの」(安藤良雄〔1987〕161 頁)と定義され，物資供給量の枠の中でいかに軍需と民需を調整するかという計画であった．日中戦争期は供給量が外貨で規定され，太平洋戦争に入るとそれが船舶になった．
29) 日本郵船株式会社(編纂)〔1956〕『七十年史』298-304 頁．

されている日満支間で輸送可能な物資が優先されていくことになる．実際に南方航路を担当した各社の社員が南方占領地域に派遣されたのは1942年の5月第一段作戦終了後であり，業務を担当した南方運航会社の例をあげれば，この会社が設立されたのは43年の3月であった[30]．表4-1に見られるように全輸送量の内，南方輸送の割合が1943年の第2四半期に前期の3倍にもはねあがった理由の一つがこれで説明できる．

表4-1のc船(民需用船)輸送量関連からわれわれが驚かされた二点目は，日本の戦争経済の帰趨を左右するこの「民需」船舶の輸送量は，開戦以降，1942年第4四半期をピークに低下し，45年第2四半期にはピーク時の約4分の1まで落ち込んだことである．

物資輸送量の多寡は主として輸送船舶量によって規定される．この民需用船舶の量を規定するものは造船能力であり敵潜水艦や航空機による損耗であり，軍による徴用である．一点目の造船能力もその生産量は船舶によって運ばれる原料によって規定されていた．したがって，端的に言えば，武村忠雄が言及したように太平洋戦争下の戦時経済運営の成否は，船舶損耗や軍による徴用を最小限にするといった陸海軍の作戦の成否にかなりの部分を依存していた．とりわけ損耗の増大が決定的であった．損耗の主要な原因は対潜水艦作戦の不備からくる敵潜水艦による損害であり，対米作戦の敗退による敵航空機による損害であった[31]．対潜水艦作戦の不備は海軍が負うべきものであり，対米作戦の敗退は陸海両軍にその責任が帰されるべきものであった．

（2）海上輸送量を決定したもの——膨大な喪失

このように海上輸送力を規定した決定的要因は膨大な船舶の喪失と思われる．これを統計的に確認してみたい．

多重回帰式

Y(c船輸送量) $= AX_1$(c船の喪失量) $+ BX_2$(船舶徴用量) $+ CX_3$(造船量) $+ \alpha$(定数項)

が成立するものと仮定し検定すると，有意になるのはBX_2(船舶徴用量)のみで

---

30) 岡田俊雄〔1966〕130-131頁．
31) 野村実〔1978〕12頁．

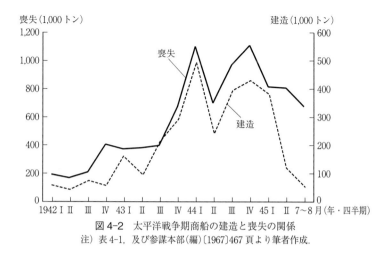

図 4-2　太平洋戦争期商船の建造と喪失の関係
注) 表 4-1, 及び参謀本部(編)〔1967〕467 頁より筆者作成.

あり, しかも正の相関であるという奇妙な結果になる. 一方, AX_1(c 船の喪失量)と CX_3(造船量)は有意でない. ただし,

$$Y(c 船輸送量) = AX_1(c 船の喪失量) + \alpha(定数項)$$

の単回帰式で検定すると負の相関関係が 1% の有意となる.

注目したいのは, AX_1(c 船の喪失量)と CX_3(造船量)の関係である(図 4-2 参照). 本来経済的には無関係のこの二つが極めて相関が高いのである(相関係数が 0.8441 であり, 1% で有意). この事実は, 二つのことをわれわれに示唆する. 一つは, 上述の多重回帰式による検定が予想通りにいかなかったのは, 回帰式の変数間の相関が強いと係数推定値がおかしくなる多重共線性という現象が起きたからである[32]. 二つめは, 経済学的には解釈が難しい, 建造すれば建造しただけ沈められるという奇妙な関係は, 軍事的知識をもってすると一つの解釈が可能である. 船舶が建造されて, 輸送任務に出て行くとすぐに沈められる, 任務につく船が繰り出されるたびに, 沈められる. つまり全く日本海軍の商船護衛が機能していなかった.

前述のように, この 300 万トンの船腹は結局, 開戦から終戦まで c 船として確保されることはなかった. それでは, それができなかった最大の誤算である

---

32) 森棟公夫〔1990〕217 頁.

船舶の損耗見積もりはいかにしてなされたのであろうか．つまり，年間80万～100万総トンの損耗という数字はどのようにしてはじきだされたのか．

1941年10月下旬頃，軍令部第一課の課長補佐クラスのある幕僚が，第四課[33]の同じ地位にある土井美二大佐のところに駆け込んできて，大本営政府連絡会議で船舶喪失量の見込みが立たないと会議がまとまらないので，これについて資料が欲しいと求めてきた．土井大佐はこれは大事な問題なので，軍令部や海軍省等の関係者で委員会のようなものをつくって徹底的に検討する必要があると述べた．一課の当幕僚は「今となってはその暇がないので，とにかく，一案参考のために作ってもらいたい」と懇願した．

そこで土井大佐は以下の要領で，船舶喪失数を算定した．この算定要領は第一次大戦を基礎としているものの，ある種の軍事的合理性で貫かれていた．「第一次大戦におけるドイツ潜水艦隻数(年別)とドイツ潜水艦の根拠地より活動海面(主として英本土周辺)までの距離，これと米潜水艦数(極東海域において活動する隻数)と米潜水艦の根拠地より活動海面(主として九州より南方海域)までの距離を比較し，これに休養のための交替等を勘案して，それぞれ活動海域において常時活動する潜水艦の密度を算出し，英米船舶が第一次大戦において喪失した数(年別，月別)と密度との比から推定して，喪失船舶数を算定した」[34]．こうして算出された喪失数字が結局大本営政府連絡会議で最後まで一人歩きし，開戦の決断が発せられたのである．

確かにある種の軍事的合理性はあったものの，被害がこの数字をはるかに超えたのは，いくつかの理由があるが，有力な一因は日本海軍の海上護衛思想の貧困にあった．この点は軍事史の分野でかなり研究の蓄積があるので深くは入りこまないが，重要と思われるポイントをいくつか挙げると，まず国際法の問題がある．1922年にワシントンで締結された「潜水艦及び毒ガスに関する五ヶ国条約」で商船に対する無警告攻撃が禁止されていた．それでこれを批准していた米国がまさか条約を破り無制限潜水艦戦(無警告で商船を攻撃すること)を行うとは考えていなかったのかも知れない(しかし実際は，真珠湾攻撃を受けた

---

33) 軍令部第一課は「作戦」，第四課は「国家総動員」「出師準備」が主務である．日本近代史料研究会(編)〔1971〕434頁.
34) 防衛研修所戦史室(編)〔1971a〕67-68頁.

1941年12月7日，米海軍作戦部長は，対日無制限潜水艦戦を命令し，その翌日ルーズベルト大統領は議会で，このような騙し討ちをしてくる国家に対しては，あらゆる手段を持って戦い抜くと宣言した[35]）．

　もう一つの要因は潜水艦の登場により，それまでの制海権の概念が変わったということに鈍感であったことである．つまりそれまでは艦隊決戦で相手の水上艦隊を倒せば，制海権を得ることができ商船の防護も当然可能になる．しかし，潜水艦の登場により相手の水上艦隊を倒しただけでは制海権は勝ち取ることができない．水上だけでなく水中も制さなければならなくなったのである．その点の意識改革が十分でなく，対潜護衛戦備の弱体につながった．したがって軍令部には対潜護衛を所掌する部署はあったが(第二課)，この仕事は一幕僚が他の任務と兼務で担当させられていた．結局，専任幕僚が配置されたのは開戦直前の1941年10月になってからであった[36]．大戦に入り，潜水艦による損害が増大してから弥縫的に駆潜艇や海防艦の建造に力を入れ始め，1943年11月，海上護衛総司令部という組織をつくった．おくればせながら対潜水艦対策がうちだされたが，それでも船舶の喪失に歯止めがかからなかったのは，戦局の悪化である．この責任は陸海軍にある．

　なにが開戦前の戦争見通しと実際にこのような極端な乖離をもたらしたのであろうか．「対米英蘭蔣戦争終末促進ニ関スル腹案」の起案者とされる石井秋穂中佐(当時)の「回想録」によれば，失敗の原因は大きく二つあり，一つはアメリカの戦争化(ママ)能力の誤判断である(国力や生産力の差は認識していた)．すなわち，あれほど早くその国力を戦力化できるということを予測できなかったし，科学技術力の迅速な戦力化能力についても同様であった．二つめはドイツが負けないと誤判断したことである．勝つとは確信していなかったが負けるとは思わなかった[37]．つまり，アメリカを過小評価し，ドイツを過大評価したことが，完全なる敗戦につながったといえる．

---

35) Potter, E. B. and C. W. Nimitz eds.〔1960〕p. 401, Message by President Roosevelt to Congress〔1943〕pp. 793-795.
36) 防衛研修所戦史室(編)〔1971a〕76頁．
37) 「石井秋穂大佐回想録」第四篇，防衛研究所図書館所蔵より．

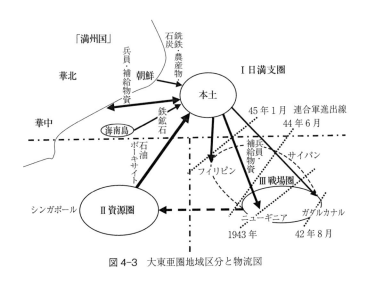

図4-3 大東亜圏地域区分と物流図

(3) 船舶喪失の海域分布が示唆するもの

　これまでの議論では，商船が資源地帯から資源を還送する際に主として潜水艦によって沈められ，資源が還送できなくなったという認識が一般的である．図4-3「大東亜圏地域区分と物流図」は，大東亜圏地域をⅠ日満支圏，Ⅱ資源圏(石油，ボーキサイト生産地帯)，Ⅲ戦場圏に区分し，本土とそれぞれの圏との主たるヒト，モノの物流を図示したものである．Ⅲの戦場圏に資源らしい資源は少なく，日本側の作戦上の要請で，この方面に進出して行き，連合軍と衝突した．

　図4-4①〜④「船舶喪失海域分布(1941.12〜1944.12)」[38] とは，時期を，①開戦から1942年まで，②1943年，③1944年上半期，④1944年下半期，に区分し，船舶(陸海軍徴用船いわゆるa, b船，民船c船，タンカーも含む全喪失船舶)が，いつ(どの期間)，どこで，何によって(潜水艦か航空機か)喪失したかを記録したものである．この分布と図4-3, 4-5を対照させてみると，以下のことに気づく．

　一つは喪失船舶の7割が陸海軍徴用船であること，つまり徴用されて沈めら

---

38) 海上労働協会〔1962〕47-129頁より作成．

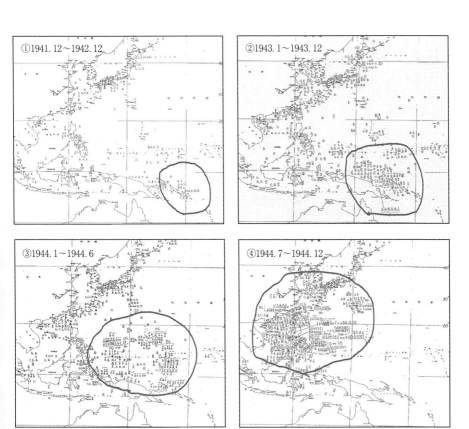

図 4-4 船舶喪失海域分布

れている．しかも，その多くが，Ⅲ戦場圏の海域で喪失しており，開戦から 1944 年上半期までのⅡ資源圏での喪失は意外と少ないことがわかる(例えば，1943 年の場合，喪失船舶数の 65% はⅢ戦場圏で 25% がⅠ日満支圏であり，Ⅱ資源圏で失ったものは 10% に過ぎなかった)．その理由の一つは，前述のように，c 船の南方資源還送への配船が 1943 年春からであったこと．もう一つは開戦後，二つの海上護衛隊(第1海上護衛隊，第2海上護衛隊)が組織され，前者が資源圏，後者が戦場圏の護衛を担当した．前者はシンガポールを司令部とし，旧式とはいえ駆逐艦 10 隻基幹計 18 隻を保有した比較的強力な護衛隊であった．後者は連合艦隊司令部もあったトラック島を司令部としていたが，その戦力は特設船 3 隻と弱体であったことが挙げられる[39]．

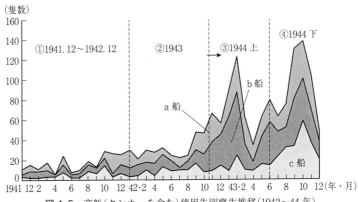

図4-5 商船(タンカーを含む)使用先別喪失推移(1942～44年)
注) 海上労働協会〔1962〕47-129頁より筆者作成, a 船(陸軍徴用船), b 船(海軍徴用船), c 船(民船).

本土周辺の日満支圏の海域の海上護衛は，それぞれの鎮守府(佐世保，呉，舞鶴，横須賀，旅順)に任されたため，この海域が手薄になった．①の期間では本土周辺の海峡付近で，②の期間では日満支航路でc船を喪失した(しかし，この点はわれわれが強調したいことではない)．

この分布図から見る限り，c船(民船)が沈められて資源が還送できなくなり生産が杜絶したのではなく，a, b 船(陸・海軍徴用船)が戦場圏で沈められ，c 船からそれを補填したため，c 船が欠乏して資源が還送できなくなったと解釈できる．すると，1943年までは資源は予想以上に還送されていたのではという仮説が浮上する(この仮説は以下の物資の生産・物流の分析と整合する)．

5 「大東亜物流圏」の実際(2)
——重要物資の生産と物流の変容(1939～43年)

太平洋戦争中のc船の物資別輸送量の推移を前述の図4-1であらわした．ここでは重要物資を戦力造成に直結する物資(Ⅰ)と，「大東亜共栄圏」の人々の生存を確保するために必要な物資(Ⅱ)について区分し，それぞれ代表的物資を

---

39) 防衛研修所戦史室(編)〔1971a〕117, 122頁.

表4-2 鉄鉱石の生産と対日輸移入実績

(単位：1,000トン，上段：対日供給量／下段：生産量)

	日本内地	朝鮮	満州	中国関内	海南島	日満支計	南方・第三国	輸移入計	供給合計
1938年		367	3	147		517	2,695	3,212	3,983
	771	898	3,179	339		5,187			5,187
1939年		401	12	750		1,163	3,850	5,013	5,849
	836	1,017	3,144	1,010		6,007			6,007
1940年		439	47	1,282		1,768	3,361	5,129	6,171
	1,042	1,258	3,305	1,664		7,269			7,269
1941年		766	52	2,924	151	3,893	1,935	5,828	7,162
	1,334	1,692	4,311	3,597		10,934			10,934
1942年		605	84	2,885	584	4,157	132	4,290	6,349
	2,059	2,276	4,482	4,950		13,767			13,767
1943年		253	3	2,204	1,144	6,114	200	3,804	6,314
	2,510	2,364	3,433	*5,740	1,312	16,047			16,047
1944年		610		1,042	196	1,848	0	1,848	4,851
	3,003	3,332	3,080	*5,740	*2,000	17,155			17,155

注) 日本内地生産量と対日供給量は東洋経済新報社(編)〔1950c〕．
　　生産データ：朝鮮は朝鮮銀行調査部〔1948〕．
　　満州は大東亜省満洲事務局殖産課〔1943〕，1943～44年度は「張公権文書R-2-8」，1942年度は企画院第二部(調製)〔1943〕．
　　中国関内は東亜研究所(編)〔1944〕201-210頁．1938～42年度，1943～44年度は「張公権文書R-2-8」．
　　太字は年度のデータ，*は計画．

選定した．それら物資の生産と物流が太平洋戦争によってどう変容したのか，及びその変容が示唆するものについて論じたい．

(1) 戦力造成に直結する物資(I)
(a) 鉄類——鉄鉱石と銑鉄

まず，戦力造成に直結する物資の最初に産業の米にあたる鉄類，とりわけその原材料資源である鉄鉱石について論じよう．表4-2は鉄鉱石の国内生産と輸移入の合計，輸移入先の変化である．一方，図4-6は鉄鉱石の物流が日中戦争中の1939年と太平洋戦争2年目の1943年にどう変化したかを図示したものである．これを見ると，以下のような疑問がわく．

日本は，鉄鉱石を1939年の段階では300万トン以上も南方から輸入していたにもかかわらず，太平洋戦争になると，南方鉄鉱石の輸入(還送)は，激減する．例えばマレーにあった優良鉱山の一つ，ズングン鉄山は久原鉱業が鉱業権

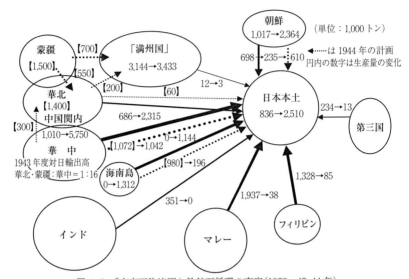

図 4-6 「大東亜物流圏」鉄鉱石循環の変容(1939〜43, 44 年)
注) 左側の数字は 1939 年,右側の数字は 1943 年の移入量.【 】は 44 年の計画,中国関内の生産と日本への輸出の数字は蒙疆,華北,華中を含む.
出所) 日本製鉄株式会社史編集委員会(編)〔1959〕333-335 頁,及び「張公権文書 R-2-8」より作成.

を有し生産,これを日本に輸出していた. 1940 年,ズングン鉄山では 110 万 6622 トンの生産記録があり,マレー全体から日本への輸出高は 147 万 4000 トンであった. それが 1942 年にはマレー全体で,日本本土への輸入(還送)高は 7 万 6000 トンに過ぎない[40]. どうして,こういうことになったのだろうか.

まず,戦禍の問題が考えられるが,他の南方鉱物資源施設(石油,ボーキサイト)が 1 年未満で復旧しているのでそれが主要な理由ではない. 一つは船(鉱石専用船)の問題である. 日本軍は 1939 年に海南島を占領し,同島に有力な鉄鉱山を発見した(田独鉱山と石碌鉱山). 両鉱とも鉱石の純度が高く(60% 水準),前者は埋蔵量に限界(約 500 万トン)があったが,後者は無尽蔵(数億トン)であった. 前者の田独鉱山は 1940 年には生産を始めており,1941 年の段階で,30 万トン以上,日本に還送できた. また,大冶などの華中の鉱山も復興した. 鉱石専用船の保有量には制限があった[41]ので,稼行率[42]などの点で本土に近い海南島と

---

40) 日本製鉄株式会社史編集委員会(編)〔1959〕321, 334 頁.

144

華中にそれを振り替えたのである.

　もう一つは日本の製銑能力の上限の問題である. 1940 年日本本土は史上最高の 350 万トン余りの製銑高を記録していたが, 鉄鉱石の年末在庫は 300 万トン以上であり, 貯鉱義務をはるかに超えていたのである(つまり鉄鉱石を使い切れなかった)[43]. また日本本土の輸移入分も含めて鉄鉱石の供給高は 1941 年が 692.9 万トンで戦前のピークであり, 銑鉄生産のピークは翌年 1942 年の 425.6 万トンであった[44](この場合は鉄鉱石供給と銑鉄生産が連関している).

　企画院は, 太平洋戦争開戦の段階で, 鉄鉱石の還送元を南方から華中・海南島に転換することを決定していた. それは 1942 年 4 月企画院決定の「昭和十七年度物資動員計画及各四半期物資動員実施計画(供給計画)」を見るとわかる. 前年は, 100 万トン以上の輸入実績があったマレーから, 35 万トンの計画であり, フィリピンからはゼロ, 仏印から 10 万トン, 華中から 287 万トン, そして海南島から 110 万トンであった[45]. そして実績はどうであったか, マレーからは 7.6 万トン(対計画約 2 割), 仏印はゼロ, 中国(中国関内・海南島及び満州)は 354 万トン(対計画約 9 割)であった.

　それでは, 鉄鉱石の生産現場はどのような状況にあったのであろうか. 太平

---

41) 鉄鉱石とボーキサイトの運搬には基本的に鉱石専用船が必要であった. 1924 年から 45 年まで日本で建造された鉱石専用船は 30 隻であり, そのうち 42 年の時点では日本は 9 隻しか保有していなかった. 日本造船学会(編)〔1977〕19-34, 278 頁. ただし, 一般の貨物船が鉱石を運ぶのは不可能なことではないという専門家の言もある.

42) 船腹が, 積揚両港の間を月(あるいは年)に何回航海して積載物資を輸送し得るかという船舶の回転率のこと, 港間の距離, 滞船日数, 荷揚と積荷の日数などが関連する. 田中申一〔1975〕187 頁.

43) 日本製鉄株式会社史編集委員会(編)〔1959〕335 頁.

44) 日本内地の銑鉄生産能力の上限を考える上で, 手がかりになるのが「水津資料:リール A-Ⅱ-2〔1942~43〕『生産・設備能力実績調(昭和 17~18 年)』」の鉄鋼統制会による「昭和 18 年 4 月末実際能力調査表」である. これによると, 日本内地の銑鉄生産能力は公称 594 万 2000 トンであるが, 実際能力は 483 万 4800 トンとされた. この能力は「1941 年 5 月頃と同様の原材料及び労務者(原料・人員は不足なし)をもって同様の製品の日産高に 1 ヶ年の作業日数を乗じたもの」(原文カタカナ)である. 結局この実際能力以上の銑鉄は戦時中には生産できなかった. 一方, 満州は実際能力 169 万トンと推計されたが, 1943 年には 172 万 8000 トンと実際能力を上回る生産高を上げた. 鉄鉱石だけが生産を決定する要因ではない. コークスや発電用の石炭の問題もある. 国民経済研究協会(岡崎文勲)(編)〔1954〕69, 73 頁.

45) 原朗・山崎志郎(編・解説)〔2000a〕221 頁.

洋戦争になってから重要な役割を担った海南島に注目してみよう．前述のように，海南島には田独と石碌の二鉄鉱山があった．特徴的なのが，石碌鉱山である．同鉱山は1940年から対日還送が始まった田独鉱山に比べ，鉱石の品質や埋蔵量(数億トン)には問題なく，膨大な投資が行われ(同鉱山を経営した日本窒素肥料と鉄道建設を担当した西松組を合わせると3億円弱)[46]，年間300万トンの対日還送能力を完成させたにもかかわらず，太平洋戦争中に対日還送した実績は累計41万トンであった．

石碌鉱山は，戦前中国側がある程度着手していた田独鉱山と違って，全くゼロからのスタートであった．採鉱現場の開発，鉱石を港まで運搬する鉄道の敷設，積み出し港湾の開発・整備，発電所の開発と，日窒が戦前の海南島日系企業で最大の資本を投下して展開された一大プロジェクトであった．1942年4月，石碌鉱山から積み出し港の八所港まで約50キロの鉄道が完成した．採鉱現場は年間100万トンを還送できる態勢にあった．しかし，1942年度の石碌鉱山の対日還送高は5万トンに過ぎず，田独鉱山の80万5000トンにはるかに及ばなかった[47]．

その理由は八所港の荷役能力に問題があったのである．応急の艀積沖荷役に依存したため，積込能力は，5000トンの鉱石を船積みするのに，20日もかかる有様だった．したがって船は施設の完備した楡林港に回って田独鉱山の鉄を運び込んだ．ところが，1943年4月に八所港の第一期工事が完了し(つまり積込能力も改善)，山元の年間300万トン計画も予定通り進捗したにもかかわらず，1943年度の石碌鉱山の対日還送高は24万3000トン弱であり，田独鉱山の83万2000トンに遠く及ばなかった．なぜか．今度は鉱石積取船が八所港に疎らにしか入港しなかったのである．船さえ回ってくれば年間100万トンはおろか300万トンの出鉱も可能であったのだ[48]との記録もある．

田独鉱山は前年並みの対日還送が行われながら，石碌鉱山は300万トンの還送も可能だったのに，なぜ八所港に要求した船がこなかったのか．二つの理由が考えられる．一つは，鉱石専用船の問題である．表4-1の分析でも述べたよ

---

46) 柴田善雅[2006]167頁より再引，原出典は河野司(編著)[1974]376-377頁．
47) 大蔵省管理局(編)／小林英夫(監修)[2002]138-142頁．
48) 河野司(編著)[1974]119頁．

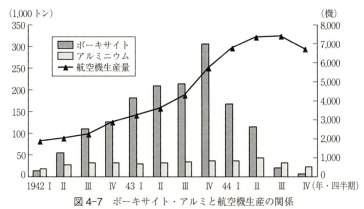

図 4-7 ボーキサイト・アルミと航空機生産の関係

注) 生産航空機数の出所は *The United States Strategic Bombing Survey*(以下 *USSBS* と略)米国戦略爆撃調査団(編)〔1992〕第 8 巻, 168 頁. アルミニウムの生産実績は『生産力拡充計画資料』1943～44 年度分. 1942 年度は原朗・山崎志郎(編)〔2000b〕291-293 頁. 各期のボーキサイトは上記両資料, 及び *USSBS* 〔R-279B〕より.

うに, 1943 年の第 2 四半期より c 船の南方圏への配船が急増する. これは, 鉱石専用船の多くをボーキサイトの還送に振り向けたのである(ボーキサイトの太平洋戦争間の還送推移については図 4-7 参照). もう一つは, 二つの鉱山経営企業の性格の違いから来ている. 田独鉱山を経営していた石原産業は太平洋戦争前には, 南方の鉱山を経営しており, 自社の鉱石専用船を保有していた[49]. 一方, 石碌鉱山を経営していた日本窒素には同社の専用船がなかった. 社外船の配船を待つしかなかったのである.

図 4-8「大戦中の鉄鉱石地域別輸移入累積推移」をみると, 鉄鉱石に関しては華中と海南島が, つまり中国関内が共栄圏の運営に最も貢献したことがわかる. また銑鉄(半製品)の国内生産と輸移入の合計, 輸移入先の変化を表 4-3 で

---

49) 石原産業株式会社社史編纂委員会(編)〔1956〕73-75 頁によれば, 1932 年に石原産業は, 自社の鉱石専用船を 15 隻保有しマレーのスリメダン鉄山, ケママン鉱山(マンガン鉱)等から鉱石を輸送していた. これは, 鉄鉱石の運賃 1 トン当たり, 他社船なら 5 円のところを自社船なら 3.5 円で可能だからである. その後, 石原産業は, これとは別に日本―蘭印航路に優秀船(貨客船)を 8 隻配船した. 田独鉱山が, 鉄道敷設や港湾整備が石碌鉄山と同じ条件であったのに, 立ち上がりが早かったのは, 敷設鉄道の距離が, 10 キロと短距離であったこと, 鉱石の船積みに, マレーのスリメダンやケママンの艀, 曳船を海南島に転送して利用したためである(同鉱山は老朽化し廃鉱へ).

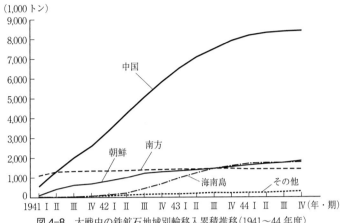

図 4-8 大戦中の鉄鉱石地域別輸移入累積推移（1941〜44年度）
注1) 船舶運営会（編）〔1947〕683-690頁より筆者算出．
注2) 南方（マレー・フィリピン・インドシナ），海南島，中国（満州・台湾を含む，海南島を含まない）そして朝鮮はいわゆる大東亜圏である．

表 4-3 銑鉄の生産と対日輸移入実績

（単位：1,000トン，上段：対日供給量／下段：生産量）

	日本内地	朝鮮	満州	中国関内	第三国			輸移入計	日本供給合計／圏内生産合計
					米国	インド	その他		
1938年		215	210	2	311	327	83	1,148	3,711
	2,563	178	753	9					3,503
1939年		221	352		32	299	23	927	4,106
	3,179	182	1,028	61					4,450
1940年		164	431			257	2	854	4,366
	3,512	135	1,061	56					4,764
1941年		138	553	2	6	77	8	784	4,957
	4,173	165	1,399	61					5,798
1942年		133	715	30				878	5,134
	4,256	353	1,516	90					6,215
1943年		269	265	50				584	4,616
	4,032	547	1,728	116					6,423
1944年		245	325	51				621	3,778
	3,157	555	1,266	227					5,205

注1) 日本内地生産と対日供給量は東洋経済新報社（編）〔1950c〕．
　　生産データ：朝鮮は表4-2に同じ．
　　満州，中国関内は1938〜42年度は企画院第二部（調製）〔1943〕，1943年度は「張公権文書R-2-9」，1944年は萩原充〔1995〕397頁より．
注2) 太字は年度のデータ．

あらわした．日中戦争まで，正確には屑鉄禁輸を受けるまで，日本は米国やインドの屑鉄を輸入して鋼材を造る平炉企業の割合が多かった．屑鉄禁輸により，平炉企業はブロック圏内屑鉄の回収か，銑鋼一貫企業製造の銑鉄から鋼材を造るしかなくなった．そのため鉄鉱石から銑鉄を造る銑鋼一貫企業の役割が大きくなった．この件は政府も認識していたので，銑鋼一貫企業の拡張は日中戦争前から行われていたが，その目標を完成しないうちに，屑鉄禁輸に遭い太平洋戦争となった．

　鉄鉱石の供給と銑鉄の日本内地の生産は相関している．現に，鉄鉱石の供給(日本内地生産＋輸移入)高のピークは1941年，銑鉄内地生産高のピークは1942年である．また，供給鉄鉱石に日本内地鉄鉱石の割合が大きくなると，鉱石比(銑鉄トン当たり鉱石使用量)が増加する傾向がある[50]．1941年の供給鉄鉱石に占める内地鉄鉱石の割合は18.6％であったが，1942年は32.4％，43年が40％とその割合を上げていた．他方，銑鉄の内地生産は，1942年を100とすると，43年94，44年74と指数を下げた．

　表4-3をみると，日本内地の銑鉄生産のピークが1942年，この年は内地生産に輸移入を加えた日本の供給高のピークでもあった．一方，共栄圏全体の銑鉄生産のピークは1943年である．日本が1942年をピークに生産を低下させている中，朝鮮と「満州国」の生産高に注目したい．1943年には満州が日本内地の43％まで，朝鮮は1944年に日本内地の17.6％まで生産を上げていたのである．

(b) 非鉄金属——アルミニウム

　非鉄金属の象徴として，航空機生産に直結していた資材，アルミニウムについて論じてみよう．アルミニウムは，第一次大戦後，軍が航空機を重要な戦力とみなして，その生産を重視していたが，国産品が造られるのは，昭和に入ってからである．満州事変頃から軍需が出始め，日中戦争から太平洋戦争に入って急増した(図4-9は1936年から45年までのアルミニウム生産量と航空機機体生産量の関係である)．

---

50) 日本製鉄株式会社史編集委員会(編)〔1959〕322-323頁の第3図参照．

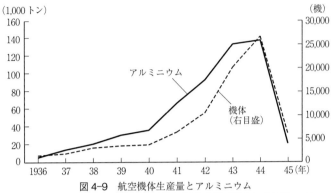

図 4-9　航空機体生産量とアルミニウム
注) 航空機体生産量は国民経済研究協会(岡崎文勲)(編)〔1954〕14頁，アルミ生産量は，東洋経済新報社(編)〔1950a〕219, 230頁より筆者作成.

　アルミニウムを製造するには，原料に何を使うかで，二つの方法がある(正確には，アルミナからアルミニウムを造るので，アルミナを造る二つの方法で区分する). 一つは，ボーキサイトから造る方法，もう一つは礬土頁岩等を使って造る方法である. ボーキサイトは日満支圏では産出されず，後者の礬土頁岩は同圏内に豊富にあった. しかし，この方法は，前者に比べて生産効率が悪く，技術的にも質の点でも，難があった. それでも，もっぱらこの原料が日満支圏に賦存するという国防上の理由から，軍はこの方法に執着した. ボーキサイトから製造するやり方は，世界的に行われており，何よりもコストが礬土頁岩方式に比べて安い.

　ただ，前述の理由から礬土頁岩方式は追求され続けた. 当然，開発に資本も投入され，日本独自の製法も発明された. 1933年，日満アルミニウムという会社が設立されたのも，満州産「アルミナ」原鉱の礬土頁岩を活用しようという狙いである[51]. 日満アルミは関東軍の指導斡旋によるものだが，他にも軍の要請により礬土頁岩使用のアルミ生産ということで，1934年，日本電工，住友化学，36年には満州に満州軽金属製造が設立された. この方式のアルミ生産には，1927年に8000万円という上述の企業の中で最も大きい資本金で設立された朝鮮窒素がある.

---

51) 工政会主催工業技術会議〔1942〕.

これに対して，はじめからボーキサイト方式で設立されたアルミ企業は，1920年の日本曹達，1935年の日本アルミニウムの2社のみであった．したがって，日中戦争前に設立されたアルミ製造企業の設立資本金の87%は礬土頁岩方式の企業に投入されたことになる[52]．しかし，この圏内原料へのこだわりが後になって裏目に出た．

正確な時期は，明確ではないが，日本電工と住友化学が手間やコストを理由に，原料をボーキサイト方式に切り換えた．それでも，太平洋戦争になり，南方資源地帯（ボーキサイトの鉱山を含めて）は迅速に占領することができ，ボーキサイトが順調に還送されるようになった1943年に次のような現象が起きた．この年，ボーキサイトの還送量は92万4769トンである．アルミニウム1トン造るのに，5トンのボーキサイトが必要とされるので[53]，本来なら，18万5000トンのアルミニウムが生産できるはずである．しかし，実際は，12万3397トン（礬土頁岩から製造分は除いている）しか生産できなかった．

つまり，礬土頁岩方式にこだわりすぎたため，ボーキサイト方式の企業の生産能力に限界を生じ，南方資源（ボーキサイト）は還送されていたのに，それを使いきれなかったのである．このことは，図4-7をみても明瞭である．ボーキサイトの還送は1942年の後半から上昇し，43年の第4四半期にピークになって，その後急減した．しかし，当該期間，アルミの生産量は1942年の第3四半期から1944年の第2四半期まで毎四半期一定でほとんど変化がないのである．

（c）石油（燃料）——原油，重油，揮発油

太平洋戦争は石油に始まって，石油に終わったといわれる．確かに米英蘭による日本資産凍結，全面禁輸により石油の輸入の途が絶たれた時，初めて対米戦を意識するようになったと当時の大本営作戦参謀は戦後，軍事史学会で発言していた[54]．それならば，開戦前にこの石油の問題をどのように考えていたのであろうか．つまり，戦争遂行にどれだけ石油が必要で（消費見積もり），どれ

---

52) 東洋経済新報社（編）〔1950a〕217頁．
53) 工政会主催工業技術会議〔1942〕11頁．
54) 瀬島龍三による軍事史学会大会（1993年）での講演記録．

表 4-4　石油の供給に関する計画と実績

(単位：1,000 キロリットル)

	南方地域生産量			国内石油取得の実績			
	陸軍地区	海軍地区	合計	内地還送量	国産	人造石油	計
1940 年			(輸入量) 10,351				
1941 年							(貯油量) 8,400
1942 年	(88) 3,421	(12) 456	(100) 3,877	300 1,489	250 262	300 240	850 1,991
1943 年	(84) 6,223	(16) 1,216	(100) 7,439	2,000 2,646	200 274	400 272	2,600 3,192
1944 年	(87) 4,338	(13) 635	(100) 4,974	4,500 1,060	300 254	500 219	5,300 1,533
1945 年	(100) 1,332	(0) 5	(100) 1,337	0			

注 1)　原道男〔1957〕42 頁．燃料懇話会〔1972a〕664 頁，内地還送量は同 665 頁．日本海軍航空史編纂委員会(編)〔1969b〕638 頁．第二復員局残務処理部〔1949〕11 頁．
注 2)　南方地域生産量の(　)内は，陸海軍地区が合計生産量に占める割合(%)．国内石油取得の実績のセルの上段は開戦前 3 年間の石油取得計画．下段は実績．

表 4-5　大戦中の石油消費の計画と実績

(単位：1,000 キロリットル，下段：実績)

	内訳			消費 合計	国内石油消費実績				現地補給量 海軍(推計)
	陸軍	海軍	民需		陸軍	海軍	民需	合計	
1942 年	1,000 915	2,800 4,854	1,400 2,483	5,200 8,252	715	2,259	1,714	4,688	1,850
1943 年	900 811	2,700 4,282	1,400 1,526	5,000 6,618	811	2,179	1,530	4,520	2,100
1944 年	850 673	2,500 3,175	1,400 837	4,750 4,685	678	1,758	838	3,274	1,420
1945 年	145	569	85	799	145	424	255	824	140

注 1)　原道男〔1957〕44-49 頁．日本海軍航空史編纂委員会(編)〔1969b〕637-639 頁．陸軍の消費実績は USSBS〔1945～47〕．岡崎文勲〔1956〕33 頁．セルの上段の数字は開戦前の戦争 3 年間の石油需要計画．
注 2)　1942 年は開戦より．

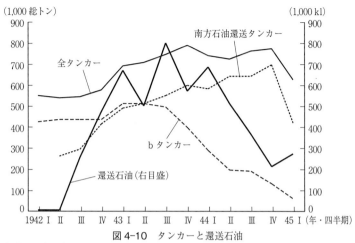

図 4-10 タンカーと還送石油

注) 大井篤〔1983〕より，原出所は USSBS〔1945～47〕．b タンカーとは，海軍徴用タンカー．

だけ還送できるとみていたのか．

　表 4-4, 4-5 は石油の開戦前と開戦後の供給と需要（消費）の見積（計画）と実際（実績）である．一般に太平洋戦争期の石油問題は南方油田地帯をほとんど無傷で占領しその生産も予想より早く再開されたが，その還送に失敗したことが強調されてきた．しかし，この表 4-4 からわかるように，開戦から 1943 年まで，すなわち 43 年の 12 月までは，南方石油の還送は開戦前の見積もりをはるかに凌駕している．還送量が激減し始めるのは 1944 年以降である．

　図 4-10 は石油の還送とタンカーの関係を調査したものである．石油はタンカーでしか還送できないから，1944 年に入って石油の還送が激減したのは，タンカーが減少したからだと考えられるが，この図を見ると，そうではない．タンカーは貨物船全体と違って充分にあった．1943 年並みに保有していた．にもかかわらず還送量は激減している．なぜか．一つの解釈は，標準船タンカーが大量に建造されタンカー保有量は増大したが，南方石油の還送に向かったタンカーがこれも大量に撃沈された．したがって石油還送はできなかったが，タンカーの保有量に変化はなく，1943 年と同水準のままだったというわけである．

　開戦前の見積もりと実際が大きく乖離したのは消費の問題，とりわけ海軍の

石油消費の問題である．開戦前の海軍の消費見積もりは280万トンであり，陸・海・民間合計のそれは520万トンであった．しかし，実際は前者が485万4000トンであり，後者が825万2000トンである．2年度目の見積もりは，前者が270万トン，後者が500万トンであった．だが実際は前者が428万2000トン，後者は661万8000トンであった．3年目の見積もりは前者が250万トン，後者が475万トンであったが実際は前者が317万5000トン，後者が468万5000トンとなった．

このように海軍は見積もりをはるかに超えた石油を消費している．開戦初年度は，開戦前の貯油840万トン[55]でカバーできたが，2年度目以降は国内生産量と還送石油を合計した国内取得量では海軍の予想を超えた消費を賄うことができなかった．したがって海軍は石油生産地帯で石油を現地補給した．海軍の現地補給量の推計は表4-5の通りである．また，開戦前の「占領地軍政実施ニ関スル陸海軍中央協定」により石油を大量に産するスマトラ地区などが，陸軍の主担任区域であったため海軍徴用タンカーが同区域から補給を受けにくかったこと，石油の還送に使用するタンカーの大部を海軍が艦隊に随伴させていたため陸軍がタンカーの運用に窮したことなどの陸海軍の軋轢もあった．ともかく海軍は南方石油生産地帯で給油せざるを得なくなった．石油生産地帯には石油精製施設もあったので，航空揮発油もここで給油した．こうして開戦2年目以降海軍の戦力の重心が日本から南方石油生産地帯に移動したのである[56]．

---

55) 参謀本部（編）〔1967〕424頁．なお太平洋戦争と石油の問題では，三輪宗弘〔2004〕という実証と理論のバランスのとれた研究がある．

56) 1944年6月にはマリアナ沖海戦があった．この海戦で日本海軍は壊滅的打撃を受け，機動部隊と基地航空戦力の大半を失った．この海戦の敗因については専門家の間で様々に論じられているが，われわれはこの敗因の一つが石油の問題であり，その関連で海軍の戦力重心が南方の石油生産地帯付近に移動したことにあると考えている（1944年2月まで連合艦隊司令部はトラック島にあった．ところが同月トラック島が連合軍の大空襲を受け，司令部を移動せざるを得なくなった．そこで選定されたのが，シンガポール南方のリンガ泊地である）．連合艦隊の司令部が石油補給基地であるスマトラ・ボルネオ地域になったこと，これが海軍の「あ」号作戦を制約したのである．

「あ」号作戦の勝ち目は機動部隊と基地航空部隊を連携させて，敵機動部隊を撃破することにあった．問題はこの作戦が自ら決戦正面を限定していたことである．作戦の要旨では，「決戦海面を西カロリン方面に選定し」とあったが，理由は「決戦海面はなし得る限り我

第4章 「大東亜物流圏」の再編と崩壊

(2)「共栄圏」の人々の生存確保の物資(Ⅱ)

(a) 石　炭

　前述の図4-1でわかるように総輸送量の40%は国内外の石炭であった．つまり，石炭は輸送力(海上輸送力)の約4割を消費するのである．表4-6のように，石炭の生産量は太平洋戦争に入ってから日本内地や台湾は戦争前に比べて変化がなく，樺太は減少，一方朝鮮，満州，中国関内は増加していた．太平洋戦争中，日満支圏内の石炭の総生産量は1943年までは微増であったが，対日供給量は減少していた．ここでも問題は船にあった．その輸移入手段である船を捻出するために採られた策が，国内炭の海上輸送を鉄道輸送に転換する方策(陸送転移)である．つまり，石炭の大生産地は北海道と九州になるが，消費地は京浜地区を中心とした関東と阪神地区を中心とした関西となる．この生産地から消費地への輸送のために，c 船輸送量の40%を使用していたからである．それをできるだけ，鉄道輸送に切り換えようとした．それでは，その施策と成果はどうであったのか．

　しかし，実は，この陸送転移は，太平洋戦争前に既に行われていた．日中戦争で船舶需要が逼迫し，海運運賃が高騰した．一方，鉄道運賃が据え置かれていたので，貨物が鉄道に流れたのである．そのため鉄道輸送が圧迫され，1940年，北海道炭及び九州炭の本州向け鉄道通過輸送を禁止していた(この間，海運運賃にも価格統制が導入され，再び海運に貨物がもどってきた)．

　開戦とともに，前述の事情から現有輸送能力の問題を超越した陸送転移を強行せざるを得なくなった．1942年7月，関門トンネルの貨物列車運転が開始

機動部隊待機地点に近く選定するものとす」とある(防衛研修所戦史室(編)〔1968b〕336頁)．
　海軍の戦力の重心が石油生産地帯にあるかぎり，マリアナは遠く，できれば西カロリンで決戦を願望したのである．それで，もし敵が西カロリン方面に来なかったらどうするのかとの危惧を抱かせるものであった．実は，日本軍は米軍がニューギニア正面とマリアナ正面の2軸で進攻していることに気が付かなかったのであり，米軍がマリアナ方面に来攻した場合，対処させようとしていた基地航空部隊を既にビアク島(ニューギニア西方)の攻防で消耗してしまった．実際の決戦はマリアナ沖海域で生起し，その時点で日本の基地航空部隊は既に消耗しきっており機動部隊と連携できず，9隻の日本空母部隊はその戦力の大部を喪失する．
　このような経緯を見ると日本海軍は南方石油生産地帯に近い西カロリン方面で決戦をしたかったのであり，そのような願望ともいえる作戦方針を立てさせたのは，石油をこの地域で補給せざるを得なかったという心理である．作戦が石油補給によって制約され失敗した一例といえよう．

表4-6 石炭の生産と対日輸移入実績

(単位:1,000トン,上段:対日供給量,下段:生産量)

	日本内地	朝鮮	台湾	樺太	満州	中国関内	仏印	輸移入計	日本供給合計 圏内生産合計
1938年		855	398	1,793	1,412	1,706	665	6,829	55,513
	48,684	3,419	2,191	3,435	15,988	8,486	2,241		84,444
1939年		1,009	214	2,421	818	2,942	554	7,958	60,367
	52,409	4,238	2,608	4,993	19,497	14,074	2,452		100,271
1940年		1,441	255	3,124	809	3,787	473	9,884	67,198
	57,309	5,740	2,827	6,465	21,132	18,869			112,342
1941年		1,078	39	3,311	686	4,119	352	9,585	65,187
	55,602	6,157	2,754	6,465	24,147	24,522			119,647
1942年		911	174	2,198	642	4,539	274	8,738	62,917
	54,179	6,846	2,305	4,916	24,169	25,920			118,335
1943年		496	50	1,650	602	3,389	75	6,262	61,801
	55,539	6,587	2,600	5,000	25,359	30,000			125,085
1944年		248		808	589	1,606		3,251	52,586
	49,335	7,048	1,911	3,438	25,390				87,122

注1) 日本内地生産と対日供給量は東洋経済新報社(編)〔1950c〕,生産データ:朝鮮は表4-2に同じ,台湾,樺太,満州,中国関内は1938〜42年度は企画院第二部(調製)〔1943〕,1943〜44年度は「張公権文書R-2-5」,中国関内の1938年度の生産量は華北のみ東亜研究所(編)〔1944〕184頁.
注2) 太字は年度のデータ.

され,10月には「戦時陸運ノ非常体制確立ニ関スル件」が閣議決定をし,同月青森―函館間の航送強化,裏日本及び東北各港中継による本州向け石炭の輸送等が計画的に実施された.結果は以下の通りである.

陸送転移が標榜されたのは1942年度であり,1943〜44年度に実行された.結果は,計画以上に陸送転移は実行され,本州向け九州炭と北海道炭の合計の鉄道輸送量は,1942年度が197万8000トンに対し,43,44年度は500万4000トン,697万1000トンと急上昇した.また,総輸送量における鉄道輸送量も,42年度は1億5803万4000トンであったのが,43,44年度は1億7597万3000トン,1億9488万8000トンと力強い上昇を示した.しかし,捻出しようとした海上輸送力は捻出されず,逆に減少したのである.総輸送量における海運輸送量は42年度が4000万4000トンに対し,43,44年度は3008万3000トンから1779万7000トンへとねらいとは逆に急減したのである[57].つまり,たしか

---

57) 日本国有鉄道(編)〔1951〕203頁,「張公権文書R-2-6」,国民経済研究協会(岡崎文勲)(編)〔1954〕43頁,船舶運営会(編)〔1947〕,及び原朗・山崎志郎(編)〔2002〕464頁.

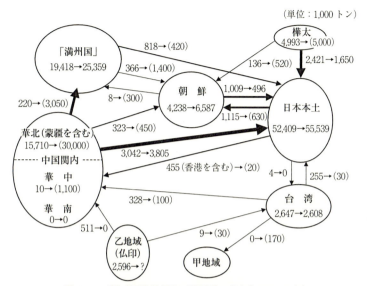

図4-11 「大東亜物流圏」石炭循環の変容(1939〜43年)
注)図4-6に同じ.( )は「物動」計画,円内の数字は当該地域の生産高の変化.
出所)表4-6に解学詩(監修)〔2001〕を参考に筆者作成.

に陸送転移はなされた.しかし海運と鉄道の全体の輸送量には,殆ど変化がなかった.海運から鉄道にスライドしただけであり,鉄道の輸送密度(輸送トン・キロ)の増加となり,鉄道に負担がかかり,事故が続出した[58].

石炭については関門トンネルと青函連絡船ルートが陸送転移の重点であった.1942年に比べ44年には九州炭は3倍,北海道炭は12倍,鉄道を利用している.九州炭と北海道炭合わせて同じ時期,鉄道の利用は3倍であった.

図4-11の「共栄圏」全体の石炭循環図を作成してみると,石炭に関する限り,華北の「共栄圏」での位置・役割が目立つ(「満州国」や日本,朝鮮への輸出の増加).日本本土と朝鮮そして「満州国」と朝鮮の間でそれぞれバーターの石炭物流が確認される.これは銑鉄生産などに必要なコークス等のやりとりと考えられる.また,樺太が石炭生産高には大きな変化がないのに,日本への移出量が急減しているのは,船の問題と思われる(1942年に殆どなかった北海道,日

---

[58] *USSBS*〔1945〕.

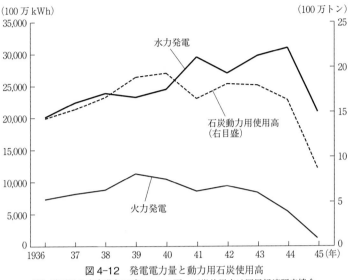

図 4-12 発電電力量と動力用石炭使用高
注）発電量は南亮進〔1965〕196-197頁，石炭使用高は国民経済研究協会（岡崎文勲）（編）〔1954〕43頁．

本海側の船舶損害が1943年にはボツボツ出始める．図 4-4②「船舶喪失海域分布」参照）．

（b）電　力

　電力については，資料などの限界から本章では日本本土に限定せざるをえない．戦前(1939年)の製造業の原動機に占める電動機の割合は，全体で82％，とりわけ機械器具工業では98％であり，日本の製造業は電力で支えられていた．発電手段には水力と火力があるが，発電量をみると戦前(1939年)341億4400万kWhであり，水力と火力の比率は67：33であった．後者の火力発電に石炭が関係してくる．図 4-12のように火力発電量と石炭の動力用使用高は正の相関である．これで気づくのは，石炭の不足とともに，火力発電量も減少していくが，健在だったのが水力発電であり，1944年まで安定した発電量を維持し続けた(これはダムの空爆は軍事技術上極めて困難であったからである)．

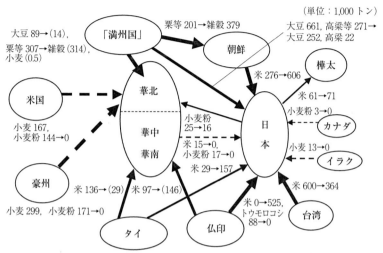

図4-13 「大東亜物流圏」食糧循環の変容(1939〜43年)
注) →の左側数字が1939年右側が1943年の輸移入量，( )の数字は1月から5月までのデータを年に換算した．
出所) 大蔵省(編纂)〔2000〕，China. The Maritime Customs〔1944〕，東京商工会議所〔1934, 37〜40〕，朝鮮総督府〔1941〕，朝鮮銀行調査部〔1948〕，及び「張公権文書 R-3-43, 44, 47」など．

（c）食糧——華北の小麦(小麦粉)，1943年の朝鮮米の激減

「大東亜共栄圏」運営の課題は，戦争を継続できる軍事力を造成し続けることができること，そして共栄圏の人々が飢えることなく，生存し戦争にコミットし続けることができることである．したがって後者の問題は，前者の問題の基盤でもあり，何としても解決しなければならない課題である．太平洋戦争に入って，食糧問題で最大の打撃を受けたのは，華北の人々の主食，小麦(小麦粉)である．図4-13のようにその大部をアメリカ，豪州からの輸入に依存していたからである．日中戦争前は華中産の小麦を上海や日本で製粉して華北に移出するという回路が成立していたが，日中戦争で華中は日本軍占領地(都市部)と中国側勢力地(農村部)に分けて支配されたため，日本側占領地の小麦の生産量は半減以下となり，華北に移出する余裕はなくなった．したがって「満州国」からの雑穀，あるいは仏印，タイ，ビルマからの輸入米で代用しなければならなくなった．後者の南方3国からの輸入は原則的に海上輸送力に頼らざるを得ないから，それが窮屈になってからは，地続きの「満州国」の華北への食

159

糧供給地としての役割はますます重視された．現に華北と満州の1944年第2四半期(4～6月)の貿易で「満州国」の輸出に占める穀物の割合は54%であった[59]．

図4-13から読み取れるのは，食糧問題ではいかに占領地中国が「大東亜共栄圏」を運営する上で課題になったか，いかに「満州国」が共栄圏の重心ともいうべき重要な役割を担っていたかである．1939年と43年の食糧の物流循環を比べると，朝鮮では両年とも凶作となったが，それを「満州国」からの雑穀で補填し日本に米を移出させている．また「満州国」は前述のように華北にも食糧を供給した．日本は「満州国」の重工業化を目指し，この部門に投資したが，「大東亜共栄圏」を運営するにあたって「満州国」は農業でこの共栄圏に貢献したのである．

東南アジアの食糧事情については，ここでは深く論及しない．ただ米に関してだけでも，太平洋戦争になって，米の輸出国である仏印，タイ，ビルマは，戦前の輸出先である東アジア圏外の国との交易が途絶したので米は余剰になるはずだった．ところが実際は，逆に不足するという事態になった．加えて米の生産も減退したのである[60]．

むすび

「大東亜共栄圏」の物価指数(日本，朝鮮，台湾，満州，華北，華中，南方)を表4-7で参照して欲しい．資料の制約で，全部の都市のデータが入手できる1943年12月までを分析すると，1941年12月を100として43年12月に1000を超えている都市は上海，マニラ，シンガポール，ラングーンである．ビルマのラングーンを除き，米などの食糧の輸入地域である．ラングーンの場合，特別な事情があった．

東京は1941年12月から終戦の45年8月までに物価は2倍弱にしか上がっていないようにみえる．これは物価を低く統制していた所以であり，闇価格が

---

59)「張公権文書 R-3-47」．
60) この問題は倉沢愛子[1997][1995]や岩武照彦[1995]が詳しい．

表 4-7 「大東亜共栄圏」各地卸売物価指数の推移

	1941年	1942年		1943年		1944年		1945年		
	12月	6月	12月	6月	12月	6月	12月	3月	6月	8月
朝鮮 (京城)	100		106	118	122	127	132			
台湾 (台北)	100		105	113	119	120				
華北 (北京)	100		140	263	306	416	892	6,316	12,812	17,272
(天津)	100		133	199	230					
(青島)	100	156	225	342	488					
華中 (上海)	100		266	684	1,155	1,389	5,676	278	1,711	7,189
満州 (新京)	100		116	119	127	135	161			
フィリピン (マニラ)	100		200	247	1,196	5,154	14,285	14,285		
ボルネオ (クチン)	100		114	141	153	388	827			4,000
ジャワ (バタビア)	100		134	166	227	492		1,752	2,421	3,197
スマトラ (メダン)	100		308	432	707	986	1,698	2,253	3,252	3,300
マレー (シンガポール)	100		352	807	1,201	4,469	10,766			35,000
ビルマ (ラングーン)	100			900	1,718	3,635	8,707	12,700	30,629	185,648
日本 (東京)	100	103	105	109	111	120	132	132	151	199

注1) 南方占領地卸売物価指数は,沢井実〔1996c〕66頁より再引.原出所は日本銀行調査局(編)〔1971〕巻末統計161頁.
注2) 他の物価指数は同160頁,及び東洋経済新報社(編)〔1944〕,日本統計研究所(編)〔1958〕257頁の卸売物価指数より.なお,上海物価指数の45年以降は金塊相場により,北京物価指数の45年2月以降は天津金相場による(日本銀行外事局調).

存在していた.再び清沢洌の『暗黒日記3』から1945年東京の食糧事情を記録した部分を引用しよう.3月26日「どこでもお昼を食うところなし.〈筆者中略〉いかなる仕事にも米を要求す.米,米,米〈筆者中略〉.米の供出が激しいので百姓が自家用も残らない.それに他でかせげば非常に儲かる.そこで小作人をやるものもなく,実家でも千坪ばかり返された田ができた.さらばとてそれを作ると,他のいい田から足して供出せねばならぬので,そこは不耕作地にするのだそうだ.かくて耕作地はドンドン減って食料は窮迫をつげて行っている」.

同 4 月 18 日の項には武器なき兵隊ならぬ飢える兵隊の姿が記録されていた.「どこに行っても聞く話しは, 兵隊さんの食糧が足らず, 家庭に行ったり, 食い物屋に行って食をねだることだ. 銀座にも, 毎日のように兵隊が来て, お腹が空いて困るから食わしてくれとねばり, これを断るのに困っている.〈筆者中略〉食事当番になると, 釜から食器に盛る時に, 手ですくいとって盗み食いするのが通例である. この兵隊が飢えたら秩序はどうなる？」[61]. そのような中, いよいよ終戦である.

1945 年 8 月 1 日付の陸軍省軍務局戦備課(1945 年 4 月より戦備課は整備局から軍務局へ編入)の「経済情勢判断 判決」[62] は次の通りであった.

> 戦局の前途に対する不安の増大及生産の減退, 交通の途絶に因る物資流通の不円滑の激増は一般民衆の貨幣に対する信用を急激に低下せしむるも未稼働設備, 労務及滞貨は激増し物価は急騰して軍需生産に伴う資金需要を愈々増加せしめ両々相俟ちて現に進行しつつある「インフレーション」の進行速度を急激に増加し概ね昭和二十年末頃以降随時戦局の動向如何に依り突如爆発して悪性「インフレーション」化し如何に経済統制を強行せんとするも経済の総合的計画的運営は全国的にも局地的にも逐次困難若は不可能となり計画経済は逐次崩壊し原始的経済たる物々交換, 強制労働, 徴発等を基盤とする所謂不完全なる貨幣経済に移行せざるを得ざるべし.

---

61) 清沢洌〔2002〕212-213, 325-326 頁.
62) 第一復員局資料整理課〔1959〕.

第5章
日本海軍とアウタルキー思想

はじめに――本章の問題意識と先行研究

　総力戦という新しい戦争に直面して日本陸軍は将来の戦争に対応するため総力戦経済体制を構築せねばならないと考えた．とりわけその体制を構築するためには軍事力の整備は当然であるが何よりも資源の確保が重要と考えた．戦略資源を確保するため満州へ華北へそして日中戦争を経て，強いられた形ともいえるがアジア太平洋へと，その自給圏を拡大していったのはこれまで述べた通りである．それはまるでアウタルキー思想に呪縛されたような様相を呈した[1]．

　一方，日本海軍は総力戦にどう対応しようとしたのであろうか．確かに海軍は第一次大戦に多数の調査団を派遣し総力戦を研究した．しかし，通説としては海軍の第一次大戦に関する報告は「戦術的・術科的なものに偏っており」，経済的側面にあまり関心を示さなかったとされている[2]．これに対して海軍首脳の中には陸軍と同様に総力戦に対応するため資源を確保することが必要，とりわけ，中国資源の確保が必要と考えていたとする見解がある[3]．つまりこの見解は，第一次大戦という総力戦が中国を資源確保の対象地域と考える日中アウタルキー体制の構築という点で，陸海軍の戦時経済思想が一致したという見解である．

---

1) アウタルキー〔Autarkie〕（ドイツ語）自給自足経済．一国または一定の経済圏が，その国内または域内で必需物資を自給自足している経済状態．したがって，国外または域外との貿易を必要としない経済状態と考えられる．入江昭は 1941 年 12 月 8 日の「宣戦の詔書」を分析し日本の戦争目的が「自存自衛の為」とされたのは，当時の日本の指導者が「アウタルキー的国防体制」ならびに東亜の安定は日本の責務といった思想に依拠して外交を展開した帰結であると説明している．入江昭〔1996〕141 頁．
2) 国力の貧弱な日本海軍は米国海軍の動員完了前に「速戦即決」の「早期決戦」を強いるしか勝算を見出せなかったから，運用中心の「決戦思想」が強調された．平間洋一〔1998〕277 頁．
3) 黒野耐〔2000〕171-173 頁，及び樋口秀実〔2002〕39-43 頁．

第Ⅱ部　戦時経済体制の展開

　第一次大戦後，海軍は軍縮問題に直面し，1922年にワシントン海軍軍縮条約（以下ワシントン条約と略称）を締結する．これ以降海軍では軍縮問題をめぐっていわゆる条約派と艦隊派の激しい路線闘争が繰り広げられる．日中アウタルキー体制を潜在的に保持しつつ艦艇の保有比率の英米対等を強調する艦隊派は，軍事力の整備と資源の確保を重視していた陸軍の主流と総力戦経済体制を構築する方法で軌を一にしている．反対に総力戦経済体制の構築にあたり生産力，経済力の重要性を強調したのが条約派であった．加藤友三郎は1918年には日中アウタルキー体制を追求する見解を保持していた．しかし1921年のワシントン会議時では，現実を直視して軍事と外交の両輪で総力戦の時代に対応する対米戦回避の柔軟路線に転換した．

　本章では，総力戦の時代での日本海軍の条約派と艦隊派の戦時経済思想の対立を通して，日本海軍とアウタルキー思想との関係を論じてみたい．

　先行研究に論及すれば，戦前の海軍関係の論考で明確にアウタルキーと海軍の関連について論述したものは皆無に近い．一見，海洋国家「貿易立国」路線を提唱する海軍と，国外や域外との貿易を必要としない状態を目指すアウタルキー思想は無縁のものと考えられていたからかもしれない．一方，日本海軍内での艦隊派と条約派の対立についての論考は多い[4]．われわれは艦隊派に実質的アウタルキー思想が存在していたという仮説を設定し，これを検討しながら海軍におけるアウタルキー思想の展開を明らかにしようと思う．

　アウタルキー思想が戦前の学界で明確に言及されたのは1935年の「アウタルキーの思想的背影」[5]という論考である．以下，主として，この論考を基にアウタルキー思想の経済思想史上の位置及び日本への移転経緯に言及しよう．アウタルキー思想の起源をたどれば，古代におけるアリストテレスや中世におけるトマス・アクィナスから説き起こさねばならない．しかし，経済思想史上で問題になってくるのは，アダム・スミスの『国富論』に代表される自由貿易

---

4) 代表的論考としてマハン，A.T.（麻田貞雄訳・解説）〔1977〕353-414頁，及び秦郁彦〔1983〕193-231頁を挙げておきたい．前者は〈軍縮派〉対〈反軍縮派〉の隠された部内対立が，1930年になって一挙に噴出して危機をむかえるに至った経緯をたどっている．後者は両派閥の系譜と実相の解明を狙いとした論考である．両派閥については本章の問題意識でもその国防思想（海軍戦略）そして戦時経済思想に違いがあるという点で重なってくる．

5) 阿部源一〔1935〕．

論が主流になり，そのアンチテーゼとして意識されてきてからである．しかも，いずれも，フランスに戦争で敗れ，ナショナリズムが勃興したプロシャないしドイツから生起している．

ナポレオン戦争で敗れたプロシャでは，フィヒテ(1762〜1814)の「封鎖商業国家」論という，「理性国家」実現のための外国との通商遮断論が出てきた．「理性国家」は生産者，工業者，商人によって構成され，彼らが快適な生活をなし得るだけの利益を確保するように法律を以て統制せねばならない．同時に国内の完全なる経済統制を図るには国民が外国人と通商を営むことを禁止しなければならない．それでもし外国と商取引をなす必要があるときは政府が行う．かくして外国貿易を漸次縮小して国家が自給自足し得るに至ればその理性国家は完成する，というものであった．

リスト(1789〜1846)の保護貿易の目的は国内の幼稚産業の保護であり，それによる農工商の調和ある併存である．他方，第一次大戦は発展途上国の工業化を促進し，それが一因となって世界恐慌が生起した．各国はその対策に苦慮したが「いかなる商議も，貿易政策転換策も効を奏せず，経済が再考され自由貿易から保護関税へ，貨幣の自由流通から為替管理への移行が行われた」[6]．ドイツは外国貿易の圧迫を受けることが甚だしかったので，根本的に新しい方式を求めざるをえなかったのである．既述のようにナチス「第二次四ヶ年計画」(1936年)の目的は食糧や原料の可能な限りの自給である．このナチスのアウタルキー論に潜在する農業立国論は，行き過ぎた商工立国論の危険(出生率の低下及び食糧・原料輸入の国防上の危険)に対する警告でもあった．これに対して商工立国論者は，商工業が国民経済を豊富にするし，農業国から工業国への発展は「歴史的発展の不可避の結果」(マックス・ウェーバー)であると主張した．

第一次大戦後，ドイツを中心にアウタルキー論が勃興した理由は大きく分けて二つある．一つは経済的理由で，アウタルキーは「行きすぎた工業国」から農工商国に転向し世界経済的関係の意識的(再)構成を図り，他国の経済事情に左右されない自給自足の経済を建てる必要があるからである．その結果，一国内に工業と農業が併存して調和を保っていると経済恐慌の害を受けることが少

---

[6] ヨハンネス・シュトイエ(渡辺義晴訳)〔1941〕3-4頁．

ないと考えられた．二つ目の理由は国防上の理由であり，第一次大戦でドイツは飢饉のために敗れたという事実を重視するものである．他に人口政策，文化上の理由が考えられるが，後述するように，アウタルキー思想の起源は経済と軍事にありとするのは認識の一致を見ていたようである．

しかし，ドイツ国内でもアウタルキー反対論は根強い．まずアウタルキーは経済的に実現不可能である．ドイツが外国と経済的に絶縁すれば原料はどこから得るというのか．原料を輸入しなければ，工業は衰え工業労働者が失業する．食糧自給の目的からして安価な食糧品の輸入を禁ずれば，高価な食糧品を用いねばならず，工業製品の原価が高くなり輸出は困難となる．アウタルキーは生産を減少し国民を貧困ならしめ国家を政治的にも弱めるものだ，とその論理は説得力に富んだものである．

エドゥアルト・ハイマンは1938年に，"Communism, Fascism or Democracy?"というアウタルキーについての興味深い論考を発表している．まず「アウタルキーという思想の淵源(源流)は二つのものに区別できる．一つは経済的なもの他は軍事的なものである」「アウタルキーの経済的起源は自由貿易の二つの欠点に求めることができる．一つは自由貿易が金融帝国主義を有利にしたこと．第二に世界市場が突然縮小した場合，あらゆる国を恐慌の渦の中に引き込んでしまったことである」．この経済的国際主義の失敗からアウタルキーが現れる．つまりアウタルキーのイデオロギーには反帝国主義的要素がある．軍事的な起源は「戦時における安全を目的とするもの」から発している．しかし，アウタルキーは戦争遂行に対する経済的な障碍を取り除くものであるから，平和に対して逆に危険なものに見えてくるのである．

欧州大陸の諸国では「アウタルキーは大英帝国によって樹立された世界的範囲の独特な術策に対して与えられた回答だといわれる．英国は，自由貿易の下でひとり英国のみを戦時において安全にして置くところの海軍と植民地のヘゲモニーとを自由貿易に結びつけている」「大英帝国を自給自足体にしているのは同国の海軍である．英国は海軍によって世界のあらゆる国の隣接国となり，且つまた多くの国を軍事的に支配する．われわれは英国を以て「海洋帝国アウタルキー」と認める」[7]ことができよう．つまり，一見，アウタルキーとは無縁と考えられていた海洋国家英国が，植民地や他国と本国を結合する貿易を強

力な海軍で防護する海洋帝国アウタルキーと認識されたのである.

　日本におけるアウタルキーの議論は, 日中戦争前には低調であり, 管見の限り, 阿部源一「アウタルキーの思想的背影」〔1935〕と, 建林正喜「独逸アウタルキ政策のロマン的性格について」〔1936〕の二つの論考のみであった. 日中戦争が始まるとドイツ地政学の流入に伴い, アウタルキーの論議が洪水のように入って来る[8]. しかし, その議論は第二次大戦という現実の嵐の中に雲散霧消したかに見える. 戦後, アウタルキー思想そのものがナチスの生存圏思想と重ね合わせられ, ネガティブな形で取り扱われた. とりわけ海軍とアウタルキー思想の関連について明示的な研究は見当たらない. しかし, あえて挙げれば波多野澄雄の研究がこのテーマに重なる. 同研究によれば1930年代後半の海軍にも「生存圏」思想というドイツ地政学の影響が見られたという[9].

　本章の構成は次の通りである. 第1節では総力戦を海軍はどう受容したのか. 八角メモを中心に, 日中アウタルキー体制構築に向けての海軍の動向, そして条約派の加藤友三郎の発想転換, 最後に艦隊派の領袖とされる加藤寛治の国防思想と戦時経済思想を論ずる. 第2節では第一次大戦前の海軍の国防思想と戦時経済思想とのつながりを検討してみる. 第一次大戦勃発とほぼ同時に亡くなったアルフレッド・T・マハンの思想は日本海軍の国防思想に大きな影響を与えたとされるが, どのような形で, どのように影響を与えたのか. 明治・大正

---

7) エドゥアルト・ハイマン〔1941〕21-51頁.
8) ドイツ地政学が初めて日本に紹介されたのは, 阿部市五郎〔1933〕である. その後ハウスホーファー, マウルほか(玉城肇訳)〔1941〕, K.ハウスホーファー(土方定一・坂本徳松訳)〔1941〕, ヨハンネス・シュトイエ(渡辺義晴訳)〔1941〕, K.ハウスホーファー(編)(若井林一訳)〔1941〕が公刊された. そして建林正喜〔1943〕がアウタルキーについての学問的成果といえよう.
9) 波多野澄雄〔1986〕231-232頁. 本論考は「海軍の「南進」論には固有の日本の南方発展を意味するものと陸軍の考えている北進論の対照として考えられる南進論の二つがあった」という仮説を基礎に海軍「南進」の政策的側面(後者)と実践的側面(前者)の消長を取り上げている. 結論は前者の側面が陸軍の「大陸国防」(満州の領有)を前提としたものに旋回し「北守南進」が最大限の主張, 換言すれば「生存権」の主張となった(「東亜モンロー主義」や「新秩序」を媒介に)というものである. また安達宏昭〔2002〕は, 総力戦体制構築のための原料資源の確保という側面から1930年代日本の東南アジア進出過程の特質を明らかにしたものであり(民間企業とそれを支援する外務省の動向が主体), 坂口太助〔2007〕の主たるテーマは海軍の海上交通保護問題に対する準備・認識である.

第II部　戦時経済体制の展開

期の海軍のイデオローグであった佐藤鉄太郎の国防思想及び戦時経済思想などと比較する．第3節は海軍とこれにとって決定的に重要な戦略資源であった石油との関連である．主として戦間期，海軍や政府の石油の自給化政策はどう展開したのか．貯油，国外油田の獲得(北樺太油田や蘭印油田つまり蘭領東インドの油田)，そして人造石油を開発・生産する姿を描く．第4節はブロック経済とアウタルキー思想の関係である．まず，1920年代，軍事費を抑え民間工業を活発化する貿易立国路線を提唱した加藤友三郎構想は実現したか，を検討する．加藤構想は世界恐慌で破壊され，各国経済がブロック化して，アウタルキー思想が正当化された．同時にロンドン海軍軍縮条約(以下ロンドン条約と略称)の反発から艦隊派が海軍アウタルキー思想を顕在化させる．海軍軍縮無条約状態に備えて，日満アウタルキーを防衛する強力な艦隊を整備せねばならない，という軍拡路線が勢いを得た．

むすびでは，以下のような論旨で章を閉じたい．まずアウタルキー体制を造り上げていく途上で日中戦争になり，日本海軍は，その死活的資源である石油を仮想敵国米国にますます依存せざるを得なくなった．一方，日中戦争は米国による対日経済制裁の引き金になり三国同盟で日米関係の危機は決定的な段階に入っていく．米国に代わる石油輸入元として期待されていた蘭印石油は日独伊三国同盟締結によってその輸入交渉は行き詰まった(日蘭会商)．更に独ソ戦という情勢の新展開もあり，日本は南部仏印進駐という不可解な決定を行う．これに対して米国は対日石油全面禁輸という措置で対応した．対米戦を覚悟した山本五十六は，従来からの長期持久体制を固めての艦隊決戦構想では勝ち目はないと独自の連続決戦構想を抱懐する．具体的には開戦劈頭の真珠湾攻撃のような航空機主体の海の電撃戦構想であった．

1　総力戦を海軍はどう受容したか
——日中アウタルキー体制論

(1) 八角三郎意見書

海軍(あるいはその首脳の一部)は，総力戦に対応するため中国資源の確保が必要と考えていたとする見解の根拠になっているのが，八角三郎海軍中佐の意見

第5章　日本海軍とアウタルキー思想

書(ないしはメモ)[10]である．意見書自体，現存しているのは単なる手書きのメモであるが，これが島村速雄軍令部長に提出されその同意を得て[11]，（中国）資源調査命令に具現されたとされる[12]．

　八角意見書の内容は次の通りであり，その論理は戦時資源の不足を中国に求めるという小磯国昭の『資源』のそれと相似している[13]．すなわち第一次大戦の教訓から「勝敗ノ分ルル所一ニ戦備ノ如何ニアル」とし，戦備は「一国国民ノ教育乃至ハ高等統帥，行政機関，社会ノ組織，国内産業ノ状況ヨリ〈筆者中略〉国内万般ノ事皆然ラザルハナク〈従って：筆者〉平時ヨリ遺憾ナク戦備ヲ整ヘ」と述べた．注目したいのは，軍が如何に軍需製造力を発達させても，原料の点からアウタルキー体制ができないので「外敵ニ対シテハ最小限度ニ於テ東海〈東シナ海：筆者〉ノ交通ヲ安固ニシ支那資源ニ倚リ対戦ノ覚悟ナカルヘカラス」としていることである．それで日本は「殆ト自給自足ノ方途ナク之カ救済ノ方法ハ支那ノ資源用ル以外ニ何等術ナキ〈筆者中略〉若シ反対ニ仮想敵国ノ為ニ此ノ支那資源ヲ利用セラレレハ我国ノ被ル打撃ハ正ニ甚大ナリ」と結論していた．この思想は小磯の『資源』の「日中共同」のアウタルキー体制を確立して長期戦・総力戦を戦おうとする思想であり，この意見書を根拠に陸海軍が第一次大戦の教訓から同一の戦略思想を抱いたとする見解[14]もある．

　たしかに八角意見書だけをもって海軍全体が総力戦を受容した形態と早計に断定はできないものの，海軍が総力戦の経済的側面に関心を持っていたとする

---

10) 八角三郎〔1917a〕．
11) この意見書(メモ)は「軍令部第三班の八角三郎中佐が起草し，島村速雄軍令部長に提出され島村軍令部長の同意を得た意見であった」(黒野耐〔2000〕171頁)，根拠は「元海軍中将八角三郎談話収録」(水交会聴取)．
12) 海令機密第122号〔1918〕，官房機密第1067号〔1918〕．本件は軍令部の要求に対し海軍省軍務局が「軍需局等ト篤ト協議ノ上海軍ニ特殊ノ関係ヲ有スル物資ニシテ特ニ実地調査ノ急ヲ要スルモノニ対シテハ必要ニ応シ調査員派遣」するという回答書である．
13) 寺内正毅内閣(1916年10月～1918年9月)の顧問的存在で日中経済提携を推進した西原亀三〔1917〕は「戦ノ勝敗ハ戦線ニ決セラレスシテ寧ロ其ノ経済施設ノ優劣ニ依リ定マラントス」と述べ，将来戦争が起きた場合「我国ト支那トノ交通線ヲ絶対敵襲ヲ受ケルコト無ク日支両国ハ経済上同一圏内ニ在ルコト」が前提になる．そうでないと戦争になったら「持久的経済動員ハ殆ト不可能」としている．つまり総力戦に対応するためには，日中共同の(自給)経済圏が必要という認識は陸軍だけではなかった．
14) 黒野耐〔2000〕171頁．

根拠は他にもある．例えば，1915年10月，海軍も陸軍同様，第一次大戦に関する調査研究を目的とする臨時海軍軍事調査委員会を海軍大臣の下に組織した．本調査委員会の系列に材料調査会[15]が設置され，この調査会の成果が1917年6月に設置された兵資調査会に引き継がれた．兵資調査会は「軍需工業動員法」の制定につながっていたことが強調される．しかし，この調査会の目的は工業動員計画を完成することとともに「軍需製造補給ニ於テ作戦上遺憾ナキ様平時ヨリ施策スヘキ」[16]事項を定めることにもある．したがって，その調査項目は，まず戦時軍需所要額，原料材料所要額（戦時需要の見積もり）であり，次に軍・民工場の製造能力（供給能力），そして需給における不足品目その数量及び国外資源利用，代用品を明らかにするというものである．この調査項目から推測される思考様式も小磯の『資源』と同様であり，その後の総動員期間計画などに連なるものだ．

また注目したいのは1917年2月に八角が作成した「支那海軍再建策」[17]には，（後述する）「艦隊派」が共通に抱懐する対米，対中観が如実に出ていることだ．欧州大戦が交戦国に多大の戦費を消尽させている．その中で米国が存在感を増している．大戦終了後，欧州列国（米国も含む）は疲弊した国力を回復しようと，その戦力の吸収地を中国に求めてくる．欧米列国は表面では門戸開放，機会均等の美辞麗句を掲げ，裏では中国の財力を吸収しようとしているのだ．このままでは中国の国富が吸収し尽くされ中国が経済的に分割されるといった対米，対中観である．

（2）加藤友三郎の場合——現実直視による発想転換

加藤友三郎は「条約派」の指導者と考えられるが，海相就任3年目の1918年頃は，対米戦に備えて，いわば日中アウタルキー体制論を唱えていた．すなわち「帝国ハ所謂自給自足ノ国ニ在ラズ」．そのため日米戦争時には，戦略物資を中国大陸に求めざるを得ない．その際，東海（東シナ海）の制海権を確保す

---

15) 海軍技術本部長の監督下に海軍の造船・造兵材料，同原料の調査研究等を目的として1915年12月に設置された．
16) 「兵資調査会庶務内規案」〔1917〕．
17) 八角三郎〔1917b〕．

れば物資の自給可能である．したがって日本海を池水にして最小限アジア大陸との連絡を確保し物資の自給を確保すべきだ[18]と．

しかし，1921年ワシントン会議時，加藤の国防思想は，対米戦回避，国力充実，外交と軍事の両輪を機能させるというアウタルキー国防体制論から一旦距離をおくものであった．いわゆる「加藤伝言」による「国防ハ軍人ノ占有物ニアラズ」とは国防が軍人の独占任務ではないと一般的な意味で用いているのではない．具体的には国防を全うするには国家総動員でこれに当たらなければならないのだが，とりわけ軍人と外交官が協調することが必要だと，軍事と外交の両輪が相俟った機能を強調している[19]．ここは一旦，仮想敵国米国との戦争を避けることを外交の重点とし，資力の蓄積に集中することだ．すなわち国防方針の従来の枠組から離れ，富の蓄積(経済力ないし国力の充実)に集中しようというものである．経済力が戦争の勝敗を決する総力戦の時代に適合した，国防構想の発想転換である．

「戦後露西亜ト独逸トガ斯様ニ成リシ結果日本ト戦争ノ起ル Probability ノアルハ米国ノミナリ」[20]．また，たとえいかほどの軍備を保持しようとも戦争になれば金が必要になるので資力の伴わない軍備は全く機能しない．戦争になって必要となる戦費は日露戦争の比ではない．しかも現在の日本にその資力はなく，もし戦争になったら外債を引き受けてくれる可能性のある国も米国だけだ．しかし敵国から金を借りての戦争は不可能だ．ここは対米戦を回避して資力を蓄え時機を待つしかない．

(3) 国防方針第二次改定(1923年)――仮想敵国としての米国

1923年2月，裁可された第二次改定の国防方針は，1936年の第三次改定ま

---

18) 小林龍夫(編)[1966]297-299頁．この加藤の発言は，1918年11月に首相官邸で行われた外交調査会会議において「海洋ノ自由ノ問題」での発言である．「平戦時ヲ問ハス普通船舶ハ絶対ニ自由ニ公海ヲ航行スルコトヲ得」，なぜなら，帝国は自給自足の国でないので平戦時を問わず船舶が物資を積んで我が港湾に出入できることが望ましからだ，といった文脈から上記の点が言及された．
19) 一方，艦隊派の加藤寛治の国防の考え方には「ワシントン条約は軍備を外交の犠牲にしたものだ」と，軍事と外交を協調させるのではなく，両者を主従ないし対立させて考える傾向がある．池田清[1969]．
20) 加藤全権伝言[1921]．

での日本の国防方針を律していた．本国防方針は陸海軍両統帥部が定めたもので，加藤友三郎海相が日米不戦の前提に立ってワシントン条約に調印した直後であるが，日米戦をほとんど「必至ノ勢」としている．ただ，加藤海相は国防方針(案)の軍令部長からの商議に際し「異存ナシ但兵力ノ充実ニ関シテハ帝国ノ財政及国際関係等諸般ノ情勢ヲ考慮シ逐次実行」と回答している[21]．それでは，果たして，この国防方針は対米戦の戦時経済体制をどう考えていたのであろうか．

本国防方針は初度方針に比べて「列国ト協調シテ紛争ノ禍因ヲ除キ」[22]という協調路線が挿入されていること，また「攻勢作戦ヲ以テ敵ヲ領土外ニ撃破ス」ることには変化がないが，「海外物資ノ輸入ヲ確実ニシテ国民生活ノ安全ヲ保障シ以テ長期戦争ニ堪フルノ覚悟アルヲ要ス」と，戦時でも貿易を継続して長期戦に対応しようという戦時経済体制への配慮がある．

この国防方針では仮想敵国の第一が初めて米国とされた．その対米戦の場合の用兵綱領の基本は太平洋戦争直前まで変わっていない．ではその中味はどう定められたのだろうか．「海軍ハ開戦ノ初期ニ於テ速ニ東洋ニ在ル敵艦隊ヲ制圧スルト共ニ　陸軍ト協力シテ呂宋島及「グアム」島ニ在ル敵ノ海軍根拠地ヲ破壊シ敵艦隊ノ主力東洋方面ニ来航スルニ及ヒ　其途ニ於テ逐次ニ其勢力ヲ減殺スルニ努メ　機ヲ見テ我主力艦隊ヲ以テ之ヲ撃破ス」．この用兵綱領の「対米国艦隊邀撃構想は1919～22年の頃に固まっていた」[23]といわれる．その基本は対米戦待受けであり，陸海軍ともに短期決戦を追求するが，やむを得ざる場合持久戦に対応できる「日中アウタルキー体制」を確立し，最後の決戦に備えるというものであった．

海軍としての基本思想は，本土の防衛，本土と大陸との連絡保持，南シナ海の保安を最小限の兵力による国防目標とし，「一旦緩急アラハ我ハ尠クモ東亜海面ノ管制ヲ策シ待機シテ徐ロニ彼ヲ屈スルノ方途ヲ採ルニ足ルヘキ準備アル

---

21)　防衛研修所戦史室(編)〔1975b〕196頁，原典は海軍軍令部「震災後ノ大正十二年度帝国海軍作戦計画並戦時編制ニ関スル件上奏覚」大正十二年九月，及ヒ大正十二年十月五日付の海軍軍令部副官の付箋参照(霞ヶ関史料第二号)．
22)　「大正十二年帝国国防方針」(宮崎史料)，防衛研究所図書館所蔵，以下，用兵綱領も同じ．
23)　防衛研修所戦史室(編)〔1975b〕175頁．

ヲ要ス」とする対米戦略構想であった[24]. ただ本構想は長期戦の場合, そして自給圏外に, とりわけ米国圏に戦略資源を依存した場合には, 解決困難という重い課題を抱えていた.

(4) 加藤寛治の国防思想——日満支アウタルキー体制

加藤寛治は, 軍縮条約に激しく異議申し立てをした艦隊派の領袖とされる. 彼はワシントン・ロンドン軍縮会議に於いて保有艦艇の対米均等少なくとも7割を強硬に主張した. では加藤寛治の国防思想とはいかなるものであったのか. 1926年, 加藤寛治が横須賀鎮守府司令長官であった時期の講演が, 海軍関係の雑誌に現存している. それによれば, 日米海軍軍縮問題は「日本の死活に関する極東一帯の支配権, なかんずく対支資本的帝国主義の争奪戦に外ならぬ」. 「太平洋を知らずして支那を論ずる能はず, 支那を知らずして太平洋上日英米海軍競争の起こる所以を理解する能はず」なのである. つまり太平洋問題(日米海軍軍縮問題)と中国問題は連接している.

つづいて加藤寛治の対米観は「米国は米西戦争後, ハワイ, 此島, グアムを領有しまして, 無限の富を包有し, 未開拓なる支那の宝庫に直面し対支経済戦の争覇に突進」[25] したといったものである. そこに垣間見られるのは中国をめぐっての日米が激しく抗争する像である[26].

加藤寛治は「軍備の用途として国家生存権の擁護拡張, 既得権の保護増進」, また「国民精神道徳と文化の保護向上」を挙げた. 彼は一貫して軍備制限の均等主義を主張する. 「日本の海軍軍拡が何に依ってかく熱烈なるやと云ふに,

---

24) 大正6年「軍備補充ニ関スル請議」〔1917〕, 黒野耐〔2000〕181頁より.
25) 加藤寛治〔1926a〕.
26) ロンドン会議の日本全権代表若槻礼次郎は, 会議の後の1931年に, 加藤寛治の講演が掲載された同じ雑誌に, 次のような艦隊派への反論を投稿していた. 「建艦競争すれば日本は対米七割の持続困難」である. 「英米と反目すれば日本の将来は如何?」「戦争は軍備の膨張から起る」のだ. すなわち「軍艦の製造を競争して準備しているのは何の為であるのか. いつか戦争が起るということを予想するからである. その製造競争が激しくなると, もう堪らなくなるから, ここ等で一つやって了ほうではないかというので戦争が起る」. 若槻礼次郎〔1931〕. 若槻は加藤友三郎の論理を継承し, 対米英対抗路線ではなく対米英協調路線を唱えていた. 1923年に亡くなった加藤友三郎の論理が案出された戦略環境に, いまだ変化が無かったのである.

米国の態度が徒に亜細亜大陸の諸民族を扇動して，日本に対して門戸を閉鎖し，日本をして八方塞がりならしめんとするの虞を有する」からだ．ゆえに日本の企図を調節する「最も実際的にして且つ可能性あるものは，日本の特殊権益たる満州と東部シベリアの自由経営を容認し，適当の機会に併合することを快く許容するに在りとす」[27]．この講演は満州事変の前に行われたものだが，後に軍令部長となる海軍の首脳が満州事変を容認し，むしろ日満経済ブロックを支持する見解を抱懐していたことに注目せざるを得ない．そこには日満支アウタルキー圏を海軍力で防衛する，すなわち生存圏を擁護する海軍の姿が見える．

加藤はまた1930年の覚書の中に「我カ海軍作戦計画ノ要点」を以下のようにまとめている．「速ヤカニ東洋ニ在ル敵ノ根拠地ヲ破壊シ敵艦隊ヲシテコレガ利用ヲ不可能ナラシメ．〈筆者中略〉戦時ノ通商貿易ノ幹線ハ支那海方面ヲ経由スルノテ，コレガ確保ガ必要．ソノタメ敵ノ東洋ニ於ケル領土ヲ攻略シテソノ根拠ヲ覆滅スルト同時ニ所在ノ敵艦隊ヲ撃破シテ東洋海面ヲ管制スルコトカ絶対ニ必要．〈筆者中略〉敵艦隊東洋ニ進出シマスルヤ逸ヲ以テ労ニ当タルヲ上策トス．即チ敵ノ来航ノ途上ニ之ヲ邀撃スル必要ガアリマス」[28]．

本作戦計画の主眼の第一には「通商貿易ノ保全」が挙がっている．つまり，艦隊派は戦時経済体制に無関心であったわけではなく，「通商貿易ノ保全」が高い優先順位で重要だと位置づけていた．根幹シーレーンは東シナ海方面という認識であり，しかも，この保全は東洋海面の制海権を確保することで可能で，所在もしくは来攻する敵水上艦隊を撃破することで可能だと考えていたことである．

2　第一次大戦前の海軍の国防思想と戦時経済思想

（1）初度国防方針に見る海軍戦略と戦時経済思想

それでは第一次大戦前までは日本海軍はいかなる国防思想を持ち，その戦時経済思想はいかなるものであったのか．まず日露戦争から検討してみよう．日

27）加藤寛治〔1926b〕11頁．
28）加藤寛治〔1930〕．

第5章　日本海軍とアウタルキー思想

露戦争で，日本海軍の任務は本土と大陸間のシーレーンの防衛であった．当初ロシア旅順艦隊を旅順に閉塞したが海軍ではこれを撃破できず，結局，陸軍が旅順要塞を攻略して，ロシア艦隊を港内で撃破した．一方ヨーロッパから回航されてきたバルチック艦隊に対して日本海海戦で圧倒したのはよく知られている通りである．しかし，その間，ロシアのウラジオ艦隊の日本商船(陸軍徴用船も含む)に対する通商破壊戦への対応は困難を極めた[29]．この海上護衛戦は船団護衛方式を採らず，上村(彦之丞中将)艦隊を編成しこれにウラジオ艦隊に専門に対応させるというものであった．上村艦隊は対馬等を拠点に，ウラジオ艦隊出撃や同艦隊による日本商船攻撃の報を受けて現場に急行するというやり方だった．結局，蔚山沖海戦でこれを撃破したが，それまでウラジオ艦隊を捕捉できなかった．

　日露戦争後，陸軍の主導で陸海軍合意の国防方針制定の動きが起きた．この制定に中心的役割を果たしたのが山県有朋元帥と田中義一中佐である．その狙いは軍備拡張の根拠を定めることにあった．その論拠は『山県有朋意見書』の「戦後経営ニ着手シ兵備ノ皇張(ママ)ヲ策セントスルニ当リ陸海軍協同ノ作戦計画ヲ立テ以テ両者ノ分担任務ヲ定ルハ思フニ第一ノ急務ニアラスヤ」[30]に認めうる．日露戦争後，急迫した現実的脅威が日本周辺に見られない事実がある．このような情勢下で，陸海軍が将来に備えて，引続き軍備を拡張していくためには確固たる根拠を示すことが必要不可欠であった．

　国防方針の制定は陸軍主導で開始されたが，海軍はこれにどう対応したのであろうか．山本権兵衛大将はこの件にあまり乗り気でなかったと言われる[31]．しかし，海軍側も陸軍同様に海軍拡張の拠り所を必要としていた．ロシア東洋艦隊が消滅し東アジアにおいては実質的に日英連合海軍に対抗できる敵を失っていたためである．そのためか，国防方針の制定は淡々と行われた．陸海軍ともに軍備の拡張を必要とする南北併進という国家戦略を設定した．

　制定された国防方針の中味を検討すると，その要点は次のようになる．「甲，帝国ノ国防ハ攻勢ヲ以テ本領トス　乙，将来ノ敵ト想定スベキモノハ露国ヲ第

---

29) 石川泰志〔1995〕19頁，及び軍令部(編纂)〔1934〕1-114頁．
30) 大山梓(編)〔1966〕291頁．
31) 「財部彪日記」〔1906〕(12月18日の条)．

一トシ米,独,仏ノ諸国之ニ次ク　丙,国防ニ要スル帝国軍ノ兵備ノ標準ハ用兵上最モ重要視スベキ露米ノ兵力ニ対シ東亜ニ於テ攻勢ヲ取リ得ルヲ度ス」[32].

「帝国軍ノ用兵綱領」の中で,海軍は敵に対し努めて機先を制しその海上勢力を殲滅することを主任務とした.沿海都市,島嶼及び一般商船の保護は艦隊作戦に支障のない範囲で行う一方,関釜海峡の航路は確実に防護するとしている.

用兵綱領では,対米戦になった場合,先ず敵の海上勢力を撃滅することを主眼とし,嗣後の作戦は臨機これを策定す,と具体的記述はない.しかし,田中義一の「随感雑録」や海軍大学校で行われた図上演習[33](1911年)から,海軍の対米戦略は容易に想像できる.両資料によると海軍の対米作戦構想は,東アジアに存在する米国艦隊を撃滅し,その根拠地であるフィリピンを攻略し,来援する米国主力艦隊を撃滅するという二次改定国防方針の海軍対米戦略と同様であり,この段階で対米戦の戦略構想の原型が造られていたことがわかる.

この時期は,戦時経済思想という概念そのものがまだ意識されていないようである.しかし艦隊決戦に集中するが,いかなる場合もつまり対米戦の場合も関釜海峡は確保するという記述に,本土と大陸の交通は最低限確保するという日中自給経済圏という戦時経済思想が窺える.

(2) 佐藤鉄太郎の国防思想と戦時経済思想

佐藤鉄太郎の著作に見られる国防思想が,即日本海軍の国防思想とは言えないが,彼の思想が海軍のそれに大きな影響を与えたことは間違いない.佐藤は山本権兵衛に指示され,マハン大佐の著述を熟読し[34],英国と米国に駐在して研究を進め,1902年に『帝国国防論』を完成した.この『帝国国防論』は山本権兵衛海相から明治天皇に奏呈された.

また日露戦後に書かれた『帝国国防史論』〔1910〕は,海軍軍備拡張の理論的根拠になっていた.前者と後者で変わっていないのは,海軍軍備は陸軍軍備よ

---

32)「帝国国防方針,国防ニ要スル兵力及帝国軍用兵綱領策定顛末」山県元帥用(宮崎史料),防衛研究所図書館所蔵.
33) 防衛研修所戦史室(編)〔1975b〕133頁.
34) 佐藤鉄太郎〔1910a〕緒言4-5頁.

りも効率的で，島国日本には海主陸従の軍備が適合している，艦隊決戦主義，制海の重要性である．後者では陸軍が必要なのは対露戦の場合であり，その際，陸軍力は際限がなく，どこまでいっても決着つけることはできない．その意味では海軍軍備は経済的ないし効率的といえるというものだ．

前者と後者で変化したのは，軍備の目的が前者は自衛とシンプルであったが，後者は国体擁護，平和維持，国家の利源を「衛護及び自強将命」と複雑になったことである．最も大きな変化は軍備と財政の関係であり，戦史を深く研究することにより，富力を無視してでも軍備を増強した方が，富力を考慮し軍備増強を怠るより最終的には国防を全うできるという，いわば「富国強兵」ではなく，「強兵富国」であり，富国よりも強兵が優先するというものになった．

戦史の分析から導出したもう一つの議論は商船の護衛か艦隊決戦かという問題であった．具体的には第一次英蘭戦争(1652～54)が取り上げられ，オランダが敗れたのは，財政状態に拘泥したため軍備増強を怠り，商船隊の護衛を優先したからであり，無理をしてでも海軍軍備を増強し，まず艦隊決戦で制海権を獲得することを重視した英国が勝利したのだという．戦時海軍の目的は，「第一に敵艦隊を打破り，制海権を我手に収めるを旨とす」．この目的のためには，「我海軍は全力を挙げて敵艦の殱滅を図らざるべからず」．商船保護も大事だが，第二の目的であり，そのために勢力を分かつのは，戦略上決して上策とは言えないというものであった[35]．

この辺の論理は財政事情が厳しくとも八・八艦隊を整備する理論的根拠となったし，日露戦争あるいはその後の海上護衛のやり方とも照応してくる．制海権至上主義は，なにがなんでも仮想敵国以上の艦隊整備につながり，ワシントン・ロンドン軍縮条約時代の比率対等主義にもつながっている．

佐藤は「近キ将来ニ於ケル，東洋ノ紛争ハ支那問題ヨリ生セン」(127頁)と中国問題が東アジアの紛争の芽になるという石原莞爾と同様の認識を持っていた（時期的には石原の方が後になる）．佐藤の場合この時点では紛争の相手が米国と明確に意識されておらず，英米仏独が挙げられた．その場合「目標タルベキ想定敵ハ最モ優勢ナル兵力ヲ以テ我国ト対抗シ得ベキ一国ヲトリ」，それに対抗

---

35) 佐藤鉄太郎〔1910b〕245-246頁．

できる艦隊を保持することが肝要とされた.

石原莞爾は1920年頃に中国問題を契機とした対米戦を意識するが，その解決方法である「陸を以て海を制する」戦略はこの佐藤の国防史論が意識されている．石原戦略は大陸に盤踞すれば米国の経済封鎖に対抗できるというものであった．ただ，その戦略は際限のない対露陸戦という問題を抱えていた．一方佐藤の戦略は極端に言えば，封鎖してくる米艦隊を艦隊決戦で撃破して東洋海域の制海権を確保できれば封鎖に対抗できるというものである．しかし，佐藤戦略も，米国海軍が日本艦隊を圧倒できる艦隊を整備するまで東洋海域に来攻しないケースや，日本がその戦略資源を米国経済圏に依存したケースなどの困難な問題があった．

1913年の「国防問題の研究」[36)]は八代六郎中将や佐藤鉄太郎少将らが主導して作成された．仮想敵は米，独の順であり中国市場をめぐって米国やドイツと対立し，蘭印をめぐってドイツと対立すると想定されている．対米，対独防衛の要諦は強力な海軍の保持である[37)]．国防の本義は本国の防衛にあり，本国の防衛を全うしたのち海外に発展する．また軍備と国力の関係についても，富力より兵力を優先すべきだとされた[38)]．いずれにしても海軍力が国防の基本という海主陸従論であった．特記したいのは蘭印の件である．「蘭印は国民的発展上，我が帝国の最も重視すべき地方であり独が併合を企図している」と対独戦の関連で取り上げられていた．総じて，八・八艦隊に見られる正面装備重視の戦時経済思想であり，『帝国国防史論』と同様の，陸軍を意識した組織対抗的論理も流れている．

---

36) 「国防問題の研究」[1913]，及び角田順[1967]725-728頁，後者は前者の要旨とされるが，内容に微妙な違いがある(特に「海洋的発展ノ目標」という項)．前者は，最上級者が舞鶴鎮守府司令長官であった八代六郎中将で，それに軍令部参謀であった佐藤鉄太郎少将が加わって作成された部内配布の啓蒙文書である．他に作成メンバーとして海軍大佐安保清種，そして後の大角人事(条約派の予備役編入)を断行する海軍中佐大角岑生他2名も加わっていた．
37) 「対米問題ノ要義ハ〈筆者中略〉，〈米人に：筆者〉侮リ難キ武力(特ニ海上武力)ヲ有スル必要アリ」．対独武力も同様である．「国防問題の研究」[1913]8頁．
38) 「我帝国ハ如何ナル方針ニヨリテ国歩(ママ)ノ進展ヲ期セサルヘカラサルカ．〈筆者中略〉〈それは：筆者〉富力ニアラズシテ寧ロ兵力ニアリ」(「国防問題の研究」[1913]34頁).

（3）マハンのシーパワー論とアウタルキー思想

　佐藤鉄太郎の国防思想にはマハンの影響が大きいと言われる．それでは，そもそもマハンの(国防)思想とはいかなるものなのか．これとアウタルキー思想は関係があるのか．そして佐藤鉄太郎はマハンからどのような影響を受けたのかを検討してみたい．

　マハンの思想を考える上で論点になるのが，彼がシーパワーをどう考えていたのか．また彼のシーパワー論をどう解釈するかである．その後のマハンの思想をめぐる評価，論争はこのシーパワーの解釈をめぐる議論に集約できる．

　マハン自身はシーパワーを明確かつ厳密には定義していない．「広い意味におけるシーパワーとは，武力によって海洋ないしはその一部分を支配する海上の軍事力のみならず，平和的な通商及び海運をも含んでいる」と述べるのみに止まっている[39]．ただ，われわれがマハンの著作から解釈したシーパワーとは軍事力と経済力が複合したものである．いわば「生産・通商，海運，植民地(市場・資源)の連鎖の環とそれを保護・推進する海軍力」で構成される，循環発展する経済圏の総称といえよう．

　通説といえる一般的な解釈では「海軍戦略とシーパワーはある基礎的自然条件(島国とか大陸国とか)及び海軍，商船隊，海外基地が関連する国家政策によって決定された」とか「植民地の建設によって海軍力は，外地にその足場を獲得し，新しい販路を開拓し，その船舶運営の新しい活動圏を獲得し，国民の雇用率を高め，国民自身に一層大きな安楽と富を獲得した」といった，膨張する帝国主義的側面が強調された．ただ，マハンはシーパワーを構成する経済力と軍事力の関係について「シーパワーの基盤は大きな貿易システム，大機械工業システム及び広汎な植民地システムである」と述べて，軍事力の基盤が経済力にあることを確認していた[40]．

　シーパワーが植民地，海外貿易及び海軍力の結合から生まれて来たものだと

---

39) アルフレッド・T. マハン(北村謙一訳)〔1982〕46頁，原典は Mahan, A. T.〔1890〕p. 539.
40) M. T. スプラウト〔1979〕130-163頁，原典は Earle, E. M. ed.〔1971〕pp. 418-422. 本論考の末尾でスプラウトはマハンの理論がドイツ地政学の発展に果たした役割を指摘している．つまりドイツの対外戦略はマハンのシーパワーの発展に対する考え方とほぼ同じような，「国家の力と発展はランドパワーの拡大によって達成される」という理論である．

いうマハンの考え方は，戦史の分析から得たものである．「海を制するということは，現在まで体系的に評価されたことも，説明されたこともない歴史的要素である」．「大英帝国の海上権力の卓越」はシーパワーの作用の最高の実例であり，「英仏の長い抗争の各段階の成否を決したのは，卓越した海軍力による制海権があったか，または不足していたかであった．〈筆者中略〉軍事的・経済的観点から見た最終的なシーパワーの勝利は，ナポレオンの打倒である．トラファルガーの海戦後，シーパワーがフランスの資源を遮断・通商を破壊し「フランス要塞は封鎖によって陥落させられた」のであった．〈筆者中略〉封鎖を阻止しえない国家は敗北する．海軍の主要任務は，海洋を支配し，海上貿易をコントロールすることだ．〈筆者中略〉それゆえ，敵の海軍を撃破し制海権を得ることが，海軍作戦の決定的考慮事項である」[41]．

この関連で戦史の分析からマハンが得たもう一つの教訓は「通商破壊戦争だけで，敵を打破するのに十分な基本的措置と考えるのは幻想であるということだ．〈筆者中略〉敵国の貿易を撲滅するは，特に英国の如き商業国と戦う時には，最も効果あるものなり」という考えは，「是れただ第二級の方策にして之を以て敵を圧伏するに主要な方針とするのは最も危険なる迷想」である．この問題を打開するためには「唯，敵と戦って勝つの一途あるのみ」であり，「歴史は此の政略の正当なりしを証明す」[42]．

ここでマハンのシーパワー論は広域アウタルキー思想であるという仮説を提起したい．つまり，一国の本国と植民地や他国との間の通商，商船隊が行き交うその経済圏を当該国や友好国の海軍が制海権を確保することで防衛するというシステムは，広義の海洋アウタルキー（自給自足経済）体制が成立しているとみなすことができる[43]．

近年，これまで説明してきたマハンの解釈を半知半解の偏った見方だとする修正主義的解釈が登場してきた[44]．マハンの全著作を慎重に検討したというそ

---

41) F. A. クロール〔1989〕396, 398-400, 403頁．原典は Paret, P. ed.〔1986〕pp. 450-458.
42) マハン（水交社訳）〔1900〕960-961頁．原典は Mahan, A. T.〔1890〕p. 539.
43) E. ハイマンが指摘した英国海洋アウタルキー国家論を参照（マハンの『海上権力史論』のモデルは英国である）．またシーパワー論はアウタルキー圏への経済封鎖の対抗策でもある．マハンの時代は潜水艦が実用化されておらず，通商路を艦隊が管制すれば経済封鎖に対抗できた．

の結論では，マハンの思想の帝国主義者的側面ではなく，平和志向，自由貿易志向という側面に着目し，「シーパワー」は「グローバルな自由貿易体制を(英米で)守るための基盤」という捉え方である．その際，この貿易体制の脅威は日本とドイツである．

たしかに，マハンの著作で日本やドイツが米国の脅威になったことはあるが，終始それだったわけではない．日露戦争前は，混乱するアジアの日本は唯一の優等生であり，欧米列強(マハンはチュートン民族という言葉を使う)と一緒になってアジアをキリスト教文明にソフトランデイングさせる友好国と捉えていた[45]．日本を警戒し出すのは日露戦争後である．

たとえ，修正主義的な解釈を受け入れるとしても，われわれのシーパワーの解釈，「経済圏を(英米)海軍力で防衛する」とは抵触しないし，広い意味での「海洋アウタルキー圏を海軍力で保護・推進する」とも抵触しない．ただ，もし英米が対立したらどうなるのか．利害が一致して協調しあっている時は，その自由貿易体制を協同で防衛することに問題はない．しかし，対立したらどうなるのか．

対立することになったのが，日米の場合である．自由貿易の利益について日米は共有していた．しかし，対立の時代に入ると，日本がとったシーパワー論というのは，最小限，日中アウタルキー体制を擁護すること，望ましいのは来攻する米艦隊を撃破して東洋海域を管制する艦隊を整備しようというものである(これによってアウタルキー圏が拡大する)．

興味深いのは，上述のように通商破壊戦が消極的に評価されていることである．まず相手以上の強力な艦隊を保持し，艦隊決戦に集中して海上を管制すれば，通商破壊戦に問題はないと考えられていた．この考え方は佐藤鉄太郎の『帝国国防史論』にも出ているし，日本海軍の軍人にも影響を与えたようである．第一次大戦で潜水艦が実戦兵器として登場し，ドイツのＵボートが英国を通商破壊戦で追いつめた事実がある．しかし，日本海軍は潜水艦による通商破壊戦の威力に関心を示さなかった．その理由の一つに，マハンの通商破壊戦

---

44) ジョン・スミダ〔2009〕．原典は Sumida, J.〔1999〕pp. 39-62.
45) マハン(麻田貞雄訳・解説)〔1977〕241-243頁．原典は Mahan, A. T.〔1900〕pp. 101-110.

に対する評価もあげられよう．

　マハンの論考「アジアの問題」の中で19世紀後半から20世紀にかけて太平洋，東アジアとりわけ中国がアジアの利害の中心地(すべての国の利益対象)になり，中国をめぐって海洋国と大陸国が闘争すると指摘している[46]．この点，佐藤も『帝国国防史論』の中で，将来における世界的活動の舞台は太平洋に移転し，安全保障上の観点から見ると既述のように「近キ将来ニ於ケル，東洋ノ紛争ハ恐ラク支那問題ヨリ生セン」[47]とマハン同様，世界的闘争の焦点は中国という認識をもっていた．ただ，マハンは中国が共通の利害対象だと言及したのみだが，佐藤は，この中国に介入するのが英米独仏であり地理的に派遣される軍隊は海軍が主体になるので，これに対応するのも対露問題を別にすれば海軍力が効率的だという，海主陸従論を展開した．

　マハンと佐藤のシーパワー論を比較すると，ともに戦史の分析から教訓を導き出しているがシーパワーを構成する経済力と軍事力の関係については，異なった原則に到達していた．マハンは前述のように「軍事力の基盤は経済力ないしは経済システムにある」というものであり，他方，佐藤の場合「制海権を重視し，財政状態が厳しくとも無理をしてでも敵に勝る軍事力を整備しなければならない」とした(この佐藤の考え方は加藤寛治らの艦隊派の思考法と如実に結びついている)．

　結局，戦史の分析から原則を導き出そうとする者がしばしば誤るのは，過去の戦いから導出した説明変数を将来の戦いにも適用できると考えるからである．そこでは過去から将来に至る間の環境の変化(技術革新も含む)に伴い，説明変数が変わってくることも意識せねばならないと言えよう[48]．

---

46) マハン(麻田貞雄訳・解説)〔1977〕246-248頁．原典はMahan, A. T.〔1900〕p. 124.
47) 佐藤鉄太郎〔1910b〕126-127頁．
48) マハンもこの点は意識していたようだ．「歴史から過去の教訓を体得するならば，将来の行動の指針として非常に有益なものが得られるに違いない」．しかし，「過去から導き出した教訓は，未来の前兆を詳細に考究することによって補完する必要がある」と自戒している．マハン(麻田貞雄訳・解説)〔1977〕233-234頁．原典はMahan, A. T.〔1900〕pp. vi-vii.

3　海軍アウタルキー思想と石油

(1) 戦前の石油の需給状況の特質

　既述したような，日満支を中核とした自給圏を強力な艦隊による制海で防護するという艦隊派の戦時経済思想を，海軍アウタルキーと呼称しよう．海軍アウタルキーの最大の課題は，石油の確保である．確かに艦隊派は対米戦での短期決戦を希求した．しかし戦争期間を決めるイニシアチブは米側にあり，短期で戦争を終結させ得るかは未知数であった．そのため，長期戦にも対応できる燃料つまり石油の確保が要請されたのである．

　日露戦争後，重油専焼艦が登場し，日本海軍もその燃料を石炭から石油にシフトしていく．例えば，年度末海軍全就役艦艇数に占める重油専焼艦と重油・石炭混焼艦の合計隻数の割合は，第一次大戦後の1920年に52%と過半数を超え，1924年には78%になり8割に届く勢いであった．そして1937年には91%となりほぼ石油に依存した艦隊となった[49]．

　海軍が燃料を石炭から石油に急速に転換し，航空機の登場で航空揮発油の需要が急増した割には，これら石油の自給化の国家的施策は1930年代に入るまで事実上行われなかった．その議論に入る前に，戦前(1931〜41年)の石油の需給状況について確認してみよう．

　戦前の石油の需給状況を見ると，石油の精製能力の自給率は逓増していたが(表5-1参照)，原油の自給率は低下していた(図5-1)．その対策として挙げられるのが貯油であり，国外油田の獲得(北樺太，蘭印油田)そして人造石油の開発生産である．燃料の自給化を推進したが，その途上で日中戦争になり，米国石油に依存したまま対米戦争に入った．

(2) 貯油問題――軍と民

　海軍自体の貯油施策を，燃料タンクの築造推移から検討してみよう．表5-2を見て驚くのは，明治から大正・昭和に入り1942年までに築造された原油・

[49) 海軍大臣官房(編)「海軍省年報」(当該各年度，極秘)による(防衛研究所図書室所蔵)．

表 5-1　軍・民需石油製品消費量（1931～41 年）

	航空揮発油				普通揮発油				灯・軽油	B 重油				C 重油			
	a	b	c	計	a	b	c	計	c	a	b	c	計	a	b	c	計
1931年	23	23	1	47 (100)	80	15	595	690 (100)	313	6	30	1,240	1,276 (100)	−	250	24	
1932年	24	25	1	50 (106)	100	20	692	812 (117)	364	7	50	1,395	1,452 (113)	−	330	22	
1933年	30	30	1	61 (129)	110	20	711	841 (121)	333	10	50	1,485	1,545 (121)	−	380	45	
1934年	30	30	2	62 (131)	120	30	870	1,020 (147)	376	15	50	1,716	1,781 (139)	−	430	76	
1935年	32	33	3	68 (144)	140	30	1,025	1,195 (173)	271	15	60	2,267	2,342 (183)	−	470	113	
1936年	40	45	3	88 (187)	160	35	1,035	1,230 (178)	242	20	60	1,946	2,026 (158)	−	500	217	
1937年	50	60	3	113 (240)	180	35	1,301	1,516 (219)	323	20	70	2,693	2,783 (218)	−	560	367	
1938年	75	75	4	154 (327)	200	40	1,006	1,246 (180)	356	30	70	2,343	2,443 (191)	−	610	235	
1939年	90	80	4	174 (370)	200	40	760	1,000 (144)	310	30	80	1,776	1,886 (147)	−	700	191	
1940年	91	100	13	204 (434)	200	45	727	972 (140)	265	60	90	1,697	1,847 (144)	−	830	287	
1941年	185	165	11	361 (768)	200	55	438	693 (100)	204	87	179	1,056	1,323 (103)	−	1,040	327	

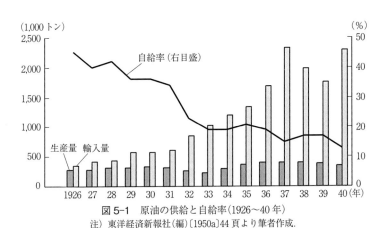

図 5-1　原油の供給と自給率（1926～40 年）
注）東洋経済新報社（編）〔1950a〕44 頁より筆者作成.

(単位：1,000キロリットル／a：陸軍軍需，b：海軍軍需，c：民需)

潤滑油				合　計				国内石油製品生産高			
a	b	c	計	a	b	c	計	民間	海軍	計	自給率
6	6	178	190 (100)	115 (100)	324 (100)	2,373 (100)	2,812 (100)	791	321	1,112	39.5
6	8	171	185 (97)	137 (119)	433 (133)	2,647 (111)	3,217 (114)	913	385	1,298	40.3
7	9	215	232 (122)	157 (136)	489 (150)	2,790 (117)	3,436 (122)	1,074	436	1,510	43.9
8	10	268	287 (151)	173 (150)	550 (169)	3,308 (139)	4,031 (143)	1,297	466	1,763	43.7
9	11	277	298 (156)	196 (170)	604 (186)	3,954 (140)	4,754 (169)	1,516	499	2,015	42.4
11	11	320	342 (180)	231 (200)	651 (200)	3,762 (158)	4,644 (165)	1,731	463	2,194	47.2
12	12	332	357 (187)	262 (227)	737 (227)	5,003 (210)	6,002 (213)	2,091	366	2,457	40.9
13	13	351	377 (198)	313 (272)	808 (249)	4,292 (180)	5,418 (192)	2,005	317	2,322	42.8
13	15	446	474 (249)	333 (289)	915 (282)	3,492 (147)	4,740 (168)	1,940	365	2,304	48.6
18	17	409	443 (233)	369 (320)	1,082 (333)	3,371 (142)	4,822 (171)	1,652	357	2,009	41.7
21	21	296	338 (178)	509 (442)	1,460 (450)	2,333 (98)	4,302 (152)	1,743	743	2,486	57.8

注）防衛研修所戦史室（編）〔1969a〕722-728頁．原出所は復員局「液体燃料需給統計表」（1947年7月調製），及び東洋経済新報社（編）〔1950a〕61頁．なお，灯油・軽油については日本石油史編集室（編）〔1958〕350-351頁でこれを補完した．B重油は船舶の中速ディーゼルエンジン用であり，C重油は大型船舶の低速ディーゼルエンジン用とされる．小西誠一〔1991〕148頁より．
（　）内は1931年を100とした指数．

重油タンク総数の7割弱が日中戦争期に造られていることであり，対照的に揮発油用タンクの場合，総数の9割が日中戦争前までに，しかも，佐世保に集中して造られていることである．前者は，原油・重油の貯蔵を海軍が真面目に考え始めたのが日中戦争に入ってからと解され，後者は，航空機用燃料は日中戦争前までは，佐世保1カ所で充分対応できたと見なしうる．日中戦争に入り航空戦力が前面に出てきた時，航空機用燃料を全国の重油・原油タンクに分散貯蔵できるようになった．これは，1936年に既存の重油タンクを僅かに補強することで，航空揮発油と重油を同時に製造し得る原油を貯蔵することができるようになったからと解しえる[50]．

　民間に貯油義務を課したのは「石油業法」(1934年)からである．外資系の石

---

50) 渡辺伊三郎〔1976〕392-393頁.

表 5-2　海軍燃料タンク築造推移一覧表

(容量単位：原油・重油は 10,000 キロリットル，揮発油専用は 1,000 キロリットル／( )内は %)

	明治年代	大正年代		1927〜37 年		小　計		1938〜42 年		容量合計	
	原油・重油	原油・重油	揮発油	原油・重油	揮発油	原油・重油	揮発油	原油・重油	揮発油	原油・重油	揮発油
横須賀	0.60	19.00		11.5		31.1		27.8		52.9	
呉		64.10		35.8		99.9		197.7		297.6	
佐世保	0.60	26.00	25.0		355.0	26.6	380.0	40.0	30.0	66.6	410.0
舞鶴		13.60		1.7		15.3		12.9		28.2	
大湊		9.30				9.3		2.4		11.7	
鎮海		3.00		8.9		11.9		2.1		14.0	
旅順		0.35		1.0						1.35	
馬公		2.70				2.7		7.4		10.1	
徳山(第一燃料廠)		31.20		19.2		50.4		108.0		158.4	
四日市(第二燃料廠)								60.0		60.0	
総合計	(0.1)1.20	(22.9)169.25	(6.0)25.0	(10.6)78.1	(85.1)355.00	(33.6)248.55	(91.1)380.00	(66.4)490.00	(8.9)37.00*	(100.0)738.55	(100.0)417.00

注) 防衛研修所戦史室(編)〔1969a〕付表第七を基に筆者作成．*の数字は付表第七のまま．

油会社は太平洋戦争開戦までこれに応じなかった．しかし，日系資本の石油会社は補助金の手当もあり，輸入量の 50% の貯油という義務に基本的に応じた(表 5-3「軍・民石油貯油(在庫)量(1931〜41 年)」)．しかし，表 5-4 のような「製品別精製率比較(1931 年と 1937 年)」でわかるように，この石油業法の施行は，石油精製会社の外国原油への依存を強めた．つまり原油の自給化という観点から見ると逆行する結果になり，油田の更なる開発が要請された．しかも，国内油田の開発は頭打ちになっていたので，国外油田の獲得が求められたのである．

(3) 国外油田の獲得——北樺太と蘭印油田

海軍が最も期待をかけ最も重視した国外油田が，北樺太油田である[51]．ロシ

---

51) 1919 年 4 月，北樺太油田開発に関して，海軍の提案で内閣が初めてその方針を決定した．その閣議覚書は，次の通りである．「帝国として現に絶対必要なる艦艇，飛行機等の燃料供給問題の解決上，北樺太油田及び炭田の開発に対しては帝国政府として深甚の注意を要する」．つづいて，米国資本が北樺太に投ぜられることは帝国の国防に対する重大な脅威にし

ア革命後の内戦期の混乱の中で,海軍の支援を受けた日本の石油業者が国防上及び産業上の見地から北樺太に鉱業権を求めた. 油田の開発利権を有するロシア側の交渉相手はスターノフ商会からソ連新政府に代わっていき,その対応に苦慮した. ソ連政府との交渉が10カ月にわたり続けられ,条約[52]で北樺太に於ける油田の利権の基礎が確定したのは,1925年1月のことである[53]. その年末に結ばれた利権の細部は次の通りである.

まず未開発の油田の試掘地域は約3億4500万坪であり,試掘期間は1925～36年の11年間である. 利権期間は45年間であり,利権者の特典並びに権利として築港施設権や送油管敷設権,採掘権などがあった. また労働者並びに従業員の雇用についてはロシア労働法の適用を受けるというものだった. 1926年6月,北樺太石油株式会社が設立され,社長は前舞鶴要港部司令官退役海軍中将中里重次であった.

北樺太石油の第1年度は3.3万トンの採油という好成績を上げた. ただネックになったのが,油田から港までの搬出・搬送である. これには鉄道,港湾などのインフラ整備とともに,労働力の問題も絡んだ. 日本に搬出した石油の量は1933年の約31.3万トンをピークに低減していく. その原因としてインフラの問題[54]とともに日独防共協定(1936年11月25日)に対するソ連政府の態度硬化が挙げられる. 防共協定直前の1936年10月10日に試掘権が5年間延長されたが,防共協定の存在を知ったソ連側は労働者の提供を拒み,邦人輸送,物資搬入を妨害し石油搬出に使用する海底送油鉄管設備の使用を許可しないなど非協力的になった[55]. その後日ソ中立条約などの外交関係の変化もあったが,

---

て帝国の存在上到底許容することができないと油田の経営は日露共同であり,米国資本の介入を強く警戒していた. 海軍省(調製)〔1935〕667-668頁.
52) 日本国及「ソヴィエト」社会主義共和国聯邦間ノ関係ヲ律スル基本的法則(ママ)ニ関スル条約.
53) 海軍省(調製)〔1935〕793-794頁.
54) 例えば,最も好成績を上げたオハ油田の場合,事業場に物資を搬入するには,以下のような輸送手順になった. 内地から船舶(補助機関付き帆船,小型発動艇,艀,川船など多数)でウルック湾口に陸揚げ,湾内6キロを,発動艇を利用して運搬,中継桟橋で軽便鉄道に積み替え,そこより4キロでやっと事業場に到着するという行程である. しかも湾内の運搬は満潮時1日6時間に限定された. 石油の搬出はこの逆になる. 海軍省(調製)〔1935〕836頁.
55) 日本石油史編集室(編)〔1958〕288-291, 424-425頁,及び防衛研修所戦史室(編)〔1969a〕695-696頁. 原道男〔1957〕31頁によれば,北樺太石油搬出量(1924～44年)は1933年に日本へ

表 5-3 軍・民石油貯油(在庫)量(1931〜41 年)

	原油				航空揮発油				普通揮発油				B 重油			
	国産	輸入	在庫	消費	a	b	c	計	a	b	c	計	a	b	c	計
1931年	331 (100)	1,016 (100)	782 (100) 0.50	1,541 (100)	13	88	0.1	101 (100) 2.36	20	15	27	62 (100) 0.08	-	50	5	55 (100) 0.04
1932年	271 (82)	1,452 (143)	588 (75) 0.35	1,679 (109)	42	70	0.1	112 (111) 2.26	20	16	30	66 (106) 0.08	-	50	4	54 (98) 0.04
1933年	237 (71)	1,618 (159)	632 (81) 0.34	1,844 (120)	45	72	0.1	117 (116) 1.91	20	15	33	68 (109) 0.08	-	50	9	59 (107) 0.04
1934年	295 (89)	1,900 (187)	643 (82) 0.28	2,228 (144)	46	87	0.1	133 (132) 2.16	20	15	39	74 (119) 0.07	-	50	15	65 (118) 0.04
1935年	363 (109)	2,032 (200)	611 (78) 0.27	2,207 (143)	44	100	0.1	144 (143) 2.13	20	14	48	82 (132) 0.07	-	60	26	86 (156) 0.04
1936年	401 (121)	2,476 (243)	800 (102) 0.31	2,574 (167)	44	104	0.1	148 (147) 1.68	30	15	70	115 (185) 0.09	-	60	35	95 (173) 0.05
1937年	400 (120)	3,176 (312)	1,103 (141) 0.40	2,699 (175)	45	99	0.1	144 (143) 1.28	30	17	176	223 (359) 0.15	-	60	80	140 (254) 0.05
1938年	401 (121)	2,925 (287)	1,980 (253) 0.69	2,841 (184)	43	97	0.1	140 (139) 0.91	30	17	111	158 (254) 0.13	-	60	73	133 (241) 0.05
1939年	383 (115)	2,995 (294)	2,465 (315) 0.73	3,346 (217)	38	95	0.1	133 (132) 0.76	40	16	69	125 (201) 0.13	-	70	535	605 (1100) 0.32
1940年	345 (104)	3,751 (369)	2,407 (308) 0.86	2,793 (181)	52	150	0.1	202 (200) 0.99	40	17	35	92 (148) 0.09	-	70	318	388 (705) 0.21
1941年	316 (95)	1,313 (129)	3,711 (474) 1.00	2,750 (178)	154	315	0.3	469 (464) 1.30	50	15	296	361 (582) 0.52	-	80	234	314 (570) 0.24

表 5-4 製品別精製率比較(1931 年と 1937 年)(単位:%)

	1931 年			1937 年		
	国産原油	輸入原油	計	国産原油	輸入原油	計
揮発油	27.3	72.7	100.0	7.1	92.9	100.0
灯油	34.4	65.6	100.0	30.0	70.0	100.0
軽油	46.3	53.7	100.0	34.1	65.9	100.0
潤滑油	31.7	68.3	100.0	21.1	78.9	100.0
重油	84.3	15.7	100.0	21.5	78.5	100.0
計	38.1	61.9	100.0	17.0	83.0	100.0

注)日本石油史編集室(編)〔1958〕350頁,原出典は「本邦鉱業の趨勢」.

(単位：1,000キロリットル／a：陸軍軍需, b：海軍軍需, c：民需)

\	C重油	\	a	潤滑油	\	計	a	合計	c	計
b	c	計	a	b	c	計	a	b	c	計
2,532	1.8	2,534 (100) 7.19	–	10	13	23 (100) 0.12	33 (100)	2,695 (100)	47 (100)	2,775 (100) 0.99
3,013	1.3	3,014 (119) 8.56	–	10	13	23 (100) 0.12	62 (187)	3,159 (117)	48 (102)	3,269 (118) 1.02
3,472	3.5	3,476 (137) 8.18	–	10	20	30 (130) 0.13	65 (196)	3,619 (134)	66 (140)	3,750 (135) 1.09
3,919	4.0	3,923 (155) 7.75	–	12	21	33 (143) 0.11	66 (200)	4,083 (151)	79 (168)	4,228 (152) 1.05
4,242	5.0	4,247 (168) 7.28	–	13	22	35 (152) 0.12	64 (193)	4,429 (164)	101 (214)	4,594 (166) 0.97
4,557	5.8	4,563 (180) 6.36	–	13	23	36 (156) 0.11	74 (224)	4,749 (176)	134 (285)	4,957 (179) 1.07
4,696	11.0	4,707 (186) 5.08	–	13	30	43 (186) 0.12	75 (227)	4,885 (181)	297 (631)	5,257 (189) 0.88
4,621	12.0	4,633 (183) 5.48	–	13	35	48 (208) 0.13	73 (221)	4,808 (178)	231 (491)	5,112 (184) 0.94
4,544	11.3	4,555 (180) 5.11	–	15	80	95 (413) 0.20	78 (236)	4,740 (175)	695 (1418)	5,513 (199) 1.16
4,240	15.6	4,256 (168) 3.81	–	20	69	89 (386) 0.20	92 (278)	4,497 (166)	438 (931)	5,027 (181) 1.04
3,689	11.6	3,702 (146) 2.67	–	20	15	35 (152) 0.16	224 (678)	4,119 (152)	557 (1185)	4,900 (177) 1.14

注）表5-1に同じ．なお灯油・軽油のデータ欠．上段：当年貯油（在庫）量，中段：1931＝100とした指数，下段：貯油率（在庫率）＝（年初在庫量）／（当年消費量）．なお合計には原油の在庫は含まない．

ソ連側の非協力姿勢は変わることなく，1943年8月に北樺太石油での作業は停止した．

既述のように日本海軍は蘭印の戦略的価値を重視していた．この蘭印で石油が開発されたのは，19世紀末である．前述の八角三郎が所蔵していた資料に「蘭領東印度ノ近状」(1921年7月)という報告書がある．そこには，第一次大戦を契機に日本と蘭印の貿易が激増したこと，1916年蘭印の石油(鉱油)輸出量が

の搬出量が最大になっていた．

140万トンの記録があった.

　1920年,日本の石油企業(日本石油会社と宝田石油会社)が蘭印油田の買収を目指したが,実現しなかった.買収の対象は,石油の生産と販売における世界の覇者スタンダードが1912年に設立した蘭領コロニアル石油会社(NKPM)であった.同社がジャワ,スマトラ,ボルネオにおける石油鉱区の採掘権とその施設一切を売り込みにきたのである.日本石油側は独自の調査によりパレンバン州タラナカル鉱区が特に有望と判断,政府の協力を求めた.しかし,大蔵省が低利資金の支出を承認せず,その間,タラナカル鉱区が日産数千バーレルの自噴を始め,NKPMは買収額を1.5倍につり上げたため交渉は不成立となった[56].

　1930年における蘭印の原油総生産551万トンのうち,ロイヤル・ダッチ社が85%を占め,米国系のスタンダード石油会社が13%という状況であった.1935年には石油総生産608万トンのうちロイヤル・ダッチ社62%,スタンダード系30%,他が8%とスタンダード系の躍進が顕著であった[57].

(4) 人造石油をめぐって

　陸海軍及び資源局を含む政府の石油関係各省が本格的に人造石油事業の実施計画を策定したのは,1933年の「液体燃料問題に関する関係各省協議会」においてである.ただ,この年の実施要綱の目玉は石油の義務保有であり,人造石油事業がクローズアップされたのは,1936年7月に同協議会が結論とした「燃料政策実施要綱」からである.ここでは,特に自給自足の促進がうたわれ,石油代用燃料工業への助成が強化された[58].翌1937年8月「人造石油製造事業法」及び「帝国燃料興業株式会社法」が制定され,燃料局の設置及び同社の創設をみた(いみじくも同じ頃に日中戦争が勃発している).

　1937年にスタートした日本の人造石油製造事業は七カ年計画で,最終年である1943年の生産目標は年額200万トンであった.しかし,1943年の生産実績は約27万トンで目標の13%に過ぎなかった[59].ドイツが第二次大戦開戦の

---

56) 日本石油史編集室(編)〔1958〕292-293頁.
57) J.S.ファーニヴァル(編)(南太平洋研究会訳)〔1942〕457-458頁,及び下田博〔1942〕37-39頁,なお1939年の蘭印石油及び製品生産高は800万トンである.濱田恒一〔1944〕364頁.
58) 榎本隆一郎〔1942〕8-13頁.

年 1939 年に 147 万トンの生産能力で全需要の 17% を人造石油で賄ったのとは対照的な結果である．人造石油に関する先行研究はかなり蓄積されている[60]．ここでは，ドイツで成果を上げた人造石油の開発が，なぜ日本で実現しなかったのかという問題意識から先行研究を整理し考えてみたい．

まず，われわれと同様の問題意識で人造石油製造技術のドイツから日本への技術移転の問題を扱った工藤章の仕事[61]がある．工藤研究は技術移転が成立しなかった経緯を，日独両側の一次資料から明らかにした重厚なものである．その結論は，次のように要約されよう．IG ファルベン特許を入手できなかったのは，海軍が独自に開発した水素添加法[62]にこだわったからであり，クルップの水素添加用高圧反応筒などの機器を輸入できなかったのは，ドイツ側も「第二次四カ年計画」推進中でドイツ当局がこれら機器の輸出を許可しなかったからである．つまり前者は日本が自国の技術を過大評価したこと，後者は同盟国ドイツが自国の自給化を優先したためである．

人造石油製造事業を戦後総括した論考によれば，上述の計画と実績の相違は「基本調査の不十分と集約生産が断行できなかったことによる」[63]と技術の問題よりも組織の問題に注目している．また東亜燃料工業が高オクタン価ガソリン製造に関するフードリー法の導入に挫折したのは，1939 年 12 月下旬の米政府による道義的禁輸措置の発動である[64]．この措置は日中戦争における日本の都市爆撃に対する制裁であった．

具体的な工場レベルでの人造石油の製造状況を，北海道人造石油 (株) 滝川工場についての研究成果[65]から見てみよう．同工場は，フィッシャー式石油合成

---

59) 金子幸男 (編) [1962]．
60) 例えば三輪宗広 [2004] を挙げておく．本書は太平洋戦争と石油の問題を，日米両側の視点から一次資料を使用し実証的かつ分析的に論じたものである．人造石油に関しては，日本の当時の人造石油の開発状況から見ると，臥薪嘗胆論に可能性はなく，ジリ貧論に理ありといった趣旨で書かれている．
61) 工藤章 [1987] [1989]．
62) 200 気圧以上の高圧と摂氏 400 度以上の高温の下に，石炭に水素を添加して石油を製造する方法．東榮二 [1941] 96 頁より．
63) 山本晴次 [1972]．
64) 東燃株式会社 (編) [1991] 27 頁．
65) 丹治輝一・青木隆夫 [1997]．

法[66)]というドイツから技術移転された製造法を採用した．本合成法はドイツでは1936年8月に工業化に成功したものである．滝川工場は1939年夏頃から建設に着手，1942年12月にやっと試運転操業を開始した．しかし，合成原油年産1.9万トンを目標にしたが，実際の年産は6トンにも満たぬという散々なものだった．この不調の最大原因はコバルト系触媒の入手難であった．

また日本の人造石油製造事業を概観して疑問に思うのは，1942年初頭における南方石油生産地帯の占領による事業の大幅な方針転換である．航空揮発油と航空潤滑油に生産の重点を絞ることに変更された．そのため現場サイドは生産態勢の変更や縮小が要求され混乱した．確かに，日本の戦争計画に南方資源地帯の占領が明記されるのは戦争の直前であり，1936年度の海軍対米作戦計画には，蘭印石油地帯の占領構想がなかった[67)]．専らフィリピンとグアムの占領，米太平洋艦隊の邀撃である．石油は貯油と北樺太油田で賄えると考えていたのだろうか．因みに1936年の石油在庫量は580万トンで，開戦1年の石油消費量825.2万トンの7割であった．

戦時中，商工省燃料局や軍需省の人造石油担当の要職にあった榎本隆一郎は，戦後この大いなる失敗の原因について次のように述べている．「早期に実績を挙げることが出来なかったその原因は，資材の調達が極度に制約されていたし，機器工作技術，製造技術が依然として充分でなかったためである」[68)]．資材の調達は，国内では保有資源の選択と集中の問題であり，対外関係では貿易による希少金属等の入手の問題である．機器工作技術や製造技術は，工作機械や労働力の質に関わることであり，技術移転や特許権購入が円滑に行われるか否かにかかっている．すなわち資源や技術の入手が容易な環境を造っていかねばならない．しかし，日本海軍の石油自給自足化政策は米英を排除する抗争的性格

---

66) フィッシャー式石油合成法とは，石炭をガス化し，ガスの中の一酸化炭素と水素の比率を1：2の割合に調製したものを原料としてコバルト系触媒を通して石油を合成する方式．

67) 日本の戦争計画で蘭国（オランダ）と開戦する場合が追加されるのは1941年度帝国陸海軍作戦計画からである．「昭和十五年度帝国海軍作戦計画」（霞ヶ関史料），「昭和十六年度帝国陸軍作戦計画・訓令」（宮崎史料），前者の史料に書き込みがあり，それが16年度の計画となる．実際，後者の史料には15年度計画になかった「対支作戦中蘭国と開戦する場合」が新たに挿入されており，その際，蘭印油田地帯の占領が明記されている．つまり経済封鎖を受けるまで蘭印石油の入手に関して陸海軍は極めて楽観的であったといえる．

68) 榎本隆一郎〔1976〕234頁．

を有しており，実際日本はそれとは真逆な環境を造っていったことになる．

結局，一貫した国家戦略の不在を感じる．統一した目標の基に，軍事と外交の両輪が機能する政策が要請された．海軍が燃料自給策の最後の頼みとした北樺太油田の開発に取り組んでいる時に，日独防共協定を締結してソ連を憤激させるなど戦略が分裂した典型例と言えよう[69]．

4 アウタルキー思想とブロック経済

（1）加藤友三郎構想と世界恐慌

加藤友三郎は現実を直視して，一見不平等なワシントン条約を受け入れ対米避戦の国富充実を優先する路線を主導した．それでは，軍備整備を抑えつつ民間工業力や貿易を活発にして国力を充実しようという加藤構想は実現したのであろうか．この問題を検討するに際し，まず，われわれは第3章で使用した貿易依存度[70]と軍事傾斜度[71]という概念を手がかりに話を進めよう．

図5-2は1912年から第一次大戦を経て，ワシントン条約，そして世界恐慌，満州事変を含む36年までの貿易依存度と軍事傾斜度を左右両軸にとり相関を確認したものである．ワシントン条約締結から世界恐慌までが検討の焦点になるが，その期間はもちろん，1912年から満州事変の31年までは明らかに両変数は負の相関である．ワシントン条約以降，軍事傾斜度が急減するにつれ貿易依存度は急増している．第一次大戦が終わったのに軍事傾斜度が上昇しているのはシベリア出兵に要した臨時軍事費のためである．他方，世界恐慌を経験して満州事変以降，両概念の相関は正へと逆転する．この段階ではケインズ的ス

---

69) 日独防共協定に関して，海軍の責任に言及するのは的はずれかもしれない．確かに本協定の日本側の発意は陸軍と外務省にあった．しかし，1936年7月外相官邸において，陸・海軍，外務の三省幹部はドイツ提案の日独協定に対する統一見解を作成すべく合同会議を持っていた．海軍側は漁業交渉や石油の問題があり，ソ連を刺激しない協定を望んだ．締結された協定のその部分は秘密付属協定として伏せられた．しかし，ゾルゲが日本陸軍を通じて協定の交渉状況を本国(ソ連)に通報した．外務省(編纂)〔1966〕350-354頁，読売新聞社(編)〔1981〕226，264-268頁．

70) 貿易量＝輸出量＋輸入量であり，GNPに占める貿易量(額)が貿易依存度(％)，貿易依存度の上昇が西欧近代経済成長の指標となっている．

71) 軍事傾斜度とはGNPに占める軍事費の割合．

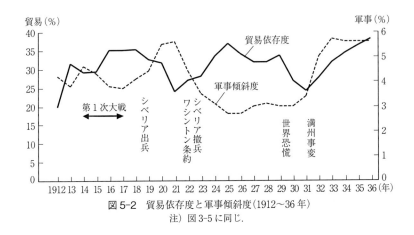

図 5-2　貿易依存度と軍事傾斜度（1912〜36 年）
注）図 3-5 に同じ．

ペンディング政策が奏功したと思われる．しかし，この時期の経済構造は論じ尽くされており本章の焦点でもなく，屋上屋を架す必要はないと考える．

　1920 年代は「慢性不況」の時代といわれている．確かに 1910 年代は大戦景気で沸いたため，大戦後の落ち込みや関東大震災が不況感を増幅した．しかし，マクロデータでみるかぎり，この時代（1922〜31 年）の粗国民生産の年平均経済成長率は 2% であり，製造業生産高も年平均 4.7% の成長率を記録していた[72]．また前述の貿易依存度も 1910 年代と 20 年代の平均を比較しても前者は 24.8%，後者は 31.2% と着実に上昇している．加えて，賃金もわずかながら上昇している．つまり，不況のイメージとは裏腹に，この時期の日本経済は成長していた．成長はしていたが，財閥が形成され，中小企業が整理され弱小銀行が取り付け騒ぎを起こしたり，大戦直後の労働争議[73]もあり，騒然とした雰囲気がマクロデータには出ない閉塞感を生んだようだ[74]．

　貿易についてこの時期の特質をみると，まず対米依存度を上昇させている．依然繊維関係が主役であるが，北米に対する輸出は上昇した．管理通貨制下の

---

72) 新保博〔1995〕199 頁，原出典は大川一司ほか〔1974〕第 19 表，篠原三代平〔1972〕第 2 表より．
73) 争議の大部分は労働条件の改善を求めるものであった．1920 年の八幡製鉄所，東京市電また 21 年の足尾銅山や三菱・川崎両造船所そして 23 年の野田醤油などの大争議があった．
74) 1920 年の戦後恐慌，23 年の関東大震災，そして 27 年の金融恐慌と繰り返される混乱が人々の不安を増大させた．

為替の切り下げなどの価格効果もあり，輸出主導型での工業生産のゆるやかな増加をもたらした．経常収支は大戦直後の急激な赤字から徐々に回復し，黒字に転換した時，世界恐慌となった．このような1920年代の工業生産の上昇の基盤には私企業を主体にした飛躍的資本輸入があった．第一次大戦を経験した私企業が国家の媒介を受けずに国際的な場での信用受容力を得たのである[75]．

一方，蓄積した資本の投資先として中国のシェアが1920年代に急増した．日本は列強の内の最大の中国投資国となったのである．対中国投資は1919年末，全対外投資の60.9%であったが，1930年末には94.7%であり，その内満州向けが49.8%であった．国別対中国投資額の比較では1914年に日本は13.7%で英国が37.7%であったのが，1931年には日本は35.1%で英国の36.7%に迫る勢いであった．他方米国は同年6.1%に過ぎなかった[76]．つまり加藤寛治が危惧した，米国が中国市場に参入し日英とその覇権をめぐって激しく抗争する姿は杞憂であった．ただ，米国資本の中国市場への参入の脅威が日本資本の中国市場への集中を促進したと言えよう．

加藤友三郎構想は，確かに実現されていた．民間工業力は活発化し外資を呼び込んだが，財閥大企業に資本が集中する形で，富が集積され，貿易は米国に依存する形で振興した．蓄積された資本の対外投資先は中国，とりわけ満州に集中したのである．

世界恐慌(1929年)の嵐を受ける前に，日本では，大戦中の投資ブームや震災手形が遠因になって金融恐慌(1927年)が吹き荒れた．世界恐慌はこの混乱を増幅したことになる．対米輸出は1929年を100とすると1930年には55，1934年には43と縮小した(当年価格)．

（2）ブロック経済とアウタルキー思想

ロンドン世界経済会議(1933年)には，恐慌克服への世界中の期待が集まったが，会議におけるアメリカとヨーロッパ列強の思惑にはあまりにも距離がありすぎ[77]，何ら協定や合意が結ばれることなく無期休会となった．会議は失敗し

---

75) 山澤逸平・山本有造〔1979〕53頁．
76) 新保博〔1995〕177頁．原出典は日本のデータは山澤・山本〔1979〕56頁，国別については Hou Chi-Ming〔1965〕Table 4.

たといってよい．われわれは，会議そのものの評価よりも，この会議を報道した当時のジャーナリストの経済観に注目した．

『エコノミスト』の会議に関する記事には世界恐慌を契機に世界中に波及したブロック経済化とそれに伴うアウタルキー思想を是認する論調が確認されたからである．

> 現在わが国は英ブロックその他より経済戦をいどまれている．〈筆者中略〉今後の日本資本主義は自己の政治的軍事的勢力範囲に市場を求めなければならぬ．他国の一挙手一投足にわずらわされない経済，可及的自足自給に近い経済を建設する必要に迫られている．〈筆者中略〉（武力によるブロックの構成にどれほどの効能があるのか慎重に検討せねばならないが）満州より「支那」本部に及ぶ広大なブロック経済の建設を叫ぶ人々は，ここにその経済的根拠をもっている[78]．

他方，二等主計正 森武夫は1935年6月の陸軍部内誌においてブロック経済とアウタルキー思想の関係を次のように論じていた[79]．

> 第一次大戦後の戦争気分の残存と復讐戦への考慮という心理的要因に依り各国は極力軍備を充実すると共に，自国を他国より経済的に独立せしめ，有事の際国防上遺憾なきを期する為，自給自足経済の樹立を切望した．

しかし，各国は自国の領域内で自給自足的な鎖国経済は行い得ない．したがって「一方には自給自足主義を標榜すると共に，他方なるべく世界経済的分業の利益を享有するという広域経済思想が台頭した」．それが「ブロック経済運動」である．「世界を数個の可能な大経済領域に分割し，其の内部に於いて自給自足経済を確立せんとするに至った」．日満ブロックもその一つである．つまり，エコノミストも森もブロック経済運動の根拠にアウタルキー思想を見出していたのである．

（3）海軍軍縮問題と日満アウタルキー

日満アウタルキーを強力な海軍（艦隊）で防護するという加藤寛治の論理は，

---

77) 秋元英一〔2008〕．
78) 『エコノミスト』〔1933〕．
79) 森武夫〔1935a〕．

ロンドン条約をめぐる統帥権干犯問題を媒介に，先鋭化し，末次信正や石川信吾に継承されていった．石川信吾は，1933年の「次期軍縮対策私見」[80] において，満蒙経略は国家死活の問題であるから，米国の東洋進攻作戦に対抗するため次期軍縮会議ではロンドン条約の羈絆を脱し，米国海軍に対し不安のない兵力を整備すべしと論じた．

石川によれば「次期軍縮会議は我が満蒙政策の成否を岐つ重大会議であり，太平洋に対する国際的争覇戦の緒戦と見るべきもの」である．したがって，たとえ会議が決裂し無条約状態に突入しても米側にはパナマ運河という制約があり，無条約の方が巨大戦艦を造れることで軍事的にも経済的にも日本に有利と，艦艇，航空隊そして潜水艦の建造(整備)価格を比較して論じた．ただ，その際の根拠数字については石川の論理に有利な数字が引用されている[81]．

他方，末次信正は1934年6月の軍事参議官会議において，「現下時局の中心は満州問題なり，これに海軍軍縮が加わる．両者は本来同一の物なり．満州をして今日あらしめたるは主として陸軍の功績努力に帰するも連盟の抗議に屈せず米国の恫喝を退けて陸軍をして後顧の憂いなからしめたるは西太平洋の海権を掌握する我海軍の実力なり」[82]．

そこには，嘗ての陸軍に対する組織対抗的な論理は影を潜め，陸軍と手を携え，日満アウタルキーを強力な艦隊で防衛しようという海軍アウタルキー思想がある．つまり本来激しく対立していた陸海軍がアウタルキー思想を触媒に日満支自給圏を核として拡大するという点で協調したことになる．

海軍次官山本五十六は1937年1月22日，ラジオで「海軍軍備無条約時代を迎えて」と題して講演している[83]．その論旨は以下の通りであり，海軍が提出した第三次補充計画(〇三計画)の意義を強調したものである．1936年でワシントン・ロンドン条約が失効した．「帝国が国防上必要なる海軍軍備を整備する

---

80) 伊藤隆〔1970〕.
81) 例えば，条約受諾による潜水艦保有量の不足を航空隊で補填すると所要経費は8000万円としている．しかし，「〇三計画」(1936年)で計上された新編航空隊6隊を整備する所要経費は3540万円であり，航空隊数が明記されていないので断定はできないが，過大な数字を掲げている．防衛研修所戦史室(編)〔1969a〕518頁．
82) 伊藤隆〔1970〕.
83) 山本五十六〔1937〕.

為，最小限度の新補充計画を樹立することは喫緊の処置である」．また帝国の国防に必要なる兵力は，東洋海域において，いかなる敵国艦隊をも撃破し得る内容のものでなくてはならない．「世上，今期議会に提出せられました予算が軍事費偏重であると言う様な声を聞く事がありますが，経費過重の故を以て国防を第二義に考える如き事があったならば，それこそ国防の不安を招来し，究極に於いて国家を衰滅に導くに至る虞がある」．国防の欠陥が国家の国策を萎縮させて，かえって国運の衰朽を来し，結局は国民生活の窮迫を招来するに至ると云うことは，古来に史実に明白な通りであると言明した．

一見，艦隊派と距離を置いていたと目されていた山本五十六[84]が，「〇三計画」の意義の根拠として，佐藤鉄太郎の『帝国国防史論』での同じ戦史の教訓を持ち出していた（第一次英蘭戦争時のオランダの敗因）．「加藤伝言」の状況は，1936年の段階でも変化はなかった．対米戦となった時，米国以外に金を貸してくれる国はあるのだろうか．日英同盟は廃棄されており，ドイツにもその余裕はない．加えて，山本はこの講演の中でコミンテルンの脅威に言及し日独防共協定を正当化していた．北樺太油田への考慮はなかったのだろうか．

むすび

（1）対日経済制裁と日蘭会商

日中戦争になって，戦略資源である石油の輸入は対米依存度を増した．例えば，石油全輸入額に占める米国からの輸入額は1935年が76％であったのに，1939年には81％と5ポイント[85]も上昇したのである．他方，日中戦争での日本軍の都市爆撃や天津の租界封鎖というアグレッシヴな行動は，米国をして道義的禁輸から公的経済制裁への移行を促す結果となった．

1940年1月，日米通商航海条約が失効した．その年の春にドイツの西方攻

---

84) 田中宏巳〔2010〕54頁では「山本は艦隊派からは条約反対と見られ，条約派からは条約賛成と見られたので，海軍を追われずにすんだ」と分析されている．
85) 1935年のデータは東洋経済新報社（編）〔1980〕647頁，原出典は大蔵省「日本外国貿易統計（通関統計）」，及び1939年のデータは日本石油株式会社社史編さん室（編さん）〔1988〕347頁，原出典はAnderson, I. H.〔1975〕

勢があり，ナチスドイツの劇的なフランス占領に日本は幻惑され，独ソ不可侵条約で一旦冷え込んでいた三国同盟交渉が復活した．あれほど三国同盟に反対していた海軍がなぜこれを承諾したのか．諸説あるが，確かなことは，英国と交戦中のドイツと同盟を結ぶことは，英米と敵対することを意味する．戦略資源の大部を依存している国を明確に敵対国家とする理に合わない選択であった．三国同盟に反応するかのように，米国は屑鉄や航空機用ガソリンの禁輸を実行した．

こうして，米国に代わりうる石油や鉄鉱石の輸入元である蘭領インドがクローズアップされ，戦略資源の輸入交渉を議題とした日蘭会商が焦点になった[86]．蘭領インドからの石油の輸入が全輸入額に占める割合は1939年に14%，約57万トンである．しかし，1940年5月，有田八郎外相は在京オランダ公使宛の書簡で「少ナクトモ石油百万トン将来如何ナル事態ニナラントモ日本ニ輸出スルコト確約ヲ与ヘラレンコトヲ要請」した．同年6月，これに対するオランダ特命全権公使の回答は「他品目ハトモカク，石油産品百万トンハ過去三年ノ日本向け平均輸出量〈70万トン：筆者〉ヲ超過スルモノ」である．ただ，そう言明しながらオランダ政府は「蘭印ノ石油会社ハ日本側ニ於テ適時ニ契約カ締結セラルルコトヲ条件トシ右要求量ヲ供給スルコト可能ナリ」[87]と日本政府と現地石油企業[88]との直接交渉に下駄を預けた形を取ったのである．

（2）南部仏印進駐と対日石油全面禁輸

日蘭会商で，蘭側の回答に従い，政府は蘭印の現地石油会社と直接交渉に入り，一旦は180万トンの契約を取り付けた．ところが，1941年春の日蘭会商において日本側は新たに300万トンもの石油の輸入を要求したのである．これに対する蘭側の対応は芳しいものではなかった．日蘭会商は不調に終わった．

同年6月6日，ドイツの大島浩大使から「独ソ戦確定」の報が入電した．三

---

86) この時期の日蘭会商については，安達宏昭〔2002〕も参照．
87) 外務省（編纂）〔1966〕427-432頁．
88) 1940年現在の蘭印石油会社は，スタンダードバキューム系子会社NKPM社が原油生産量200万トン，その他，英蘭系のBPM社などが580万トンで計794万トンの原油生産量を上げていた．しかし，両社とも実質的に英米政府の管理下にあった．正確には英米政府の意向を無視することはできなかった．濱田恒一〔1944〕369-371頁．

国同盟にソ連を加えて，四国連合で米国を威圧しようと企図し日ソ中立条約の締結を進めた松岡洋右外相には思いもよらぬ知らせであり，ここにおいて四国連合構想は崩壊する．独ソ戦は陸海軍首脳や幕僚にとって，大きな状況の変化である．にわかに，大本営陸海軍部はこの対応をめぐって騒然としてきた．

6月10日午後，陸海軍部局長会談[89]が開催された．この会談の記録を見ると，議題となったのは「日蘭交渉決裂セントス」という状況への対応である．この日蘭交渉の展開に対し帝国の態度を決定せねばならない．明日の大本営政府連絡懇談会でこの件を決める．そのとき，にわかに「南部仏印ニ駐兵スベシノ意見台頭ス」[90]と，ここで初めて，南部仏印進駐の件が正式な会議で持ち出された．しかも主語のない「台頭す」という形で議題に上がってきたのである．

南部仏印進駐の件は，陸軍の課長クラスの間では「対仏印泰施策要綱」(同年1月頃)が検討された段階から，対英戦にあたりシンガポールを攻略するための航空基地を南部仏印に設定するために必要と考えられていた．ただ，独ソ戦確実という情報の段階で，対ソ武力行使の問題がほとんど取り沙汰されず，南進の件が出てくるのが，面妖なところである．

一方，海軍側には南部仏印進駐を促進するいくつかの要因がある．第一は日蘭会商が不調なので，その煮え切らない蘭印政府を，南部仏印に航空基地を設営して威圧しようという狙いである．次に，陸軍への組織対抗的論理である．独ソ戦となれば，政府及び国民の眼は北に向く．つまり陸軍が主役になる．これを牽制するために，南進政策を推進するという狙いもあった．

そしてこれが最大の理由と思われるが，大和型戦艦建造の見通しが立ち，政策第一委員会[91]をリードしていた石川信吾らの胸中に対米戦の勝算が生まれていたことである．この頃，対米軍艦比率7割を超え，大和型戦艦の件もあり，

---

[89] 陸海軍の参謀本部，軍令部の作戦部長，陸海軍省の軍務局長が出席する，事実上の軍部の意思決定をなす会議．ここで決定した案が当時の最高意思決定会議である大本営政府連絡懇談会で通常了承された．

[90] 大本営陸軍部戦争指導班／軍事史学会(編)〔1998〕114-115頁．

[91] 当時海軍の政策決定の主力は課長級にあった．課長の中でも省軍務局第一課長・高田利種，同第二課長・石川信吾，軍令部戦争指導班長・大野竹二，同作戦課長・富岡定俊の四者を構成員とするのが政策第一委員会である．稲葉正夫・小林龍夫・島田俊彦・角田順(編)〔1963〕427頁．

たとえ対米戦となっても戦える，いやむしろいまこそチャンスと考えたのではないだろうか．その論拠は，南部仏印進駐を決定した6月12日の第30回大本営政府連絡懇談会(以後「連絡懇談会」と略称)で，南部仏印進駐を含む案件である「南方施策促進ニ関スル件」の提案説明を海軍の永野修身軍令部総長が行っていたことである．その件の質疑応答の中で，永野はこれに抵抗するものには，英米であれ断固武力行使すると宣明した[92]．

「南方施策促進ニ関スル件」は「連絡懇談会」及び御前会議を通過，1941年7月23日，大陸命第518号[93]が発せられた．「第25軍司令官ハ海軍ト共同シ其ノ主力ヲ以テ7月24日以降南部印度支那ニ進駐スベシ」．かくて日本はルビコン河を渡った．これに反応する形で，7月25日午後8時，ホワイト・ハウスから在米日本資産凍結が新聞発表された．「米国自体の国防の許す範囲内で，日本が1935～36年度に購入したのと同量まで低質のガソリン・原油および潤滑油については輸出許可証および凍結資金解除証発行．その他の通商は原棉と食糧を除いて，全面的に不許可」[94]という極めて厳しいものであったが，なお，完全禁輸を意味するものではなかった．にもかかわらず，その後，対日石油輸出および石油取引支払いのための凍結資金の解除は実際には許可されず，結果として米国は対日石油全面禁輸を実施することになった[95]．

(3) 山本五十六の対米戦構想——連続決戦構想

対米戦が避けられないものになった時，山本五十六はかねてから抱懐していた連続決戦構想，その手始めとして真珠湾攻撃構想を周囲にもらし始める．山本はいつ頃からこの作戦を表明しだしたのか．1940年12月10日付の嶋田繁太郎支那方面艦隊司令長官宛の手紙では，石油の関連で「蘭印作戦に着手すれば対蘭米英数カ国作戦に発展するのは必定である．少なくともその覚悟と戦備をもってするに非ざれば対南方作戦に着手すべからず」「それでもなお開戦の

---

92) 「軍令部総長「南方施策促進ニ関スル件」ヲ説明ス此ノ際軍令部総長ハ仏印カ応セサル場合並英米蘭ガ妨害シタル場合武力ヲ行使スルコトニ関シ強ク強調セリ」，参謀本部(編)〔1967〕220頁．
93) 防衛研修所戦史室(編)〔1974b〕366頁．
94) Langer, W. L. and S. E. Gleason〔1953〕pp. 654-655.
95) 福田茂夫〔1967〕340頁．

やむなしとすれば寧ろ最初より対米作戦を決心し，作戦実施の確実を図るべし」[96]ともらしていた．

それでは真珠湾攻撃そのものを明確に開陳したのはいつか．諸説あるが[97]明確に記録に残っているのは，及川古志郎海相に対する1941年1月7日付の私信である．桶狭間と鵯越を合わせたような捨て身の作戦でなければこの戦争は乗り切れない．従来の対米作戦計画では在東洋所在部隊の撃破，南方資源地帯の占領そして米太平洋艦隊の邀撃を同時に行わなければならない．

しかし，それはできない．なぜなら，まずフィリピンやグアムの占領そして東洋所在艦隊や部隊の撃破，その後，時をおいての米太平洋艦隊主力との決戦でもあれば可能性はなくはない．しかし，これに南方資源地帯(蘭印など)の占領という任務が付加されると地域占領作戦と米太平洋艦隊主力との決戦が同時に生起する公算もあり，その成算は極めて困難である[98]．その件もあり，開戦と同時に米太平洋艦隊に乾坤一擲の奇襲的打撃を与え，もし，それを撃ちもらしたら，これを壊滅させるまで連続的に決戦を強要して米国民の士気を沮喪させ講和のテーブルに引きずり出そうというものであった[99]．

この山本の連続決戦構想は，従来の漸減邀撃構想とは違った問題点も抱えていた．つまり機動部隊を含む連合艦隊が日本近海で待ちかまえて迎撃するのではなく，太平洋全域に米艦隊主力を求めて東西南北に激しく動き回り，航空機が主役となった戦いを繰り返すので，大量の石油(重油，航空揮発油，機械油)を必要とし消費するという問題である．この山本が職を賭しての連続決戦構想は軍令部の反対を押し切り実行される．かくして太平洋戦争は航空機と石油を中心とした南方資源の還送，すなわち航空機工業と海上輸送力(造船工業)の戦争という性格を色濃くしていった．

---

96)「嶋田繁太郎大将宛の山本五十六大将の書翰」〔1940〕．
97) 元海軍大佐源田實の証言「山本長官が真珠湾攻略の構想を初めて口にしたのは昭和15年(1940)の春頃だった．まず連合艦隊参謀長福留繁少将に話し，ついで昭和16年1月及川古志郎海軍大臣に提案した」．「山本五十六」『プレジデント』(プレジデント社，1980年).
98) この辺の山本五十六の思考過程については，吉田昭彦氏より示唆を受けた．
99)「日米戦争ニ於テ我ノ第一ニ遂行セザルベカラザル要項ハ，開戦劈頭主力艦隊ヲ猛撃撃破シテ米国海軍及米国民ヲシテ救フ可カラザル程度ニ其ノ志気ヲ沮喪セシムルコト是ナリ」．山本五十六〔1941〜42〕．

第Ⅲ部
「戦時期経済」体制に見る軍事工業
航空機と艦船

第6章

戦時航空機工業の構想と展開——陸軍航空を中心に

はじめに

　太平洋戦争は航空機工業と造船工業の戦争であったといっても過言ではない．本章では前者の航空機工業について，陸軍による航空機工業の造成政策が戦時経済体制に適合的であったかどうかを焦点に検討したい．第1章で論じたように，陸軍が構築を目指した戦時経済体制(総力戦経済体制)の，平時から準備すべき三本柱の筆頭は軍事力の整備である．その軍事力の中でも航空機は第一次大戦から本格的に実戦に登場し，にわかに注目され始めた．

　第一次大戦中(1915年)陸軍が欧州の交戦各国の軍事に関する調査研究を行う目的で設置した臨時軍事調査委員[1]の調査報告の抄録が「参戦諸国の陸軍に就いて」として現存している．同委員の報告のポイントは以下の2点である．一つは今後の戦争が国家総力戦になるということ，もう一つは第一次大戦で，急激な兵器の革新が行われたということである[2]．日本としてはこの2点に対応していかねばならないが，兵器の革新で着手しなければならないのが航空兵器であった．

　戦前日本の航空機工業には，以下のような特質があった．ユーザーは終始，軍であり民間航空はユーザーにはならなかった．軍需産業として軍に保護され，軍の要求に沿って発展してきた．つまり，兵器として最大の機能発揮を要請されてきた．せまい市場で軍産複合体を構成し，少量多品種で発展してきたのである．ただ確かに軍主導ではあったが，一方で企業の論理もあり，軍の論理と相克する場面もあった．

　次に，軍用機の設計から生産まで，基本的にすべて民間企業が担ったことで

---

1) 陸軍省〔1919〕．
2) 臨時軍事調査委員〔1919b〕33-44頁．

ある．これは艦艇の場合と大きな違いがある．艦艇の建造では，海軍工廠が設計から艤装まで終始担当するケースが少なくなく，航空工廠の役割とは対照的であった．もう一つの特質は，航空機の生産技術はすべて外国からの技術移転から始まっているということである．造船のように日本在来の和船造船の技術のようなものはなかった．日本の航空機産業は欧米のそれに対して完全なる後発産業であった．

それでは，われわれは，なぜ海軍航空ではなく陸軍航空と航空機工業の関係を問題にするのかである．まず，戦時経済体制（総力戦経済体制）の構築に熱心であったのは陸軍であったことである．次に，陸軍航空は対ソ戦を前提に準備していたのに，想定外の対米戦となり，全く準備不足の太平洋の戦いに引きずり込まれた．しかし，開戦当初は技術的に海軍に遅れをとっていたのが，戦争後半から柔軟に対応して，盛り返したことである．

最後に，海軍航空はアジア太平洋戦争の主役であり，技術水準も零式艦上戦闘機（零戦）や「金星」エンジンで群を抜いており，海軍航空を推進した山本五十六という人を得て，機動部隊という，世界初の空母の集中運用を構想するなど話題になる目玉が多く，先行研究も多いからである[3]．これら海軍航空の先行研究での共通の認識は，日本の海軍航空が，太平洋戦争という消耗戦に対応できなかった．すなわち，質を保持した新戦力をパイロットも含めて量産し戦場に送り込めなかったということである．その点は経路は異なるが陸軍航空の戦時期の課題と合流する．

本章の冒頭の問題意識と日本の航空機工業の特質から，この問題を解明するためには軍側と企業側の両側から考えていかねばならない．つまり航空兵器を要求する陸軍航空の運用思想(ドクトリン)[4]とその要求に応える形で航空兵器を製造，生産

---

[3] 公刊戦史的な研究でも，陸軍航空は『戦史叢書』に限られるが，海軍航空については，防衛研修所戦史室（編）〔1976b〕の他に日本海軍航空史編纂委員会（編）〔1969a〕〔1969b〕〔1969c〕〔1969d〕と大部の4巻が時事通信社から1969年に公刊されている．また，海軍歴史保存会（編）〔1995〕も準公刊戦史的な性格を有する．この中でも第4巻（77-80, 468-478頁），第5巻（530-641頁），第7巻（484-609頁）で海軍航空機関係について詳述されている．研究書では三輪芳朗〔2008〕でもアジア・太平洋戦争では海軍航空兵器が日本軍航空兵器の主役であり中心的役割を果たしたとして，これを主に分析している．

[4] ドクトリンという用語は，軍事史，軍事思想の分野では広汎に使用されており，定義は明確でない．われわれは，これを「綱領，綱要，操典，教範などのように文書化され，運用方

した航空機工業の技術力も含めた企業の事情の両側からである．この二者の関係は目的と手段の関係，必要性と可能性の関係，その相克と捉えることができる．軍は目的で可能性を追求し，企業は手段で可能性を決定する．この目的と手段の適合性，もしくは，手段に目的を適合させたか，実行の可能性のある目的を掲げたか等が合理・非合理を仕分けする指標になる．

したがって，先行研究も目的にあたる運用思想を扱う軍事史，軍事思想の分野と，手段にあたる可能性を提供した航空機工業つまり企業側を扱った経済史，経営史，産業史の分野の両方をサーベイせねばならない．結論的には，両者は併走しており，これを結合する研究は少なく，本章がその少ない試みの一端を担えればとわれわれは考えている．

軍事史，軍事思想の分野での運用思想の論点は，次のようなものである．陸軍航空の運用思想は「航空撃滅戦」と「地上作戦協力」の両者の間を迷走した[5]．いや，1930年代半ばに，前者に移行した[6]，という論議である．この二つの概念は対の概念ではなく，「航空撃滅戦」で制空権を獲得すれば，後者の「地上作戦協力」は自ずと可能になる．逆は不可能であること等から，運用思想は前者に収束したという見解が自然であるとわれわれは考えている．

したがって，陸軍航空の「航空撃滅戦」ドクトリンを航空機工業が可能にする航空機を製造(生産)し得たかどうかが，ドクトリンが内実のあるものであるか否かの指標となる．また，石原莞爾は対ソ戦で航空機主体の戦争，「航空撃滅戦」を拡大した戦争を構想していたが，それも可能性の面から，つまり構想を成立させる航空機工業をどう造成しようとしたか，かつし得たかを考えてみたい．

他方，日中戦争から太平洋戦争になると，つまり戦時期に入ると航空機の質

針，運用理論を包含し，これを具体的に記述したもの」と仮に定義する(由良富士雄〔2008〕22頁)．なお，由良は，本論文でドクトリンという用語を更に進化させた形で使用している．また由良のドクトリン考察の契機になっているのが，Corum, J. S.〔1977〕である．

5) 横山久幸〔2006〕160頁など．また，一連の防衛研修所戦史室(編)〔1971b〕〔1974a〕〔1976a〕という陸軍航空の軍備と運用シリーズもこの見解で記述されているという見方もある．

6) 由良富士雄〔2008〕21-50頁．この部分の議論については由良の同論考や本人へのインタビューに大部を負うている．引用を承諾され，丁寧に筆者の疑問に答えていただいた由良に謝意を表したい．

の面以上に，量の要求が軍から発せられる．これに応えようと，企業側が苦闘する．その実態は経済史，経営史，産業史の分野で膨大な研究が蓄積されている．蓄積された先人の業績としては，疋田康行[7]，麻島昭一[8]，柴孝夫[9]，山崎志郎[10]，山本潔[11]，西川純子[12]，佐々木聡[13]，前田裕子[14]，植田浩史，岡崎哲二らの仕事がある．これら先人の研究がわれわれの問題意識に関して明らかにしたことは，量産システムは航空機工業を支える裾野となる関連工業群(機械工業が主となる)に依存するということである．なぜなら，通常，大量生産するためには，航空機製造企業は部品の大部を下請企業群に外注せざるをえない(すべて内製化した企業もないわけではないが)．つまり，この下請企業が精度に高く高品質の部品を迅速に製造できるかどうかに大量生産の成否がかかっていたといっても過言ではない．われわれはこの点を焦点に，量産を成功させた英国の航空機工業などを参照しながら，日本の量産をめぐって軍と企業がどう相克し，日本型の量産システムを形成した経緯とその相貌を論じたい．

1　1920年代の陸軍航空——ライセンス生産期

(1) 井上陸軍航空本部長と航空機工業の勃興

　陸軍が本格的に航空機の研究を始めたのは，1909年臨時軍用気球研究会が組織されてからである．そして，航空機を輸入し，その操縦術の修得から始めて，次にその生産を考えるようになったのは，第一次大戦で輸入が杜絶したからである．とりわけ発動機の補給に事欠いた．まず，横須賀海軍工廠や東京砲兵工廠砲具製造所が外国製発動機の模倣生産を行った．後者は1914年9月，ルノー70馬力発動機の試運転を行い，結果は良好だったが，1916年から17

---

[7] 疋田康行〔1977〕．本論考で注目したいのは，航空機生産体制の整備は総力戦体制構築の主要なそして後進日本の特異な柱であったと評価していることである．
[8] 麻島昭一〔1985a〕〔1985b〕．
[9] 柴孝夫〔1992〕．
[10] 山崎志郎〔1991〕．
[11] 山本潔〔1994〕．
[12] 西川純子〔1993〕．
[13] 佐々木聡〔1992〕．
[14] 前田裕子〔2001〕．

年にかけての，ダイムラー100馬力発動機の製作は，成功とは言えなかった．これを搭載した航空機が演習で事故を多発し，その原因の5割以上が発動機にあったからである．結局当時の国産発動機には，材質及び製造技術に問題があると判定されたのである[15]．

大戦直後(1919年)，フランスはフォール航空団を日本に送り込んだ．日本が大戦末期に外国に航空機の輸入を要請したが，断られ，唯一譲渡を決定したのがフランスであった．フランスは大戦終了後，余剰となる国内航空機工業の生産機の市場として日本を有望視した．フォール航空団とは，譲渡する航空機(サルムソン機)の操作及び機能についての教育，第一次大戦の教訓を教授することを目的としてフランス側が申し出て，同国の費用で来日した技術伝授団である．フランスは大戦前及び大戦間を通じて世界航空界の覇者であり，日本陸軍としてはその来日に異存なく，準備して伝習に臨んだ．

フォール航空団を日本の責任者として迎え，その伝習教育を踏まえてその後の日本陸軍航空の基本的な制度設計をしたのが，井上幾太郎少将である．伝習教育では機体製作についても発動機製作についても，工廠や軍の施設で軍人に行われた．しかし，井上は伝習教育を終えた後，いくつかの大きな改革を行った．

井上の航空器材行政機構改善意見によると，まず，陸軍で航空機事業を担当する部署が錯綜し，統一と円滑を欠き，意思の疎隔を生ずる虞あり，陸軍省内に航空行政などを統轄処置させる「航空局」を設置する必要をあげる．次に，航空機製造所，航空機中央器材廠の設置などを提案した．陸軍は井上の意見やフォール航空団の勧告を考慮し「陸軍航空部」の創設を決定，初代の本部長に井上を指名した．

井上は陸軍兵器廠と協議して1919年5月「飛行機の製造方針に関する件」を決定した．その内容は「機体製造の主は官(航空部と砲兵工廠)，一部民間，発動機は官と民が半々」といったものであるが，傾向として航空機の製造は徐々に民間に移行すると解釈されている．この点はポイントになる．「航空機工業

[15) 防衛研修所戦史室(編)〔1975a〕12, 20-21頁．材質の件は第一次大戦による市場材料の欠乏であり，問題の本質は太平洋戦争後半，日本が苦しんだそれと同様である．同じ問題がこの頃すでに生起していた．

の特性は，総合的工業であり，技術革新が急激で，欧州列強も飛行機の製造は民間が実施しており，官の場合，運営能率が悪いから」[16]といわれる．

それでは民間企業は，航空機製造に乗り出すことのどこに利点を見出したのであろうか．航空機の将来兵器としての有望性，つまり需要は増大する．軍の保護が見込める，すなわち利益保証や助成が望める．これらの理由から「経済的にも経営が成り立つ見通しがついた」[17]といえよう．ただ，技術的にすべて外国に依存しているため，移転や内部化に成功すれば，その波及効果も大きいが，失敗すれば，損失も大きくリスクはあった．結局1924年までに設立された航空機製造関連会社は8社[18]に及んだ．

（2）宇垣軍縮と陸軍航空

井上は陸軍航空の制度改革だけでなく，戦略・作戦面でも「陸軍航空部」が主導して行うべきであるとして，フランスからジョノー少佐を招聘し，これの研究に当たらせた(1921年)．ジョノー少佐の総合意見のポイントは次のようなものである．①航空の拡張，そのため騎兵・歩兵の削減，②日本の地政的環境から見た陸海軍航空から独立した遠距離用の大飛行隊の編成，③採用する飛行機の種類は偵察，戦闘，戦場爆撃機のほか，遠距離行動用飛行機などである．特に最後の遠距離行動用飛行機は極めて有用と結んだ．

このようなジョノー少佐の見解は，当時軍縮の嵐にさらされながら，これを利用して軍の近代化を目論む宇垣一成の総力戦(経済)体制の軍事力整備に反映される．宇垣の総力戦観は明確である．「未来の戦争は軍の交戦，軍の操縦術に止まらずして，国家を組成する全エネルギーの大衝突，全エネルギーの展開運用によりて勝敗が決せられる」[19]．

次期大戦は，総力戦になる．現況を見ると，従来の軍事力ではこの総力戦に対応できない．近代化が必要だ．とりわけ航空兵器の近代化すなわち総力戦へ

---

16) 防衛研修所戦史室(編)〔1975a〕39頁．
17) 東洋経済新報社(編)〔1950a〕595頁．
18) 東洋経済新報社(編)〔1950a〕605頁．三菱，中島，川崎，川西，愛知，日立，九州，立川の各社(機体，発動機にかかわらず，航空機工業に参入順)．
19) 宇垣一成〔1968〕327頁．

の対応である．一方，世論は軍縮論が沸騰している．しかし，これは逆にチャンスだ，この世論を追い風に，陸軍内の反論を封じて旧来兵器が装備された師団数を削減し，その分を近代兵器とりわけ航空兵器に充当しよう．宇垣軍縮は4個師団を削減，その経費を戦車，高射砲，化学兵器，とりわけ改革所要経費の30%を航空兵器に当てた．具体的には，それまで偵察中隊と戦闘機中隊しかなかった航空隊に爆撃機4個中隊が新編されたのである．

（3）小磯国昭の超重爆撃機整備構想

『資源』の著者，小磯国昭は1927年，井上航空本部長の下の総務部長として，井上と仕事をしている．その頃，時期は明確ではないが，小磯は超重爆撃機の必要を感ずる．その思考過程は次のようなものである．「ソ連や中国と戦争になった場合，使用する遠距離爆撃機の飛行半径は長いほどよいが，それにも技術面で限度があろう．日本陸軍としては米国との戦争は避けるべきだが，万一を考えて台湾とマニラの間を往復し，しかもマニラ上空で30分位活動できるだけの性能を有する飛行機が得られれば，ソ連や中国に対する爆撃機としても充分役に立つだろうと考えた」[20]．

日本ではそのような超爆撃機を製造する能力がなかったので，ドイツのユンカース社のユンカース10型という4発機のライセンスを購入，三菱に担当させた．生産途上で新たな問題も発生し予定外の出費となったが，飛行機は完成，九二式重爆撃機として制式化された(1933年)．その後試作機も含め6機生産されたが，あまりにも低速なためか(時速200キロ)，運用中止となった(小磯は憤慨していた，確かにこれ以降日本では4発の陸軍機は，生産されていない)．以上のような小磯の思考過程や構想を実現する行動の過程には無理な側面を見出すことはできない．むしろ実現しようという強い意志と目的と手段の適合性を感じる．

---

20) 小磯国昭／小磯国昭自叙伝刊行会(編)〔1963〕423頁．

第Ⅲ部　「戦時期経済」体制に見る軍事工業

2　1930年代の陸軍航空——自立期の航空機工業

（1）航空撃滅戦ドクトリンをめぐって

　日本陸軍の航空撃滅戦ドクトリン形成の契機は，満州事変である．「満州国」の成立により，陸軍は直接満州で，ソ連軍と対峙することになり，強力なソ連の航空戦力（大型長距離爆撃機）の脅威にさらされた．そのため，1933年の対ソ陸軍作戦計画では，作戦段階を2段階に分け，第1段階では満州と日本本土の間に楔のように割り込んでいる沿海州へ攻勢をかけ，ソ連航空戦力と野戦軍を撃滅し第2段階に大興安嶺山脈東部で，ソ連軍と決戦を行うというものであった．この2段階の作戦計画は，これ以降の対ソ作戦計画の基本になった[21]．

　航空撃滅戦のアイディアが明確に盛り込まれたのは，1932年8月末に立案された1933年度航空作戦計画であるとされている[22]．しかし，このアイディアを実現するためには，訓練指針や組織制度，とりわけ爆撃機を中心とした装備体系を含む後方部門を整備しなければならない．この航空撃滅戦のアイディアは実現可能性の面で難があり，実現する装備体系（重爆撃機，支援戦闘機など）の出現を待たねばならない．

　1934年，陸軍航空の訓練指針にあたる「航空兵操典」が制定された．この操典の解釈には議論がある．航空撃滅戦の発想を表したという説[23]，地上軍支援的傾向が強いという説[24]である．しかし，この操典は，従来（1924年）の操典（飛行隊教練仮規定）に比べ，開戦当初の戦力温存，地上軍の決戦にあわせた航空戦力の集中投入という概念は影を潜め，開戦劈頭からの戦力発揮と積極的な攻勢を強調している[25]．また，「制空及び掩護」の章では，制空権を獲得するた

---

21)　防衛研修所戦史室（編）〔1969b〕246-248頁．なお対ソ作戦計画は，1937年度まで原資料が見つかっていない．
22)　本計画は，柴田信一中佐を班長とする陸軍参謀本部第二課航空班が策定した．また，これは地上軍の作戦計画に対応した陸軍最初の航空作戦計画といわれる．防衛研修所戦史室（編）〔1967a〕339頁，〔1971b〕432頁．秋山紋次郎・三田村啓〔1981〕237頁．
23)　「航空兵操典」〔1934a〕．
24)　例えば，秋山紋次郎・三田村啓〔1981〕138頁，防衛研修所戦史室（編）〔1971b〕439頁．
25)　「航空兵操典」〔1934〕．

めの運用法として，爆撃機による敵航空基地への攻撃が加えられた．さらに，戦闘機や偵察機は爆撃隊の掩護の実施を考慮するとされた[26]点などから，この操典は婉曲的ではあるが，航空撃滅戦の考え方を取り入れていると考えられる．表現が婉曲的になったのは，操典は部外者が入手する可能性があり，最高機密である開戦劈頭における航空撃滅戦用法を悟られないためであった[27]．

（２）九七重爆エンジンの選定問題（1936～37年）と戦略爆撃

翌1935年，陸軍は航空撃滅戦ドクトリンを実現する重爆撃機や戦闘機の研究を航空機製造会社に命じた．焦点の重爆撃機は同年9月，三菱，中島，川崎に研究上の参考資料（要求性能など）が与えられ，研究が命ぜられた．1936年1月に設計書が出て審査，3月中島，三菱の2社に競争試作を命じた[28]．同年12月，機体とエンジンについて両者の試作機が出てくる．機体についてはすんなりと三菱に決まったが，問題はエンジンであった．中島がハ-5，三菱はハ-6で，後者はすでに完成していて評判の高い金星系に改良したものである[29]．空中実験までして万全で臨んだが，結果はハ-5の採用である．この選定経緯には，謎があり，両者の言い分も食い違っていた[30]．機体は三菱，エンジンは中

---

26)「航空兵操典」〔1934〕．
27) 防衛研修所戦史室（編）〔1969b〕439頁．
28) 陸軍軍需審議会〔1937〕．
29) 前田裕子〔2001〕76-77頁．
30) 三菱側の言い分は次のようなものである．「A6「震天改」，1933年2月ハ-6（出力800HP）として計画開始し，1934年5月に完成．このハ-6エンジンに対して，すでに成果を挙げていた「金星」に適用した新技術を加えて改造を実施した．1936年から37年にかけて立川の陸軍航空技術研究所において，両社の比較試験が行われた．（ハ-6）の問題点はヒマシ油使用によるピストンリングの膠着であったが，それ以外にはとくに大きな問題もなく，300時間連続耐久運転も無事終了させることができた．結論は，機体は三菱，発動機は中島にするというやや意外なものだった．この結論に至った裏には，陸軍が持っていた暗黙のメーカー割り振りがあったことと，この時点でも海軍が「金星」実用化に熱心であった経緯から，「金星」系を毛嫌いする空気が陸軍に残っていたのではなかろうか」（松岡久光〔1996〕86-90頁）．
　一方，中島側の言い分は「97式850HP「ハ-5」は1933年5月試作1号機を完成した．しかし，鋳物部分に亀裂が入ったので改修し2号機は1934年春に800HPで完成した．「ハ-5」は1935年から36年にかけ立川技研で「ハ-6」と隣り同士の運転台で，公式耐久運転を受けた．このときも刻々の運転状態を競ったほど緊張感のみなぎるものであった．〈筆者中略〉立川技研での審査の間，中島には大きな故障はなかったが，三菱にはシリンダーヘッドの焼きはめねじの逃げ溝から，ヘッドの鉢にすっぽりと亀裂が入り，ヘッド脱落寸前の大事

島のハ-5との決定の一次資料は残っているが，エンジンがなぜハ-5なのかの，選定経緯の一次資料は見つけることができず，両者の全く対立する証言だけが，しかも直接，試験に立ち会っていなかった人の証言だけが手元にある．

ところが，制式化された九七重爆が生産され，日中戦争で活動し始めると，問題が出てくる．ノモンハン事件では行動時間や行動距離も短かったため，目立たなかったが，1940年，海軍と協同で行われた対中奥地戦略爆撃（百一号作戦）の時に九七重爆の問題点が浮き彫りになった．作戦は，5月中旬より4カ月にわたって行われた．陸海軍ともに重爆が参加，陸軍が九七重爆に対し，海軍は「金星」エンジン搭載の九六式陸上攻撃機（九六陸攻）である．参加機数も海軍が3倍くらいであるが，問題は耐久性であり，とりわけエンジンの耐久性である．「海軍機は400時間の連続使用可能であったが，陸軍機は150時間でオーバーホールを要した」[31]．

そこで陸軍では本問題を重視し，同年加藤調査団を現地に送る．現存する調査団の報告書の結論は，調査団に中島，三菱の技師も参加していたためか，陸軍の技術軽視の傾向や整備補給体制の抜本的見直しなどが指摘されていた[32]．調査項目の第一に「九七式850馬力発動機〈ハ-5：筆者〉故障の原因」が挙げられている[33]のに，それについて報告書では直接答えていなかった．加藤調査団長が，この問題にハッキリ言及したのは，戦後である．

加藤邦男大佐（当時）は1965年，防衛研修所戦史室のインタビューに答えて，「最も大きな問題は「ハ-5」の段べりであり，それに関連して整備期間の短小〈間隔が短くなる：筆者〉であった」と述べ，この件は以前から噂に聞いていたという．「そもそも気筒に生じた段べりに対してはすり合わせをして再びつかう必要を生じ，これが発動機の使用時期を短小にしていた．その原因は製作上と取扱い上の問題である」[34]．

このような，実戦による「ハ-5」と「金星」エンジンの性能の明確な違いは，

故があったときいている」というものであった（中川良一・水谷総太郎〔1985〕191頁）．
31) 井本熊男〔1998〕453頁．
32) 加藤調査団〔1940〕．
33) 陸軍省〔1940〕．
34) 「支那事変　加藤調査団について」〔1965〕．

「金星」そのものではないが,金星型に改修した「ハ-6」の優位を示唆するものであり,1936年から37年の九七重爆のエンジンの選択に不可解なものを感じさせる.つまり,陸軍の航空撃滅戦ドクトリンを実現できる可能性を企業側が提供したのに,陸軍側固有の企業のバランスの論理や,海軍が採用した金星系エンジンに反発するといった感情的なモメントが働き,ドクトリン実現の機会を自ら手放したのである[35].

九七重爆と九六陸攻によって行われた対中奥地戦略爆撃は,日中戦争の特有の目的を示す象徴的なものである.本来中国航空戦力の撃滅が目的であれば,中国空軍基地を爆撃すれば事足りる.それが航空基地の爆撃から都市爆撃に目標が変換していったのは,蒋介石政権の屈伏ないしは膺懲という日中戦争の目的にあった[36].この膺懲という目的は達成指標の見えないものであり,手段としての都市爆撃は婦女子を含む市民に対する無差別爆撃で中国国民の憎悪と敵愾心を煽る.また,第三国との紛争を惹起させる虞もあり[37],国際世論の反発も生み,日本側にも道義的負い目を覚えさせ,戦略的に負の環境を造りだすことになった.

(3) 石原構想と航空軍備(1936〜37年)

石原莞爾は,陸軍大学校を受験した1915年頃からいち早く航空機の革新性に着目していた[38].またドイツ留学中(1922〜24年)も,日本からの兵器研究視察の一行に「遠からず戦争は航空機により決せられるようになります.今後の兵器工業は優秀な飛行機を製作することが第一主眼でなければなりません」と

---

35) ただ,陸軍は加藤調査団を送った頃には,九七重爆のエンジンを三菱の火星系ハ-101に換装しており,1940年12月,同エンジンを搭載した九七重爆II型1号機が完成した.この点は陸軍の柔軟性を感じさせる.II型は1944年まで生産される(1280機).生産が制限されたのは,エンジンの問題ではなく,防護力の問題で損害が増大したからである.
36) 防衛研修所戦史室〔編〕〔1975d〕262-263頁,〔1974c〕318頁.
37) 防衛研修所戦史室〔編〕〔1975c〕109頁.
38) 横山臣平〔1971〕102頁によれば,石原は,陸大の口述試験で,試験官から「機関銃の最も有効な使用法は如何」という質問に対し「機関銃を飛行機に装備し,敵の大縦隊に対しタタタタタと銃射を浴びせることです」と後の機銃掃射の用法を回答した.1915年当時,日本では航空機は不完全でようやく偵察機に使用していた時期であり,機関銃を装備することなど考えられない段階であった.石原の航空機の将来性への見透しやその先見性が窺われる.

第Ⅲ部　「戦時期経済」体制に見る軍事工業

スピーチしていたし，同じ頃，ベルリンでのドイツ参謀本部員との第一次大戦の研究交流などから「将来戦が空軍によって決定されることを確信していた」[39]．

1928年1月の木曜会でも，石原の空軍観が再確認される．この会合での石原の「我カ国防方針」という報告では「将来戦は国家総動員に依る消耗戦略にあらずして一挙にしかも徹底的に敵を殲滅するにあり，それは空中戦なり」（原文カタカナ，以下同じ）．「最後の戦争は日米航空機を以て勝敗を一挙に決する」[40]など決戦兵器としての航空機，したがってこれを生産する航空機工業の決定的重要性を強調していた．

第2章で論じたように，石原莞爾大佐の国防国策大綱はまず，対ソ戦から始まる．しかし，広大なソ連領土で，石原はどのような形で対ソ戦に決着をつけようとしていたのであろうか．ここに高橋柳太という，作戦課長・部長時代の石原に政策秘書のような形で仕えた主計将校へのヒアリング記録がある[41]．この記録は石原の戦争経済観を知る上で極めて興味深い．まず，対ソ戦の攻勢の終末点はウラル山脈までと述べていた．しかも対ソ戦の主戦力は航空機であり，地上軍は宣撫隊だけでよいという．したがって対ソ戦備で最も要請されるのが，航空戦力であり，それを造成する航空機工業である．それゆえ対ソ戦の根拠地となる満州に航空機工業を建設しようと考えた．その際，もし日本企業が難色を示したら外国の航空機製造企業を誘致すればよい，日本政府がすべての生産航空機の買い取りを約束すれば済むことだ，といったという．

実際，1937年1月，石原が第一部長心得の時期，参謀本部の名前で「戦争準備の為帝国の飛行機及兵器工業を速に満州へ推進せしむる為の要望」[42]が出ている．その要点は

1．速に帝国の飛行機及び兵器工業を満州に推進し急速に帝国の大陸戦備を促進す．〈筆者中略〉将来計画中拡張(新設を含む)を要する部分は努めて

---

39) 横山臣平〔1971〕136-137頁．また五百旗頭真〔1971〕72頁によれば，石原は留学中のベルリンで第一次大戦時，ドイツ参謀本部員だった将校を雇い，第一次大戦研究会を開いたという．
40) 木戸日記研究会・日本近代史料研究会〔1974〕368-369頁．
41) 荒川憲一〔1999c〕81-101頁．これは1966年春頃，東大助教授(当時)であった中村隆英に原朗，村上勝彦が同行，病気療養中であった高橋柳太氏に行ったインタビューの記録である．
42) 島田俊彦・稲葉正夫(編・解説)〔1964〕683頁．

第 6 章 戦時航空機工業の構想と展開

之を満州(朝鮮を含む)に施設せしむるごとく指導す.
2. 1941 年迄に実現せしむべき満州に於ける最小限度の戦時生産能力次の如し　飛行機工業　年製 3000 機〈以下筆者略〉

であった.

　しかし,高橋の証言のように,日本企業に忌避され外資の航空機製造会社を買い取り保証の約束をして誘致しようとしても,当時の満州の産業構造では満州国での航空機工業建設は極めて難しい.なぜなら航空機工業は総合工業であり,飛行機製造工場だけ建設しても航空機はできないからである.もちろんすべてを内製化できれば問題ないが,原材料から部品までを含む膨大な裾野工業が必要である.ところが,当時(1936～38 年平均)「満州国」の農業を除く全産業の生産高に占める機械器具工業のウェイトは 1.89% に過ぎなかった[43].したがって,たとえ航空機製造工場が建設されても,主原材料であるアルミ工業が設立されても,部品の調達に苦しむことは必定である[44].場合によっては本土に部品の調達先を求めることとなり,輸送コストに問題が出てくる.このコスト

---

[43] 山本有造〔2003〕78-80 頁.その根拠は満州中央銀行調査課作成の「満州国産業生産指数」である.同資料によれば満中銀調査課は,工鉱林業に属する 37 個別品目を選び,1936～38 年の各品目の生産価額(生産数量×生産価格)を基礎としてウェイトを算定した(全産業を 100 として,ちなみに鉱業は 36.11, 林業は 24.30 である).

[44] その点は「軍需品製造工業五年計画要綱」に折り込み済みという反論があろう.「部品工業,素材工業等の勃興を促し,機械器具工業を満鮮に培養す」と目標を掲げてはいる.しかし,これも必要性の議論である.いかにしたら,農業中心の地域であった「満州国」に,軽工業の発展の過程を経ることなく,いきなり重工業を立地していくのか.内地の中小機械工業を誘致しようというのか.当時は内地でも,「生拡」構想や,続く日中戦争で,中小機械工業は隆盛を極めていた.これら中小企業や労働者に満州に渡るメリットはとくに考えられない.実績のデータを論証の補完に用いると,序章で述べた「満州産業開発五年計画総括表(1938 年)」国民経済研究協会・金属工業調査会(共編)〔1946〕108 頁によると,本計画の 1 年目(1937 年)の実績では,飛行機は 0 である(修正計画で 1941 年の目標を 5000 台に修正しその資金手当をしたにもかかわらず).また,1944 年度生産実績を「満州ニ於ケル重要産業別設備能力並生産実績」(前掲書, 140-141 頁, 満蒙同胞援護会調査, 1946.5.10)には,飛行機の項目は無かった.ただ,防衛研修所戦史室(編)〔1975a〕157 頁によれば,1938 年 6 月満州重工業開発株式会社が,特殊会社として「満州飛行機製造株式会社」を奉天に設立した.同社は航空機製造の実績のある奉天航空工廠を買収したものである.しかし,その後の「満州飛行機製造株式会社」の生産実績を入手することはできなかった.もちろん時間という要素を長期にとり,同社を母体に満州に機械工業を中心とした裾野工業を集積させる可能性をさぐることはできる.しかし 5 年間でそれが可能になるとは考えにくい.

は価格に転嫁され，満州で製作された航空機の競争力を失わせる．労働力事情にも問題がある．満州は中国関内に比較して人口希薄であり，「満州国」の成立で労働力事情は逼迫していた．航空機製造企業としては満州に進出して経営を成立させる公算が極めて困難なのである．つまりこの石原の満州に一大航空機工業地帯を建設する計画は国防国策大綱を実現する必要性を掲げたものであり，航空機製造企業側から見ると実行の可能性に問題がありすぎる構想に思える[45]．

3 日中戦争から太平洋戦争へ——量産問題

(1) 量産の要請とそれを可能にするもの

1942年5月，東条英機陸軍大臣は陸軍軍需動員会議の冒頭で以下のような趣旨の訓示をした．「今日以後の軍備整備の優先は航空優先に徹し航空兵力の画期的飛躍を期す．〈筆者中略〉質を向上させるのは当然だが，量の増強を図るは将来戦の為絶対的要件なり．それゆえ量的軍備の基礎は，大量生産に存す」と大量生産体制の確立の急務を強烈に要望した[46]．

東条陸相はなぜこの時期に大量生産の必要を強く要望したのだろうか．日本の航空機工業が急成長した1930年代から40年代初めの戦争の特徴を考えてみ

---

[45] われわれの指摘は，妥当なものであったろうか．結論は判定困難といえる．「満州飛行機製造株式会社」の正確な生産実績データは入手できなかったが，社員の回想録が出版されていた．それによると，奉天に53万4000平方メートルの工場敷地(三菱重工業名古屋発動機大幸工場の44%)をもち，1945年8月までに陸軍二式高等練習機(キ-79)を総計3710機製造した．われわれが予想したように資材は大部分，内地から供給を受けたし，アルミ合金加工工場の拡充や機能部品製作工場の内地からの移駐などは実現しなかったが，一部特殊鋼やアルミ製品を満州産で充当し得た．なによりも発動機(ハ-13甲：480馬力)を内製し，多量生産(月産150台)したことは特筆に値する．回想録であることを差し引いても，現地中国人を教育し，熟練工に養成し，賃金制度は出来高払いという勤労へのインセンティブを意識したものであった．しかし，「満洲産業開発修正五年計画」での資本増強措置を承知しているわれわれは，大量の工作機械や設備を投入し，内地から技師や熟練工を招致して，7年かけても戦闘機の量産はできなかった(キ-79の最高速度は340キロ)ことにプロジェクトの困難性も感じた．満州飛行機の思い出編集委員会〔1982〕1-4, 7-11, 100-109頁．野沢正(解説)〔1989〕99, 383頁．満州航空史話編纂委員会〔1981〕．

[46] 防衛研修所戦史室(編)〔1975a〕326-327頁，「訓令訓示綴」．

よう．日中戦争時は相手が中国であり，強力な海軍も空軍も保持していなかったから，陸海軍の航空戦力は中国を圧倒し，大量の航空戦力の必要を感じなかった．日中戦争間のノモンハン事件(1939年)では当初のタムスク爆撃が大戦果をあげた．このことは航空撃滅戦の運用思想の正しさを実証した形になった．しかし参謀本部からの政治的な配慮による国境外爆撃規制により，受動的防空戦が主となり運用思想は混迷した[47]．結局，この事件も直接，量産体制を構築するという切迫した要求に結実しなかった．この事件の後に零戦が誕生し中国空軍をその性能で圧倒，零戦神話が生まれる．寡をもって衆を制し得るという過信である．

ところが太平洋戦争になると事情は一変する．初期の南方資源地帯の占領も順調に進んだとはいえ，米英は強力な航空戦力を有する．初期作戦間の航空機の損耗は1カ月50%弱という予想以上のものであった．しかも航空機の生産が当初の目標を上回ることはなく[48]，損耗補填も充分になされなかった．初戦の航空機の活躍からこの戦争の帰趨は航空戦力が決することは明白であり，質で量を補うことができないこともわかってきた．そこで速やかに量産体制を確立しなければならなくなった．

一方，目をヨーロッパに転ずると，周知のように第二次大戦は1939年の9月から始まっており，翌40年の春から夏，ドイツの西方攻勢が成功しフランスは占領され，引き続きドイツは英国本土侵攻を企図した．この侵攻作戦の成否は英国本土付近の制空権の確保にあった．ここに，英国本土の制空権争奪をめぐる戦い，バトル・オブ・ブリテン(以下BOBと略)が始まった．

この空の戦いで，英国が勝利し，ドイツは英本土侵攻を断念する．BOBでの英国の勝利はその後の第二次大戦の行方を決定づけたといっても過言ではない．本土の防衛を英国がなしえたことにより，後の米国参戦の心理的基盤が保持され，米国のヨーロッパ進攻の前進基地が確保された．また翌年，ドイツはソ連に侵攻するが，ヒトラーは，常に両面作戦の脅威にさらされながら戦わねばならなくなったのである．

---

47) 下河邊宏満〔1997〕15-27頁．
48) 防衛研修所戦史室(編)〔1976a〕201-202頁．

表 6-1 英独日の航空機生産(1932～44年)

	英国	ドイツ	日本	備考
1932年	445	36	530	
1933年	633	368	650	
1934年	740	1,968	790	
1935年	893	3,183	990	
1936年	1,830	5,112	1,280	
1937年	2,218	5,606	1,580	
1938年	2,828	5,235	2,782	
1939年	7,940	8,295	3,303	
1940年	15,049	10,826	3,462	BOB
1941年	20,094	11,776	6,260	太平洋戦争
1942年	23,672	15,556	9,500	
1943年	26,263	25,527	17,510	
1944年	26,461	39,807	24,000	

注) 英国:Central Statistical Office〔1951〕．ドイツ:Overy, R. J.〔1995〕p. 204. 原典出はR. Wagenfuhr, Die Deutsche Industrie im Kriege, Berlin, 1963, p. 74. 日本:1939年以前国民経済研究協会(岡崎文勲)(編)〔1954〕14頁(機体のみ)，1940年以降は東洋経済新報社(編)〔1950a〕607頁(年度)より．

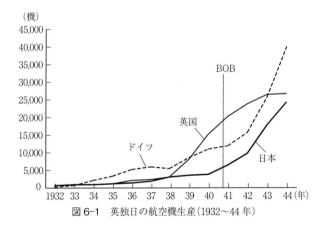

図 6-1 英独日の航空機生産(1932～44年)

　われわれがBOBに言及しているのは，そのような軍事史的側面からではない．この空の決戦で，それまで圧倒的に優勢と思われていたドイツ空軍に対し，拮抗できる空軍力を，BOBが行われた1940年の夏までの，ほんの2年弱で急速に造成し得た英航空機工業の量産の実現方策に注目したからである．それは，シャドー・スキーム(Shadow Scheme)という英空軍省に主導された量産システム技法である．まず，表6-1，図6-1で，1933年から44年までの英独日の航空機の年間生産台数を確認してみたい．このデータでとりわけ目につくのが，

1938～40年の英国の航空機生産の爆発的上昇である．1940年夏のBOBまで，英国は米国の援助を直接的に受けていなかった[49]．BOBの勝利は英国独力で勝ち得たものだった．

　BOBにおける英国の勝利は，軍事史では，ヒトラーの空爆目標の変換(英空軍基地からロンドンなどの都市へ)，ドイツが重爆撃機を保有し得なかったこと，そしてメッサーシュミットの航続距離不足などが指摘されている．これらドイツ側の失敗は確かにそうだが，BOBの時点で英国がスピットファイアをはじめとした航空機をある程度の量を保有していなければ，勝利は論外であった．表6-1でわかるようにドイツが再軍備して1934年から38年までドイツの生産機数は英国を圧倒していた．それをなんとか戦える量までもっていったのが，シャドー・スキームである．

　第二次大戦前，日中戦争の頃1939年1月及び3月に開催されたサットン・パーク講習会[50]で，二人の米国技師が日本の航空機工業について次のように言及した．二人は日本陸軍によって，米国一の航空機エンジン会社，カーチス・ライト社から招聘されたものである．「諸君ガ航空機製造工業ヲ築キ上ゲテ行ク上ニ於イテ困難ナル物ハ其ノ航空機工業ヲ支エテ行クベキ他ノ工業ノ無イ事ニアル又カカル工業ノ設立コソ航空機製造工業確立ニ与ッテ力アル」[51]．

　結局，航空機工業を支える「裾野」となる工業が同工業育成の決め手になる．二人の技師は日本にはそれが無いと断言した．図6-2「製造工業生産額の部門別割合の変化」でわかるように，1937年を画期として日本は製造業の重点を繊維工業から機械工業に振り替えていった．二人が言及した航空機工業を支える工業とはこの機械工業が中心になる．日本では機械工業が発展途上にあって，同工業が製造業の重点になった契機は日中戦争であった(日本に機械工業が無かったというのは言い過ぎと思われるが)[52]．以上の日本の状況の一端を踏まえて，

---

49) 1940年春，英国参謀長会議は政府に対し，米国に戦闘機を可及的速やかに供与してくれるよう説得して欲しいと督促していた．この記録は，1940年春の時点では米国から英国に航空機の直接的援助はなかったことと解釈しえる．Collier, B.〔1957〕p. 121.
50) 前田裕子〔2001〕112頁，中川良一・水谷総太郎〔1985〕104頁．
51) 前田裕子〔2001〕114頁．
52) 沢井実〔1996a〕によれば，日本の機械工業で1930年代までに輸入代替化して，輸出産業になったのは，自転車，鉄道車輌，紡織機であり，量産体制確立のための条件整備が進んだの

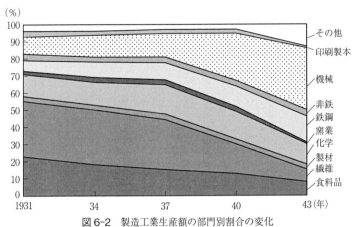

図 6-2 製造工業生産額の部門別割合の変化
注) 1931～40 年までは篠原三代平〔1972〕146-147 頁より筆者算出. 1943 年は東洋経済新報社(編)〔1980〕228-230 頁(原出所は通商産業省大臣官房調査統計部(編)『昭和 35 年基準 鉱工業指数総覧』1964 年)を用いて篠原三代平〔1972〕の 1940 年値を延長推計した.

シャドー・スキームとは，いかなるものであったのか．英国はどうやって質を保持しながら航空機のこれだけの量産を実現したのか．

シャドー・スキームとは，航空機量産の集団生産方式であり，航空機製造企業が中核となり，これを支える他の工学企業群(shadow：「裾野」となる企業群)がグループをなして航空機生産に当たる方式である．このスキームは英空軍省が主導し，空軍省と航空機工業界そして産業界との絶え間ない調整と協調の内に実行された総合的な航空機量産方策でもある．

英国は 1935 年のドイツの再軍備宣言，35～36 年のイタリアによるアビシニア紛争(エチオピア戦争)などの国際情勢への危機感から軍備増強を進めていた．当然，空軍力の増強も企図される．とりわけ，ドイツの再軍備宣言以来の空軍力の飛躍的増強に脅威を覚えたからである．英国は 1918 年から空軍を陸海軍から切り離して独立させ，三軍制を確立していた．したがって，空軍戦力の軍備整備に当たっても，日本のように陸海軍が激しい予算の争奪戦を演じるということはなかった．空軍省部が一体となり，一貫した方針で空軍力を造成していった[53]．つまり英国の場合，1939 年の高いパフォーマンスは，シャドー・

は大阪変圧器や紡織機工業部門に限定されていた．307-308 頁．

スキームを実現する制度的基盤(独立空軍制)が初期条件として存在していたためともいえよう．

空軍省は政府の承認を得ながら，航空機増産政策を推進していた(スキームA, C)．スキームFを始める年(1936年)に，政府は既存の航空機工業の能力だけではこのスキームを遂行できないと考えた．そこで構想されたのが，シャドー・スキームである．まず，予算は，1936年は35年の約2倍である(表6-2)．次に当然新しい航空機製造工場の建設も考えられたが，航空技術のめまぐるしい進化のために，工場を建設していては予想される1939年危機に間に合わないことが懸念された．そして現存の航空機工業と関連企業という既存の資源(労働力，工場，関連産業)の最大限の活用が模索されたのである．

シャドー・スキームのポイントは航空機のエンジンと機体で，下請企業(シャドー)を原則として仕分けしたことである．航空機エンジンの場合，ブリストル・マーキュリーエンジンのケースが典型である[54]．ブリストル社はこの一つのエンジンを七つに分割し，七つのエンジン製造企業に分担させ各社がその一つの部分に集中生産，それをブリストル社が組み立てるようにした．これによって治具，工具，ゲージの重複が回避できる．ブリストル社のこの方式は最終的には5社になった．

ブリストル社ほどでなくても，他のエンジン製造企業は，この例のように一

---

53) このような英国と日本の軍制度の違いは，量産技術となんらかの関連があるのだろうか．まず，直観的には，独立空軍制の国の方が機種を少数に絞り込める．三菱第4発動機(名古屋)の生産機種でも明らかなように，海軍機のエンジンと陸軍機のエンジン両方を生産せねばならない．独立空軍制を採用しているドイツのBUSSING NAGがほぼ1機種しか生産していないのと極めて対照的である．量産という視点から見て後者が優位なのは明らかであろう．次に表6-2のように軍事費に占める航空予算(空軍費)の割合を日英比較すると，1930年代，34年を除き，常に英国が上であった．つまり，英国の方が空軍軍備を日本に比較して優先的に整備していたことになる．最後に，予算の生産性(効率性)という点で違いが明瞭である．日本と英国の航空予算，1933年から39年までのドル換算した実質値を算定した．これで，当該年の両国の航空機生産機数を除すると，100万1990年ゲアリー＝ケイミス・ドル当たりの生産機数が算出される．これをみると，日本の効率性が高いのは，1935～36年のみ(大きな差はない)であり，日中戦争に入ってから急激にそれが落ちてくる．1939年には4分の1以下にまで落ち込んだ(実質GDPは，アンガス・マディソン(金森久雄監訳)〔2000〕282頁より)．

54) Ritchie, S.〔1997〕p. 59.

表6-2 日英航空予算と各軍事費に占める割合

(単位：日本側 1,000 円, 英国側 100 万ポンド)

	日本航空予算①			日本軍事費②	英空軍予算③	英軍事費④	日本(%) ①/②	英国(%) ③/④
	海軍	陸軍	計					
1931年	37,917	10,664	48,581	454,617	17.7	107.2	10.7	16.5
1932年	59,399	19,305	78,704	686,385	17.1	103.0	11.5	16.6
1933年	78,482	34,881	113,363	872,620	16.8	107.9	13.0	15.6
1934年	106,338	58,381	164,719	941,882	17.6	113.8	17.5	15.5
1935年	116,691	69,638	186,329	1,032,937	27.5	136.9	18.0	20.1
1936年	136,385	81,831	218,216	1,078,170	50.1	185.8	20.0	27.0
1937年	362,905	222,187	585,092	3,271,138	56.3	197.2	17.9	28.5
1938年	425,805	322,987	748,792	5,962,141	72.8	255.4	12.6	28.5
1939年	690,518	648,759	1,339,277	6,472,907	105.7	292.0	20.7	36.2

注1) 日本の航空予算を考える時，海軍航空予算の記録は残っているが，陸軍航空予算は，明示的資料が残っていない．それゆえ，次のような手順で陸軍航空予算を推計した．
　　推計式：海軍航空予算×(陸軍航空機生産機数/当該年海軍航空機生産機数)
　　ただし，予算は会計年度であるが，航空機生産機数は暦年であるので正確な推計式ではない．
注2) 海軍航空予算は，日本海軍航空史編纂委員会(編)〔1969b〕950 頁より．
注3) 日本軍事費は，大蔵省財政金融研究所財政史室(編)〔1998〕391 頁より．
注4) 英空軍予算は，Gibbs, N. H.〔1976〕p. 532 より，英軍事費は，Smith, M.〔1984〕p. 336 より．
　　原出典は R. Higham, *Armed Forces in Peacetime*, London, 1962.

つのエンジンを二つに分割して生産する，ないしは一つのエンジンに集中する方式を選択した．その際，エンジン製造の下請企業として活用されたのが，自動車産業である(もちろんそればかりではないが)．自動車産業，とりわけそのエンジン製造部門は他の製造工業に比して高い技術力を持っていた．エンジン生産には部品の下請けといえども高い技術力が要求されたからである．

他方，機体の場合，生産の下請けとして指名されたのが，郊外の弱小，関連中小企業であった[55]．航空機の機体の生産に当たり英国全土で機体専門企業の外注率は 1936 年 10% であったのが，39 年には 40% にまで上昇した．機体の製作にはエンジンほどの工作機械や高い技術力を必要としないので，そのような体制を構築できたのである[56]．

---

55) Hornby, W.〔1958〕pp. 226-229.
56) 岡倉古志郎〔1938〕85-101 頁ではシャドー・スキームとは航空機エンジンを六つの自動車会社が分担して生産することだとされていた．出典は『タイムズ』や『マンチェスター・ガーディアン』などの新聞情報や政府公表文書である．しかし，機体の量産の問題がその後，出てきた．それが，M. M. Postan が監修した HISTORY OF THE SECOND WORLD WAR UNITED KINGDOM CIVIL SERIES の一つである Hornby, W.〔1958〕で言及されたのである．

重要なことはエンジンの種類は極少にし，機体・エンジンとも標準化を進めることである．エンジン生産では，自動車産業のような高い技術力をもった企業を下請けとして活用した．他方，機体の生産では，これをできるだけ細分化し，それぞれの下請企業の技術に見合った部分を外注した．これが，この方式で品質を落とさず量産化できた秘訣であった．

英国は日本が太平洋戦争に入って3年目，すでにその勝敗は決していた時期に達成した年間生産2万機の量産システムを，4年前に造り上げた．しかも，英国にとって最も危機の時期に間に合うように造り上げたのである．因みに，1935年の英国と日本の年間の航空機生産機数は英国が893機，日本が990機であった[57]．

ただ，ここで指摘しておかねばならないのは，初期条件としての自動車工業の有無である．1937年，日本でトヨタ自動車工業が国産車の工場を初めて建設した頃の英国の年間自動車生産台数は55万台であった[58]．日本は自動車産業という有力な裾野産業が無い中で，量産体制を構築しなければならなかった．

（2）山下独伊軍事視察団

日本陸軍が最初に量産に対して関心を持ち出したのは，山下独伊軍事視察団がドイツを訪問した時である．1941年7月，山下奉文陸軍中将を長とする独伊軍事視察団は，1940年から41年にかけて実施した独伊軍事視察の報告書を提出した．その中に，「飛行機ノ多量生産ト其ノ基礎条件ニ就イテ」という，ドイツ空軍兵器本部企画部ゼリスハップ中佐の視察団に対する講演記録[59]がある．講演には，当時のドイツの航空機大量生産に関する考え方が端的に表れている．

> 飛行機の多量生産という遠大なる計画を実行するための具体的要件は，これに相応する工場を建設しその内部施設，人的要素を完備し且つ材料並びに動力及び設備に対する物資を蒐集することなり（原文カタカナ）．

---

57) イギリスのデータ：Central Statistical Office〔1951〕，日本のデータ：国民経済研究協会（岡崎文勲）（編）〔1954〕14頁．ただし，数字は機体数．
58) 鈴木淳〔2001〕186-191頁など．
59) 独伊派遣軍事視察団（調製）〔1941〕．

この視点は航空機の大量生産の成否は，航空機の生産方法を包含した工場というシステム如何にある，という包括的考え方を示している．工場とは，市場条件への適応化を前提とした，財やサービス・情報の投入を産出に変換する典型的な制御システムの一つである[60]．この工場制度では，「工場ごとに単一機種を製作せしめ2機種を越えないようにすることが大切である」[61]（原文カタカナ，以下同じ）．

多量生産における分業製作に関しては，「一機種の製作に当り胴体翼又はその他の部分品を数工場に分割製作せしめ最後にこれを纏めるものである．この方法は数工場を一単位とするもので，全国の工場を各機種に応じ幾つかの組に分割することになる」．ドイツのこの航空機製造工場システムで特徴的なのは，熟練工を重視している点である．「ドイツにおいては一機種を完成するまでの間の改修正は非常に多く一年間に1機1000点以上にも達しあり．従って未熟練工を沢山集めても，飛行機製作は不可能にして優秀なる職工を集める事が飛行機製作の根本なり」．

つまり，ドイツの飛行機製作においては，用兵サイドの頻繁な改修要求に対応するため熟練工は必須のものと考えられていた．しかし，この点は生産性の観点からは脆弱性にもなる．つまり，必須のものである熟練工が不足した時，生産性は低下するし，一方で生産性の向上を熟練工の技能に頼ることとなり，機械化が掣肘される傾向も出てくる．日本の航空機製造業界は，このドイツ方式を模倣した[62]．とすれば熟練工員が徴兵・召集などで抜かれると生産性の上昇は鈍化する．

一方，「米国の航空機産業は，戦時生産力を急速に増大する必要にせまられて，1940年から，新しい製造技術を模索した．この新しい製造技術がいわゆる"流れ生産"〈流れ作業職場：筆者〉方式で，1944年までには，すべての主要な機体とエンジン会社がこの方式を導入していた．この生産方式は，自動車産業

---

60) 清川雪彦〔1995〕225頁．
61) 独伊派遣軍事視察団（調製）〔1941〕．
62) 但し，企業の技術者には，米国の流れ生産方式には学ぶところが多いと，これを業界の研究誌に紹介している中島飛行機武蔵野製作所工場長の例もある（河内衛〔1944〕）．この論文は奥田健二・佐々木聡（編）『日本科学的管理史資料集　第二集　図書篇』（五山堂書店，1997年）に再録されている．

表6-3　ドイツの機体工場(REGENSBURG, Messerschmitt AG Augsburg)

	ME108	ME109	ME163	ME210	ME262	ME323	計
1938年	175						175
1939年	147	147					294
1940年	77	349					426
1941年	59	353		32			444
1942年	58	486	8	62		16	630
1943年		2,166	62			86	2,314
1944年		6,318			49	1	6,368
1945年		1,074			296		1,370

注) *USSBS*〔R-279B〕Reel No.1(YD-208)より．なお，REGENSBURG工場は1938年末から1944年12月までMe109sを9182機，同型機の35.4％を生産，他の同型機生産工場より最も多く生産した．

表6-4　日本の陸軍機体工場(中島飛行機太田工場)

	九七重爆	九七式戦闘機(固定脚)	一式戦闘機(隼)	二式単座戦闘機(鍾馗)	百式重爆撃機(呑竜)	四式戦闘機(疾風)	剣(特攻機)	計
1939年	127	343	3					473
1940年	181	590	7		7			785
1941年	7	433	157	6	29			632
1942年		289	616	131	174			1,210
1943年			1,347	519	344	24		2,234
1944年			1,070	565	201	1,670		3,506
1945年				2		992	82	1,076

注) 米国戦略爆撃調査団(航空自衛隊幹部学校訳)〔1960c〕75-77, 112-116頁より．

をはじめ，アメリカの多くの産業分野でよく知られていた方法を，航空機産業に導入したものである」[63]．

米国が"流れ生産"方式を模索した1940年は，第二次大戦がすでに勃発しており，ヒトラーのいわゆる西方攻勢が行われて，ドイツがヨーロッパ大陸を席捲し事実上の支配下においた時期である．日本はドイツに接近したので日米関係は緊張しており，米国の先進技術も1920年代のように容易に入手できる状況ではなかった．実際，米国政府は日中戦争一年目の1938年7月頃から公

---

63) 山本潔〔1994〕232頁．原出典はTom Lilly et al., *Problems of Accelerating Aircraft Production During World War II*, Boston: Division of Research, Harvard Business School, 1947.

表6-5 ドイツのエンジン工場(BUSSING NAG FLUGMOTOREN WERKE GmbH BRUNSWICK)

	DB601	DB605	DB606	DB610	計
1939年	○				696
1940年	○				1,212
1941年	○				1,716
1942年	○(4月まで)	○(4月から)			2,496
1943年		○			4,140
1944年		○			6,888

注1) USSBS〔R-279B〕Reel No. 2 (YD-208)より。なお,BUSSING NAG 工場は全ダイムラーベンツエンジンの25%を生産した。このエンジンは Me109 戦闘機生産企業に納入された。
注2) 右側2列のエンジンは,左側2列のエンジンのダブルエンジンであり,生産高はごく少数。

表6-6 日本のエンジン工場(三菱第4発動機:名古屋)

	震天(MK4)	明星(MK8)	瑞星	金星系列	火星系列	ハ-5陸	ハ-26陸	ハ-101・2・4陸	計
1939年	68	27	379	1,016		647	104		2,254
1940年	45	376	1,263	95		756	557	179	3,281
1941年	77	49	142	1,324	809	106	696	1,233	4,594
1942年	75	32	145	2,068	1,728	174	368	2,221	6,701
1943年	22	5	622	2,263	2,749		735	3,103	9,710
1944年			200	2,749	6,183		241	7,475	17,030
1945年				57	60			317	434

注1) USSBS〔1947b〕pp. 148-152.
注2) 合計の数字が合わないのは,他の機種のエンジンを少数生産しているからである。
1944年には陸軍用のエンジンにハ-112が追加される.

式に航空機部品関連を中心に日本に対する輸出を規制する措置を採っている[64]。結局,1941年の時点で日本の航空機工業は,大量生産の方式について米国型でなくドイツ型をモデルにする結果になった.

しかし,ここでもわれわれに,新たな疑問が生じる.同じような生産方式の日本とドイツに生産性において差が生じたのはなぜか.この疑問に答える一つのヒントがある.表6-3, 6-4,表6-5, 6-6における単一工場でのドイツと日本の機体,エンジンの製造機種の数の違いである.機体はドイツが1～2機種(1944年はメッサーシュミット Me109にほぼ集中)であるのに,日本の中島飛行機太田工場は常時4～5機種扱っていた.エンジンも,Bussing NAGは単発と双発の2機種(双発は同じ単発エンジン×2であり実質的に1種)を製造していたの

---

64) The Chief of the Office of Arms and Munitions Control〔1938〕pp. 201-202.

に対して，三菱第4発動機は6機種前後である．日本は生産力を分散していた．この点は，ドイツのゼリスハップ中佐が言及したドイツ方式を採用する際の条件とも整合している．

(3) 大河内正敏「科学主義工業論」

日本の航空機工業の大手の大部分が，その部品を下請けに頼っていたことは，周知の事実である．中島と三菱を比べた場合，中島の方がその割合が高く，三菱は部品を内製化するケースが多かった．しかし，下請けに頼っていたのは，ドイツもアメリカも同じであり，問題はその下請企業の技術であり製品の信頼性である．

ドイツの場合「生産の50％は下請工場を利用している．ダイムラーベンツ社では次の部品は完成品を購入している．クランク軸，ピストン及びピストンリング，排出弁，吸入弁等．クランク軸を製作する工場は，クルップ会社とか，エーデルスタール等堂々たる一流会社で，クルップ会社の如きはドイツのどの航空機製造会社よりもはるかに大きい会社で，こんな会社に下請させているところにドイツの強みがある」[65]．

また，米国の航空機工業，例えば代表的発動機企業であるプラット・アンド・ホイットニー社の場合も，その大部を下請企業に依存していたのである[66]．したがって，下請企業に依存していたから，製品の質や製造能率が低下したのではなく，下請企業の質にこそ，その生産技術にこそ，問題の焦点があったことになる．

ここで，下請企業の質や生産技術の向上に情熱を傾けた大河内正敏に言及したい[67]．大河内正敏の評価は毀誉褒貶が激しい．大野英二は大河内を一定の評

---

65) 辻猛三〔1943〕24-25頁．
66) 前田裕子〔2001〕143-144頁．
67) 大河内正敏については，先行研究も含めて総合的に論じた，斎藤憲〔1987〕がある．斎藤によれば，経済思想史の上からは，大河内について一つは「日本資本主義の矛盾を個体的に表現する近代的資本家」(同書，19頁)であり，もう一つは「日本的な農本主義によって色揚げされたテクノクラシー的観念の保持者」で，「軍部や新官僚の支え」であると評価されてきたという．われわれは，これらの先行研究の中で，大河内暁男が小論で述べた「科学主義工業」論，すなわち「新しい画期的に違った生産方法で，独特の設備を使用する工業経営法を案出することによって高賃金低コストを目指す工業経営」である．この主張は「新たな経済

価をしながら，太平洋戦争期の彼の言動に注目して，ファシズムに包摂されていった経営者，ないしは経済思想家と結論づけた[68]．経済思想史上では，戦時期に軍部や新官僚を支えたと見られる大河内のスタンスから，肯定的評価をする学者は少ない．ここでは大河内の評価ではなく，その経済思想の中味を，本章の文脈から検討したい．

大河内は日中戦争期の1940年「下請制度の合理化の急務」を訴えている[69]．生産力を拡大するためには，下請制度を合理化して，一工場一品主義で廉価高品質の商品を製造する．具体的には「専門製作，部分品製作，親工場からの原材料の配給」を厳守し，輸出を拡大することで生産力拡大をなしとげることを提唱した．

大河内の主張の中で注目したいのは，日本の弱体な下請企業や工作機械工業をいかに克服するかという「農村工業」論であり「熟練の大衆化」論である．大河内は1934年以前から「農村の工村化」を提唱していた．農村の工村化は農村の更生のためである．「農村の工業は，大工業組織の工場を，幾多の小工場に分解して地方に散在せしめ，更にその工場の作業の一部をその地方農村の家庭に，分散せしめようとするものである」[70]「農村の工業化は容易なことではない．但し，機械工業の分業制度を農村に適用して，工業化することはそれほど困難ではない．〈筆者中略〉機械類の中で多量生産に適するものの部分品を，農村に割り当てて作らせるというやり方は，生産費を廉価にする望みがある．機械工業の多量生産方法は，検査法さえ適当なものが案出されれば，機械の部分品を分業にして，二三の農村に割り当てて，出来上がったものを，一つの工場に集めて組立て得る様にすればよい」[71]．

大河内はまた「資本主義工業」に対置して「科学主義工業」を提唱する．「科学主義工業」とは日本の経済・社会の特質や市場の発達度に適合した生産技術の絶えざる革新である．英航空機工業の文脈で述べれば，裾野工業たりえ

的実体と利害が形成されてきたことの表明であり福沢諭吉や渋沢栄一とは明らかに性格を異にした(経済思想家の出現である)」という評価(大河内暁男[1968]762,772頁)に注目したい．
68) 大野英二[1971]127-128頁．
69) 大河内正敏[1941]237-243頁．
70) 大河内正敏[1941]4-5頁．
71) 大河内正敏[1941]21-22頁，初出は1925年理研での講演．

る自動車工業も，工作機械工業も英国に比べれば日本は後発国であり，発展途上にあった(特に自動車工業)．現実には「資本主義工業」という財閥企業の技術的・経営的保守停滞性が工業生産力の発展を阻害しており，旧式設備で労働者の熟練に依存している．

これに対して，大河内の「科学主義工業」の原動力は画期的新技術の企業化と生産工程と作業組織の革新にあった．具体的には「生産工程をできるだけ単純な部分作業に分割し，一台の万能機械で行った作業を，多数の各種単能機の分業に基づく協業組織に編成し，従って労働者も一人の万能熟練工に代えて，多数の単能工の協業に組織する．こうすれば，分業の結果，労働者は比較的容易に単能熟練工になり得て，作業の精度も速度も万能工より向上するであろう．一人の万能工に代わる多数の単能熟練工の就業によって，雇用も，生産量も増加し，しかも合理的な量産の結果，コストは却って低下する，というのは大河内正敏の持論であった」[72]．

「科学主義工業」の論理においては良品廉価量産を一方で実現し，他方で同時に高賃金と雇用の増大を達成することが期待された．このことは農村の購買力の増大と，商品の廉価による有効需要の増大の相乗効果として国内市場が拡大することを意味する．ここに生産と消費が相関して相携えて増加し，国民経済が拡大するという，再生産構造の認識が浮かび上がって来ており[73]，価格や賃金統制など無用のものであった(しかし，この論理には，平時経済という前提があり，戦時経済となり軍需品の生産となれば話は違ってくる)．

大河内正敏が雑誌『科学主義工業』を創刊し論陣を張ったのは，日中戦争が勃発するのと時を同じくする(1937年7月)．戦時政府の中小企業政策は当初，転業促進(1938年)から，中小工場の増加をストップさせる下請統制である(1939年「機械設備制限規則」)．

弱小下請工場の整備・淘汰を行い，下請工場の生産能力の水準向上を図ろうとするこの下請統制・整備政策は，親・下請工場の関係の専属化に発展し，下請工場の反発を受ける[74]．

---

72) 大河内暁男〔1968〕768頁．
73) 大河内暁男〔1968〕770頁．ここで指摘されている需要と供給が相携えて国民経済を拡大するという発想は，平時における国力充実の本来の姿を示唆している．

しかし，このような下請政策は大河内正敏にとって不満であった．「中小機械工業はいまや〈政府の：筆者〉重点主義のはき違えから整理されつつある．そうして機械設備制限令が設けられ小機械工場の新設，或いは拡張はその技術，能率の如何を問わず許可されない．〈筆者中略〉多種生産を禁止して専門製作を命ずべきだ．大工場内で働きつつある熟練工が独立して部分品生産の下請工場を新しく建設することは生産を増加する有力な手段である．それを機械設備制限令によって抑止するのは，取りも直さず国家の必要とする機械の増産を阻止するものでなくてなんであろう」[75]．

結局，政府による下請関係の専属化・固定化という統制は，下請企業の反発があり有効に機能せず，親工場を基軸とする系列化という方向に修正されていった[76]．この間，大河内は論じ続けた．

今日の急務たる国家の必要とする物資の生産増は下請制度の合理化（下線著者）によるのが最も早く，殆ど新規の設備を為さずとも〈下線著者〉其の目的が達せられる．下請制度の合理化とは，一，専門製作，二，部分品製作，三，親工場からの材料原料の配給の三つを厳守することだ[77]．

大河内は機械工業の後発国である日本，その国の条件に適合した強靭な裾野工業を育成しようとしたのである．それで「生産拡充の必要が痛感される．それには工作機械の生産が急務であるのはいうまでもない．その工作機械の中でも特に専門工作機械の生産が急務である」[78]．かくして大河内「科学主義工業」論の成否は，最終的に専門工作機械が精度と品質を保って大量に生産できるかどうかに帰着した．

むすび——戦局という要因

陸軍の視点から，日本の航空機工業の創成から発展そして崩壊までの流れを

---

74) 植田浩史〔1987〕204-206頁.
75) 大河内正敏〔1941〕109-121頁.
76) 植田浩史〔1987〕211頁.
77) 大河内正敏〔1941〕238-239頁.
78) 大河内正敏〔1941〕194頁.

見ると，戦時経済体制の中核としての航空機工業の育成という点では，1930年代の半ばに転換点があったことが看取される．九七重爆のエンジン選定問題と，石原構想の航空軍備のそれである．前者は，陸軍による海軍への嫉妬や嫌悪などの感情的な要因で軍事的に妥当な選択を放棄した組織論の問題である．後者は軍事戦略からの必要性のみを強調したために，経済的に実行不可能という目的と手段の非適合性である．

1936年頃を転換点として陸軍による航空機工業の造成策は混迷のゾーンに入るが，実際はその後，太平洋戦争に入り崩壊していくまで，航空機工業の造成に関しては組織論の問題も交錯した必要性と可能性の激しいせめぎ合いがつづく．以下はそのせめぎ合いの数例を提示し，本章のむすびとしたい．

よく知られているように，工作機械には万能機(多機能/汎用機械)と単能機(専門工作機)がある．この区分でいえば，万能機を巧みに扱えるのが，熟練工ということになる．しかし，この熟練工を養成するには当然時間がかかるので，大河内は誰でも(婦女子でも)すぐに取り扱える専門工作機械を大量に生産し，これによる機械部品製造を養蚕などに代わる農村産業の主軸に据えようとした．これによって下請企業の層も厚くなり，その熟練の問題も解決する．

しかし，問題はその専門工作機械の質であり精度である．マザーマシン原理(工作機械はそれを製造した親の工作機械を超える質や精度は獲得できない)は，よく知られている．この場合にも例外はある．希少金属などを利用し，より高度な素材を開発できた場合などである．しかし，日本の工作機械工業の発展の歴史を見ると(沢井研究)，そのような例外はなかった．

日中戦争前後から，紡織機械製造業者が工作機械製造業者に職種転換していったと思われる動きがあった．数字の出入りからだけであるが，そのような転換がなされたとも考えられる．しかし，ここにもマザーマシン原理は貫かれた．紡織機械と工作機械では製造対象が全く異なる．マザーマシンはドイツや米国の輸入工作機械に依存していた．国産工作機械と輸入工作機械との間には明確に質の差があったことが実証されている[79]．

その後，三国同盟の成立(1940年9月)に伴い，米英から経済封鎖され一級の

---

79) Kiyokawa, Yukihiko & Shigeru Ishikawa〔1987〕pp. 138-139

工作機械は輸入できず，高性能の工作機械の製造は困難になった．そのような情勢の中，三菱の深尾淳二(「金星」エンジンの設計者)も大河内と同様に，戦時型工作機械(単能機)の大量生産に傾く[80]．戦時型工作機械の顛末については沢井研究[81]が詳細を極めている．われわれはこの戦時型工作機械の構想から現実の生産までのプロセスの研究に接し，上述の原材料の入手難などの外生的要因以外に，これを最も要望した軍部自身が，この構想の具体化を阻害し，空洞化させたという事実を確認した．

　基本的に，この戦時型工作機械生産の構想とは，従来，部品製造から組立まで一貫していた工作機械企業(工場)を，部品専門の分業工場とそれらの部品を組み立て，完成品を造る組立工場(責任工場)とでいくつかにグルーピングするものであった．本音でいえば完成品の工場は分業工場になることを好まなかった．しかし，「1943年8月，商工省，陸海軍，企画院，統制会は商相官邸における工作機械緊急増産対策委員会において，聯合生産方式に戦時型工作機械の生産が正式に決定された」．同月末，本構想は閣議決定された「航空機ノ増産確保ノ為必要ナル工作機械ニ関スル応急措置ノ件」の実施細目として，商工省「工作機械緊急増産対策要綱」が閣議で了承された．

　しかし，同年10～11月には19集団が結成され，順調に見えた企業集団の件だが，統制会は集団の結成に利害関係を有する軍部，責任工場(組立工場)，分業工場の調整に苦しんだ．問題は，軍がこの計画を一旦承認しておきながら，軍の発注工場を集団に参加させないという，計画の前提を掘り崩す行動を採ったことにある．加えて，企業集団に組織された一部の分業工場では軍部の要請によって戦時型以外の「例外機種」の生産が継続されることになり，戦時型工作機械への全面転換が不可能になった．

　さらに「軍部ならびに会員企業のつよい要望によって，「責任工場は主として主要部分の製作と組立を担当することにし分業工場は部品製作を担当する」という統制会の当初の構想は後退し，「各工場をして完成品製作を為さしむべき情況に置かれていたので，茲に分業工場に於いてもそれぞれの能力を検討し

---

80) 美濃部洋次文書〔1943〕．
81) 沢井実〔1996b〕．

て組立まで実施することになった」のである」．こうして，戦時型工作機械の生産は，その当初から，大河内が強調した量産理念の根本が崩れた状態でスタートした．

戦時型工作機械の全集団一丸となっての量産体制こそが，戦争目的の達成につながっていく．そこでは個々の都合は押しとどめねばならない．軍部は一度，同意した全体の長期目的を放擲し目先の己の都合のために特定工場を集団から脱退させるという，あるべき「戦時期経済」体制を壊す行動を採った．軍部の戦時経済思想の退化と言えよう．

ただ，Kiyokawa and Ishikawa 研究によれば，確かに戦時型工作機械などの小型量産機は輸入工作機械の質を超えることはできなかった．しかし，戦時型工作機械が製造される1943年までは，国産のフライス盤やタレット旋盤の品質は限りなく輸入機の水準に近づいていたと実証されている[82]．結局，この戦時型工作機械構想の適否も1944年という大戦末期になり，原材料そのものが工場に届かなくなり，評価の前提がこれも掘り崩された．Kiyokawa and Ishikawa 研究がわれわれに示唆するものは，戦時期の工作機械研究ではそのネガティブな面が強調されるが，日中戦争当初，明らかであった輸入工作機械と国産工作機械の質の差は，価格統制と軍需品の増産によって確実に縮まっていたという事実である．

岡崎哲二の論考[83]は，三菱名古屋航空機工場(機体)のケースから協力工場(下請工場)の機能を分析したものである．官からの硬直的な親会社との結合関係の強制に対し，一種独自のネットワークを築き上げ，有効に機能したと分析した．とりわけ機体生産量と協力工場からの部品(特殊部品そして機械部品)の供給量とが相関することを統計的に検定し確認した．特殊部品は1944年初めから供給が減少して，生産量が縮小し出し，1944年末，機械部品の供給の急減が生産縮小を決定的なものにした．

特殊部品とは政府統制のボールベアリング等の戦略物資から成る部品であり，機械部品とはその名の通りの部品である．これらの供給減退の原因は明白であ

---

82) Kiyokawa,Yukihiko & Shigeru Ishikawa〔1987〕p.151
83) 岡崎哲二〔2008〕．

る．戦局の悪化による南方資源の還送不能であり，1944年後半は大陸からも物資が搬入されなくなったからである．

　1943年11月には商工省，企画院を廃して軍需省が創設され，44年には陸海軍で同じ航空機を製造する試みもなされるが，戦局がすべてを虚しくさせた．陸軍航空は「誉」という海軍仕様のエンジンを四式戦闘機「疾風」に採用した．この「疾風」は，3500機ほど生産され，1944年10月のレイテ決戦に投入される．ここでも，折角の高性能エンジン「誉」も原材料(希少金属)やハイオクガソリンの不足から，その性能を発揮できず稼働率を低下させた．しかし，われわれは海軍仕様のエンジンであることに，こだわることなくこれを採用した陸軍に，その柔軟性を見出す(戦後，「疾風」は米軍によるテストの際ハイオクガソリンで高性能を証明する)．結局，戦局は日本の航空機工業の展開にとって，自らどうすることもできない外生的要因であった．

第7章

戦時造船工業の造成——潜水艦と戦時標準船

はじめに——戦時経済体制と造船工業

　本章では航空機工業とともに太平洋戦争の勝敗を決めた造船工業について論ずる．具体的には，海軍及び逓信省がどのように(戦時)造船工業を造成したのかを，潜水艦と戦時標準船(以後「戦標船」と略称)をケーススタディに，戦争形態への適応性という視点から検討したい．第1章で述べたように，戦時経済体制(総力戦経済体制)の構築に熱心だったのは，陸軍であった．海軍がこれに熱心でなかったのは，なによりも平時の海軍がすなわち戦時の海軍であるからである．つまり，戦争になってからにわかに戦艦を造り始めてもおよそ4年以上はかかる．竣工した時は，戦争は終わっている．動員の概念は陸軍には必須のものだが，海軍には，なじまないと当時の帝国海軍の軍人たちは考えた(細部後述)．

　しかし，太平洋戦争で決定的な役割を演じたのは航空機と潜水艦であり，後者の工期は平均9.5カ月まで短縮された[1]．両者(とりわけ後者)によって，日本の艦船(艦艇と船舶)が撃沈され，日本の「戦時期経済」体制が崩壊したのは，第4章で論述した通りである．他方，日本の潜水艦は対米通商破壊戦において全く目立った働きをせず，船舶の建造に関しても，造船労働者1人当たりの生産性で，戦時中(1942〜44年平均)日本は，米国の約2分の1であった[2]．

---

1) 米国潜水艦ガトー級，1475トンの場合である．Weir, G. E.〔1993〕pp. 34-35.
2) (1)日米の民間造船所の暦年の建造高(艦艇の建造高＋船舶の建造高)を民間造船所の労働者数(年平均)で除した数字を労働者1人当たりの生産性とした．ただし，艦艇の建造高は3カ年の移動平均排水量トンを4.5倍して商船の総トンに換算．(2)日本側データの出所は，東洋経済新報社(編)〔1950a〕第二編第五章．原出所は「造船協会会報」第80号．日本の造船労働者には技術者や職員も含まれる．ただ，臨時工については不明．(3)米国側のデータの出所は Smith, H. G. and L. C. Brown〔1948〕pp. 77-123．ただ，米側の資料については造船労働者の範囲については明確な規定はない．

第Ⅲ部 「戦時期経済」体制に見る軍事工業

　日本海軍の思惑と異なり，実際は，戦時経済体制の中で，造船工業（造艦と造船を総称）は極めて重要な役割を担った．その造船工業が米国のそれに比べ，低いパフォーマンスしか出せなかったのは，何か原因があるのだろうか．そのような問題意識を持った上で数ある艦艇の内で潜水艦を扱うのは，これが決定的兵器であって造艦技術の面では日米拮抗していた（日本の方が上の部分もあった）のに，成果は米国がはるかに上だったからであり，船舶の中で「戦標船」を扱うのは，戦時計画造船には欠かせない問題だからである．

　われわれは第一次大戦から太平洋戦争までの潜水艦と「戦標船」の建造経緯を戦争形態への適応性という視点から検討し，戦時経済体制の構想と展開の中に造船工業を位置づけたい．その作業が，上述のパフォーマンスの格差の原因を示唆することにつながればと考えている．

　戦前・戦時の日本の造船工業は，航空機工業とは対照的に海軍と海運業等，官と民の巨大なユーザーを抱えた相対的に広い市場を有しており，技術的にも1930年代前半には，後の交戦国となる米国を凌ぐものがあった（1935年の商船の建造高は日本が米国の約6倍）[3]．

　もう一つ，日本の造船工業と航空機工業の違いは監督官庁の件である．航空機工業は陸海軍が実質的に管理していたのに対し，造船工業の平時の監督官庁は逓信省であった．海軍省艦政本部にも，造船に関する監督の任務があったが，主は艦艇の造艦に関することであり，船舶の造船に関しては，平時には逓信省に委ね，戦時になってからその監督に乗り出した．つまり，潜水艦は海軍の意向通り建造されたが，船舶（「戦標船」）の建造については海軍と逓信省の組織的思惑や権限争いが交錯したところがある．

　先行研究についてであるが，まず，潜水艦については，技術的なものは多い．しかし，軍事史，軍事思想史の分野では本章に関わる学術的な研究は見出すことはできなかった．それで，ここでは公刊戦史の『潜水艦史』と堀元美氏の仕事[4]のみを挙げておき，他は論述しながら言及していきたい．他方，「戦標船」の問題は，戦時造船工業に関わることであり，関連研究は少なくない．特

---

3) 脚注1)の資料に同じ．
4) 堀元美〔1973〕．

第7章 戦時造船工業の造成

に，戦時日本の造船工業のパフォーマンスが良くなかったという認識から，戦時日本の造船の実態解明といった研究はかなりの蓄積がある[5]．

戦時日本の造船が停滞した原因という問題に対する，これら先行研究は次の二つの見解に大別される．一つはJ.B.コーヘンらの日本が船舶建造に本格的に力を入れるのは1943年になってからだという事実を強調する見解である．その頃になってからやっと，新しい造船所，船台の拡張や新設を始めたというのである．それで1938年から42年までの造船の停滞の主因は，「艦艇による商船のクラウド・アウト(crowd out)」とされる[6]．

また金子栄一は，コーヘンが指摘する民間造船所における艦艇と商船の競合問題とともに1941年頃の「海軍の出師準備発動関連で大量の特設艦建造工事を特別緊急工事として民間の造船所に行わせた」事実を強調する[7]．次に金子は原料の問題に言及して「原料即ち造船用鋼材の供給が不円滑になったのは支

---

5) これらの研究を整理すると次のようになる．先ず終戦直後，米国戦略爆撃調査団の報告書（以後「戦爆報告」と略称）が日本の戦争経済を徹底的に解剖する一環として日本の造船工業や造艦工業を分析した．「戦爆報告」の第43巻(日本の軍需工業)，第46巻(日本の造艦工業)，第48巻(日本の造船工業)および第54巻(対日輸送攻撃作戦)などである(これらは富永謙吾(編・解説)〔1975〕として，みすず書房から1975年に出版されている)．また「戦爆報告」のうち，太平洋戦争に関する最終報告書は1992年に日本で復刻された(米国戦略爆撃調査団(編)〔1992〕)．この第53巻(日本戦争経済への戦略爆撃の影響)がアメリカ合衆国戦略爆撃調査団(編)(正木千冬訳)〔1950〕である．翌年日本で翻訳出版されたJ.B.コーヘン(大内兵衛訳)〔1951〕はこの「戦爆報告」を根拠資料に書かれた．1962年，「戦標船」の設計建造に実際携わった小野塚一郎〔1962〕が出版され，また戦後におけるこの分野の研究では集大成ともいうべき金子栄一(編)〔1964〕が上梓された．その後，最近では1990年代に入ってから，村上勝彦〔1994〕がこの分野の課題を総括している．なお，山崎志郎〔2007〕は，これらの先行研究を踏まえて，造船業(造艦の件は変数外)への集中的経済動員に焦点を合わせ，戦時経済が破綻に陥っていく過程を，一次資料を用いて再確認している．

6) J.B.コーヘンはこの点を以下のように説明している．「日本は日中戦争の期間中に，海軍艦艇の改装，強化に転じた．しかしこの時代でも鋼材供給高には限度があったから，海軍艦艇の拡張は，商船の建造を犠牲として行われねばならなかった．また，この時期の前半では艦艇の改装修理が，そして後半では改装修理と新艦建造の急増が，それぞれ商船の建造を制約することになった」「もうひとつ，艦艇建造の増加のために商船の建造が混み合った理由は，戦時中竣工した艦艇の59%が民間の造船所で建造されていたという事実がある」「従って造船設備が拡張されぬ限り，艦艇建造の拡大は，当然に商船建造を圧迫することになる」(J.B.コーヘン(大内兵衛訳)〔1951〕360-362頁).

7) 金子栄一(編)〔1964〕284頁．その結果，この間商船の工事はほとんど停止せざるをえないという状況で商船の建造は大きく遅延したとする．また比較的有力な造船所，また造船所の中の比較的優秀な工具が艦艇工事に従事していたという事実も商船工事に影響を与えた．

那事変の影響だ.〈筆者中略〉従来,造船用資材は物資動員計画によって割当られていたが割当数量と実際入手数量との間には,量的にも時間的にもいちじるしい相違があって,入手できにくくなっており,故により一層の統制が必要になった」[8]と述べた.

一方,もう一つの見解は村上勝彦らによるもので,この時期の造船停滞の件について「艦艇の建造を商船のそれに換算すれば,民間造船所の建造量は37年から44年まで増加している」.とりわけ「40-42年に商船の建造が減少・停滞したのは,艦艇との競合問題に加え,戦時標準船制度が国家統制として強力に発動されなかったからだ」として戦時標準船制度の実行の時期の問題を主たる原因として強調している見解である[9].

これに関連して小野塚一郎は『戦時造船史』において1942年から43年はじめにかけて,第二次戦時標準船型が決定し,これの実行に国を挙げて増産(材料,金融,労働力の充当)に取り組んでからの計画造船はすべて実現したと論証しており,村上の見解はこれを支えている[10].本章の「戦標船」の問題はこの村上見解を補完するものとなる.その焦点は,なぜ戦時標準船制度を強力にかつ迅速に発動できなかったのかである.

1　第一次大戦の経験

(1) 海軍と総力戦――潜水艦の運用

日本海軍は第一次大戦時,連合国側(特に英国)に従軍駐在武官を多数派遣している.しかし,これら派遣員の報告書の内,残存しているものの大半は乗艦従軍武官のものである.しかも,彼らが乗艦したのは英本国艦隊の戦艦及び巡

---

8) 金子栄一(編)〔1964〕260, 265頁.
9) 村上勝彦〔1994〕178頁.なお,村上のこの分野における主要な関心は「戦爆報告」の「生産全般を引き上げる計画の不在と戦争経済体制の準備不足とによって国民総生産は1941, 42年に停滞し,政策転換によって1943, 44年には急成長した」という事実認識への疑問である.それで,村上は1942, 43年にかけての統制強化への転換は航空機・艦艇・商船そして鉄鋼などの一部の産業の増産はもたらしたが,経済全体は底上げされていない,むしろ逆だと主張している.
10) 小野塚一郎〔1962〕.

洋戦艦に偏重していた．したがって，報告も，焦点が英独主力艦隊の決戦に置かれており，その教訓は，「戦艦中心主義」であり「優速軽快な巡洋戦艦の価値の再確認」という「主として戦術的術科的なものであった」[11]．海軍の第一次大戦からの教訓が，陸軍と違ってこのような戦術的術科的なものに偏ったのは，機械を相手にしているため現場主義に陥り易い海軍の体質にあるとされている[12]．

もともと海軍には，総力戦とりわけ動員という概念は，なじまないものであった．海軍では，平時の軍事力が，即戦時の軍事力である．艦艇の建造は，3〜4年はかかるから，戦時になってからでは間に合わない．強いて陸軍の「動員」に比する概念をあげれば，「出師準備」であろう．これは，戦争のおそれが近くなると，艦艇や特設艦の艤装，民船の徴用，食糧，弾薬の準備を行うことである．したがって，陸軍のように大がかりなものではない．

しかし，第一次大戦の海戦には総力戦的側面があった．それはドイツ海軍Uボートによる通商破壊戦である．ドイツは無制限潜水艦戦で英国を降伏一歩手前まで追いつめた事実がある[13]．この件を，日本海軍の従軍・駐在武官は把握していなかったのであろうか．

事実は「第一次大戦で猛威を振るった潜水艦については，艦隊作戦に関係する分野の記述はなされているが潜水艦による通商破壊戦とその政治的軍事的効果に言及したものは非常に少ない．また潜水艦を標題とした報告書や潜水艦を中核に据える章を設けた報告書も見当たらない」〈筆者要約〉[14]という状況であった．

これら報告書の中に，後に日本海軍の潜水艦の運用に決定的ともいえる影響を及ぼした末次信正中佐(後の大将)の報告がある．末次は，当時スコット英海軍少将が発表した「潜水艦万能論」に強い関心を示し，潜水艦の海軍戦略及び

---

11) 平間洋一〔1990〕29頁．原出所は臨時海軍軍事調査会(編)「戦訓 秘 欧州戦争海軍関係諸表」(臨時海軍軍事調査会，1918年2月)8-9頁．
12) 平間洋一〔1990〕29-30頁．
13) Sims, W. S.〔1921〕を海軍少佐石丸藤太が翻訳し，1924年に『海上の勝利』として発刊した．この中で，1917年後半，英国船舶のUボートによる喪失がそのまま続けば，英国は降伏をせざるを得ない状況まで，追い込まれていたことをシムス提督が知る記述がある．
14) 永井煥生〔1996〕71頁．

戦術上の価値とその将来性を考察した．その中で末次は「潜水艦を非常に高く評価しつつも海軍の首座は依然として戦艦である」としている．また末次の視点は「艦隊作戦と潜水艦」に置かれており，通商破壊戦における潜水艦の威力については「艦隊決戦に勝利して制海権を握った場合の戦艦の威力に比較すれば非常に小さい」としている．また，「制海権がなくとも通商破壊戦に威力を振るえる潜水艦の特徴や潜水艦による通商破壊戦が戦争全般や海上戦略全般に及ぼす影響についてはほとんど言及されていない」[15]．つまり，威力は認めるが，艦隊決戦における敵主力艦攻撃への運用として有効であるというもので，通商破壊戦に運用するという構想は全く見うけられなかった．また，末次は潜水艦が「奇兵として艦隊作戦に使えそうだ」との観察から，いわゆる対米漸減邀撃作戦[16]を構想している．この漸減邀撃作戦構想は，軍縮条約が促進要因ともなり，その後太平洋戦争開戦直前まで日本海軍の対米戦における公式的な基本作戦構想となった．

しかし，ここで特筆しておかねばならないのは，新見政一少佐の報告[17]であろう．報告は以下の通りである〈筆者要約〉．まず我が海上通商の防護の必要なことを述べた上で，「同時に敵の海上通商を阻止することも必要である．将来我国が想定敵国〈米国：筆者〉と開戦することのある場合，敵が支那大陸に対し極めて大きな通商関係を有することにかんがみて，これを遮断することは，我国が敵に対して与えることのできる最も有効な経済的打撃となるであろう．それ故にこれを有効に実施すれば敵主力艦隊をして西太平洋に出撃させ，我艦隊に会戦の機会を与える動機となるであろう」(32頁)と記している．

米国と中国大陸の通商関係を過大評価しているきらいがあること，及び通商破壊のねらいが敵主力艦隊の西太平洋への誘出にあることなどの批判はあろう．しかし，この時期，通商破壊戦の意義に言及している戦訓報告は極めてまれであった．この報告は注目されず，第一次大戦での従軍武官報告による潜水艦の

---

15) 永井煥生〔1996〕72頁．
16) 米国艦隊は量的戦力で日本に優越している．したがって米国艦隊が太平洋を渡洋して西南太平洋の決戦海域に来航する途上で，様々な奇襲兵器で米艦隊の戦力を漸減し決戦では日本に有利な戦力比で臨もうという作戦構想．末次はこの奇襲兵器に潜水艦を考えた．
17) 新見政一「戦史研究報告 其三」『海軍作戦機関の研究』，防衛研究所図書館所蔵．

表 7-1　船舶国内建造量と輸入量の推移
（登簿汽船）（1913～19 年）

	国内建造船		輸入船		計		Ⓐ/Ⓑ (％)
	隻	トンⒶ	隻	トン	隻	トンⒷ	
1913年	112	54,950	27	55,120	139	110,070	49.9
1915年	73	78,918	11	25,081	84	103,999	75.9
1917年	196	226,843	13	7,280	209	234,123	96.9
1919年	323	636,271	15	947	338	637,218	99.9

注）井上洋一郎〔1990〕147 頁．原出所は通信省管船局（編）
『海事摘要』大正 12 年版．

運用は，艦隊決戦に有効という末次報告が基調となったのである．

（2）翻弄される造船工業――天佑から世界恐慌へ

　第一次大戦前後の日本の造船工業に関する先人の研究はかなり蓄積がある．われわれはこれに屋上屋を架すことを控え，本章の問題意識から，以下の三つの視点に絞って論じたい．まず大戦を経験した日本の造船工業の発展状況である．次に政府（通信省や海軍）がこの時期の造船工業に果たした役割である．そして三つ目が，標準船の問題である．

　第一次大戦が始まると世界的な船舶不足となり，船舶需要が急増した．大戦前後の日本船舶の国内建造量と輸入量の推移は表 7-1 の通りである．このデータは大戦前，国内建造船と輸入船が 1：1 であったのが，大戦後，殆ど国内建造船になったということである．ただ，確かに技術力は上がったが（後述），それは自立を意味してはいない．

　この大戦では日本は連合国側に与して，1914 年 8 月 23 日，ドイツに宣戦布告し，青島攻略のために山東半島に出兵した．その際の徴用船は約 32 万トンで日清戦争の最高記録を凌駕した．

　「第一次大戦のいわゆる造船ブームにそって，各企業は船台，船渠（ドック）の新増設，関連工場の拡充など，大型設備投資を断行し，業容の拡大にともなって，企業組織の改革をすすめていった」[18] とされる．それでは日本の造船工業界は第一次大戦期，どれだけの造船能力に到達したのであろうか．

---

18) 井上洋一郎〔1990〕165 頁．

第Ⅲ部 「戦時期経済」体制に見る軍事工業

　造船能力を何で評価するか議論はあるが，基本になる造船所，船台，船渠の数を見ると，まず開戦直前(1914年)におけるそれらの数は次の通りであった．造船所が6カ所(海軍工廠をのぞき1000トン以上の船舶を建造することのできる造船所)であり，船台が17基，船渠が30個であった(造船所も，三菱長崎造船所，川崎造船所，大阪鉄工所など大手に限られていた)．それが，休戦時(1918年)には国内造船所の数は57カ所となり船台は157基，船渠は37個(内，木造船用造船所12カ所，木造船用船台22基)と，それぞれ，9.5倍，9.2倍，1.2倍に跳ね上がった[19]．結局，1919年には日本は62万総トンの商船を建造し(この年間建造量は，太平洋戦争中の1943年まで超えられることはなかった)，また当時の日本の造船能力は年間約90万総トンと見込まれた．

　第一次大戦中，政府は第二次大戦時に行ったような積極的造船政策を実施していない．唯一それらしい施策といえば，1917年の戦時船舶管理令の施行であろう．この法律の目的は，大戦による船腹の不足，運賃・傭船料の暴騰や海上危険の増大に対処するためであり，その内容は日本船舶の輸出禁止，航路・航海の制限，船舶・造船所等の徴用などの権限を逓信大臣に付与することなど国家による消極的船舶統制であった．つまり，米国で行われたような国家が財

---

[19] 村上勝彦[1985]205頁．原出所は逓信省『大正九年　海運概況』147頁，造船協会(編)『日本近世造船史　大正時代』355頁．また，船台と船渠(ドック)の拡張倍率に大きな違いがあるのは，造船能力拡充のための設備投資である船台と船渠の新設には投資額に大きな違いがあるからである．基本的には船台の方が少ない投資で設置可能である．例えば，日立造船(当時大阪鉄工所)は1915年に桜島工場に8000総トン級の大型建造船渠を完成した．大阪鉄工所のこの時期の営業報告書によれば，この船渠の1915年の評価額は47万3288円である．一方，1914年の後半期，同造船所は3000トン級と1500トン級の船台それぞれ2基，計4基を付帯機械(デリック・ポストや起重機など)とともに増設している．貸借対照表の前期と当該期を比較すると，資産の部の機械器具と建物の増加額は19万4117円で20万円に満たない．この時期は船台関連以外にも，建物の増・改築や機械を購入しているので，船台関連の投資額はもっと低いと推計される．
　川崎造船所は同じ頃，船台を1年ごとに増設している．その営業報告書の財産目録によると，1914年5月31日に造船台4台で38万5822円，1915年11月30日に造船台5台で46万4824円である．したがってこの新設した建造能力1万3000総トンの第五船台の評価額は7万9002円である．1916年6月にも建造能力4500総トンの船台を新設した．同様に1916年11月30日の財産目録では造船台6台で48万6223円であり，この第六船台の評価額は2万1399円となる．これらのデータから当時の船台の価格は1000トン当たり5000円前後と考えられる．大阪鉄工所が建造した8000総トン級の船渠と同じ規模の船台を新設しようとすれば4万円と見積もられ，船台は船渠の10分の1以下の投資で済むことになる．

政出動して船舶を購入し，船腹量をふやそうという積極的なものではない．「それで一時期，運賃・傭船料の騰勢にややブレーキをかけた程度の効果しかあげていない」[20] とされる．

第一次大戦後の 1920 年代は，造船業にとってまさに冬の時代であった．造船と海運は，当然分かちがたく結びついている．第一次大戦前の世界海運業界が保有していた船舶は約 4500 万総トン余りであった．それが，戦後は約 5400 万総トンと 2 割も増加したのである．これに，戦後の世界不況が貿易を収縮させ，当然船腹はだぶつき，休船・係船が続出した．この現象は日本も例外ではなかった．1920 年の経済恐慌は大戦中に設立された中小の造船所に深刻な影響を与え，その中には倒産するものが続出した．

ここで，造船業界の不況期に海軍の軍備拡張政策が果たした役割を確認しておきたい[21]．村上研究の「主要造船会社の艦船建造高」によれば，大戦前 (1909～13 年) と，大戦後(1919～23 年)の不況期，主要造船会社の艦船建造高(商船と艦艇の合計建造高)に占める艦艇の割合は 69%, 57% であり，大戦中(1914～18 年)の 30% を大きく凌駕している．つまり，造船業界の不況を救済する一定の役割を担ったといえる．ただ，その恩恵が三菱や川崎といった大企業に傾斜しており，業界の寡占化を促進したという見解もある．

ところが 1922 年にワシントン条約が成立し，すでに建造中の艦艇が建造中止になるなど今度は建艦業者に大打撃を与えた(もちろん，補償はされたが)．翌 1923 年に関東大震災が首都を直撃した．この復興のために振り出された震災手形は，1927 年の金融恐慌の原因の一つともなり造船業に金融難をもたらした．結局，昭和初期には造船所の数は約 20(57) カ所，造船台 75(157) 基前後に低下したのである(カッコ内は 1919 年の数字，つまりほぼ半減以下となったのである)[22]．

第一次大戦の日本造船業に与えた影響で特筆すべきは，標準船の問題であろう．民間の造船業界の数社が，経済の論理から自生的に標準船と呼べる貨物船を建造した(1914 年から 1923 年までの間)(後述)．これに政府も着目し，1918 年 3

---

20) 井上洋一郎〔1990〕142 頁．
21) 村上勝彦〔1985〕201 頁．
22) 東洋経済新報社(編)〔1950a〕259 頁より再引．原出所は「造船協会会報」第 60 号．

月,戦時船舶管理局内に標準船型調査委員会を設置し,6月に標準船型を制定した.

その内容は戦時下における急造のみを目的とする以下の4種類(2000トンから5000トン級の速力10ノット前後の貨物船のみ)と将来の造船を併せ考慮した16種が制定された(このように,日本の標準船は,戦時急造のみを目的とするものと戦後を視野に入れての経済性を考慮した二つの型式が作られたところに特色がある.この点は第二次大戦時も議論になる).しかし,間もなく休戦となったため実行には移されなかった.

それでも,この点は注目すべきことであるが,国内造船所における仕込船(ストックボート)などの同型船の建造は,実質的に標準船型の制度が造船所ごとに採用される結果となり,工期は著しく短縮されたのである.例えば川崎造船所の5800総トン型は75隻(このうち「来福丸」は1918年起工から竣工まで29日という世界新記録を樹立した.ただし,1925年,この船は大西洋上において原因不明の船体傾きにより沈没している).大阪鉄工所でも3200総トン型は28隻,浅野造船所の5500総トン型は23隻建造されている[23].

これらの船型では工期が著しく短縮された.通常5000総トン級の貨物船は起工から竣工まで約11カ月要していたが,このクラスの同型船は約3カ月ほどまで縮小された.ただし,これらの船は短期建造と載貨能力のみを目標としたため,燃料効率を無視しており,その上に低速のため,経済性が極めて悪く,戦後競争力を失った.このことは,太平洋戦争での標準船型決定にあたって船主側から,戦後を考慮した船型決定が強く要望されたことの理由になっている[24].

---

23) 村上勝彦〔1985〕207頁によれば,大阪は英国からイシャーウッド式船体構造法の国内製造・販売独占権を1915年に獲得,川崎も同式オーニングデッカー型採用によってストックボート大量建造を可能にしたという.また寺谷武明〔1979〕は,受注方式を堅持しながら鋼材が少なく安価で建造できるイシャーウッド式建造法で大戦時の困難に対応した大阪鉄工所と,仕込船(ストックボート)で,米国との船鉄交換を利用して素早く対応した川崎造船所を対照的に叙述している.
24) 同じ問題は,米国も抱えていたが,米国の場合政府直営の戦時船舶会社を設立しこれが船主となることでこの問題を解決した(戦後の損失の負担は戦時船舶会社つまり国が担う).

2 ワシントン条約下の造船工業

（1）理想的潜水艦の模索

　第一次大戦当時，日本が独自で潜水艦を設計から建造までなしとげる能力はなかった．それで昭和以前の日本で建造された潜水艦は，外国の潜水艦を購入し，コピーしたものである．はじめは米国，続いて英国，イタリア，フランス，そして第一次大戦後は，戦利品として没収したドイツの潜水艦がモデルとなった．つまり，第一次大戦で潜水艦が本格的に運用され，その威力が戦場で実証されるまでは，運用目的よりも水中に長時間行動できて，そこから攻撃が可能な潜水艦という兵器を，日本独自で建造することに関心が集中したと考えられる．

　日本海軍独自の設計による海中一型潜水艦2隻が呉の海軍工廠で起工されたのは第一次大戦末期の1917年である．1919年に竣工した同潜水艦は同年艦隊に編入され，翌年艦隊に随伴してロシア沿海や台湾に巡航している．こうして艦隊と行動を共にし，艦隊訓練に参加する中で，その用法が研究されていった．海中一型に続いて，海中二型3隻，海中三型10隻，海中四型3隻，そして特中型潜水艦が建造された（海一型から特中型まで，その排水量は600〜800トン級である）．

　その中でも，1921年に起工され，1924年に竣工した特中型潜水艦4隻は特筆に値する．この潜水艦は川崎造船所が独自に設計し，通商破壊戦用としての性能が考慮された[25]．つまり1920年頃には，潜水艦を通商破壊戦用として運用しようという思想が海軍に存在していたことを意味する．

　しかし，その後，日本の大型潜水艦の運用目的は通商破壊戦用ではなくその主目的は艦隊決戦に資するためである[26]．そこで大型潜水艦は二つの系列で建

---

[25] 防衛研修所戦史室（編）〔1979〕13頁．
[26] 潜水艦の運用目的に通商破壊の件が消えていったのは，日本ばかりではない．米国でも大戦直後，潜水艦を水上艦隊から独立的に通商破壊戦に運用することは真剣に検討されなかった．ただ，米国では潜水艦に水上艦隊に随伴することが期待されたが，幸か不幸か，海軍工廠でも民間の造船所でも，水上艦隊の17〜18ノットの速度についていける艦隊随伴型潜水艦を建造する能力はなかった．つまり，米国の技術力では当時潜水艦に期待された戦略的役

造された．一つは，大戦末期ドイツが建造中であった2000トンを超える大型のU142をコピーして開発した巡潜型といわれる航続距離を重視した潜水艦である[27]．もう一つは，海大型と呼ばれる，艦隊随伴型潜水艦で，艦隊決戦に寄与すべく航洋性や水上速力が重視された．

ワシントン条約では，主力艦は対米6割に制限された．しかし，潜水艦は条約制限外であったので，日本海軍は主力艦の劣勢を補うべく艦隊決戦に資する潜水艦の開発に集中した．そのため，巡潜型には，水上偵察機を搭載することを試み，海大型では水上速力を上げるため国産ディーゼルエンジンの改良が進められた．1930年のロンドン条約で潜水艦の建造に制限が加わるまで，巡潜型は4隻，海大型は14隻建造された．

1927年10月に組織された「軍備制限研究委員会」の答申がその後の日本海軍における軍備整備の基本的指針となった[28]．その帝国海軍軍備の目標は次の通りである．「潜水艦の善用などあらゆる戦闘手段は主力艦隊決戦時における総括的攻撃威力を敵艦隊に対し相対的に優越ならしむる目的として活用せらるべきものとす」．つまり，帝国海軍軍備はすべて，米国との極東海面における艦隊決戦を有利ならしめることを主眼に整備せよと答申され，それが実行されたのである．

ロンドン条約が締結されてから廃棄される1936年までは，潜水艦保有量が制限されたため，個艦排水量2000トンを超える大型の巡潜型より，1400トン級の海大型の開発を重視した．その成果が，1934年に竣工した海大Ⅵ型（伊68）である．その主機には艦本式1号甲8型複動ディーゼルが2基搭載され，合計出力，約9000馬力，従来の約1.5倍アップである．この艦は，23ノットの高速力を発揮しながら，航続距離も10ノット，1万4000海里と巡潜型の能力も兼ね備えた純日本型潜水艦であった．この潜水艦の調達価格は「〇一計

割を満足させる潜水艦を装備できなかったのである．そのため潜水艦は独立的に行動させざるを得なくなり，通商破壊戦への運用も考慮された．Weir, G. E.〔1991〕pp. 23-24.
[27] 永井煥生〔1999〕75-94頁に，なぜ日本海軍がドイツの潜水艦のうち，大型の巡洋潜水艦にこだわったのかが，論述されている．永井研究によれば，その答えは，当時(1919～20年)，軍令部軍事一課長であった末次大佐の潜水艦による漸減邀撃作戦構想にあるという．この漸減邀撃作戦構想を成立させるためには大型高速の巡洋潜水艦が不可欠であった．
[28] 防衛研修所戦史室（編）〔1979〕351頁．

画」で予算要求された642万5800円である(この海大Ⅵ型で海大型と巡潜型が結合されたと見る見解もある).

(2) 造船不況との戦い

世界的海運界の不況の中,日本海運がいち早く立ち直りを見せた.その契機の一つが大正の末から昭和のはじめにかけて,船型や船舶用機関の革新による高速のディーゼル船の登場である.このディーゼル船の登場は,新たな航路と市場を可能としたが,その代表的なものが,1930年,大阪商船によって開始されたニューヨーク急航線である.

当時,日本から米国に輸出される生糸は極めて特殊な貨物であった.その価格は非常に高く,相場の変動が激しく,内地からニューヨークまでの輸送は寸刻を争うものであった.それまで生糸は内地から各汽船会社の手で米国西海岸(サンフランシスコやシアトル)まで海上輸送され,そこで陸揚げされて,絹列車と呼ばれる特別仕立の超特急列車に転載されて,北米大陸を無停車で横断して,ニューヨークに運送されていた.この鉄道運賃が非常に高価で大陸横断鉄道会社のドル箱といわれた.ここに着眼して,生糸を比較的低廉な運賃をもって,パナマ運河を通過して海路直接ニューヨークまで急送しようというのが大阪商船の不況打開策であった.

こうした計画が実現可能となるには,高速貨物船の登場(造船技術)のほか,そうした貨物船のメリットを十分生かしうる良質の市場と長大な航路の存在を必要とした.大阪商船はそうした状況をニューヨーク航路に読みとったのである[29]

1929年3月,大阪商船は3600馬力のディーゼル機関2機を装備した速力18～19ノットの幾内丸型(8365総トン,航海速力16.5～17.5ノット)4隻の建造を計画(のち6隻に増加)し,その完成を待って,1930年6月よりニューヨーク急航線を開設した.結果的にこの企画は成功し,それまで平均49日を要した横浜―ニューヨーク間の航海を25日と17時間半に短縮し,従来は太平洋岸で大陸横断鉄道に積み替えていた生糸をニューヨーク市場に直送することにより,輸送

---

29) 日本経営史研究所(編)〔1988〕317頁.

時間と鉄道運賃の双方を大幅に節減することができた．大阪商船のこの積極策は大成功を収め，他の船会社もこれを見習い，続々と高速貨物船を新造，ニューヨーク航路に配船した．この航路は日本の海運企業にとってドル箱となった．

われわれは，大阪商船のニューヨーク急航線の企画が後の「船舶改善助成施設」のような政府の援助や支援を受けて実現したものではなく，大阪商船の独自の発想と大阪商船が独自に外部から調達した資金で実現していたことに注目したい．つまり，民間企業が自生的に実現させたのである[30]．

1932年10月に第一次船舶改善助成施設が実施された．その内容は，2カ年半の間において，船齢が25年以上，総トン数が1000トン以上の古船を合計40万トン解体し，速力が13.5ノット以上で，4000トン以上の優秀貨物船を合計20万トン，国内の造船所において新造させ，これに対して政府は新造船1トン当たり平均55円，総額1100万円の助成金を船会社に支給するという施設（施策）である．

この施設（施策）の目的やねらいは何であろうか．第一次大戦後からの海運業，造船業の不況は，昭和に入りその極に達し，なんらかの救済策を講ずる必要を政府に感じさせた．政府（逓信省）は，各種の委員会や審議会等を設けて，救済策の樹立に腐心し，船舶改善助成施設を実施することになった．そのねらいは複雑で，造船業や関連中小工業の維持振興，過剰船腹整理して海運界の不況克

---

[30] 大阪商船がニューヨーク航路に「畿内丸型」6隻を配船し，ニューヨーク急航線を開始した理由は，次の3点にあった（杉山和雄〔1985〕）．一つは北米太平洋岸航路における優秀船出現への対抗である．もう一つ，輸出生糸の経路変化への対応である．そして当時の低金利である．これらを踏まえて，大阪商船は1928年より競争会社の優秀船を検討のうえ「新船建造案」を作成し，1930年「畿内丸型」(8300総トン)貨客船4隻を建造した（三菱長崎造船所）．また，建造資金は，社債発行が7割で外部から調達された．この建造資金に国からの助成は入っていない．つまり，大阪商船は，政府が船舶改善助成施設を措置する前から，企業としての生き残りのために，自力で社外から資金を調達し高速経済船を建造したのである．この過程で，船舶建造を4隻とも三菱長崎造船所に発注したこともあり，それまでの大阪系の金融機関に加え三菱銀行との関係を深めた（杉山，135頁）．しかし，資金を外部に求めたため，当然財務状況は悪化した（優秀船の償却金と利息負担）．それで，1930年から政府の行った「造船資金貸付利子補給制度」や32年10月の「船舶改善助成施設」を積極的に活用して優秀船建造にあたった．しかも，大阪商船の場合，助成船以外の建造にも積極的であった．1932～37年の期間，大阪商船は30隻，12万8265総トンを建造したが，そのうち助成制度による船舶は隻数で全体の23%，総トン数で33%弱にすぎなかった（杉山，149頁）．

服,新鋭優良船の建造により海外進出の素地を養い,国防強化の一端とする等である[31]. 時期的順序から見て,大阪商船のニューヨーク急航線の成功はこの施設実施を促進する要因になったと思われる.

1935年3月,第一次船舶改善助成施設は絶大の効果を上げて完結した. 引き続き同年に第二次助成施設,1936年第三次助成施設が各々1カ年の期限で実施されることとなった. この場合,解体船と新造船のトン数を等しくし,各々の助成施設において,1トン当たり平均約30円の助成金を政府が支出. こうして第二次は8隻,5万トン,第三次において9隻,5万トンの優秀貨物船が建造された. 1932年10月から4.5年にわたって政府が行った3回の船舶改善助成施設により,合計48隻,30万トンの優秀貨物船が新造された. また助成施設によらずに建造された船も多数にのぼった.

この助成施設は効果があったのか. データで確認したい. 1937年のロイズ統計によると,4000総トン以上の汽機船の主要海運国商船隊の船齢別比率は保有トン数こそ米国の3分の1であるが,船齢15〜20年が米国71.4%,日本36.2%,5年以下は米国2.5%,日本20.4%と日本が大きく船質を改善したことがわかる[32]. こうして完成された日本新鋭貨物船隊は,外国船を圧倒したとされる.

3 転換期——1936〜37年頃

(1) 海大Ⅵ型から巡潜型へ

1936年,日本海軍は海大Ⅵ型という,巡潜型に要求された性能も兼ね備えた潜水艦を完成したにもかかわらず,「〇三計画」の段階で,軍縮条約の軛(くびき)から自由になると海大型から巡潜型に建造の重点をシフトさせた[33]. 巡潜型の開

---

31) 日本造船学会(編)〔1977〕311頁.
32) 日本経営史研究所(編)〔1988〕314頁.
33) 他方,米国では,潜水艦の適正なデザインについて運用サイドと技術サイド現場も含めて20年近い論争が続いていた. その結果1934年までに,約1500トンのデザインが,潜水艦関係者の間で,その信頼性,行動範囲,居住性の要求を満たすベストのサイズと形状として,定着した. 1936年3月海軍総監部は,海軍長官に1937年の建造プログラムに関し,次のように答申した. 1450トンが,潜水艦の運用要求に応えるのに必要な軍事的特性の適切なバ

発では,1931年竣工の巡潜2型から水上機を搭載しており,航続距離も16ノットで2000海里が要求されたので,当然大型化した(実際量産された乙型は16ノット1400海里であった).そのため新しいエンジンが開発された(艦本式2号10型).したがってその調達価格は量産された乙型でも1218万円と海大Ⅵ型の約1.9倍に跳ね上がったのである.

このように「〇三計画」では,建造する潜水艦のタイプを速力は勿論,航続距離も巡潜型に要求されているものをほぼ満たした海大Ⅵ型に一本化しなかった.従来から開発していた巡潜系列の発展型を採用したのである.その理由は推測の域を出ないが,一つは,「〇三計画」という軍備補充計画の性格にある.「〇三計画」は,ワシントン条約失効後の無条約時代下の海軍軍備計画である.

日本は1934年12月に米国政府に対してワシントン条約廃棄の通告を行った.この条約から脱退した理由は次のようなものである.「ワシントン条約成立以来十二年,科学の発達は,日本に不利,米国に有利な状況となっている.次期軍縮会議において全然自由且つ新たなる立場において,米国に対して保有兵力量の最大限度を共通とする公正妥当な協定を結ぶべきである.協定不成立の場合,建艦競争が生起することが予想されるが,その場合,現在条約維持の場合に要する海軍経費と大差なき範囲において特徴ある兵力を整備し国防の安固を期しうる成算がある」[34]〈下線著者〉.また「現条約では単艦の排水量及び備砲の口径を制限し,且つ保有量を英,米に対し劣勢に規定しているので,軍備上所望の特徴を発揮しえない.これらの拘束がなくなれば,作戦上の要求に合致できるように質の選定,量の按配を定めうる」[35]というものであった(その場合,米国,英国も同様に拘束がなくなるのだが,米国はパナマ運河に建造艦艇の規模が制約されると考えた).

この1934年末頃には,「〇三計画」に属する戦艦大和,武蔵に関する骨子ができていた[36].つまり,この「特徴ある兵力」とは,量的劣勢を個艦の質(に

ランスに最小限適合した大きさである.この答申に基づいて建造された潜水艦が1500トンタイプのガトー級であった.米海軍はこの水上速力21ノット,水中速力10ノットという能力的には平凡なタイプに生産を集中した.Weir, G. E.〔1991〕参照.

34) 防衛研修所戦史室(編)〔1969a〕466頁.
35) 防衛研修所戦史室(編)〔1969a〕478頁.
36) 防衛研修所戦史室(編)〔1969a〕466頁.

の場合は大艦巨砲)に求める兵力であった．このような背景から，「〇三計画」が構想されていった．大和・武蔵はこの計画の目玉であった．実際「〇三計画」を予算要求するとき，次のような操作がなされ，これら超大型戦艦の規模が秘匿された．戦艦の予算の一部である3918万円を，実際には建造しない駆逐艦三隻分2700万円及び潜水艦乙一隻分1218万円と分割計上したのである．

　日本海軍は，艦隊決戦思想もしくは漸減邀撃戦略を実現する造艦技術・造船工業を保持していた．しかし，陸軍航空軍備の運用構想と航空機工業の関係とは逆に，問題は，戦争形態が変化し進化しているのに鈍感だったことである．次期大戦は航空機中心の戦争になり，艦隊決戦は生起しない．したがって戦艦は無用であると警告した軍人もいたが[37]，海軍の大勢は次期大戦も日露戦争型の艦隊決戦で決すると疑わなかった．大和型戦艦を含む「〇三計画」は，その戦略の帰結である．

　現実には，艦隊決戦は生起せず，大和・武蔵と米国戦艦隊との砲撃戦は起きなかった．戦略を実現する可能性は有していたが，戦略そのものが柔軟で創造的な戦争形態の分析を欠いたため，戦争形態に適応したものにならなかったのである．

　特徴ある兵力(軍備)という「〇三計画」の思想は，潜水艦についても大型の巡潜型にこだわった理由にもなっている．大和型戦艦の発想は，パナマ運河が米国の戦艦の規模(サイズ)を制約していることにその勝ち目を求めたものでもある．同様に水上機搭載可能な巡潜にこだわったのも，この水上機を爆撃機に発展させ，このパナマ運河を破壊するという狙いがあった．日本海軍は，米国の両洋艦隊が全力で太平洋に進出してきたら，到底かなわないという量の劣勢に強く拘泥した．

　もう一つ，海大Ⅵ型から巡潜型にシフトした理由に，潜水艦を建造していた民間造船所の件が考えられる．民間で潜水艦の建造を最初に始めたのは川崎造船所である．川崎は第一次大戦末期の1917年はじめ，イタリアのローレンチ型の潜水艦の建造を開始した[38]．三菱神戸造船所が潜水艦の建造に参入したの

---

37) 防衛研修所戦史室(編)〔1967c〕41-48頁，井上成美海軍航空本部長(当時中将)による「新軍備計画論」参照．

38) 川崎重工業株式会社社史編さん室(編さん)〔1959〕226頁．

はこの頃であり，英国のビッカース社と技術提携し，1918年8月にL型2隻を同時に起工した[39]．海軍が三菱神戸造船所を参入させたのは，競争原理の導入により，建造技術の能力向上を意図したものと思われる．潜水艦を建造していたこの民間2社では，川崎が巡潜型系列を，三菱神戸が海大型系列を基本的に担当していた．

しかし，新型の潜水艦を建造する場合，通常まず海軍工廠(呉が潜水艦の主担当)が起工し，その半年後に，民間の造船所が起工するという手順を踏んでいる．論点になっている海大Ⅵ型と巡潜(甲，乙)型の場合も，次のような順序で建造が進められた[40]．海大Ⅵ型の1号艦(伊68)は，1931年6月18日，呉の海軍工廠で起工され，その半年後の同年12月22日，三菱神戸で起工された(伊69)．また「〇三計画」で予算要求され承認された巡潜甲型の1号艦(伊9)は，1938年1月25日に呉で起工され，同年6月7日，2号艦(伊10)が川崎で起工された．つまり海軍が目標付与した要求性能に適合した潜水艦が建造されたにもかかわらず，従来から確立されていた二つの建造系列を護持するという非合理な感覚が働き，海大Ⅵ型から巡潜型にシフトしたとも考えられる．

(2) 優秀船舶建造助成施設

前述したように，第一次大戦中，逓信省戦時船舶管理局で標準船型が制定されたが，その実施には至らなかった．ところが，1936年頃，国際情勢の緊迫化(エチオピア戦争，スペイン内戦)により船腹需要が急増する形勢から，船舶改善協会等が中心になり標準船型を選定する動きが出てきた．協会は，その原案の作成を造船聯合会に委嘱した．

造船聯合会が「標準船型選定に関する概要」を作成し，協会に提出したのは1937年9月，日中戦争が全面化の様相を呈してきた時であった．その後，この答申は，船舶改善協会の標準船型特別委員会，標準船型選定のための準備委員会などによる審議，逓信省管船局の要望，そして船舶改善協会の委員会の付議を経て，逓信省における標準船型選定協議会が標準船型を正式に決定したの

---

39) 新三菱重工業株式会社神戸造船所五十年史編纂委員会(編)〔1957〕20頁．
40) 日本造船学会(編)〔1977〕792-793頁，新三菱重工業株式会社神戸造船所五十年史編纂委員会(編)〔1957〕附録，26頁，及び川崎重工業株式会社社史編さん室(編さん)〔1959〕204-205頁．

は1939年4月であり，選定を発議してから3年以上かかっている（また，船体については決定したが，船舶用機関等については標準化は未定であった．船型，船舶用機関ともに標準化体制が確立されたのは，太平洋戦争直前の1941年10月である）．

このような，戦時の量産体制に備える標準船型選定，標準化体制の動きがある時，同じ通信省管船局では，第一次から第三次までの船舶改善助成施設が極めて順調に進捗したと判断したのか，「本邦海運および造船事業の発展と船舶改善助成施設の強化に応ずるため，1936年12月，船舶課を分けて，船舶及び造船の2課とし」，1937年4月より，商船隊の質的強化をねらいとする優秀船舶建造助成施設（以後「優秀船施設」と略称）が実施された．この施設が実施された直後，日中戦争が勃発，戦時となった．

標準船の件は戦時の量産要請に備えるものであり，時宜にかなったものである．しかし，「優秀船施設」は国防目的の達成をねらいとした施策とはいうものの，内容は総トン数6000トン以上，速力19ノット以上の旅客船と貨物船を，それぞれ15万総トン，合計30万総トンの優秀船を1937年度から4カ年でなしとげようとしたものである[41]．つまり一次から三次まで5年かけて遂行され，同じ30万総トンを建造した船舶改善助成施設を，こんどは優秀船建造に絞って4年で遂行しようというものであった．標準船での量産体制が求められているこの時期に，優秀船に日本の造船能力を充当するのは，量でなく質を採る形になり情勢に逆行している．しかも「優秀船施設」は最後まで（太平洋戦争直前まで）実行された．

ただ，実際建造を担当した造船所は貨物船に関しては大手数社に分散しているが，旅客船は三菱長崎と三井玉の2社のみであり，日本の造船能力を吸収したなど大げさだという見解もあろう．しかし，大手の三菱長崎等がこの件に拘わっていれば，その間，標準船の問題に力を割くことはできない．後の「戦標船」の主力となる第二次「戦標船」である2A型「戦標船」を三菱長崎が設計したのが1942年という事実を考えると，この4年間は量産体制，戦時計画造船体制への移行を掣肘したといっても過言ではないと考える．

---

41) 日本造船学会（編）〔1977〕314-316頁．

4　日中戦争から太平洋戦争へ

(1) 日本潜水艦の総合評価

　日本海軍は主力潜水艦を巡潜型に定めて太平洋戦争に入っていった．この戦争での日本の潜水艦を評価する場合，われわれはどうしても米国潜水艦と比較せざるをえない．米潜水艦隊は 52 隻 (3500 名) を失っただけで，1900 隻 (28 万名) の日本艦船を沈め[42]，日本本土に対する戦略爆撃が本格化する前に海外から本土への原材料・資源の供給を遮断し，日本の戦争経済 (「戦時期経済」体制) の息の根を止めた．加えて，戦争後半には日本にとっては虎の子である多くの空母もこれによって沈められている．他方，日本の潜水艦隊は，127 隻を失ったが，沈めた連合国の艦船は 100 隻余りにすぎなかった．

　図 7-1 は日米潜水艦による相手国商船の撃沈トン数である[43]．確かに，対照的な結果になったが，ここで指摘しておかねばならないことが二つある．一つは日本側の件であり，もう一つは米国側の件である．前者の件は，これも二点あり，一つは日本の潜水艦隊が日中戦争の頃，対米漸減邀撃作戦に潜水艦を運用する演習を行った時である．現場サイドから，潜水艦をこのような目的に使うのは極めて難しく，自主的独立的に通商破壊戦に運用した方が効果的という提言がなされていたことである[44]．

[42) 1995 年 12 月，防衛庁防衛研究所 (当時) で行われた Roger Dingman 南カルフォルニア大教授のプレゼン・ペーパー "From Illegality to Innovation: American Unrestricted Submarine Warfare in the Pacific, 1941-45", p. 16 より．

43) これを見ると，米国の戦果は終始増加している．特に 1943 年の半ばから急増する．一方，日本の方は，いままで言われていたように終始停滞していたわけではなく，緒戦期が一番高い戦果を上げ，以後停滞し，緒戦期の成績を超えることはなかった．この意味は，日本海軍は太平洋戦争の開戦期，潜水艦を通商破壊戦に運用していたということである．しかし，そうだからといって，帝国海軍が潜水艦の運用を通商破壊戦が主と当時考えていたと判断するのは早計であろう．つまり真珠湾攻撃により，敵主力艦の大半が喪失したため，その運用目標を潜水艦隊に任せたのである．それが結果的に潜水艦の自主的作戦を可能にし好成績につながった．現にその後，ガダルカナル戦が生起してからは，潜水艦の運用の重点は敵空母となる．運用重点が敵空母になってからは，米軍の対潜能力の向上に反比例して戦果は逓減していった．

44) 防衛研修所戦史室 (編)〔1979〕44 頁．

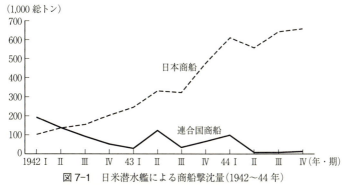

図 7-1　日米潜水艦による商船撃沈量（1942～44 年）
注 1）日本潜水艦が撃沈した商船量は，Rohwer, Jürgen〔1968〕．原典はドイツで同じ年に出版された Jürgen Rohwer, *DIE U-BOOT-ERFOLGE DER ACHSENMÄCHTE 1939-1945*, München: J. F. Lehmanns Verlag, 1968.
注 2）米側は大井篤〔1983〕，原出所は米国戦略爆撃調査団『太平洋戦争報告書』The United States Strategic Bombing Survey. *THE WAR AGAINST JAPANESE TRANSPORTATION*, Transportation Division, May 1947（富永謙吾（編・解説）〔1975〕より）．

　二点目は，1941 年 7 月はじめの秋丸機関の「報告書」の件である[45]．この時，英米の抗戦力調査を担当した有沢広巳ら英米班が，米国に欠点らしい欠点はないが，強いてあげれば「米国には膨大な軍事力があるが，問題はそれをヨーロッパや日本の戦線にどうもっていくかだ．石油や軍需品をどう運び込むかだ．そこでドイツと日本が協力しての通商破壊戦に米国は弱点を有していた」〈筆者要約〉．つまり学者の間で，潜水艦での対米通商破壊戦が有効なことが認識されていたのである．

　後者の米国側の件は，米海軍が戦前，潜水艦の開発過程から通商破壊戦を目的に建造していたわけではないということだ．まず，潜水艦という兵器の標準型(プロトタイプ)はどうあるべきかの論争を 10 年余りも続けたのである．

　そこで論点になったのは，艦隊決戦に資するか，通商破壊戦に運用するかではなく（結果的にはそうなるが），艦隊とともに行動するか，独立・自由に行動させるべきかである[46]．後者の選択をしたのは，当時の技術水準では，潜水艦は

---

45) 秋丸機関は，陸軍の秋丸次朗大佐を長とする英米独日の抗戦力調査機関である．日本を中山伊知郎，ドイツを武村忠雄，英米を有沢広巳らが担当した．設立経緯，報告書の顛末等，脇村義太郎〔1998〕143-153 頁．
46) 潜水艦を主として通商破壊に運用しようという戦略が正式に戦争計画に反映されたのは，

どうしても水上艦隊の速度についていけないという現実を直視したためである．また，無理をして，潜水艦の速度を上げようとすると，船体を大型にしなければならず，他の要求性能に支障が出てくるという潜水艦特有の技術的制約も考慮された．加えて，独立・自由に行動させることは「隠密性」という潜水艦の利点を生かすことにもなる．

これまた，対照的に，日本では，1930年代はじめに23〜24ノットの速度を発揮する国産ディーゼルエンジンを開発したことが皮肉にも，潜水艦が水上艦隊とともに行動できるという期待を抱かせ，艦隊決戦に資するという運用思想を護持させた．

1936年，前述のように日米は来る大戦の主力潜水艦に関して対照的決定をした．米国では，海軍総監部が海軍長官に，米国潜水艦の標準型として1450トンという排水量を答申した．一方，日本海軍は，同年軍縮条約の軛から脱して独自の軍備をとの発想から「〇三計画」の一環として水上偵察機搭載の大型巡潜（甲，乙型）2600〜2100トンを予算要求したのである．これによって，両国の潜水艦に関して大戦間のパフォーマンスには，生産，価格，乗員養成（教育・訓練）の面に違いが生じた．

まず，開戦前後の日米の潜水艦生産の工期と価格である．1942年の日本の潜水艦（甲，乙型：2600〜2100トン）の場合，工期は早い場合で22カ月であった．これに対して米潜水艦（ガトー級：1475トン）の場合9.5カ月である．その価格は当時の為替レート（1ドル＝4円）で，日本潜水艦が2050万円，米潜水艦が230万ドル（920万円）で日本が米国の約2.2倍であった[47]．次に，大戦間，日本は巡潜型を基本にしながら，中型，小型と多種多様の潜水艦を建造した．結局，日米の潜水艦の艦種と竣工数を比較すると，1941〜44年という大戦の4年間，日本は13艦種で101隻竣工させ，他方米国は実質的に1艦種で182隻竣工させたのである．これによって生ずる乗員養成のコストの違いはもはや言うまで

1940年10月に改訂されたオレンジ・プランからである．Herwig, H. H.〔1996〕p. 256.

47) 日本潜水艦の工期や価格については，川崎重工業株式会社社史編さん室（編さん）〔1959〕付録諸表．及び防衛研修所戦史室（編）〔1969a〕500-501, 814頁．但しこの船価は海軍省「昭和十六年度予定経費要求説明書」が根拠．米国潜水艦の工期と船価は，Weir, G. E.〔1993〕pp. 34-35．船価276万5000ドルは1942年度価格であるので，1941年度価格にデフレートした．

表 7-2　日本の艦船建造量，及び(民間)造船所の艦艇占有率の推移(1935～44年)
（上段：指数(1935=100)，下段：建造高／単位：1000総トン）

	商船 ①	艦艇(民) ②	艦船(民) ③	艦艇(海) ④	艦艇(計) ⑤	艦船(計) ⑥	②/③ (％)	⑤/⑥ (％)
1935年	100 111.6	100 72.2	100 183.8	100 40.9	100 113.1	100 224.7	39.3	50.3
1936年	242 270.7	121 87.9	195 358.7	147 60.3	131 148.2	186 418.9	24.5	35.4
1937年	377 421.4	154 111.5	289 532.9	180 73.8	164 185.3	270 606.7	20.9	30.5
1938年	372 415.5	245 177.3	322 592.8	293 119.7	262 297.0	317 712.5	29.9	41.7
1939年	306 341.6	449 324.7	362 666.3	319 130.5	402 455.2	355 796.8	48.7	57.1
1940年	202 225.7	583 421.0	352 646.7	663 271.3	612 692.3	409 918.0	65.1	75.4
1941年	257 286.4	584 422.0	385 708.4	860 351.9	684 773.9	472 1,060.3	59.6	73.0
1942年	274 306.0	656 473.6	424 779.6	1053 430.9	799 904.5	539 1,210.5	60.7	74.7
1943年	865 966.0	1,027 741.4	929 1,707.4	1,351 552.4	1,144 1,293.8	1,006 2,259.8	43.4	57.2
1944年	1,105 1,233.0	1,354 977.6	1,203 2,210.6	1,551 634.5	1,425 1,612.1	1,266 2,845.1	44.2	56.7

注1) 艦艇の数字は，3カ年の建造量を移動平均した修正値．②は民間造船所の艦艇建造量．
注2) 艦艇の数字は排水量トンを4.5倍し総トンに換算(村上説：5倍，『昭和産業史』説：4倍であるのでその中間4.5倍を採用)．
注3) 出所は東洋経済新報社(編)〔1950a〕「第二編第五章」．原出所は「造船協会会報」第80号．艦船とは艦艇の建造量と商船の建造量を加算した建造量．④は海軍工廠における艦艇建造量．

もないであろう．

(2) 「戦標船」建造での逡巡

　前述のように(第一次)船舶標準船型が決定したのは，1939年4月であった．しかし，表7-2のように，日本の民間造船所における艦艇建造の占有率(船舶と艦艇建造高合計に占める艦艇建造高の割合)は1937年の20.9％を底に急激に上昇，1939年には48.7％，1940年には65.1％となった．したがって，新たな造船所を建設するか，既存の造船所の設備を拡張しない限り，「優秀船施設」の件もあり，標準船建造の余積そのものが狭くなっていく．
　図7-2は1935年から44年までの普通鋼鋼材の用途別消費を比較したもので

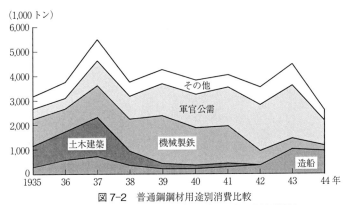

図7-2 普通鋼鋼材用途別消費比較
注1) 出所は東洋経済新報社(編)〔1950a〕140頁, 国民経済研究協会(岡崎文勲)(編)〔1954〕79頁をもとに筆者作成. 1935〜41年まで暦年, 1942年以降会計年度.
注2) その他とは, 全消費高から造船, 土木建築, 機械製鉄, 軍官公需の和を差し引いた残余.

ある.造船部門が1937年をピークに42年まで停滞しており, 土木建築部門が大幅に削減されているのがわかる.一方, 軍需がその時期, 増加していったのは当然であるが, 造船部門と対照的に, 機械製鉄部門は1937年から41年までその消費割合を上げている.つまり, 1939年4月の船舶建造融資補給及び損失補償法の制定や, 同年11月の造船事業法の制定などで金融や法律で船舶建造を促した[48]が, 肝心の船舶建造や設備拡張の原材料自体が「物動」で制限されていたため, 船舶建造が窮屈になったのである.

経済統制の基軸である「物動」は, 1938年から本格的に機能し特定重要資源の産業部門別への配分を統制した.この頃, 各造船所で船舶建造が停滞した原因について, 当時の研究や社史によると原材料の入手難があげられている[49].実はそうなったのは, 政府(企画院)が「物動」において, 造船部門への配当を絞り込み, 土木建築部門への配当を大幅に削減し, その分軍需部門(すなわち艦艇)と機械製鉄部門に厚く配当したからである.そのことが民間造船企業の造船と関連設備の拡張を掣肘したのである.

---

48) 藤川洋〔1944〕163頁.
49) 太平洋協会調査部/経済問題研究会(編)〔1941〕397頁, 及び『日立造船株式会社七十五年史』〔1956〕213頁など.

第7章 戦時造船工業の造成

　それでは，なぜ，このような資源配分になったのであろうか．一般に日中戦争が陸戦主体の戦争であるから，船舶生産に深刻な必要性を感じなかったからだと考えられている．しかし，それは事実ではない．すなわち 1940 年 12 月の時点で陸軍の徴用船舶は，対ソ・対米同時戦争を想定して計画されていた第二次総動員期間計画で予定されていた徴用船舶の倍に及ぶ 90 万総トンに達していたのである[50]．つまり船舶需要は逼迫していた．にもかかわらず船舶の生産は 1937 年から 42 年まで逓減した．結局，造船部門の優先順位が軍需と機械製鉄部門に比べて下げられたのである．

　そのような造船部門への資材や関連設備拡充制限という制約のもとで，1936 年から検討されていた戦時型でない，平時においても国際競争力のある 6 種類の標準船型が 1939 年 4 月定められた[51]．他方，同年 9 月から実施された「造船承認制度」は，民間の船舶需要の急増に上述の制約の中で，少ない船舶建造の余積を標準船の建造に充当すべく造船統制する狙いがあった．

　この「造船承認制度」では（「造船計画遂行承認ニ関スル措置要領」より）長さ 50 メートル以上の造船契約は契約締結前に注文者と受注者連名で，すべて協議会の審査を受け，承認を得ねばならなくなった．すなわち造船契約に通常必要としない「取引申請・審査・承認」といった「取引コスト」が付加された[52]．審査をする造船調整協議会の会合は 1939 年 9 月 11 日から 40 年 1 月 31 日まで 5 回開かれ，承認された造船計画は 10 月 30 日の 16 隻に始まり，40 年 1 月末の 19 隻まで計 62 隻であった．当時 1000 トン以上の貨物船の起工から竣工までの工期は 8 カ月から 10 カ月であったから[53]，この時期に承認された船舶は承認と同時に起工されれば 1940 年に竣工することとになる．「造船協会会報」による年次別，鋼船建造実績では，1000 トン以上の鋼船は 1940 年に 63 隻竣工しており，概ね承認された隻数に合致している．

---

50) 防衛研修所戦史室（編）〔1967b〕491 頁，船舶残務整理部（編）〔1946〕10 頁．
51) 日本経済聯盟会調査課（編）〔1944〕147-148 頁．
52) 尾関将玄〔1941〕394-395 頁．
53) 『播磨造船所 50 年史』（1960 年）によれば，1939 年 12 月起工の総トン数 3120 トンの貨物船「まがね丸」は，1940 年 6 月進水し，8 月竣工と約 8 カ月で建造されている．また，『新三菱神戸造船所五十年史』（1957 年）によれば，1939 年 10 月起工の貨物船「第二十御影丸」は 1940 年 4 月に進水し，同年 7 月に竣工と 10 カ月で建造された．

興味深いのは，この「造船承認制度」に対する業界の反応である．100トン以上1000トン未満の鋼船の建造実績が，1939年は81隻，約2万6000トンであったのが，1940年は147隻，25万7000トンと隻数で倍増，総トン数で10倍に急増している点である（平均1748総トン）．その理由は，この承認制度の規制対象が長さ50メートル以上の鋼船であったことにあると思われる．長さ50メートル以上の船は，通常1000総トンを超える．したがって，規制対象外である長さ50メートル未満の船の建造に契約が集中した．

そのように判断される根拠として，政府が海運統制令施行規則の一部を改正し，1940年10月1日，長さ50メートル未満15メートル以上の鋼船にまで造船承認の対象を広げた時の業界の反応である．それ以降承認審査を受け起工された小型船舶の建造実績，つまり，1941年の1000トン未満100トン以上の鋼船建造実績は23隻，1万8000トンと激減したのである．

一方，「戦時期経済」統制は物価統制にまで及んで，海運業関連の運賃や傭船料もこの対象となって低く抑えられた[54]．しかし船価にはまだ統制が及んでいなかったから，こちらは上昇したものと考えられ，船主にとって新船の建造は採算のとれないものとなったと思われる．したがって，たとえ（戦時）標準船を定め，これの建造を奨励しても，上記の事情に加えて，標準船は各船主の注文による個別の設計で建造されないわけだから，船主は標準船の建造に消極的にならざるを得ない．

また太平洋戦争になるまで造船の担当官庁である逓信省そして海軍に，戦時の大量船舶需要について切迫感や危機意識がなかった（海軍は艦艇や航空機の生産は重視したが，太平洋戦争に入り，予想を超える船舶被害が出るまで，船舶の建造に熱心でなかった）．こうして逓信省が計画造船体制の実行を検討するのは1942年5月頃である．この時初めて，「戦標船」は国がその建造を発注しないことには，その建造は軌道に乗らないと気づき始めた[55]．ただし，この時期は太平

---

54) 畝川鎭夫（編）〔1936〜42〕昭和11・12年版から昭和17・18年版によると，1937年から高騰し出した海運賃（特に政府の監視・統制下にある近海運賃）や傭船料は1939年から42年まで全く動きがなく，統制されているのがわかる．他方，日本政府の統制の範囲外にある遠洋海運の運賃（南豪―欧州線の小麦運賃や大連―欧州線の大豆運賃など）は，第二次世界大戦の勃発とともに5倍余りも高騰した．また，本邦新造貨物船（レシプロ）の平均価格は，1938年後半から成約しても公表されなくなった．

第7章　戦時造船工業の造成

洋戦争の緒戦であり戦局は日本に有利と考えられていた[56]．それで戦争が予期した以上に早く終わるのではないかと予想され，造船業者は第一次大戦後の恐るべき不況の経験から設備投資には慎重になった．

　結局，1942年5月頃から政府の計画造船体制を確立する作業が始まり，ミッドウェーやガダルカナルという戦局の転換を経て，同年末頃に，戦時のみに通用する第二次「戦標船」を決定した．政府は，これを官有官営の産業設備営団を介して，大量に建造する計画造船体制（関連法律措置も含めて）を整えたのである．

　計画造船体制確立に向けて逓信省が1942年5月頃から造船市場への介入の仕方を紆余曲折を経ながら整えていく過程は，戦時日本の造船政策の特質が象徴的に表れており検討に値する．計画造船の件は第80臨時議会に備え，海務院[57]で検討されたことに始まる．その検討資料と思われる「計画造船関係綴」（東京大学経済学部図書館所蔵）によれば，標準型船舶の建造について上のような事情から「民間船主の注文を確保することは至難である」(原文カタカナ)ので，「逓信省（海務院）所管として新たに特別会計を設置し国に於いて一元的に標準型船舶の発注を為さねばならない」と考えた．しかし，船舶国有は問題が多いので，特別会計に代えて「戦時船舶営団」を組織，これで計画造船の実施を担当させようとした．加えて「計画造船の実施促進に関する件」(原文カタカナ)では「造船及び造機施設の新設拡充を」この営団に担当させようと考えた．この戦時船舶営団の業務範囲は「造船・造機施設の建設，その貸付・譲渡，船舶の建造注文，その譲渡など」である．この営団は政府（すなわち逓信省）の完全なる監督下にあり，その権限が極めて制約されている．しかも，この「戦時船舶営団」構想も，産業設備営団法[58]を改正しこれを利用する形をとったため，そ

---

55)「戦時海運関係資料」「計画造船関係綴（昭和17年5月）」「造船計画資料Z-1」．
56) 例えば日本海軍航空隊による真珠湾攻撃の戦果について「米太平洋艦隊全滅」と報じられ，戦後，問題になった米空母が残存していたことについては殆ど触れられていなかった．
57) 海務院については134頁参照．
58) 産業設備営団法は，1941年11月26日に公布された．その目的は「戦時に際し軍需産業，生産拡充計画産業その他の国家緊要産業の設備にして事業者に於いて建設又は維持すること著しく困難なるものを施設し並に産業設備（之に充つべき機械及び器具を含む）にして未完成又は遊休の状態に在るものの活用を図ること」(原文カタカナ)である．営団は政府が2億円出資した政府の監督下にある法人で，初代総裁（任期4年）は藤原銀次郎に決定した．日本銀

の業務処理系統が錯綜したものとなった.

　もう一つ,標準船建造体制への迅速な移行を阻害した要因は,逓信大臣から海軍大臣への船舶製造と修繕に関する監督事務の権限移管の件である.はじめの動きが太平洋戦争開戦後の1942年2月に制定された勅令であり,そこでは,逓信大臣の権限に属していた船舶製造と修繕のための主要材料の需給調整に関する事務,及び海軍管理工場に於ける造船と船舶修繕に関する監督事務の権限を戦時中,海軍大臣に移管されたものである[59].

　しかし,この勅令での移管の範囲は,海軍管理工場内における艦艇との工事の競合調整と鋼船の主要資材の需給調整という造船事業の管理権の一部であったので,同年7月,新たな勅令が公布された.その内容は鋼船造船事業の管理の主体を海軍に移し,その力により造船の全面的国家統制と推進を行うことになった.ここで海軍は,造船所のうち有力なものの大部分をその傘下に入れて直接管理し,小造船所は海務院の分掌とするというやり方をとった.具体的には,長さ50メートル以上の鋼船は海軍が,未満は海務院というわけだが,この分割に無理があった.

　また,閣議了解事項として,長さ50メートル以上の鋼船についても建造計画の基本的事項,海運状況による船舶修繕の程度及び範囲,造船関係公益法人の監督,造船資金に関することは海軍に移管されなかった[60].このように,海軍大臣への上記権限の移管が太平洋戦争に入ってからになったのは,海軍省艦政本部の造船当局者が艦艇の建造・修理で手一杯でこの任務に消極的であったからである[61].

　ただ,権限の海軍大臣への移管に並行して,「戦標船」の件が動き始める.1942年4月,最初の計画造船案(改四線表)が立案承認される.特色は続行船を早くきりあげ標準船建造に移行する,新たに選定される標準船は経済的優秀船主義を堅持する,というものであった.ところが,同年5月を過ぎた頃から,船腹の不足が戦争遂行上の隘路になることが再認識され,それまでの1942年,

---

行調査局(編)〔1964〕1033-46頁.
59) 藤川洋〔1944〕167頁,勅令第68号「造船事務ニ関スル所管等ノ戦時特例ニ関スル件」.
60) 小野塚一郎〔1962〕27頁.
61) 小野塚一郎〔1962〕39頁.

43年の造船目標50万トン，75万トンを引き上げるべきだという声が，参謀本部，企画院第二部などから上がった．決定的増産の要請はガダルカナルで莫大な船舶を喪失してからである．これが第二次「戦標船」設計の引き金になった．

太平洋戦争に入っているにもかかわらず，海軍が選定した最初の「戦標船」は戦後も見据えた経済的優秀船主義が堅持された．その理由は，緒戦の勝利に惑わされ，この戦争が長期に及ぶ船舶の大消耗戦になることを深刻に認識していなかったからである．

ガダルカナルの戦いを中心とした船舶の喪失量は1942年11月頃になると月10万～20万総トンに達した．当時の建造量が月2万～3万総トンであるから，このままの計画ではとても喪失量をカバーできない．たしかに，続行船や第一次「戦標船」に工事簡易化の工夫などの研究を行なってはいた．しかしこの戦局の現実に直面し「戦標船」設計の根本的な思想変換がせまられたのである．

それが第二次「戦標船」である．その根本思想は「徹底した量産の追求」である．船体はともかく造機の改善は進んでいなかったから，結局，劣速の船でがまんしなくてはならなかった．陸軍省軍務，兵備両局からは，日本近海の制海権を得るために，まず大陸などから資源を大量に還送して国力を増大することが先決なので，劣質でも搭載量の大きい船をという要求が出され劣質，劣速の「戦標船」になった．特質は，徹底した材料の節約，船舶命数の観念の変更などで，戦後の件は考慮外にして，全精力を戦争目的に集中するものであった．

第二次「戦標船」が，太平洋戦争での計画造船の主体になった，1943年度の後半から，漸次竣工，終戦まで建造は継続したが，建造予定は986隻，262万3000総トンに達した．その後，戦局の要請から，第三次「戦標船」(速度を重視)，第四次「戦標船」(速度と武装を重視)が建造されるが，そのことを詳述する必要はないであろう．

結果的に喪失量が生産量をはるかに超えたが，日本の船舶の建造量は1942年度の42万4000総トンから43年度112万4000総トン，44年度158万3000総トンという成果を上げた．これには質より量の「戦標船」の件とともに，造船及び船渠業の設備関連への資本の動きが当然関係している．

表7-3「(産業部門別)固定資産中の建設勘定の割合(対使用総資本)」を参照すると，造船・船渠業部門は，太平洋戦争開戦直前の1941年下期に14%であっ

表 7-3　固定資産中の建設勘定の割合

(単位：%)

	1941年	1942年		1943年	
	下期	上期	下期	上期	下期
機械・器具工業	11	13	19	22	25
造船・船渠業	14	17	20	21	35

出所）日本銀行調査局（編）〔1970〕386 頁．

たのが，42年下期から20%台となり43年下期には35%と急増している．これにより1943年下期に大量造船体制のための造船設備の新設や改修が推進されたと考えられる．これは「1943年に至って(日本の)造船業は床面積で三分の一増強された」というJ.B.コーヘンの指摘とも合致する[62]．

しかし，われわれの論議の焦点は，1938年から42年までの日本造船の停滞の原因はなにか，なにが標準船の建造への迅速な移行を阻害したのかである．軽重はあるが，「〇三計画」という海軍軍備補充計画(1936年)，国際情勢の緊迫を感じての標準船構想(1936~39年)，同じく国防の強化という理由での「優秀船施設」(1937年4月)，これらが並行して進行した時に日中戦争になり「物動」基軸の「指令」経済が進められた．「物動」では造船関連の設備，新設拡張は掣肘されたから，当然，既存の造船所の設備の枠の中で，上述の事業を進めざるを得なかった．

1942年に竣工した船舶はすべて続行船(第一次標準船も含まれる)であった[63]．具体的に三菱，川崎，浦賀船渠，三井などの造船所の停滞期の建造状況を調査すると明確になるのは，三菱は艦艇や「優秀船施設」関連貨客船，川崎は艦艇，浦賀は艦艇と貨物船が半々，三井は大部分が貨物船で一部艦艇にそれぞれ能力を吸収された．三菱は，1939年から42年の間，1隻も第一次標準船型の貨物船を建造しておらず，この期間の商船建造工事に占めた優秀船建造工事の割合は88%から49%の間であった[64]．

---

[62] J.B.コーヘン(大内兵衛訳)〔1951〕366頁．
[63] 小野塚一郎〔1962〕42頁．
[64] 三菱長崎造船所の1938年から42年の造船(造艦)線表を作成すると，以下のような調査結果が出た．造船建造に占める艦艇建造の割合と商船建造に占める優秀船建造の割合（　）内は次の通り(単位：%)．1938年：82(34)，1939年：87(88)，1940年：94(77)，1941年：71(72)，1942年：77(49)，つまり1942年の段階でも優秀船建造が商船建造の5割を占めた．

表 7-4-1 川崎造船所の生産高の計数化(1919年)

船種(船主)		総トン数 ①	速力 ②	③ (①×②)	船台	建造期間 起工・進水・竣工	計 ④	月産⑤ (③÷④)
上海丸	貨物船(川崎本社)	4,103	14	57,442	2	3+1	4	14,360
漢口丸	貨物船(川崎本社)	4,103	14	57,442	1	2+1	3	19,147
しどにい丸	貨物船(国際汽船)	4,105	14	57,470	6	3+1	4	14,368
かろりん丸	貨物船(国際汽船)	4,105	13	53,365	1	3+1	4	13,341
たすまにあ丸	貨物船(国際汽船)	4,105	14	57,470	6	3+1	4	14,368
東福丸	貨物船(川崎本社)	5,857	14	81,998	1	3+1	4	20,500
慶福丸	貨物船(川崎本社)	5,857	14	81,998	4S	2+1	3	27,333
智福丸	貨物船(川崎本社)	5,857	14	81,998	5	3+1	4	20,500
隆福丸	貨物船(川崎本社)	5,857	14	81,998	4N	2+1	3	27,333
徳福丸	貨物船(川崎本社)	5,858	14	82,012	3	3+1	4	20,503
寿福丸	貨物船(川崎本社)	5,858	14	82,012	6	3+1	4	20,503
坂土蘭丸	貨物船(川崎本社)	5,865	14	82,110	2	3+1	4	20,527
華盛頓丸	貨物船(川崎本社)	5,863	14	82,082	4S	2+1	3	27,361
晩香坡丸	貨物船(川崎本社)	5,863	14	82,082	1	3+1	4	20,521
桑港丸	貨物船(川崎本社)	5,863	14	82,082	4N	2+1	3	27,361
紐育丸	貨物船(川崎汽船)	5,863	14	82,082	5	2.5+0.5	3	27,361
りばぷうる丸	貨物船(川崎汽船)	5,863	14	82,082	3	2.5+0.5	3	27,361
梨	2等駆逐艦(海軍省)	3,825	36	137,700	仮	9+4	13	10,592
竹	2等駆逐艦(海軍省)	3,825	36	137,700	仮	9+4	13	10,592
ぐらすごう丸	貨物船(川崎汽船)	5,863	14	82,082	4S	2+1	3	27,361
新嘉坡丸	貨物船(川崎汽船)	5,859	14	82,026	6	2.5+1	3.5	23,436
智利丸	貨物船(川崎汽船)	5,859	14	82,026	4N	2+1	3	27,342
伯剌西爾丸	貨物船(川崎汽船)	5,859	14	82,026	4S	1.5+1	2.5	32,810
亜爾然丁丸	貨物船(川崎汽船)	5,859	14	82,026	5	2.5+0.5	3	27,342
Eastern Moon	貨物船(米国政府)	-	14	83,636	2	4+1	5	16,727
亜丁丸	貨物船(川崎汽船)	5,859	14	82,026	3	2.5+1	3.5	23,436
ねいぷる丸	貨物船(川崎汽船)	5,859	14	82,026	4N	2+1	3	27,342
坂土西丸	貨物船(川崎汽船)	5,859	14	82,026	2	2.5+0.5	3	27,342
からち丸	貨物船(川崎汽船)	5,859	13	76,167	4S	2+0.5	2.5	30,467
けいぷたうん丸	貨物船(川崎汽船)	5,863	14	82,082	5	2.5+1	3.5	23,452
蘇格蘭丸	貨物船(川崎汽船)	5,863	14	82,082	3	3+1	4	20,521
伊太利丸	貨物船(川崎汽船)	5,858	14	82,012	4N	2.5+1	3.5	23,432
仏蘭西丸	貨物船(国際汽船)	5,863	14	82,082	4S	2.5+0.5	3	27,361
英蘭丸	貨物船(国際汽船)	5,864	14	82,096	1	3+1	4	20,524
運油丸	油槽船(川崎本社)	460 DT	-	460	3S	2+1	3	153
西班牙丸	貨物船(川崎汽船)	5,864	14	82,096	4N	2.5+1	3.5	23,456
合 計								786,436

職工数 20,091人　　職工1人・月当たりの生産高(建造量×速力)39.144トン・ノット
〔その他生産実績・修繕工事〕入渠:隻数　111隻　531,283　総トン　接岸又は沖繋留:634隻

注)川崎重工業株式会社社史編さん室(編さん)〔1959〕176-181頁より筆者算出.速力の単位はノット.
艦艇のトン数は排水量トンを4.5倍して総トン数に換算した.

表 7-4-2　川崎造船所の生産高の計数化(1941年)

船種(船主)		総トン数 ①	速力 ②	③ (①×②)	船台	建造期間 起工・進水・竣工	計 ④	月産⑤ (③÷④)
瑞鶴	航空母艦(海軍省)	115,538	35	4,043,830	4	18+22	40	101,096
釣島	敷設船(海軍省)	7,020	15	105,300	7	5+10	15	7,020
雪川丸	貨物船(川崎汽船)	4,501	15	67,515	8	8+11	19	3,553
伊良湖	特務艦(海軍省)	43,065	19	818,235	7	8.5+9	17.5	46,756
桃川丸	貨物船(川崎汽船)	3,829	15	57,435	5	8+7.5	15.5	3,705
第1336号	救難船(海軍省)	1,332	15	19,980	3	5+4	9	2,220
第1337号	救難船(海軍省)	1,332	14	18,648	3	5.5+4	9.5	1,963
伊22	1等潜水艦(海軍省)	11,493	23	264,339	8	13+26.5	39.5	6,692
伊10	1等潜水艦(海軍省)	13,135	23	302,105	6	16+25	41	7,368
伊21	1等潜水艦(海軍省)	11,628	23	267,444	8	14+17.5	31.5	8,490
合　計								188,863

職工数　23,140人　　職工1人・月当たりの生産高(建造量×速力)8.162トン・ノット
　　　　　　　　　　　　　　　　　　　　　　　　　　　　(1919年の約20%)
〔その他生産実績・修繕工事〕入渠：隻数　　26隻　　157,981総トン
　　　　　　　　　　　　　　一般修繕船：126隻　　704,536総トン

注) 表7-4-1に同じ.

　他方, 第一次大戦時, ストックボートという川崎版の標準船(6000総トン, 14ノット：第一次標準船と遜色なし)を工期最短1カ月で建造した川崎造船は, その量産技術を, それが最も要請された1938年から42年の時期に活かすことができなかった. その最大の原因は, この時期の川崎の船台の9割が艦艇の建造・修理で埋め尽くされたからである. 川崎でこの時期に建造された貨物船は2隻であり, しかも起工から竣工まで, 1〜1.5年強を要していた(表7-4-1, 7-4-2参照, 川崎造船所の1919年と1941年のパフォーマンスを比較すると職工1人・月当たりを比較しても後者は前者の5分の1であった). 総じて標準船の建造を掣肘した最大の要因が艦艇の建造・修理であり,「優秀船施設」がそれを増幅したと言えよう.

むすび──活かせなかった潜在能力

　日本の造船工業は, 第一次大戦の経験を経て1930年代の半ばまでに戦時経

三菱造船〔1957〕附表, 68-83頁を基に作成.

第7章　戦時造船工業の造成

済体制に適合した造船体制を組み立てる潜在能力を獲得していた．しかし，理由はわからないが，最も能力が上がった時期に，海軍と逓信省が不可解な決定を行った．

1936年，海軍による「〇三計画」の要求とその承認が，箍(たが)を外す転機になった．その関連で潜水艦の建造については，それまでの要求性能を充たした海大VI型から巡潜型[65]にシフトし，工廠では賄いきれない艦艇の建造要求が民間造船所の造船施設を占有した．他方，同年，逓信省の方は，平時標準船の審議諮問をしておきながら，国防のためという理由で「優秀船施設」(4カ年計画)を同じ管船局が決定した．

太平洋戦争の開戦直前，建造中の船舶に標準船の占める比率は3割(?)に過ぎなかった．しかも，この標準船は平時標準船であり，戦後も見据えた経済性重視の標準船であるため，工期も通常の船舶とあまり変わりはなかった(1年)．1942年軍側から，工期が短く量産容易な本格的戦時標準船の要請があり，1942年末に第二次「戦標船」が決定され，この建造は計画されたものすべて実行された．図7-3を参照してもらいたい．結局，民間造船労働者1人当たりの年建造高の日本平均は米国平均に追いつくことはなかった．しかし，三井造船では，日本の民間造船所平均と異なり従業員1人当たりの平均生産性が1944年，米国の平均水準に追いついていた．他の大手造船と違った三井の特質は，艦艇の建造が全艦船の1割強であり，しかも小艦艇に限られていたことである．

太平洋戦争中に建造された船舶の25%は続行船である．新たに造船所を建設したり，船台やドックを拡張したりしない限り，続行船で船台がうまっていれば，その船台での「戦標船」の建造は開始できない．日本の計画造船体制への移行を阻害したのが，続行船の問題である．その主原因は，1936年から37年にかけての海軍「〇三計画」による民間造船所での艦艇建造であり[66]，逓信

---

[65] 主力の巡潜乙型は，2000トンクラスの大型になり，水上機を搭載しパナマ運河の爆撃を企図した．明確に対米戦を意識した潜水艦の選択である．

[66] 「〇三計画」の目玉，戦艦武蔵は三菱長崎造船所で1938年に起工，1942年8月に竣工した．しかし，この巨艦は，工事期間中，造船所の全能力の65〜77%を占有していたとわれわれは推計した．三菱造船〔1957〕附表，68-83頁を基に作成した造艦線表による．

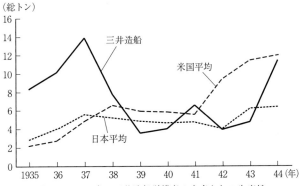

図 7-3 日・米・三井造船労働者 1 人当たりの生産性

注 1) 艦艇の数字は表 7-1 に準じて商船の総トンに換算．生産性とは当該年の建造高を労働者数で除した労働生産性．
注 2) 日米の建造高は，民間造船所での艦船建造高．艦船建造とは商船と艦艇建造高の和．出所は日本側表 7-2 に同じ．日米の労働者には工廠の工員は含まれていない．
注 3) 三井造船の出所は三井造船〔1968〕58-62, 100-104, 205 頁より筆者算出．
注 4) 米国側の出所は Smith, H. G. and L. C. Brown〔1948〕pp. 77-123, 189.

省管船局での量産に備えての平時標準船の審議諮問と，質の向上を目指す「優秀船施設」の実行という矛盾した決定であった．

粗悪品といわれた日本の「戦標船」であるが，代表的な第二次「戦標船」の 2A 型貨物船について言及すると，要目は表 7-5 のように，5000 隻以上建造された米国のリバティ船(EC-2)と同様である．しかし，2A 型と EC-2 の工期とトン当たり単価を比較すると工期は前者が平均 2 カ月，後者が 3 カ月弱であり[67]，1 総トン当たりの建造単価は，1 ドル＝4 円で換算すると[68]，前者が 671 円，後者は 992 円で，後者が 48％ 近く割高となる[69]．もし，平時，国際造船

[67) 前者は三井造船〔1953〕101-102 頁．後者は Lane, F. C.〔1951〕p. 212. ちなみに建造速度は，建造回数を重ねるごとに速くなる．Smith, H. G. and L. C. Brown〔1948〕pp. 99-101 によれば，最初の 10 隻の平均建造期間は 203 日であったが，250 隻を建造してからは平均建造期間は最短 32 日まで早まった．
68) 日本銀行統計局（編）〔1999〕320 頁，外国為替相場，1941 年の円・ドル為替データによる．
69) 前者の価格は運輸省船舶局（調整）「鋼船船舶建造価格調書」（運輸省船舶局所蔵，42 頁），後者の価格は Smith, H. G. and L. C. Brown〔1948〕p. 104. より．なお 2A 型貨物船と EC-2(リバティ船)の要目は表 7-5 の通りで酷似している．

表 7-5　2A 型貨物船と EC-2(リバティ船)要目比較

	総トン	重量トン	貨物積載量(トン)	馬力	航海速力(ノット)	乗組員数(人)
2A 型	6,600	11,200	10,114	2,500	10	66
EC-2	6,800	10,500	9,146	2,500	10-11	44

注1)　2A 型:小野塚一郎〔1962〕116 頁.
注2)　EC-2: Hutchins, J. G. B.〔1948〕.

市場においてこの二つの船が競争した場合,生き残るのは EC-2 ではなく,2A 型であるに違いない.かくして戦後,日本の造船が米国のそれを圧倒する一つの理由が示唆される.

終 章
転換期の経済的背景

　第一次大戦という総力戦から衝撃を受けた軍人たちが戦時経済体制(総力戦経済体制)を構想した．軍人たちが当初，制度設計した戦時経済体制は軍事力の整備，生産力の拡充そして資源の確保を均衡を保って，平時から準備するという，思想として実現の可能性を保持したものであった．しかし，時とともに，国力充実のための生産力の拡充は軽視され，軍事力の整備と資源の確保が優先された．とりわけ，後者はドイツのアウタルキー思想と結合し，軍人たちを封鎖される恐怖で呪縛した[1]．

　当初は思想として合理的に設計されていた戦時経済体制が，箍(たが)が外れたように実行の可能性が低減した時期は，1936年から37年の上半期である(図8-1参照)．当然，1931年の満州事変による日満経済ブロックを形成した時期はどうかという疑問がでると思う．事変遂行の道義的，倫理的，国際法的問題，事変が与えた長いスパンでのマイナスの影響など事変遂行の正当性という点で確か

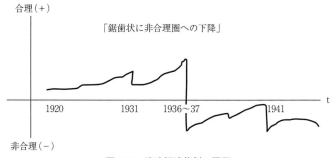

図 8-1　戦時経済体制の展開

---

1) 対照的に Pigou, A. C. [1921] には，アウタルキー(自給自足経済)への固執，封鎖されることへの恐怖はない．戦時になっても貿易は可能という前提があり，問題は戦費をどう蓄積しどう賄うかである．このようにピグーの戦争の経済学にアウタルキーの影がないのは，イギリスの地政学的位置，つまりアメリカ大陸という食糧をはじめとした原料資源の供給地を抱えているゆえであろうか．われわれの今後の課題である．

に問題も多い．

　しかし，こと戦時経済体制の構築という視点から見ると，満州事変という行動には必然性と選択性の両義性がある．ドイツ系のアウタルキー思想に呪縛された軍人たちにとって，中国の国権奪還運動そして議論はあるが満蒙権益擁護[2]を契機に，あらゆる手段を利用しての日満経済ブロックの形成は日本の生存戦略であり，彼らの思想の当然の帰結である．

　武力行使して目的を実現しようとしたこと自体，小磯国昭の関税同盟構想を逸脱しており，冒険的行動という見解も成り立つ．一方，事変を実行した関東軍参謀たちの目的実現の可能性の詰め具合は綿密であり，中国側の弱点を把握していた[3]．つまり，生存のため満州資源を確保するという目的を実現する可能性という点では目的と手段に整合性があった[4]．

　一方，1935年から37年にかけての日満経済ブロックから日満華北経済ブロックへの華北分離工作はアウタルキー思想の逸脱と見なせる．長城を越えることは蔣介石中央軍と衝突する危険を孕んでいる．この紛争は中国との全面戦争を誘発する可能性をもち，対ソ戦を基軸に準備している陸軍の戦争構想と矛盾する二正面戦争となる．これは軍事的にも非合理なものだ．華北分離工作とは

---

[2] 加藤陽子は「列国は実は日本の満蒙特殊権益を条約などでは明確に認めていなかった．それを日本があたかも認めていたかのように改変していたのだ」〈筆者要約〉と，新四国借款団の件などを根拠に主張した（加藤陽子〔2007〕）．一方，矢内原忠雄は1932年，雑誌『改造』4月号に，論説「満蒙新国家論」を発表した．その中で矢内原は「満蒙特殊権益の意義内容の究明は行わないとしながら，アメリカの我国の満蒙特殊権益に対する態度の変化を論じている．1908年の高平ルート協定，1917年の石井ランシング協定も，この権益を確認したものであった．しかし，アメリカは次第に我国の特殊地位の一般的確認を回避するにいたった．1918年，1920年の対支共同借款団の件，1921〜22年のワシントン会議での9カ国条約は日本の特殊権益の否認である．1923年，米国政府は石井ランシング協定を廃棄した．米国の門戸開放政策が満州における日支の紛争に関し，精神的に支那を利し，日本の特殊権益政策を不利にしたのである」〈筆者要約〉（23-24頁）．

[3] とりわけ蔣介石はこの頃（1930年夏，中国共産党が一時長沙を占領したころ），掃共戦を決意，同年12月から翌年1月まで第一次掃共戦を開始した．以後，掃共戦は1936年の西安事件まで続けられた．一方，華南には汪兆銘の広州政権が成立，蔣介石政権と対立していた．つまり，この間，蔣介石の関心は，満州にではなく，共産党の撲滅や内政の安定にあったのである．

[4] 第1章で述べたように，対米戦を意識した時，中国大陸に地堡を確保することは，日本の地政的位置からアウタルキー思想の帰結であった．

終章　転換期の経済的背景

そのような事態が生起しやすい環境を造り出す危険な工作であった[5]．

他方，日本本土では1935年8月，参謀本部の作戦課長に石原莞爾が着任した．石原は，国防体制を整備するための一環として，分裂していた国防方針を統一するため，海軍を説得する．しかし，海軍はこれに対抗して1936年3月，長谷川清海軍次官を長とした海軍省・軍令部の首脳で構成される「海軍政策及制度研究調査委員会」を組織し，北守南進を前提とした国策要綱を提示，海軍軍備充実優先の正当性を主張した．これによって石原の説得は不調に終わった[6]．

石原は海軍の説得を諦め，陸軍独自で国防国策の実現を図る．石原の国防国策に基づく戦争指導計画は米国との最終戦争を目標に，まず対ソ戦準備から始めるというものである．この対ソ戦の軍備を造成する軍需関連の産業計画が，「日満財経」の「生拡」計画であった．一連の「生拡」計画の象徴的なものが「重要産業五年計画」である．この計画は陸軍大臣まで決裁を得たが，閣議決定に至るまえに，日中戦争となり，2年後，「生拡」四カ年計画として復活する．

しかし計画に係わる状況は一変していた．当然，実行された「生拡」について，計画と実際の乖離が度々指摘された．しかし，この時期の「生拡」は「物動」に従属しており，事実上の戦時の計画で至当な評価はできない．問題は「重要産業五年計画」である．われわれはこの計画には実行の可能性に難があると考える．本計画の考え方は，目標と現状の乖離を5年間かけて，様々な措置・対策で充足していこうというものである．政治，経済にまたがる総合的施策が考慮されているが，経済的な施策に絞っても，希望的観測が多く，措置・対策の効果に楽観的である．対ソ戦計画を成立させるための軍備を1941年ま

---

5) 野村乙二朗〔1992〕44頁によると，海軍の軍令部作戦課長福留繁は「海軍は満州事変に反対だった」と発言している．しかし，この発言は1935年から36年にかけての石原との国防方針をめぐっての議論の中で発せられたものである．満州事変が列国相手の戦争に発展することを憂慮したと，海軍の「北守南進」論を正当化する根拠に使用されている．また池谷半二郎『ある作戦参謀の回想手記』(私家版，1978年)157頁には，海軍の満州への思いが記録されている．それは複雑であった，なぜなら日露戦争の結果，そして満州事変により満州は完全に陸軍の経営する地域と化したからである．その意味で満州事変には感情的な反発があり，逆に第二次上海事変(日中全面戦争)の時は，陸軍に対抗する形で強硬になったという．

6) 黒野耐〔2000〕306-309頁．

で造成することが目標として付与されたが，それを5年間で達成できるという根拠が希薄である．

戦時経済体制の柱である生産力の拡充が目指しているのは本来，国富を基礎として需給両面が循環する経済力としての国力の増強である．日満財経の「生拡」は対ソ戦軍備充実のための「生拡」であり，富国を先行させ，結果的に強兵がついてくる本来の「生拡」とは異なるものだ[7]．

1936年，陸軍が「国防国策大綱」に基づく軍備充実計画を推進したのと同時に，それに対抗する形で海軍は，対米戦想定の「〇三計画」という，大和型戦艦の建造を含む，軍縮条約の軛から解かれた軍備補充計画を議会通過させた．「〇三計画」は対米戦の形態の詰めを欠いた，国力に釣り合わない軍備補充計画である．本計画は，軍備整備に本来要求される合理性，一つは戦争形態への適合性，二つは国力に釣り合った軍備という両者を欠いている．後者の合理性とは，手段に目的を適合させる合理性であり，実行の可能性から目的を考えるというものである．

日満華北経済ブロックの形成は，日満経済ブロックが華北なしではやっていけないという日満アウタルキーの限界であった．華北分離工作として具体化したこの動きには，抗争的性格があり，武力紛争になれば，満州事変のように短期戦ではすまない大きなリスクを伴っている．中国との長期武力戦になれば，対ソ戦前提の日満経済ブロックそのものの存在理由を掘り崩しかねない，中ソ二正面戦争の可能性すら出てくる．

民間は日満華北経済ブロックが武力紛争を伴うことに考慮なく，軍は武力紛争になっても短期戦で解決すると楽観的であった．日満華北経済ブロックの形成は，アウタルキー圏そのものを崩壊させかねない危険を孕んだ，臨界からの逸脱であった．その実現には副作用が大きすぎた．満州事変の頃から比較して大きく向上した中国側の抗戦能力を軽視した，危険な工作であった．1937年夏，日中戦争が偶発的側面をもって勃発，これが日中全面戦争となった．それによって日満華北経済ブロック構想がどう展開したかは，第3章で述べた通り

---

[7] 「重要産業五年計画」など一連の「生拡」計画で指摘しておかねばならないのが，「日満北支を範囲として」対ソ戦軍備充実のための自給自足経済を確立するとしたアウタルキーの範囲に，華北が常に組み込まれていることである．

である．

　日中戦争から太平洋戦争に拡大していく経緯では，日本政府が自ら主導的に選択した場面を見出すことは難しい（特に陸軍）．経済制裁に追いつめられた，強いられた決断という側面がある．とりわけ「戦時期経済」を運営していたスタッフにとって対米戦は多くの難題を引き起こす，してはならない戦争であった．しかし，政府は戦争を決断，それに伴い「戦時期経済」体制がどう展開していったかは，今更繰り返すまでもないであろう．

　太平洋戦争の主役は海軍である．この海軍とアウタルキー思想は無縁だったのだろうか．当初，1920年代までは陸軍の大陸政策に対抗的であった海軍海洋国家論は表面的にはアウタルキー思想とは無関係と見られていた．ワシントン条約締結の際の加藤友三郎の論理など，総力戦の時代における経済力重視の安全保障論である．戦時アウタルキー体制に備えて平時，なにをなさねばならないかを明確に指摘した強力なリーダーシップを見せた．しかし，1930年代，海軍のいわゆる艦隊派は，日満ブロックを中核とするその生存圏を強力な艦隊で防御するという海軍アウタルキー思想を顕在化させる．

　同時に海軍艦艇の燃料が石炭から石油に移行し，海軍自体にとっても石油の確保が問題になった．国内油田は頭打ちになったから結局，国外油田の開発・確保そして米国以外の地域からの輸入を追求した．一つは北樺太油田であり，さらには蘭印油田であった．ところが，最も期待された北樺太油田の開発が順調の時，日独防共協定を締結しソ連を憤激させた．また頼みの蘭印油田も，三国同盟の締結，南部仏印進駐，これに対する米英蘭による在外日本資産凍結，全面禁輸でその輸入は難しくなった．こうして石油の問題から対米戦が現実のものとなったのである．

　連合艦隊司令長官山本五十六は，従来からの，米太平洋艦隊主力を待ち受ける漸減邀撃戦略では，石油を中心とする南方資源地帯の占領という任務が付加された対米戦は戦えないとして，空母機動部隊を主力とする連続決戦構想を打ち出す．かくして，太平洋戦争は航空機と石油を中心とする南方資源を日本へ還送する海上輸送力を争う，すなわち航空機工業と造船工業の戦争となった．

　それでは，戦時経済体制の三本柱の一つ，軍事力の整備，その骨幹となる軍事工業，とりわけ航空機工業と造船工業を，軍人たちはどう造成していったの

だろうか. 航空機工業を陸軍航空から検討すると，陸軍の航空戦力を運用する構想を実現する航空機が製造できるかどうかがポイントになる. 対ソ戦第一に準備していた陸軍の航空運用思想が「航空撃滅戦」ドクトリンに固まっていったのは，1934年頃であった. この構想を成立させるためには，速度，航続距離と所望の爆弾搭載可能な重爆撃機が要請された. しかし，ドクトリン遂行を可能にさせる九七重爆のエンジン選定時，不可解なモメントが働いた. すなわち，1936年から37年にかけてである. 折角保持していた能力を生かすのを放擲したのである.

同じ頃，石原莞爾は，対ソ戦重視の陸軍軍備の中核に航空戦力の充実を志向していた. その具体策の一環として満州に航空機工業を造成する施策を強く推進した. 裾野工業たりうる機械工業が不在の当時の満州に，どのようにして航空機工業を建設維持するのか. 実現困難なプロジェクトである.

造船工業も同様の妥当でない決定が1936年から37年にかけてあった. まず，海軍が前述の「〇三計画」を要求，それが承認された. その関連で，潜水艦の建造に関して，戦争形態への適応性のない決定がなされた[8]. 本来，日本海軍は艦隊決戦に資するという狙いから，二系列で潜水艦を建造してきた. 一つは艦隊に随伴する海大型，もう一つは航続距離を重視した巡潜型である（米太平洋艦隊を漸減するため）. 1935年頃，海大Ⅵ型という二つの要求を充たす優秀潜水艦が完成した. にもかかわらず，1936年「〇三計画」では新たな大型巡潜型を要求し，これを主力潜水艦とするのである.

同じ頃，逓信省は，国際情勢の悪化に備えて，量産ねらいの標準船を諮問・審議させながら，同じく国防の強化ということで質を重視する「優秀船舶建造助成施設」(旅客船と貨物船)を決定した. 後者は既に行われた第一次から第三次までの船舶改善助成施設の成功体験が根拠になったと思われるが，量と質の二兎を追うものであり，疑問が残った. 結局，日中戦争の影響で造船所の設備拡充や新設はならず，「〇三計画」の艦艇の建造・修理が民間造船所を占有，「優秀船施設」がこれを増幅して，標準船建造体制(戦時造船体制)への本格的移行

---

[8] 後述の海大Ⅵ型1本に絞り量産体制をとって，対艦艇戦だけでなく通商破壊戦にも対応できる体制を造るという意味での戦争形態への柔軟な適応性である.

終章　転換期の経済的背景

は1943年までずれ込んだ.

　第一次大戦から始まった日本の戦時経済体制の構想と展開を振り返ると，体制構築への過程で，それまで自生的であった体制造りに冷静でないモメントが働き非合理に転換した時期として，1936年から37年上半期が注目される．この時期は何か異様な時期だった．1936年2.26事件，3月に広田内閣成立，8月にはベルリンオリンピックがあった．同月の五相（首外陸海蔵相）会議は国策の基準（南北併進と軍備充実）を決定した．年末には日独防共協定，西安事件から第二次国共合作という日本のその後の行方を決める出来事があった．1937年になると1月広田内閣総辞職，宇垣一成内閣流産，2月に成立した林銑十郎内閣も5月に総辞職した．6月に第1次近衛内閣が成立したが，その直後盧溝橋事件が生起したのである．

　戦時経済体制を構築する三本柱，生産力，資源，軍事力（軍備）が，1936年から37年にかけてバランスを崩し非合理に転換した．その根拠は，実行の可能性困難な「生拡」計画（重要産業五年計画）であり，日中全面戦争の危険を孕んだ華北分離工作であり，身の丈に合わず戦争形態の深刻な分析なき「〇三計画」である．このすべてに石原莞爾が直接間接に関係し[9]，このすべてが昭和12年度予算の通過に収斂する．

　石原莞爾は強い使命感，強い危機意識をもって，独自の国防観から国防のために対ソ戦の準備をする．それまでの国防方針では陸軍の仮想敵国はソ連，海軍が米国と異なっていた．最終的には対米戦の長期戦争計画を保持していた石原であるが，まずはソ連を打倒せねばならない．そのためには，分裂している国防方針を対ソ戦に統一せねばならない．それで海軍を説得するも，その取り込みに失敗し，陸軍独自で「国防国策大綱」の実現を目指した．この大綱の中にも「日満・北支那（華北）を範囲とし，対ソ戦に持久し得る万般の準備を完

---

9) 前述のように日中戦争前の「生拡」計画には，どの文書も華北をアウタルキーの範囲内に含めた前提で書かれている．このことは，石原が華北分離工作に否定的であったとされる傍証と矛盾した，「生拡」計画と華北分離工作の内的関連を示している（石原は時々矛盾した行動をとる）．また石原は「生拡」計画を基盤に軍備の充実とりわけ航空戦力の増強を昭和12年度予算で要求した．北方重視の陸軍に対抗する形で「北守南進」の海軍が軍備充実の要求をしたのが「〇三計画」である．陸軍の軍備充実要求に対抗する形で「〇三計画」は「生拡」計画と関連していると言えよう．

了」と華北を日満に結合させる構想を保持していた明白な一文がある.つまり,消極的と見なされていた石原の華北分離工作に対する態度も実はこれを支持していたと解釈できる[10].また満州に航空機工業を建設することも対ソ戦の準備のためであり,海軍の「〇三計画」が巨大なものになったのは,海軍が本来の対米戦での危機意識とともに,陸軍の軍拡に組織的な対抗意識を持ったことも一因である.

これらの軍備拡張計画(以後「軍拡計画」と略称)が昭和12年度予算として通過したことが,戦時経済体制の均衡ある構築を崩していくことになった.ただ,軍人たちは,いつの時代にも危機意識をもち,いつの時代にも過大な「軍拡計画」を立案し,その実現を要求する.しかし,それまでは財政事情を理由に「無い袖は振れない」とそれら「軍拡計画」は財政当局から認められなかった[11].ところが1936年度末に成立した昭和12年度予算では初めて,国力不相応の大型「軍拡」計画が抵抗なく議会を通過した.どうしてであろうか.

答えは極めて簡単であるが,その意味するところは深刻である.軍の要求を受け入れるか否かが,内閣成立の成否を決定したからである.まず,2.26事

---

10) 確かに石原が華北分離工作に反対していたという証言は多い.例えば岡田菊三郎元陸軍省戦備課長の証言「参謀本部の廊下で石原大佐から「君は北支の資源に眼が眩んではならぬぞ,北支の資源を弁ずるのはこの際有害だ,満州国を固めるのだ,徹底的に満州国を固めるのだ」と注意されたこともある」(原文カタカナ)(岡田菊三郎〔1947〕30頁).他にも同様の傍証はあるが,石原の言動には矛盾したところがある(盧溝橋事件での対応など).したがって同じ時期に文書化された「国防国策大綱」や「重要産業五年計画」などの「生拡」関連計画の記述(「日満北支を範囲として」自給自足)を根拠とすることに客観性がないとは言い切れまい.

11) 明治期,海軍は第6回拡張案(1885年)について「然レドモ是非十六年度以降八ヶ年間ノ造艦費二千六百六十四万円ヲ以テ軍艦製造ノ計画ヲ立テ,艦隊ヲ編成セントスルニハ甲鉄艦ノ製造ヲ止メザル可カラズ.是ノ他無シ甲鉄艦ハ巨額ノ経費ヲ占ムレバナリ」(伊藤博文(編)〔1970〕242頁)と,海軍自体が財政上のバランスを考慮しながら,軍備整備を進めていこうとしている姿勢が窺える.また海軍大臣樺山資紀は,1890年閣議に提出した「海軍事業計画」の中で甲鉄艦の建造を要求しているが,財源不足を理由に認められていない(海軍省大臣官房(編)〔1966〕313-324頁).そして西郷従道海軍大臣は山本権兵衛に海軍軍備整備の指示(内訓)で「政府の歳計の許す範囲で」と釘をさしている(同66頁).他に明治から大正期にかけて,陸軍の増師問題がある.この軍拡要求も陸軍の「国家的危機」意識からきたものである.しかし,1912年11月の閣議に上程された2個師団増設案は財政上の理由で否決された.その後もこの件は大陸進出をめぐる路線対立の問題など複雑な経緯を孕みながら,第一次大戦の好景気にわく,1915年まで実現されなかった(北岡伸一〔1978〕126-157頁など).

終章　転換期の経済的背景

件があり，西園寺公望などは近衛文麿を次期首相に推薦したが，近衛はこれを固辞，首班指名は混迷した．広田弘毅の名前があがり，広田もこれを受けたが，組閣にあたり，軍部との激しいやりとりがあった．陸海軍が国防上の理由ということで，要求予算を認めなければ組閣に協力しないと，強く介入した[12]．主として閣僚の人事でぎりぎりの調整と妥協が図られ，3月9日広田内閣は成立した．

なぜ，軍部はそれだけの要求をし，なぜ広田らはそれを受け入れざるを得なかったのであろうか．要求とは，人事の件が目立ったが，それに合わせて軍備拡張の予算の受諾の件も入っていた．まず，軍の要求を受け入れざるを得なかった心理的背景として，2.26事件に代表される一連のテロの脅威がある．その上で，われわれが強調したいのは，軍拡予算を要求した軍人らの，明治・大正期以上の強い国防上の危機意識である．

「1935～36年の危機」，これが政治標語となって1933年頃から，日本人の危機意識を増幅した[13]．この危機意識が軍部だけではなく，国民的常識になってその不安をかきたてた点が明治・大正期と違ったところである．もっとも危機意識の根本は，陸軍と海軍それぞれの仮想敵国(ソ連，米国・英国)との軍事力の格差が1936年頃に最大となり，日本の国防が危殆に瀕するという安全保障上の問題であった[14]．それを，陸軍省新聞班，海軍省軍事普及部という軍の宣伝部が，右翼団体や在郷軍人会を巻き込み世論工作につなげていった．

この陸海軍の行動を経済的視点から見ると，まず，安全保障が正面の軍事力で決定するという総力戦以前の時代の戦争観に，この時期の陸海軍が後退して

---

12) 広瀬豊作(馬場・結城蔵相時代の主計局長)談より．大蔵省大臣官房調査企画課(編)〔1978〕185-207頁．及び筒井清忠〔2007〕1-24頁，なお，筒井は本書で，軍部大臣現役武官制が内閣の生殺与奪の権を握ったという通説に対し，この広田内閣の件でもわかるように，軍部大臣現役武官制が復活(1936年5月)する前でも，軍は内閣の成立に介入し，それを左右できたと反論した．広田内閣の成立は1936年3月である．

13) 小林龍夫〔1978, 80, 81〕が，この問題を詳細に論じている．危機説の生成と肥大の構造，そしてその含意が著者の関心である．

14) 最初にこの危機説が出てきたのは，1930年のロンドン条約をめぐってである．危機の年を1935～36年と指摘したのは陸軍大佐(後備役)小林順一郎であろう．小林順一郎〔1933〕の附録「国危し」で「日米戦争はロンドン条約によって促進された」と論じた(1930年11月，『自衛』に発表したものの再録である)．

表 8-1　1930 年代の日本経済動向指標

	実質国民総生産（億円）	個人消費支出（億円）	国内民間総資本形成（億円）	貿易経常収支（当年価格）（100万円）	商工省調生産指数（1931～33年月平均=100）	部門別実質投資及び生産指数（1935年=100）			
						機械・器具工業		紡績工業（繊維工業）	
						実質投資	生産指数	実質投資	生産指数
1930年	138.8	110	14.2	-28.9	94.2	4.9	105	-2.2	65
1931年	139.4	112	11.6	-56.6	91.1	-14.8	80	-7.2	69
1932年	145.5	110	10.4	35.0	97.2	20.8	72	26.8	74
1933年	160.2	118	12.8	24.6	112.5	41.9	104	23	85
1934年	174.2	125	17.0	1.8	127.4	134.3	104	44.3	94
1935年	183.6	125	20.0	163.1	141	143.5	100	34.8	100
1936年	187.6	129	21.6	102.3	150.2	162.7	127	76	107
1937年	199.4	135	23.7	-653.9	169.8	563.9	170	76.9	122
1938年	207.1	130	27.0	-736.8	172	614.1	187	79.3	101
1939年	219.5	134	39.8	-171.3	180.6	895.6	229	32	101
1940年	228.4	133	38.4	-538.9	—	583.6	278	16.7	91

注 1) 大川一司ほか〔1974〕225, 216, 219 頁．山澤逸平・山本有造〔1979〕236-237 頁．日本銀行調査局（編）〔1937〕〔1939〕〔1940〕〔1942〕より．
注 2) 実質投資＝新設投資資本－解散減資資本，単位 100 万円．
注 3) 生産指数は東洋経済新報社（編）〔1938～40〕．

いることである．この戦争観は，第一次大戦直後，陸軍の軍人たちが制度設計した戦時経済体制での軍事力の土台となる経済力の重要性を見失っている．次に，彼らは「軍拡」予算が戦時経済体制に与えるインパクト，戦時経済体制を壊してしまうということを予測できなかった．加えて当時の経済状況が良好であったことが予算通過の経済的背景となったと思われる．当時の日本を取り巻く経済状況は 1930～31 年に底をうって，1936 年から 37 年まで上昇傾向にあった．1937 年の後半から日中戦争となり事実上の戦争状態に入ったので，その後の経済状況は平時の基準では計り得ない．1930 年から 37 年まで経済状況が好調であったことを，いくつかの経済指標で確認してみよう[15]（表 8-1 参照）．

---

15) 当時の日本経済の状況（マクロデータ），つまり戦時経済への移行の初期条件について表 8-1 で確認しておきたい．戦争が経済に与える影響は，戦争が生起した時の経済状況によって全く異なる．端的には，その時経済が，デフレ状況（つまり供給力が需要を上回っている時）では急激な軍需により遊休していた設備や労働力が稼働し経済に好影響を与える．他方，その時，インフレ状況（需要が供給力を上回っている時）ならば急激な軍需は逆にモノ不足，人手不足を促し景気をますます過熱させ，インフレを高進させる．表 8-1 からわかるのは，

(景気指標を中心に)

総合物価指数(1934~36=100)	失業率(前年12月比)(%)	過去10年平均年間上昇率の推移(%)		金融・財政			対米為替相場(100円につき)(ドル)	工場部門の1人1日平均賃金賞与手当等(円)
		物価	株価	当座預金(各年6月平均)(日歩)(銭)	商業手形割引歩合(日歩)(銭)	日銀券発行高(毎年10月平均)(100万円)		
89	4.5	−5.7	−2.1	0.54	1.4	1,080	49.8	2.002
75	5.2	−5	−4.6	0.52	1.6	1,033	48.9	1.870
83	6.7	−4.3	1.8	0.54	1.2	1,130	28.1	1.909
95	6.4	−3.4	6.1	0.46	1	1,174	25.4	1.879
97	5.1	−3.9	4	0.36	1	1,204	29.6	1.891
99	4.8	−3.3	3.1	0.34	1	1,300	28.6	1.877
104	4.5	−1.6	2.1	0.23	0.9	1,311	29	1.907
126	4	1	2.7	0.23	0.9	1,569	28.7	1.957
133	3.4	1.4	5.7	0.22	0.9	1,998	28.4	2.039
147	2.7	2.8	5.4	0.22	0.9	2,550	26	2.033
164	−	5.8	12.1	0.18	0.9	3,531	23.4	2.278

注4) 物価は日本銀行統計局(編)〔1999〕76-77頁,株価は(同)252-253頁.商業手形割引は(同)257頁.

注5) 利子率は東洋経済新報社(編)〔1950c〕105-106頁.為替相場は(同)122頁.東洋経済新報社(編)『日本経済年報』各期版.

注6) 失業率は東洋経済新報社(編)〔1950c〕605頁より筆者算出.この数字は内閣統計局が調査したもの,その方法は若干の地方につき失業率を調査し,それを全国の職員労働者の推定数に乗じたもので,厳密なものではなく概略の傾向を示している参考としての数字である.賃金は日本銀行統計局(編)〔1999〕68-69頁.

実質国民総生産も,個人消費支出も,民間総資本形成も,機械・器具工業や紡績工業の実質投資も生産指数も,商工省調生産指数(第二次産業)も,大部分が上昇傾向にあった.ここでの失業率は現在のような正確なものではないが,失業率も低下していた.1人当たりの賃金は停滞しているように見えるが,この時期,第二次産業の有業者数は,1920年が459万3000人であり,1931年には474万人と殆ど変化がなかったのが,1935年には621万8000人と急増している[16].工場労働者の賃金については,このことも考慮する必要があろう.商業手形割引歩合など利子率が低下しているではないかという反論があろう.これは輸出振興ねらいで,対米為替相場を低く抑え,設備投資を促進するために

1931年の満州事変の時には,日本経済はデフレの状態にあり,1937年の日中戦争の際には,日本の経済は逆のインフレ状態にあったということである.

16) 日本銀行統計局(編)〔1999〕57頁,大川推計より.

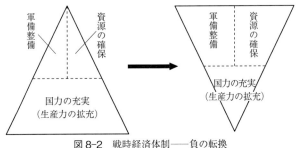

図 8-2 戦時経済体制――負の転換

採られた措置である．株価や日銀券の発行高のこともあり，全体として景気が上向きと感じられるのは，これらのデータから否定できないように見える．しかし，そのことがどのような因果関係で「軍拡予算」の通過につながるのか．われわれにとって，それは推測の域を出ず，さらなる課題として残る．

確かに，テロの恐怖に政治家が脅えたこともある．加えて，「無い袖は振れない」と言える状況ではなかった．つまり経済状況が良好であったことも，この「軍拡計画」を承認する一つの背景となった．テロの脅威は，その承認を督促し，その承認の口実になった．

石原ら軍人たちは強い使命感や真面目な危機意識を抱いた．しかしアダム・スミス以来言及されていた「軍事力の基盤は経済力にある」[17]という単純な原則を見失ってしまった．強い使命感と危機意識が触媒となり，戦時経済体制の均衡ある構築の経路に非合理な転換が生じた．戦争の勝敗を決するのは軍事力ではなく，それの土台となる経済力である．これが総力戦の時代に浮上した軍事力と経済力の関係であった．ところが，この関係に，総力戦以前の時代に回帰するという負の認識転換が起きたのである．

昭和 12 年度予算通過は，戦時経済体制をバランスよく構築する路線を踏み

---

17) 「国外で戦争し遠く離れた国で活動する海軍や陸軍を賄うのは，金銀ではなく，国内産業の年間生産物，国内の土地，労働，資本が生み出す年間の収入である」〈筆者要約〉．言い換えれば，スミスは一国の戦争遂行能力(to wage war)は，その国の生産力によって最も正確に測りうると考えていた．A. スミス (山岡洋一訳)〔2007〕15-16 頁．Smith, A.〔1776〕われわれが引用しているのは New York: Prometheus Books, 1991, p. 338 である．及び F. リスト(小林昇訳)〔1970〕269 頁でスミスと同趣旨の見解を示した．福沢諭吉の『時事新報』が同様の考え方を保持していたことは，第 1 章の注 30 で言及した通りである．

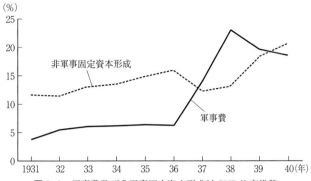

図 8-3 軍事費及び非軍事固定資本形成対 GNP 比率推移

注1) 軍事費は陸海軍省費，臨時軍事費，及び徴兵費の合計．宇佐美誠次郎作成，大蔵省昭和財政史編集室(編)〔1955〕5 頁．
注2) 固定資本形成とは，非軍事固定資本形成の意味，総固定資本形成から軍事固定資本形成を引いた額．出所は日本銀行統計局(編)〔1999〕35 頁より．
注3) GNP は大川一司〔1974〕201 頁．
注4) 資本収支は山澤逸平・山本有造〔1979〕226-227 頁．

外すことになったが(図 8-2 参照)，同時に軍人たちに自信を与え，盧溝橋事件以降での積極策となり日中戦争を誘発した．危機意識が「軍拡予算」を成立させ，引き締めねばならぬ経済構造を壊し，戦時経済体制の転換を主導した．好況という経済的背景はむしろこの転換を促進した．安全保障上の危機意識が生み出したこの転換は，安全保障上の破綻という悲劇的結果となった．

日中戦争が始まって全面化し長期化してからは，もはや戦時経済体制を構築する段階ではなくなった．軍部及び企画院は「軍需」と「生拡」の両方に対応しようとしたが(図 8-3 参照)，それは石橋湛山が指摘した「二兎を追う」[18]ものになってしまった．戦時経済体制はバランスを崩したまま，事実上の戦争に入ったため，もはや戦争をやめない限り，そのバランスを取り戻す可能性は失われたのである．

---

[18] 石橋湛山は 1937 年 8 月，「日支事変の財政政策を論ず」と題して関西経済倶楽部で講演した．その中で，膨張する今後の戦費支弁のために国民はあらゆる方法を講じ，生産を増加する必要があるとしながら，「かようににわかに政府の消費が殖える場合に，同時に経済界においていわゆる生産力の拡張も並行してやるなどということは誤りです」と二兎を追うことを戒めている．「政府ではさようの事をやろうとしているらしいが，もしやったら必ず失敗する．故に私はさような巨額な戦費を要する間は一切の事業拡張新設を停止すべしと主張します」．中村隆英(編)〔1995〕194-196 頁より．

ところで，軍人自身は日本の「戦時期経済」体制についてどう感じていたのだろうか．企画院調査官として「物動」を作成していた軍人(二人の大佐)と，陸軍省軍事課資材班で「物動」関連の仕事を担当した二人の佐官の著作等から推測してみたい．「物動」の作成に携わった二人は，初めての経験であり無我夢中で，「戦時期経済」体制を冷静に評価するといった記述は見出せなかった．「物動」の最初から1940年まで担当した陸軍大佐は，次のように述べている．はじめは手探りで「物動」を作成していったが「それまで日本において実施したことのないしかも日本戦時経済の根幹を為す大計画を創造した」．他方，太平洋戦争期の「物動」を担当した海軍大佐は，厳しい制約条件の中で，最適解を調整することに没頭し船舶被害など戦局に翻弄されたという印象である[19]．

　資材班の両佐官の所見は，ほぼ同じである．「戦力を増大しても，基盤となる国力が充実しなければだめである」[20]．「輸送船が沈められということが何を意味しているのか，陸軍も海軍もわからなかった．つまり戦力の基礎になる国力とはどうやって作られるのかということの認識もほとんどなかった」[21]．彼らは，「戦時期経済」体制に横溢していた陸海軍軍人たちの国力の充実を欠落させ戦力一辺倒の倒錯した思想を嘆いている．つまり，軍人たちが第一次大戦から学んだ「戦力は国力から生まれる」という認識をしっかり踏まえていれば，その後の戦時経済体制の展開も，異なったものになったかもしれない．

　本書は日本の戦時経済体制はその構想当初から不合理なものであり，明治維

---

19) 前者が三島美貞大佐，後者が真山寛二大佐[1955]28頁，31-92頁．真山大佐は「ミッドウェー作戦の結果が企画院総裁(最高指導層)にまで極秘にされていたことが，以後国の針路を誤らすに至った大きな要因であったと思う」と述べている(92頁)．
20) 中原茂敏[1981]82頁．中原は戦力と国力の関係について次のように付け加えた．戦力と国力は調和をとる必要がある．「生拡」計画ではエネルギーである電力供給を重視したが，これが増加しなかった．その理由は「発電機，変圧器，電動機，各種メーターなどの電気機器の生産が，軍需絶対優先のため兵器生産にその設備が食われて，1941年以降の生産が横ばいとなったので，電力供給増加の要望に答えられないわけである」(139頁)．中原は続ける．「戦争に専念すべき陸海軍がヒト，モノ，カネの配分という政治的仕事に頭を痛めねばならぬ結果となっていたことが，わが敗戦の一素因であることはまちがいない」(235頁)．加えて中原は島村矩康陸軍少将の遺書を紹介した．「大東亜戦争は消耗戦にして国力が基盤なり．進出線をどこまでするか」「国策の輔翼に任ずるの第一義は施策が常に国力と情勢に合致するにあり」「由来政治家と軍人がよく協力せるとき，国家は大業を成す」(235-237頁)．
21) 加登川幸太郎[1996]33頁．

終章　転換期の経済的背景

新以来の封建制の帰結であるという仮説に反証する形で，当初の構想（制度設計）と体制の構築の仕方は合理的に推進されたが，1936年頃に非合理に転換して直後に「戦時期経済」体制に入っていったと論じた．本問題を調査分析する内に，結局，戦後かなり研究が進んだ「戦時期経済」体制とはどうであったかという「戦時期経済」の実態や運営の研究に加えて，「戦時期経済」体制の合理的な運営の姿，統制組織や統制手法のあるべき姿という課題が浮かび上がってくる．これについては，第二次大戦の交戦諸国の「戦時期経済」体制の運営がどうであったかという比較経済体制論的な視点も含めて今後の課題としたい．

　最後に本書冒頭の問題意識に言及したい．どうもアウタルキー圏の構築自体が問題ではないようである．もちろん安直な結論は慎まねばならないが，アウタルキー圏の構築の方法に知恵が必要だった．武力行使を伴わない融和的アウタルキー圏の構築は可能だったのではないか．少なくともそのような戦略は選択可能だったように思える．歴史にイフはないという原則に根拠はないという．選択可能であったのに選択しなかった歴史も歴史ではないだろうか．なぜ選択しなかったかと考えることも歴史ではないだろうか．武力行使を伴わない実質的アウタルキー圏の構築で鍵になるのが英米との協調であり，リターンとリスクの共有（シェア）である[22]．それが成立していたら，米英との戦争は生起せず，太平洋戦争もなかったであろう．

　英米との協調路線を挙げれば，多分大アジア主義を標榜するひとたちから批判が出ると思う．「大東亜戦争」の目的には，後付であるがアジアの解放があったからである[23]．だが，この種アジアの解放論者に，つねにつきまとっているのが，その盟主は日本であるという驕りである．つまり王道から覇道への，時とともに変質である．この辺は深く研究したわけではないので，印象論にな

---

[22] 満州鉄道に関する米国鉄道王ハリマンによる共同経営の申し出であり，英国財務官リース・ロスによる中華民国幣制改革の共同支援の申し出である．前者は議論が多い．しかし後者は本書の論旨では1935年という転換期にあたる時期の英国から提案であり，日本のある意味での分水嶺の選択であった．この提案は事実上の満州国承認の可能性も孕んでいた．委細は波多野澄雄〔1977〕が詳しい．

[23] 外務省（編纂）〔1966〕594頁の大東亜共同宣言（1943年11月）によれば，「大東亜ヲ米英ノ桎梏ヨリ解放シテ」と西欧の帝国主義からのアジアの解放がうたわれている．またこの辺の問題については汎アジア主義を鍵概念に松浦正孝〔2010〕が詳述している．ただ筆者は，本書にその成果を反映させていない．

らざるを得ないが，アジアは一つ，アジアの解放，こう大アジア主義者が唱える時，八紘一宇に象徴される日本人主導の，日本人がリーダーでの解放闘争・解放戦争という印象が否めないのである．はじめは親日的だったアジアの革命家も次第に日本から離れていったのは，大アジア主義者の日本人が持っていた驕りや尊大さが原因ではなかったか．

　大アジア主義という路線も確かに選択可能であった．しかし，その路線が結実するかどうかは，意外にも，アジアの発展途上の国あるいは欧米や日本の植民地となった国や地域の人々に対する謙虚な態度や，それらの人々を尊重する視線にあったと思えて仕方がない．

　19世紀半ばから20世紀にかけて，アジアの小さな島国日本は，近代化(西欧化)の途をひたすら駆け抜けた．英米との協調路線という戦略を選択するにしても，また大アジア主義で周辺国家(植民地，朝鮮や台湾などを含む)の人々を尊重しつつ西欧と対抗していく路線を選択するにしても，当時の日本はそれらの老練で大人の戦略(路線)を選択するにはまだまだ若い国だったのかもしれない．

あとがき

　本書を書き終えて，様々な思いが去来した．先の大戦の呼称の難しさ，帝国陸海軍という巨大組織の評価など，あとがきで語るには大きすぎるテーマである．とりわけ感じたのが，日本の貧しさ，日本軍の貧しさである．爪に火を点すようにして軍備増強に励んだ割には，日本軍は貧しいの一語に尽きた．

　1945年2月，硫黄島の戦いがあった．戦闘中，米軍の将兵は戦況緩な時に交代で，大型上陸用舟艇を2隻結合して造ったいわば海上ホテルで休むことができた．シャワーを浴び，温かい食事を摂り，乾いたシーツのベットでゆっくり眠ることができたのである．

　一方，日本軍は米軍の大火力を無効化するために，地下に洞窟を掘って迎撃した．したがって日本の将兵は，摂氏40～50度にもなるサウナのような壕内に籠もって戦うことになった．極端な水不足でシャワーなど論外であり，トイレも外でできなかった．壕内には手当てもできない負傷兵が充満し，中には苦しさのあまり上官や同僚に殺してくれと哀願する兵士も少なくなかった．死者をまともに弔うこともできなかった．腐臭，悪臭，うめきと耐えられない暑さでむせかえる壕内．兵士たちはほの暗いろうそくの灯りの下で最愛の家族や恋人の写真にわかれを告げ，あるいは息絶え，あるいは出撃していった．生還者の証言などからこのような対照的な将兵の姿を思い浮かべる時，何とも切なく，いたたまれない思いがこみあげる．強兵富国の帰結は貧国貧兵であった．

　本書は筆者の博士論文(以後博論と略称)を加筆修正し上梓したものである．それで以下は博論作成の感想と謝辞に終始することをお許し願いたい．筆者の場合，博論に挑戦して，完成させるまで10年以上かかった．修士課程での勉学は「楽しい」の一言に尽きたが，博士課程でのそれには厳しさと緊張感が加わった．ともに学業のみに専念できたわけではなく，本業を持ち，仕事をこなしながらのいわば創造行為であった．

　拙論を読まれて，通常「筆者は」とするところを「われわれは」と書かれていることに違和感を持たれた方が少なくなかったのではないだろうか．筆者は

博論以外の論考では「筆者」で通してきた．それがこの博論で「われわれ」としたのは筆者が博論を書き上げていく過程での確信めいた思いがあるからだ．それは博論が筆者1人のアイディアや力で創造されたものではないということである．どれだけ多くの人々のアドバイス，意見，疑問，アイディア，示唆，そして応援，励ましがあったことか．10年以上かかると筆者自身にもいろいろなことが起きる．そんな中で博論は熟成していった．当然，最終的な文責は筆者にあるが博論は皆さんの力を得て創造された．だから博論は「われわれ」の所産だと確信している（欧米系の書物が「われわれ」を使用するのは，それなりの根拠があるらしい）．

　まず，深甚の謝意を指導教授の清川雪彦先生に捧げたい．学問の世界への中途参入の筆者とは天と地の違いもある碩学の研究者であり教育者でもある先生は，指導教授探しに困惑していた筆者をゼミテンの1人に加えてくださった．清川ゼミのスタイルはちょっと変わっている．学生の博論報告は月に1回くらい，大半は統計学関連の原典講読であり，予習復習に追われ，ゼミでは緊張感が横溢する．筆者は学部卒業以来20年ほど自衛隊の現場にいた．当然，学問に携わる者としての基礎的なものが欠落していた．そんな筆者は，清川ゼミで随分鍛えられた気がしている．

　先生は，筆者が博論を仕上げる前に一橋大学を退職され東京国際大学に奉職された．筆者が，これでなんとか仕上がったと東京国際大学に博論の原稿を持っていった時，最後の太い論理上の筆を入れてくださったのも清川先生であった．かなりの部分を捨てることにより論文に収束性が生まれた．登山のご指南も含めて入口から出口まで終始面倒を見ていただいた．先生とお会いし指導をお受けすることができ，強い幸福感を感じている．

　斎藤修先生には清川先生が一橋大学を退職された後の指導教授を引き受けていただいた．斎藤ゼミは先生の人柄もあり，とてもリラックスした雰囲気で活発な討論が行われる．筆者も何回か報告させていただいた．ゼミテンの容赦ない疑問・反論とともに特に印象に残っているのが，事前に提出した報告原稿に書かれた先生の示唆に富んだコメントである．

　村上勝彦先生にもお礼を申し上げねばならない．先生は，筆者の博論の時代背景とテーマに実に精通しておられる．先生により指摘された疑問点やコメン

あとがき

トには思い当たるところが多く，自分なりに精一杯対応した．おかげでこの博論が密度の濃いものになったと感謝している．また江夏由樹先生には満州関係，西澤保先生には経済思想史の分野を中心にご指導・ご示唆をいただいた．

博士課程に進むためには，通常修士課程を修了していなければならない．直接この博論に関連するわけではないが，博論のベースにもなっている修士課程で筆者がご指導いただいた先生方にも言及することをお許し願いたい．筆者が学んだ修士課程は，東洋英和女学院大学大学院社会科学研究科(当時)という社会人対象の大学院である．筆者は学部を卒業して以来20年余り過ぎた頃に本研究科であらためて「学ぶ喜び」を味わった．修士論文の指導教授中村隆英先生には随分，様々なことを教わった．筆者が博士課程に進んでからは，早く博論を仕上げなさいと毎年のように賀詞で督励された．やっと仕上げることができ，先生の学恩に少しは報いることができたのかもしれない．

また当時学長であり，既にお亡くなりになられた朝倉孝吉先生には，企業倫理特殊研究(なんという先見の明のある科目であったことか)を中心に，金融論も含めて全人格的な教えを受けた．逸見謙三先生にもお世話になった．倉林義正先生には学問の厳しさというものを伝えていただいたように思う．塚本哲也先生のユーモア，故神谷不二先生の悠々たる議論の差配，香西泰先生の謙虚なお人柄，中内恒夫先生の励まし，辻村江太郎先生の淡々として深みある講義など，平日夜間と土曜日に開講される重厚な先生方との熱気ある知の交歓の時間を今でも鮮明に思い出す．

博論を書き上げてから本書を上梓するまでの間に筆者は大事な人を2人亡くした．母たい(1920年生，享年89歳)と，清川ゼミで筆者の博論作成を励ましてくれた王健さんである．母たいは終戦時25歳，戦争の時代に青春を過ごした．大戦で亡くなられた方が多い世代ではないだろうか．それでも母は日中戦争直前に通学した旧制女学校の頃を，いつも陶然として，なつかしく話していた．

王健さんは，中国四川大学の講師から一橋大学大学院経済学研究科に留学され，清川ゼミ博士課程で筆者と同期生であった．数学と統計学に長じ，いち早く博士号を取得された．東大助手(助教)から城西大学に奉職され准教授に昇任されたばかりだった．筆者が博論で苦しんでいる時，彼は人なつっこい笑顔でよく励ましてくれた．「荒川さん，大丈夫，大丈夫，いけるよ．書けるよ．面

白いよ」．全く信じられない急逝だった．心の中の彼の励ましが本書を完成させたといっても過言ではない．

母の死は寿命でもあり，やむを得ないものもあるが，王健さんの早すぎる死は，なにかやりきれない理不尽なものを感じさせた．大げさかもしれないが，王健さんの死の悲しみから先の大戦という嵐で亡くなられた万人のやりきれない悲しみを思った．このつたない論考を彼岸にいる両親，王健さん，そして先の大戦で亡くなられた多くの人々に捧げたい．

最後に仕事をしながら通学する筆者を応援し，励ましご指導をいただいた職場の上司，同僚の皆さん，一緒に学んだ皆さんそしてコメントをいただいた皆さんに謝意を表したい．とりわけ原剛，影山好一郎，川村康之，島村高嘉，田中宏巳，戸部良一，古島義雄(玉川大)，鈴木淳(東京大)諸先生，髙橋美由紀(立正大)，髙橋塁(東海大)，小野圭司，比佐優子，江藤圭也，源田孝，野々瀬浩司，轟孝夫，庄司潤一郎，相澤淳，立川京一，進藤裕之学兄(姉)ありがとうございます．また貴重な資料や先行研究を紹介していただき励ましていただいた古川由美子，柳澤潤，サラ・ペイン(米海軍大学)，葛原和三，横山久幸，横山隆介，熊谷和志諸氏にも．そして以下の方々には，本書を完成させるまでに，様々な形でご支援ご協力をいただきました．記して謝意を表します(敬称略，順不同)．

入江良平(青森県立保健大)，田村恵子，奥村快也，吉川洋利，市川菊代，西原正，大谷尚文(石巻専修大)，鈴木陽，山口浄秀，山口昇，火箱芳文，大越兼行，天野良晴，吉橋誠，海老坂武，西井健樹，福田築，羽鳥紀道，小柳順一，山本政雄，屋代宣昭，和田朋幸，高橋文雄，濱田秀，坂口大作，五十嵐憲，大石剛，吉原誠，照屋佳男，中川義章，池本美行，瀧澤一郎，河西郁夫．本書は岩波書店の髙橋弘さんの存在なしには陽の目をみなかった．企画から最後の校正まで髙橋さんの寛容さと辛抱強さが本書を誕生させた．そして家庭を省みない筆者のわがままを許し，支えてくれた家族に心から感謝して筆を置きたい．

  2010年　113年間で最も暑い夏

荒川憲一

参考文献

I 邦文(著者名・編纂者名あいうえお順)

秋元英一〔2008〕「ロンドン世界経済会議と国際経済協力」『えくす・おりえんて』(大阪大学言語社会学会)第15号.
秋山紋次郎・三田村啓〔1981〕『陸軍航空史』原書房.
麻島昭一〔1985a〕「戦時体制期の中島飛行機」『経営史学』第20巻第3号.
―――〔1985b〕「第2次大戦末期の中島飛行機」『専修大学経営研究所報』第65号.
浅田喬二(編)〔1981〕『日本帝国主義下の中国』楽游書房.
―――〔1978〕「日本海軍と軍縮」細谷千博・斎藤真(編)『ワシントン体制と日米関係』東京大学出版会.
安達宏昭〔2002〕『戦前期日本と東南アジア――資源獲得の視点から』吉川弘文館.
阿部市五郎〔1933〕『地政治学入門』古今書院.
阿部源一〔1935〕「アウタルキーの思想的背影」『国民経済雑誌』第58巻第1号(1月).
阿部博行〔2005〕『石原莞爾〔上〕』法政大学出版局.
アメリカ合衆国戦略爆撃調査団(編)(正木千冬訳)〔1950〕『日本戦争経済の崩壊』日本評論社.
荒川憲一〔1994〕「総力戦はいかに準備されたか」『防衛学研究』第12号(10月), 48-69頁.
―――〔1995〕「軍部の戦争経済観 その予測と実際」軍事史学会(編)『第二次世界大戦(三)――終戦』錦正社, 90-105頁.
―――〔1997〕「物資動員計画から見た日中戦争」軍事史学会(編)『日中戦争の諸相』錦正社, 242-262頁.
―――〔1999a〕「南方資源還送問題」『陸戦研究』(陸戦学会)(10月号), 71-108頁.
―――〔1999b〕「戦間期の戦争経済研究について」『軍事史学』第35巻第3号(12月号), 4-26頁.
―――〔1999c〕高橋柳太「石原莞爾の戦争観, 戦争経済観」『軍事史学』第35巻第3号(12月号), 81-101頁.
―――〔2001a〕「軍戦備の戦い――潜水艦の場合」『軍事史学』第36巻第3・4合併号(3月), 109-125頁.
―――〔2001b〕「石原構想の限界と可能性」『軍事史学』第37巻第2・3合併号(10月), 71-86頁.
―――〔2001c〕「日本の戦時工業労働力――航空機工業を中心に」『防衛学研究』第26号(11月), 43-60頁.
―――〔2003a〕「戦争と経済――1930年代における日本の生産力拡充問題」『防衛研究所紀要』第5巻第2号(3月), 190-211頁.
―――〔2003b〕「太平洋戦争と物資動員計画」『軍事史学』第39巻第1号(6月), 47-63頁.
―――〔2003c〕「日本的戦争経済の特質」『政治経済史学』第445号(9月), 1-33頁.
―――〔2008a〕「両大戦間期軍部の戦時経済思想――陸軍を中心に」『防衛大学校紀要』

参考文献

第 96 輯(3 月),45-69 頁.
荒川憲一〔2008b〕「日本の対中経済封鎖とその効果(1937〜1941)」『軍事史学』第 43 巻第 3・4 合併号(3 月),159-178 頁.
有澤廣巳〔1934〕『産業動員計画』改造社.
―――〔1935〕「戦争と経済」『改造』(3 月号).
―――〔1937〕『戦争と経済』日本評論社.
有沢広巳〔1957〕『学問と思想と人間と』毎日新聞社.
有沢広巳(監修)〔1994〕『日本産業史 1』日本経済新聞社.
安藤良雄〔1987〕『太平洋戦争の経済史的研究』東京大学出版会.
五百旗頭真〔1971〕「石原莞爾関係年表(上)」『政経論叢』(広島大学政経学会)第 21 巻第 1 号(7 月),63-91 頁.
―――〔2001〕『日本の近代 6 戦争・占領・講和』中央公論社.
生島廣治郎〔1942〕「大東亜共栄圏の物資交流問題」丸谷喜市(編)『大東亜共栄圏の経済建設』千倉書房.
池田清〔1969〕「加藤寛一編「倫敦海軍条約秘録」(故海軍大将加藤寛治遺稿)1956 年」『法学雑誌』(大阪市立大学)第 16 巻第 1 号(8 月).
池谷半二郎〔1978〕『ある作戦参謀の回想手記』(私家版).
「石井秋穂大佐回想録」第四篇,防衛研究所図書館所蔵.
石川滋〔1958〕「終戦に至るまでの満州経済開発」日本外交学会(編)『太平洋戦争終結論』東京大学出版会.
石川準吉〔1975〕『国家総動員史』資料編第三,国家総動員史刊行会.
石川泰志〔1995〕『海軍国防思想史』原書房.
石津朋之〔2008〕「シー・パワー」立川・石津・道下・塚本(編著)『シー・パワー』芙蓉書房出版.
石橋湛山〔1938〕「輸入為替の許可制を撤廃すべし」『科学主義工業』(5 月号).
石原莞爾〔1942〕『国防政治論』聖紀書房.
―――〔1972〕『最終戦争論』経済往来社.
石原産業株式会社社史編纂委員会(編)〔1956〕『創業三十五年を回顧して』石原産業.
伊藤隆〔1970〕「加藤寛治関係文書」『東京都立大学法学会雑誌』第 10 巻第 2 号(3 月).
伊藤博文(編)〔1970〕『秘書類纂 10 兵制関係資料』原書房.
稲葉正夫ほか(編)〔1963〕『太平洋戦争への道』別巻 資料編,朝日新聞社.
井上洋一郎〔1990〕『日本近代造船業の展開』ミネルヴァ書房.
猪谷善一〔1935〕『日満支経済論』言海書房.
今井駿〔1997〕『中国革命と対日抗戦』汲古書院.
井本熊男〔1998〕『支那事変作戦日誌』芙蓉書房出版.
入江昭〔1966〕『日本の外交』中央公論社.
岩武照彦〔1995〕『南方軍政下の経済施策』龍渓書舎.
植田浩史〔1987〕「戦時統制経済と下請制の展開」近代日本研究会(編)『年報・近代日本研究 9 戦時経済』山川出版社.
宇垣一成〔1968〕『宇垣一成日記 I』みすず書房.
内田義彦〔1948〕「戦争経済の遺産」『潮流』第 3 巻第 1 号.

Ⅰ 邦文

畝川鎭夫(編)〔1936～42〕『海事年鑑』海事彙報社.
梅村又次・溝口敏行(編)〔1988〕『旧日本植民地経済統計』東洋経済新報社.
運輸省船舶局(調整)「鋼船船舶建造価格調書」,運輸省船舶局所蔵.
『エコノミスト』〔1933〕(毎日新聞社),7月1日号.
榎本隆一郎〔1942〕『人造石油政策とその事業』会計分析研究所.
――――〔1976〕『回想八十年』原書房.
大井篤〔1983〕『海上護衛戦』朝日ソノラマ.
大石嘉一郎〔1994〕「第二次世界大戦と日本資本主義」大石嘉一郎(編)『日本帝国主義史3』東京大学出版会.
大江志乃夫(編・解説)〔1988〕『支那事変大東亜戦争間動員概史』(復刻版),不二出版.
大川一司・高松信清・山本有造〔1974〕『国民所得(長期経済統計1)』東洋経済新報社.
大蔵省管理局(編)/小林英夫(監修)〔2002〕『日本人の海外活動に関する歴史的調査』第19巻海南島篇,ゆまに書房.
大蔵省財政金融研究所財政史室(編)〔1998〕『大蔵省史――明治・大正・昭和』第2巻,大蔵財務協会.
大蔵省昭和財政史編集室(編)〔1955〕『昭和財政史』第4巻 臨時軍事費,東洋経済新報社.
大蔵省大臣官房調査企画課(編)〔1978〕『聞書戦時財政金融史〈昭和財政史談会記録〉』大蔵財務協会.
大蔵省(編纂)〔2000〕『日本外国貿易年表』昭和18年—上巻,東洋書林.
大河内暁男〔1968〕「「科学主義工業」小論」川島武宜・松田智雄(編)『国民経済の諸類型』岩波書店.
大河内一男〔1981〕「労働政策における戦時と平時」『大河内一男集』第2巻,労働旬報社.
大河内正敏〔1935〕『農村の工業』岩波書店.
――――〔1941〕『生産第一主義』科学主義工業社.
大野英二〔1971〕「新興財閥の思想」長幸男・住谷一彦(編)『近代日本経済思想史Ⅱ』有斐閣.
大山梓(編)〔1966〕『山県有朋意見書』原書房.
岡倉古志郎〔1938〕『イギリス計画経済』河出書房.
岡崎哲二〔1988〕「第二次世界大戦期における戦時計画経済の構造と運行」『社会科学研究』第40巻第4号.
――――〔1994〕「日本――戦時経済と経済システムの転換」『社会経済史学』第60巻第1号.
――――〔1995〕「第2次世界大戦期の金融制度改革と金融システムの変化」原朗(編)『日本の戦時経済』東京大学出版会.
――――〔2008〕「第二次世界大戦期における三菱重工業の航空機生産と部品供給」『三菱史料館論集』第9号(3月).
岡崎文勲〔1956〕「日本の死命を制する石油」防衛研修所「研修所資料別冊」第108号.
岡田菊三郎〔1947〕「口供書」(3月1日),極東国際軍事裁判法廷,防衛研究所図書館所蔵.
岡田俊雄〔1966〕『大阪商船株式会社80年史』大阪商船三井船舶.
尾関将玄〔1941〕『戦時経済と海運国策』産業経済学会.
小野塚一郎〔1962〕『戦時造船史』日本海事振興会.

参考文献

カー，E. H.(南塚信吾訳)〔1977〕『一国社会主義——ソヴィエト・ロシア史 1924-1926』みすず書房．
『偕行社記事』〔1917〕付録「参戦諸国の陸軍に就て」第5版．
『偕行社記事』〔1929〕(6月号)．
『偕行社記事』〔1930〕(5月号)．
『偕行社記事』〔1931〕(3月号)．
『偕行社記事』〔1933〕(2月号)．
海軍軍令部〔1923〕「震災後ノ大正十二年度帝国海軍作戦計画並戦時編制ニ関スル件上奏覚」(9月)，霞ヶ関史料第二号．
――――〔1940〕「昭和十五年度帝国海軍作戦計画」霞ヶ関史料．
海軍大臣官房(編)「海軍省年報」(当該各年度，極秘)，防衛研究所図書室所蔵．
海軍省(調製)〔1935〕「海軍燃料沿革」(9月)，防衛研究所図書館所蔵．
海軍省大臣官房(編)〔1966〕『山本権兵衛と海軍』原書房．
海軍歴史保存会(編)〔1995〕『日本海軍史』全11巻，第一法規出版．
解学詩(監修)〔2001〕『満州国機密経済資料』第11巻 鉱業—石炭(下)，復刻版，本の友社．
海上労働協会〔1962〕『日本商船隊戦時遭難史』海上労働協会．
外務省(編纂)〔1966〕『日本外交年表並主要文書』下巻，原書房．
海令機密第122号〔1918〕「支那及其ノ附近ニ調査員派遣ノ件」(大正七年公文備考)人事三，巻八十二，防衛研究所図書館所蔵．
閣議指令〔1937年6月29日〕「昭和十三年度予算編成ニ関スル件ヲ決定ス」『公文類聚第六十一編巻四十九』，国立公文書館所蔵．
影山好一郎〔1996〕「大山事件の一考察」『軍事史学』第32巻第3号(12月)．
加藤寛治〔1926a〕「太平洋に於ける十大国の勢力消長と軍備に関する世界思潮」『有終』第13巻第8号(8月号)．
――――〔1926b〕「軍備の目的及軍備制限の合理的実行方法」『有終』第13巻第9号(9月号)．
――――〔1930〕「口述覚書華府会議協定ノ実情」，防衛研究所図書館所蔵．
加藤全権伝言〔1921〕「大正10.3〜10.12 海軍軍備制限を中心とする華府会議 弁妄篇」，防衛研究所図書館所蔵．
加藤調査団〔1940〕「加藤調査団報告結言」(9月)，防衛研究所図書館所蔵．
加藤俊彦〔1979〕「軍部の経済統制思想」東京大学社会科学研究所「ファシズムと民主主義」研究会(編)『ファシズム期の国家と社会2 戦時日本経済』東京大学出版会．
加藤陽子〔2002〕『戦争の日本近現代史』講談社．
――――〔2007〕『満州事変から日中戦争へ』岩波書店．
加登川幸太郎〔1996〕『陸軍の反省』(上)，文京出版．
金子栄一(編)〔1964〕『現代日本産業発達史Ⅸ 造船』現代日本産業発達史研究会．
金子文夫〔1987〕「資本輸出と植民地」大石嘉一郎(編)『日本帝国主義史2』東京大学出版会．
――――〔1994〕「植民地・占領地支配」大石嘉一郎(編)『日本帝国主義史3』東京大学出版会．

I 邦 文

金子幸男(編)〔1962〕『本邦人造石油事業史概要』人造石油事業史編纂刊行会.
神山恒雄〔1995〕『明治経済政策史の研究』塙書房.
川崎重工業株式会社社史編さん室(編さん)〔1959〕『川崎重工業株式会社社史』同社.
河内衛〔1944〕「航空発動機の多量生産」小林吉次郎ほか『多量生産研究』下巻, 兵器航空工業新聞出版部.
官房機密第1067号〔1918〕「支那及其ノ附近ニ調査員派遣ノ件」(大正七年公文備考)人事三, 巻八十二, 防衛研究所図書館所蔵.
企画院〔1951〕『東亜ニ於ケル重要物資自給力調査』経済安定本部総裁官房経済計画室.
企画院第二部(調製)〔1943〕「昭和十三〜十七年度日満支重要物資生産実績調」一橋大学経済統計情報センター所蔵.
北岡伸一〔1978〕『日本陸軍と大陸政策』東京大学出版会.
北支那開発株式会社業務部調査課〔1939〕「北支那ニ於ケル経済建設ノ現状(其ノ一)」『参考資料』第19号(11月).
木戸日記研究会・日本近代史料研究会〔1974〕『鈴木貞一氏談話速記録』(下).
清川郁子〔2007〕『近代公教育の成立と社会構造』世織書房.
清川雪彦〔1995〕『日本の経済発展と技術普及』東洋経済新報社.
─── 〔2003〕『アジアにおける近代的工業労働力の形成』岩波書店.
清沢洌〔2002〕『暗黒日記3』筑摩書房.
ギルボード(世界経済調査会独逸経済研究部訳篇)〔1944〕『ナチス独逸の経済建設』世界経済調査会.
金洛年〔2002〕『日本帝国主義下の朝鮮経済』東京大学出版会.
工藤章〔1987〕「IGファルベンの対日戦略──人造石油のケース」『経営史学』第22巻第1号(4月).
─── 〔1989〕「三国同盟と人造石油──日独経済・技術協力をめぐって」『社会経済史学』第55巻第5号(12月).
─── 〔1992〕『イー・ゲー・ファルベンの対日戦略』東京大学出版会.
クラウゼヴィッツ(日本クラウゼヴィッツ学会訳)〔2001〕『戦争論』芙蓉書房出版.
倉沢愛子〔1995〕「日本軍占領下の米経済の変容」疋田康行(編著)『「南方共栄圏」』多賀出版.
─── 〔1997〕「米穀問題に見る占領期の東南アジア」同(編)『東南アジア史のなかの日本占領』早稲田大学出版部.
黒沢文貴〔2000〕『大戦間期の日本陸軍』みすず書房.
黒野耐〔2000〕『帝国国防方針の研究』総和社.
クロール, F. A.〔1989〕「海戦史研究家アルフレッド・セイヤー・マハン」ピーター・パレット(編)(防衛大学校「戦争・戦略の変遷」研究会訳)『現代戦略思想の系譜』ダイヤモンド社.
軍令部(編纂)〔1934〕『明治三十七八年海戦史』下, 内閣印刷局朝陽会.
慶応義塾(編)〔1960〕『福沢諭吉全集』第9巻, 岩波書店.
経済批判会(訳編)〔1932〕『ソヴェート同盟計画経済』叢文閣.
ゲルリッツ, ヴァルター(守屋純訳)〔1998〕『ドイツ参謀本部興亡史』学習研究社.
小穴毅〔1938〕『独逸国防経済論』森山書店.

参考文献

小磯国昭／小磯国昭自叙伝刊行会(編)〔1963〕『葛山鴻爪』同会.
興亜院華中連絡部〔1940〕『中支那重要国防資源食糧作物調査報告書』(3月).
興亜院華北連絡部政務局(編)〔1940〕『華北労働問題概説』同局.
纐纈厚〔1981〕『総力戦体制研究』三一書房.
工政会主催工業技術会議〔1942〕「東亜共栄圏に於けるアルミニウム工業生産力適正配置計画」(10月), 八田嘉明文書：R-19, 国会図書館憲政資料室所蔵.
河野司(編著)〔1974〕『海南島石碌鉄山開発誌』石碌鉄山開発誌刊行会.
「国防問題の研究」〔1913〕(3月), 防衛研究所図書館所蔵.
国民経済研究協会・金属工業調査会(共編)〔1946〕「第1次満洲産業開発5ヶ年計画書」.
国民経済研究協会(岡崎文勲)(編)〔1954〕『基本国力動態総覧』.
「国家総動員計画関係書類」, 防衛研究所図書館所蔵.
小西誠一〔1991〕『燃料工学概論』裳華房.
小林順一郎〔1933〕『非常時救国外交対策』自衛社.
小林龍夫(編)〔1966〕『翠雨荘日記』原書房.
小林龍夫・島田俊彦(編・解説)〔1972〕『現代史資料7 満州事変』みすず書房.
小林龍夫〔1978, 80, 81〕「1935〜36年の危機」(一)(二)(三)『国学院法学』第16巻第2号(10月), 第18巻第3号(12月), 第19巻第2号(9月).
小林英夫〔1975〕『「大東亜共栄圏」の形成と崩壊』御茶の水書房.
―――〔1980〕「石原莞爾と総力戦思想」『歴史評論』第360号(4月).
―――〔1995〕『「日本株式会社」を創った男』小学館.
コーヘン, J.B.(大内兵衛訳)〔1951〕『戦時戦後の日本経済』下巻, 岩波書店.
コルナイ, J.(岩城博司・岩城淳子訳)〔1975〕『反均衡の経済学』日本経済新聞社.
―――(盛田常夫訳)〔2006〕『コルナイ・ヤーノシュ自伝』日本評論社.
斎藤憲〔1987〕『新興コンツェルン理研の研究――大河内正敏と理研産業団』時潮社.
斎藤修〔1997〕『比較史の遠近法』NTT出版.
―――〔2008〕『比較経済発展論――歴史的アプローチ』岩波書店.
坂口太助〔2007〕「戦間期における日本海軍の海上交通保護問題認識」『軍事史学』第43巻第2号(9月), 90-107頁.
佐々木聡〔1992〕「第二次世界大戦期の日本における生産システムの合理化の試み――中島飛行機武蔵野製作所の事例を中心に」『経営史学』第27巻第3号.
佐藤鉄太郎〔1910a〕『帝国国防史論』上巻, 水交社.
―――〔1910b〕『帝国国防史論』下巻, 水交社.
沢井実〔1984〕「戦時経済統制の展開と日本工作機械工業――日中戦争期を中心として」『社会科学研究』第36巻第1号.
―――〔1996a〕「機械工業」西川俊作・尾高煌之助・斎藤修(編著)『日本経済の200年』日本評論社.
―――〔1996b〕「戦時型工作機械生産について」『大阪大学経済学』第45巻第3・4号(3月).
―――〔1996c〕「戦時期」伊藤元重ほか(編)『日本経済辞典』日本経済新聞社.
参謀本部〔1917a〕「全国動員計画必要ノ議」(9月), 防衛研究所図書館所蔵.
―――〔1917b〕「帝国国防資源」, 防衛研究所図書館所蔵.

I 邦文

参謀本部(編)〔1967〕『杉山メモ』上，原書房.
椎名悦三郎〔1941〕『戦時経済と物資調整』産業経済学会.
塩崎弘明〔1998〕『国内新体制を求めて』九州大学出版会.
資源局〔1933〕「日満経済統制方策要綱ノ改正案」(11月)，国立公文書館所蔵.
「支那事変　加藤調査団について」〔1965〕口述史料(7月2日)，防衛研究所図書館所蔵.
支那駐屯軍司令部〔1936〕「北支・満洲ノ重要資源比較ト北支ノ重要性」(3月5日)，米国議会図書館所蔵.
篠原三代平〔1972〕『鉱工業(長期経済統計10)』東洋経済新報社.
柴孝夫〔1992〕「戦時期の航空機製造企業の経営動向(1)——川崎航空機工業の戦時経営」『経済経営論叢』(京都産業大学経済経営学会)第27巻第3号(12月).
柴田善雅〔2006〕「海南島占領地における日系企業の活動」『大東文化大学紀要』第44号.
島田俊彦・稲葉正夫(編・解説)〔1964〕『現代史資料8 日中戦争1』みすず書房.
「嶋田繁太郎大将宛の山本五十六大将の書翰」〔1940〕(12月10日)，防衛研究所図書館所蔵.
下河邊宏満〔1997〕「航空作戦から見たノモンハン事件」『軍事史学』第32巻第4号.
下田博〔1942〕『南洋経済論』慶応出版社.
シュトイエ，ヨハンネス(渡辺義晴訳)〔1941〕『アウタルキーと地政治学』科学主義工業社.
商工省(編)〔1932～40〕『工場統計表　昭和5～13年』，商工省(編)〔1941～43〕『工業統計表　昭和14～16年』，軍需省(編)〔1944〕『工業統計表　昭和17年』.
―――――〔1939～42〕『昭和14～17年工業統計表別冊』.
商工省／軍需省(編)〔1941～44〕『昭和14～17年工業統計表別冊』.
新保博〔1995〕『近代日本経済史』創文社.
新三菱重工業株式会社神戸造船所五十年史編纂委員会(編)〔1957〕『新三菱神戸造船所五十年史』新三菱重工業株式会社神戸造船所.
「水津資料：リール A-II-2〔1942～43〕『生産・設備能力実績調(昭和17～18年)』」一橋大学経済研究所社会科学統計情報センター所蔵.
杉原薫〔1995〕「フリーダ・アトリーと名和統一」杉原四郎(編)『近代日本とイギリス思想』日本経済評論社.
―――〔1996〕『アジア間貿易の形成と構造』ミネルヴァ書房.
杉山和雄〔1985〕「戦間期の船舶建造と金融」中川敬一郎(編)『両大戦間の日本海事産業』中央大学出版部.
須崎慎一〔1997〕「総力戦理解をめぐって」赤澤・粟屋・豊下・森・吉田(編)『総力戦・ファシズムと現代史』現代史料出版.
鈴木淳〔2001〕「機械技術」中岡・鈴木・堤・宮地(編)『産業技術史』山川出版社.
スプラウト，M. T.〔1979〕「シーパワーの伝道者」E. M. アール(編著)(石塚栄ほか訳)『新戦略の創始者』下，原書房.
スミダ，ジョン〔2009〕「地政学者アルフレッド・セイヤー・マハン」コリン・グレイほか(編著)(奥山真司訳)『進化する地政学』五月書房.
『生産力拡充計画資料』一橋大学経済統計情報センター所蔵.
「戦時海運関係資料」，東京大学経済学部図書館所蔵.

参考文献

「戦時海運関係資料」「計画造船関係綴(昭和17年5月)」「造船計画資料Z-1」.
戦争調査会事務局〔1946〕「戦争調査資料第六号 物資動員計画とその歴史(上)稲葉秀三氏談話速記」(2月).
船舶運営会(編)〔1947〕『船舶運営会会史(前編)』上,防衛研究所図書館所蔵.
船舶残務整理部(編)〔1946〕「支那事変以降今次戦争終戦迄に於ける船舶部隊の運用編制並船舶関係器材の整備及研究の歴史資料」,防衛研究所図書館所蔵.
第一復員局資料整理課〔1959〕「昭和二十年物資動員計画等綴」,防衛研究所図書館所蔵.
「大正十二年帝国国防方針」(宮崎史料),防衛研究所図書館所蔵.
大正6年「軍備補充ニ関スル請議」〔1917〕,防衛研究所図書館所蔵.
大東亜省満洲事務局殖産課〔1943〕『満洲ニ於ケル経済関係参考資料』1938～41年度(1月),東洋文庫所蔵.
第二復員局残務処理部〔1949〕「日本占領期間蘭印における燃料油生産について」,防衛研究所図書館所蔵(「第二復員局残務処理部資料」と略称).
太平洋協会調査部／経済問題研究会(編)〔1941〕『日本戦時経済論』中央公論社.
大本営陸軍部戦争指導班／軍事史学会(編)〔1998〕『機密戦争日誌』上,錦正社.
大連会議(1935.1.4)「関東軍対支政策」(1935.3.30)秦郁彦『日中戦争史』河出書房新社,1961年.
台湾経済年報刊行会(編)〔1941〕『台湾経済年報(昭和十六年版)』国際日本協会.
台湾総督府総務局〔1943〕『昭和16年台湾総督府第四十五統計書』.
高崎正男〔1965〕『軍需動員 国家総動員について』,防衛研究所図書館所蔵.
高橋正衛(編・解説)〔1964〕『現代史資料5 国家主義運動2』みすず書房.
高村直助〔1982〕『近代日本綿業と中国』東京大学出版会.
「財部彪日記」〔1906〕(12月18日の条),財部彪文書第17冊,国会図書館憲政資料室所蔵.
武村忠雄〔1943〕『戦争経済学入門』慶応出版社.
建林正喜〔1943〕『アウタルキィの研究』冨山房.
田中新一「支那事変記録 其の二」,防衛研究所図書館所蔵.
田中申一〔1975〕『日本戦争経済秘史』コンピュータ・エージ社.
田中宏巳〔2010〕『山本五十六』吉川弘文館.
谷壽夫〔1966〕『機密日露戦史』原書房.
谷口吉彦〔1937〕「統制経済と計画経済」『科学主義工業』第4号(9月号).
多谷泰三〔1941〕「事変後の支那における紡績業」大日本紡績聯合会(編)『東亜共栄圏と繊維産業』文理書院.
丹治輝一・青木隆夫〔1997〕「昭和10年代の北海道における人造石油工場と戦後民需生産への転換」『北海道開拓記念館研究紀要』第25号(3月).
「張公権文書R-2-5」,アジア経済研究所所蔵.
「張公権文書R-2-6」,アジア経済研究所所蔵.
「張公権文書R-2-8」,アジア経済研究所所蔵.
「張公権文書R-2-9」,アジア経済研究所所蔵.
「張公権文書R-3-43」,アジア経済研究所所蔵.
「張公権文書R-3-44」,アジア経済研究所所蔵.

I 邦文

「張公権文書 R-3-47」,アジア経済研究所所蔵.
朝鮮銀行調査部〔1948〕『朝鮮経済年報(1948年版)』.
朝鮮総督府〔1941〕「朝鮮貿易年表 昭和14年」(7月).
通商産業省(編)〔1971〕『商工政策史』第6巻 貿易(下),商工政策史刊行会.
辻猛三〔1943〕『ドイツの航空工業』大日本飛行協会.
筒井清忠〔2007〕『昭和十年代の陸軍と政治』岩波書店.
角田順〔1967〕『満州問題と国防方針』原書房.
―――(編)〔1971〕『石原莞爾資料――国防論策篇』原書房.
ディーン,フィリス(奥野正寛訳)〔1982〕『経済思想の発展』岩波書店.
「帝国国防方針,国防ニ要スル兵力及帝国軍用兵綱領策定顚末」山県元帥用(宮崎史料),防衛研究所図書館所蔵.
寺谷武明〔1979〕『日本近代造船史序説』巌南堂書店.
東亜研究所(編)〔1944〕『支那占領地経済の発展』.
東京商工会議所(編)〔1935,38~41〕『中華民国及満洲国貿易統計表(昭和9年度,12~13年度,14~15年)』.
東京商工会議所(編)〔1936〕『日満支経済問題講話』厳松堂書店.
東燃株式会社(編)〔1991〕『東燃五十年史』.
東洋経済新報社(編)〔1937a〕『日本経済年報』第28輯,東洋経済新報社.
―――――――〔1937b〕『経済年鑑(昭和十二年版)』東洋経済新報社.
―――――――〔1938~40〕『日本経済年報』第34~43輯,東洋経済新報社.
―――――――〔1941〕『経済年鑑(昭和十六年版)』東洋経済新報社.
―――――――〔1943〕『経済年鑑(昭和十八年版)』東洋経済新報社.
―――――――〔1944〕『経済年鑑(昭和十九年版)』東洋経済新報社.
―――――――〔1950a〕『昭和産業史』第1巻,東洋経済新報社.
―――――――〔1950b〕『昭和産業史』第2巻,東洋経済新報社.
―――――――〔1950c〕『昭和産業史』第3巻,東洋経済新報社.
―――――――〔1980〕『昭和国勢総覧』上巻,東洋経済新報社.
独伊派遣軍事視察団(調製)〔1941〕「独伊派遣軍事視察団報告資料乙第一四号 飛行機ノ多量生産ト其ノ基礎条件ニ就イテ」「独伊派遣軍事視察団報告資料 航空」(7月),防衛研究所図書館所蔵.
戸部良一〔1998〕『日本の近代9 逆説の軍隊』中央公論社.
富永謙吾(編・解説)〔1975〕『現代史資料39 太平洋戦争5』みすず書房.
永井和〔2007〕『日中戦争から世界戦争へ』思文閣出版.
永井煥生〔1996〕「日本海軍の第一次世界大戦に関する戦訓等調査の実態について」(研究資料 96RO-10H),防衛庁防衛研究所.
――――〔1999〕「対米漸減要撃作戦の源流――末次信正大将と潜水艦による漸減要撃作戦構想」『波涛』第25巻第3号(9月).
中川良一・水谷総太郎〔1985〕『中島飛行機エンジン史』酣灯社.
永田鉄山〔1928〕『国家総動員』大阪毎日新聞社.
中原茂敏〔1981〕『大東亜補給戦』原書房.
永見俊徳「回顧録」,防衛研究所図書館所蔵.

参考文献

中村隆英・原朗(編・解説)〔1970〕『現代史資料43 国家総動員1』みすず書房.
中村隆英〔1971〕『戦前期日本経済成長の分析』岩波書店.
————〔1977〕「戦争経済とその崩壊」『岩波講座日本歴史21 近代8』岩波書店.
————〔1983〕『戦時日本の華北経済支配』山川出版社.
————〔1993〕『日本経済』第3版, 東京大学出版会.
————(編)〔1995〕『石橋湛山著作集2』東洋経済新報社.
名和統一〔1937〕『日本紡績業と原棉問題研究』大同書院.
————〔1941〕「戦時支那紡績業の動態と其の問題」大日本紡績聯合会(編)『東亜共栄圏と繊維産業』文理書院.
新見政一「戦史研究報告 其三」『海軍作戦機関の研究』, 防衛研究所図書館所蔵.
西川純子〔1993〕「アメリカ航空機産業の初期段階1903〜1939年」『土地制度史学』第138号(1月).
西原亀三〔1917〕「戦時経済動員計画私議」「西原亀三関係文書」, 国会図書館憲政資料室.
「日満軍需工業拡充計画」〔1937〕(5月), 防衛研究所図書館所蔵.
「日満財政経済研究会設立計画案要綱」, 防衛研究所図書館所蔵.
日満財政経済研究会〔1938〕「独逸四ヶ年計画法令集」(3月).
日満支経済懇談会事務局・日満中央協会〔1939〕「日満支経済懇談会報告書」(5月).
日満実業協会(編)〔1935〕「日満支提携に関する座談会記事」(3月), 国会図書館所蔵.
日本海軍航空史編纂委員会(編)〔1969a〕『日本海軍航空史(1)用兵篇』時事通信社.
————————〔1969b〕『日本海軍航空史(2)軍備篇』時事通信社.
————————〔1969c〕『日本海軍航空史(3)制度・技術篇』時事通信社.
————————〔1969d〕『日本海軍航空史(4)戦史篇』時事通信社.
日本外交学会(編)〔1958〕『太平洋戦争終結論』東京大学出版会.
日本銀行調査局(編)〔1937〕『昭和十一年本邦経済統計』(6月).
————〔1939〕『昭和十三年本邦経済統計』(6月).
————〔1940〕『昭和十四年本邦経済統計』(6月).
————〔1942〕『昭和十五年十六本邦経済統計』(10月).
————〔1964〕『日本金融史資料 昭和編』第8巻, 大蔵省印刷局.
————〔1970〕『日本金融史資料 昭和編』第27巻, 大蔵省印刷局.
————〔1971〕『日本金融史資料 昭和編』第30巻, 大蔵省印刷局.
日本銀行統計局(編)〔1999〕『明治以降本邦主要経済統計』(復刻版), 並木書房.
日本近代史料研究会(編)〔1970〕『日満財政経済研究会資料Ⅰ』同会.
————————〔1971〕『日本陸海軍の制度・組織・人事』東京大学出版会.
日本経営史研究所(編)〔1988〕『日本郵船株式会社百年史』日本郵船.
日本経済聯盟会(編)〔1940〕「現行産業統制ノ欠陥実情並ニ之ニ対スル業種別改善意見」『調査彙報』第28号(5月).
日本経済聯盟会調査課(編)〔1944〕『戦時海運研究』産業図書.
日本工作機械工業会〔1969〕『工作機械統計要覧 昭和43年』日本工作機械工業会.
日本国有鉄道(編)〔1951〕『日本陸運十年史』第1巻.
日本製鉄株式会社社史編集委員会(編)〔1959〕『日本製鉄株式会社史1934-1950』同会.
日本石油株式会社社史編さん室(編さん)〔1988〕『日本石油百年史』日本石油.

日本石油史編集室(編)〔1958〕『日本石油史』日本石油.
日本造船学会(編)〔1977〕『昭和造船史』第1巻,原書房.
日本統計研究所(編)〔1958〕『日本経済統計集』日本評論新社.
日本郵船株式会社(編纂)〔1956〕『七十年史』日本郵船.
燃料懇話会〔1972a〕『日本海軍燃料史』上,原書房.
────〔1972b〕『日本海軍燃料史』下,原書房.
野沢正(解説)〔1989〕『日本航空機辞典 明治43年～昭和20年』モデルアート社.
野村乙二朗〔1992〕『石原莞爾』同成社.
野村実〔1978〕「第二次大戦における日本の戦争計画」『軍事史学』第14巻第2・3合併号(12月).
────〔1983〕『太平洋戦争と日本軍部』山川出版社.
ハイマン,エドゥアルト〔1941〕「アウタルキー」永田清(編訳)『戦争と経済』日本評論社.
ハウスホーファー,マウルほか(玉城肇訳)〔1941〕『地政治学の基礎理論』科学主義工業社.
ハウスホーファー,K.(土方定一・坂本徳松訳)〔1941〕『地政治学入門』育成社.
ハウスホーファー,K.(編)(若井林一訳)〔1941〕『生命圏と世界観』博文館.
萩原充〔1995〕「中国の経済建設」長岡新吉・西川博史(編著)『日本経済と東アジア』ミネルヴァ書房.
秦郁彦〔1961〕『日中戦争史』河出書房新社.
────〔1977〕『軍ファシズム運動史』増補第3版,河出書房新社.
────〔1983〕「条約派と艦隊派」三宅正樹ほか(編)『軍部支配の開幕』第一法規出版.
波多野澄雄〔1977〕「リース・ロスの極東訪問と日本──中国幣制改革をめぐって」日本国際政治学会(編)『国際政治』第58号,86-104頁.
──────〔1986〕「日本海軍と「南進」──その政策と理論の史的展開」清水元(編)『両大戦間期日本・東南アジア関係の諸相』アジア経済研究所,207-236頁.
濱田恒一〔1944〕『南方経済資源総攬』第10巻 ジャワ・スマトラの経済資源,東亜政経社.
原朗〔1967〕「資金統制と産業金融──日華事変期における生産力拡充政策の金融的側面」『土地制度史学』第34号.
──〔1972a〕「日中戦争期の外資決済(1)」『経済学論集』(東京大学経済学会)第38巻第1号(4月).
──〔1972b〕「1930年代の満州経済統制政策」満州史研究会(編)『日本帝国主義下の満州』御茶の水書房.
──〔1976a〕「戦時統制経済の開始」『岩波講座日本歴史20 近代7』岩波書店.
──〔1976b〕「「大東亜共栄圏」の経済的実態」『土地制度史学』第71号(4月号).
──〔1996〕「日本戦時経済分析の課題」『土地制度史学』第151号(4月号).
原朗・山崎志郎(編・解説)〔1999〕『開戦期物資動員計画資料』第3巻昭和16年,現代史料出版.
────────────〔2000a〕『開戦期物資動員計画資料』第7巻昭和17年,現代史料出版.
────────────〔2000b〕『開戦期物資動員計画資料』第11巻昭和17年,現

参考文献

代史料出版.
原朗・山崎志郎(編・解説)〔2002〕『後期物資動員計画資料』第10巻昭和19年,現代史料出版.
原道男〔1957〕「第2次大戦期における我が国の貯油問題」防衛研修所「研修所資料別冊」第174号.
東栄二〔1941〕『戦時経済と燃料国策』産業経済学会.
疋田康行〔1977〕「戦前期日本航空機工業資本の蓄積過程」『一橋論叢』第77巻第6号.
――――(編著)〔1995〕『「南方共栄圏」』多賀出版.
樋口秀実〔2002〕『日本海軍から見た日中関係史研究』芙蓉書房出版.
『日立造船株式会社七十五年史』〔1956〕日立造船.
「秘密書類調製ノ件報告」〔1936〕(昭和11年9月23日 支那駐屯軍司令官田代皖一郎),JACAR：C01002726200.
平間洋一〔1990〕「第一次大戦の海軍への波動」『防衛大学校紀要』第61輯.
――――〔1998〕『第一次世界大戦と日本海軍』慶応義塾大学出版会.
ファーニヴァル, J.S.(南太平洋研究会訳)〔1942〕『ファーニヴァル蘭印経済史』実業之日本社.
深井英五〔1953〕『枢密院重要議事覚書』岩波書店.
福田茂夫〔1967〕『アメリカの対日参戦』ミネルヴァ書房.
藤川洋〔1944〕『日本戦時海運論』冨山房.
藤村道生〔1981〕「国家総力戦体制とクーデター計画」三輪公忠(編)『再考・太平洋戦争前夜』創世記.
古川由美子〔2004〕「アジア・太平洋戦争中の日本の海上輸送力増強策」,一橋大学大学院経済学研究科博士論文.
米国戦略爆撃調査団(航空自衛隊幹部学校訳)〔1960a〕「川崎航空機株式会社」,防衛研究所図書館所蔵.
―――――――――――――――――〔1960b〕「川西航空機株式会社報告」,防衛研究所図書館所蔵.
―――――――――――――――――〔1960c〕「中島飛行機株式会社調査報告第2号」,防衛研究所図書館所蔵.
米国戦略爆撃調査団(編)〔1992〕『太平洋戦争白書 108巻』全50冊,日本図書センター.
閉鎖機関整理委員会(編著)〔2000〕『閉鎖機関とその特殊清算1』クレス出版.
「兵資調査会庶務内規案」〔1917〕「大正六年公文備考」官報・巻三,防衛研究所図書館所蔵.
ヘーゲル(小島貞介訳)〔1975〕『ヘーゲル書簡集』日清堂書店.
――――(長谷川宏訳)〔1994〕『歴史哲学講義』(上),岩波書店.
ヘッセ,クールト(陸軍省主計課別班訳)〔1941〕『戦争経済思想史』.
防衛研修所戦史室(編)〔1967a〕『大本営陸軍部〈1〉』朝雲新聞社.
――――――――――〔1967b〕『陸軍軍需動員〈1〉計画編』朝雲新聞社.
――――――――――〔1967c〕『ハワイ作戦』朝雲新聞社.
――――――――――〔1968a〕『北支の治安戦〈1〉』朝雲新聞社.
――――――――――〔1968b〕『マリアナ沖海戦』朝雲新聞社.

I 邦文

防衛研修所戦史室(編)〔1969a〕『海軍軍戦備〈1〉』朝雲新聞社.
────────〔1969b〕『関東軍〈1〉』朝雲新聞社.
────────〔1970〕『陸軍軍需動員〈2〉実施編』朝雲新聞社.
────────〔1971a〕『海上護衛戦』朝雲新聞社.
────────〔1971b〕『陸軍航空の軍備と運用〈1〉』朝雲新聞社.
────────〔1974a〕『陸軍航空の軍備と運用〈2〉』朝雲新聞社.
────────〔1976a〕『陸軍航空の軍備と運用〈3〉』朝雲新聞社.
────────〔1974b〕『大本営陸軍部大東亜戦争開戦経緯〈4〉』朝雲新聞社.
────────〔1975a〕『陸軍航空兵器の開発・生産・補給』朝雲新聞社.
────────〔1975b〕『大本営海軍部・聯合艦隊〈1〉』朝雲新聞社.
────────〔1976b〕『海軍航空概史』朝雲新聞社.
────────〔1974c〕『中国方面海軍作戦〈1〉』朝雲新聞社.
────────〔1975c〕『中国方面海軍作戦〈2〉』朝雲新聞社.
────────〔1975d〕『支那事変陸軍作戦〈1〉』朝雲新聞社.
────────〔1975e〕『支那事変陸軍作戦〈3〉』朝雲新聞社.
────────〔1979〕『潜水艦史』朝雲新聞社.
防衛研修所戦史部〔1980〕『陸海軍年表 付 兵語・用語の解説』朝雲新聞社.
保阪正康〔2005〕『陸軍良識派の研究』光人社.
堀和生・中村哲(編著)〔2004〕『日本資本主義と朝鮮・台湾』京都大学学術出版会.
堀元美〔1973〕『潜水艦 その回顧と展望』原書房.
本郷亮〔2007〕『ピグーの思想と経済学』名古屋大学出版会.
本庄比佐子・内山雅生・久保亨(編)〔2002〕『興亜院と戦時中国調査』岩波書店.
前田裕子〔2001〕『戦時期航空機工業と生産技術形成』東京大学出版会.
松浦正孝〔2010〕『「大東亜戦争」はなぜ起きたのか』名古屋大学出版会.
松岡均平〔1931〕「重要産業統制法について」『産業合理化』第三輯(6月),日本商工会議所.
松岡久光〔1996〕『みつびし航空エンジン物語』アテネ書房.
松本俊郎〔1993〕「第2次大戦期の戦時体制構想立案の動き」溝口敏行『第2次大戦下の日本経済の統計的分析』一橋大学経済研究所.
マディソン,アンガス(金森久雄監訳)〔2000〕『世界経済の成長史』東洋経済新報社.
マハン(水交社訳)〔1900〕『海上権力史論』下巻,東邦協会.
マハン,A.T.(麻田貞雄訳・解説)〔1977〕『アルフレッド・T.マハン』研究社出版.
────────(北村謙一訳)〔1982〕『海上権力史論』原書房.
真山寛二〔1955〕「経済計画及経済動員研究資料──其の5」防衛研修所「研修所資料別冊」第96号.
マルクス,K.・F.エンゲルス(花崎皋平訳)〔1966〕『ドイツ・イデオロギー』新版,合同出版.
満州航空史話編纂委員会〔1981〕『満州航空史話(続)』同会.
満州飛行機の思い出編集委員会〔1982〕『満州飛行機の思い出』同会.
満鉄調査部(編)〔1939〕『満州経済年報(昭和13年版)』改造社.
三島美貞〔1955〕「初期物資動員計画の回顧」防衛研修所「研修所資料別冊」第96号.

参考文献

三谷太一郎〔1980〕「国際金融資本とアジアの戦争」近代日本研究会(編)『年報・近代日本研究 2 近代日本と東アジア』山川出版社.
三井造船〔1953〕『三十五年史』同.
―――〔1968〕『三井造船株式会社五十年史』同.
三菱造船〔1957〕『創業百年の長崎造船所』同.
南亮進〔1965〕『鉄道と電力(長期経済統計 12)』東洋経済新報社.
美濃部洋次文書〔1942〕: 大東亜建設審議会「大東亜建設基本方策」(5 月 4 日)(No. 4533, R63), 国会図書館憲政資料室所蔵.
―――〔1943〕: 深尾淳二「工作機械ノ緊急増産ト戦時工作機械ノ採用ニ就イテ」(8 月)(AC9-4), 国会図書館憲政資料室所蔵.
宮崎正義〔1938〕『東亜聯盟論』改造社.
宮島英昭〔1990〕「戦時下の経済思想」杉原四郎ほか(編著)『日本の経済思想四百年』日本経済評論社.
三輪宗弘〔2004〕『太平洋戦争と石油』日本経済評論社.
三輪芳朗〔2008〕『計画的戦争準備・軍需動員・経済統制』有斐閣.
武藤功〔2007〕「戦争とピグー, ケインズの経済学」村井友秀・真山全(編著)『リスク社会の危機管理』明石書店.
村上勝彦〔1985〕「資本蓄積(2)重工業」大石嘉一郎(編)『日本帝国主義史 1』東京大学出版会.
―――〔1994〕「軍需産業」大石嘉一郎(編)『日本帝国主義史 3』東京大学出版会.
森武夫〔1935a〕「ブロック経済の概念」『陸軍主計団記事』(6 月号).
―――〔1935b〕「戦時経済講話」『陸軍主計団記事』(12 月号).
森棟公夫〔1990〕『統計学入門』新世社.
森山優〔1998〕『日米開戦の政治過程』吉川弘文館.
安冨歩〔1997〕『「満洲国」の金融』創文社.
八角三郎〔1917a〕「我国戦備と支那との関係メモ」八角史料(5 月), 防衛研究所図書館所蔵.
―――〔1917b〕「支那海軍再建策」八角史料(2 月), 防衛研究所図書館所蔵.
矢内原忠雄〔1932〕「満蒙新国家論」『改造』(4 月号).
柳澤治〔2008〕『戦前・戦時の日本の経済思想とナチズム』岩波書店.
山口利昭〔1979〕「国家総動員研究序説」『国家学会雑誌』第 92 巻 3・4 号(4 月).
山崎志郎〔1987〕「生産力拡充計画の展開過程」近代日本研究会(編)『年報・近代日本研究 9 戦時経済』山川出版社.
―――〔1991〕「太平洋戦争後半期における航空機増産政策」『土地制度史学』第 130 号(1 月).
―――〔1995〕「工業動員体制」原朗(編)『日本の戦時経済』東京大学出版会.
―――〔1996〕「太平洋戦争期の工業動員体制」『経済と経済学』第 81 号(7 月).
―――〔2007〕「戦時経済総動員と造船業」石井寛治・原朗・武田晴人(編)『日本経済史 4』東京大学出版会.
山崎広明〔1979〕「日本戦争経済の崩壊とその特質」東京大学社会科学研究所(編)『ファシズム期の国家と社会 2 戦時日本経済』東京大学出版会.

Ⅰ　邦　文

山澤逸平・山本有造〔1979〕『貿易と国際収支(長期経済統計 14)』東洋経済新報社.
山田風太郎〔1985〕『戦中派不戦日記』講談社.
山田文雄〔1940〕「東亜経済ブロックとその自給性」『統制経済』第 1 巻第 2 号(10 月).
山本五十六〔1937〕「海軍軍備無条約時代を迎えて」『有終』第 24 巻第 3 号(3 月号).
────〔1941〜42〕「征戦以来戦備ニ関スル意見書簡等」(海軍省),防衛研究所図書館所蔵.
山本潔〔1994〕『日本における職場の技術・労働史 1854〜1990 年』東京大学出版会.
山本晴次〔1972〕「人造石油事業史」『燃料協会誌』第 51 巻第 546 号.
山本有造〔1992〕『日本植民地経済史研究』名古屋大学出版会.
────(編)〔1995〕『「満洲国」の研究』緑蔭書房.
山本有造〔2003〕『「満洲国」経済史研究』名古屋大学出版会.
山本義彦〔1978〕「資本輸出入の推移と危機激化」山崎隆三(編)『両大戦間期の日本資本主義』下巻,大月書店.
由良富士雄〔2008〕「航空撃滅戦ドクトリンについて」『鵬友』第 33 巻第 5 号(1 月).
横山臣平〔1971〕『秘録石原莞爾』芙蓉書房.
横山久幸〔2006〕「日本陸軍の軍事技術戦略とエア・パワーの形成過程」石津朋之・ウィリアムソン・マーレー(編著)『21 世紀のエア・パワー』芙蓉書房出版.
吉田豊彦〔1927〕『軍需工業動員ニ関スル常識的説明』水交社.
吉野信次〔1962〕『おもかじとりかじ』通商産業研究社.
読売新聞社(編)〔1981〕『昭和史の天皇 20』読売新聞社.
陸軍軍需審議会〔1937〕「第十九回陸軍軍需審議会委員会議事録」(12 月),JACAR：C01004440800.
陸軍参謀本部「昭和十六年度帝国陸軍作戦計画・訓令」(宮崎史料).
『陸軍主計団記事』〔1933a〕第 276 号(2 月).
『陸軍主計団記事』〔1933b〕第 282 号(8 月).
『陸軍主計団記事』〔1933c〕第 286 号(12 月).
『陸軍主計団記事』〔1934a〕第 287 号(1 月).
『陸軍主計団記事』〔1934b〕第 294 号(8 月).
『陸軍主計団記事』〔1935〕第 299 号(1 月).
陸軍省〔1934〕「航空兵操典」『陸軍省大日記　乙輯』1934 年,綱領十一,JACAR：C01006594900.
────〔1937〕「重要産業五年計画ニ関スル件」『陸軍省密大日記』第 2 冊,防衛研究所図書館所蔵.
────〔1940〕「総命第 256 号　支那派遣軍命令　8 月 6 日 1000 南京総司令部」『陸支密昭和 15 年「陸支密 29 号 3/3」』,JACAR：C04122380900.
────〔1936〕「第二次総動員期間計画ノ概要」(12 月 1 日)『陸軍省密大日記 昭和 12 年第 2 冊』,防衛研究所図書館所蔵.
────〔1919〕「臨時軍事調査ノ為当分ノ内陸軍官衙学校ニ定員外人馬増加配属ノ件中改正ノ件」『大正八年陸軍省密大日記』,防衛研究所図書館所蔵.
陸軍省主計課別班〔1941〕「レオン・ドーデの「総力戦」論」経研資料調第二十七号(9 月),米国議会図書館所蔵.

参考文献

陸軍省新聞班〔1936〕「国防上より見たる日満支の関係」(1月), 国立国会図書館所蔵.
リスト, フリードリッヒ(小林昇訳)〔1970〕『経済学の国民的体系』岩波書店.
────────(小林昇訳)〔1974〕『農地制度論』岩波書店.
劉振東〔1941〕「支那の国防経済政策」中支建設資料整備事務所編訳部(訳)『中国政治経済問題』.
臨時軍事調査委員〔1919a〕「交戦諸国ノ陸軍ニ就イテ」『偕行社記事』第535～536号の間の臨時号(3月), 防衛研究所図書館所蔵.
────────〔1917〕「参戦諸国の陸軍に就いて」(第1版)(1月), 同上.
────────〔1919b〕「参戦諸国の陸軍に就いて」(第5版)(12月), 同上.
────────〔1920〕「物質的国防要素充実ニ関スル意見」(7月20日), 同上.
呂集団参謀部〔1939〕「敵情勢に関する書類綴」(10月), 防衛研究所図書館所蔵.
若槻礼次郎〔1931〕「倫敦会議の思い出」『有終』第18巻第2号(2月号).
脇村義太郎〔1998〕「学者と戦争」『日本学士院紀要』第52巻第3号(3月).
渡辺伊三郎〔1976〕『思い出の記』私家版.
渡辺純子〔1998〕「戦時経済統制下における紡績企業の経営」『経済学論集』第63巻第4号.

II　欧文(著者名・編纂者名 ABC 順)

Anderson, I. H.〔1975〕, *The Standard-Vacuum Oil Company and United States East Asian Policy 1933-41*, Princeton: Princeton University. Press.
Arakawa, Kenichi〔2002〕, The Maritime Transport War-Emphasizing a Strategy to Interpret the Enemy Sea lines of Communication (SLOCS)-, *NIDS Security Reports*, No. 3, March, 190-211.
────────〔2006〕, Japanese Naval Blockade of China in the Second Sino-Japanese War, 1937-41, B. A. Elleman and S. C. M. Paine eds., *Naval Blockades and Seapower*, London and New York: Routledge, 105-116.
Central Statistical Office〔1951〕, *Statistical Digest of the War*, London: His Majesty's Stationery Office and Longmans Green & Co. (HMSO, LG & Co.).
The Chief of the Office of Arms and Munitions Control〔1938〕, Department of State (Green), to 148 Persons and Companies Manufacturing Airplane Parts, July 1, in *Paper Relating to the Foreign Relations of the United States, Japan, 1931-1941, Vol. II*, Washington, D. C.: U. S. Government Printing Office, 1943.
China. The Maritime Customs〔1944〕『中華民国三十二年五月　中国貿易統計月報』, 上海：上海総税務司公署統計処.
Clausewitz, Karl von〔1989〕, *ON WAR*, edited and translated by Michael Howard and Peter Paret, Princeton: Princeton University Press.
Collier, B.〔1957〕, *The Deffence of the United Kingdom*, London: HMSO.
Corum, James S.〔1977〕, *The Luftwaffe : Creating the Operational Air War 1918-1940*, Lawrence: University Press of Kansas.
Creveld, M. V.〔1977〕, *Supplying War*, NewYork: Cambridge University Press.
Earle, E. M. ed.〔1971〕, *Makers of Modern Strategy*, Princeton: Princeton University

Press.

Gibbs, N. H.[1976], *Grand Strategy Vol. I*, London: HMSO.

Herwig, H. H.[1996], "Innovation ignored: The submarine problem", Murray, W. and A. R. Millett eds. *Military Innovation in the Interwar Period*, New York: Cambridge University Press.

Hicks, J.[1969], *A Theory of Economic History*, London: Oxford University Press(新保博・渡辺文夫訳『経済史の理論』講談社, 1995年).

Hoffmeister (Hrsg.), Johannes[1952], *Briefe von und an Hegel BAND I: 1785-1812* (Philosophische Bibliothek: Bd. 235), Hamburg: Felix Meiner Verlag (小島貞介(訳)『ヘーゲル書簡集』日清堂書店, 1975年).

Hornby, W.[1958], *Factories and Plant*, London: HMSO, LG & Co.

Hou Chi-Ming[1965], *Foreign Investment and Economic Development in China, 1840-1937*, Cambridge, Mass: Harvard University Press.

Howard, M.[1983], "The Forgotten Dimensions of Strategy" in M. Howard, *The Causes of Wars and other essays*, London: Unwin Paperbacks.

Hurstfield, J.[1953], *The Control of Raw Materials*, London: HMSO, LG & Co.

Hutchins, J. G. B.[1948], "History and Development of Shipbuilding 1776-1944", F. G. Fasset, Jr., eds. *The Shipbuilding Business in the United States of America, Vol. 1*, New York: The Society of Naval Architects & Marine Engineers.

Jones, H. A.[1931], *The War in The Air: Being the Story of the part played in the Great War by the Royal Air Force Vol. III*, Uckfield: The Naval & Military Press Ltd.

Kiyokawa, Yukihiko & Shigeru Ishikawa[1987], The Significance of Standardization in the Development of Machine-Tool Industry: The Case of Japan and China (Part 1), *HITOTSUBASHI JOURNAL of ECONOMICS*, Vol. 28 No. 2, Dec.

Klein, B. H.[1959], *Germany's Economic Preparations for War*, Cambridge, Mass: Harvard University Press.

Lane, F. C.[1951], *Ships for Victory*, Baltimore: The Johns Hopkins Press.

Langer, W. L. and S. E. Gleason[1953], *The Undeclared War 1940-41*, New York: Harper & Brothers.

Mahan, A. T.[1900], *The Problem of Asia and Its Effect upon International Policies*, Boston: Little, Brown and Company.

――――――[1890], *The Influence of Sea Power upon History, 1660-1783*, NewYork: Dover Publications, Inc., 1987.

Message by President Roosevelt to Congress[1943], "December 8, 1941" in *Paper Relating to the Foreign Relations of the United States, Japan, 1931-1941, Vol. II*, Washington, D. C.: U. S. Government Printing Office, 1943.

Milward, A. S.[1979], *War, Economy and Society 1939-1945*, Los Angeles: University of California Press.

Neave, H. R. and P. L. Worthington[1988], *Distribution-Free Tests*, London: Unwin Hyman.

参考文献

Overy R. J.〔1995〕, *War and Economy in the Third Reich*, New York: Oxford University Press.
Paret, P. ed.〔1986〕, *Makers of Modern Strategy*, Princeton: Princeton University Press.
Pigou, A. C.〔1921〕, *Political Economy of War*, London: Macmilian(大住龍太郎(訳)『戦争の経済学』今日の問題社, 1941 年).
Potter, E. B. and C. W. Nimitz eds.〔1960〕, *The Great Sea War*, Englewood Cliffs: Prentice-Hall, Inc.(実松譲・富永謙吾(訳)『ニミッツの太平洋海戦史』恒文社, 1962 年).
Ritchie S.〔1997〕, *Industry and Air Power*, London: Frank Cass.
Rohwer, Jürgen〔1968〕, *Axis Submarine Successes 1939-1945*, Washington: Navel Institute Press.
Sims, W. S.〔1921〕, *The Victory at sea*, London: John Murray.
Smith, A.〔1776〕〔An Inquiry into the the Nature and Causes of the〕*Wealth of Nations* [Originally published in 1776], New York: Prometheus Books, 1991(山岡洋一(訳)『国富論』下, 日本経済新聞出版社, 2007 年).
Smith, H. G. and L. C. Brown〔1948〕, "Shipyard Statistics", F. G. Fassett, Jr. eds. *The Shipbuilding Business in the United States of America, Vol. 1*, New York: The Society of Naval Architects & Marine Engineers.
Smith, M.〔1984〕, *British Air Strategy between the Wars*, Oxford: Clarendon Press.
Sumida, J.〔1999〕, "Alfred Thayer Mahan", *Geopolitics*, London: Frank Cass Publishers.
The United States Strategic Bombing Survey(以後 USSBS と略称). この『米国戦略爆撃調査団報告書』には,対日戦のものと対独戦のものがある. 日本図書センターが復刻したのは太平洋戦争に関する報告書の最終報告書(Final Report of the United States Strategic Bombing Survey, 1945〜47)である.
USSBS〔1945〕, The Years of The Japanese Government Railways (October, General Railway Bureau), Rapid increase of the number of railway accidents.
―――〔1947a〕, The Japanese Aircraft Industry, Aircraft Division, May.
―――〔1947b〕, MITSUBISHI HEAVY INDUSTRIES, LTD CORPORATION Report No. 1 Aircraft Division, June.
―――〔R-279B〕同報告の対独戦についてはReel No. 1, 2(YD-208), 国会図書館所蔵.
Weir, Gary E.〔1991〕, *Building American Submarines 1914-1940*. Washington, D. C.: Naval Historical Center Department of the Navy.
――――――〔1993〕, *Forged in War*, Washington, D. C.: Naval Historical Center Department of Navy.

人名索引

有沢広巳　　15, 45, 257, 257n
池田純久　　41
石井秋穂　　139
石川信吾　　197, 200
石橋湛山　　71
石原莞爾　　36, 54, 177, 215, 275
板垣征四郎　36, 39
井上幾太郎　209
宇垣一成　　210, 279
榎本隆一郎　192
大河内正敏　229
岡田菊三郎　131

加藤寛治　　173
加藤友三郎　164, 193
岸信介　　　84
クラウゼヴィッツ, C. v.　3
小磯国昭　　17, 21, 211, 274
近衛文麿　　72, 125

酒井隆　　　104
佐藤鉄太郎　38, 176, 178
シュペーア, A.　81
蒋介石　　　106
末次信正　　197, 241
鈴木貞一　　36
スミス, A.　164

高橋是清　　58
田中新一　　38
東条英機　　122, 218

永田鉄山　　32
永野修身　　201
西原亀三　　23n, 169n

馬場鍈一　　58
林銑十郎　　279
ピグー, A. C.　15, 24
ヒックス, J. R.　6
広田弘毅　　58, 99, 281
深井英五　　122
福沢諭吉　　25n
ヘーゲル, G. W. F.　4

松岡洋右　　96n
マハン, A. T.　167, 176, 179
マルクス, K.　5, 45
宮崎正義　　54, 60
武藤章　　　119n
森武夫　　　48, 196

八角三郎　　168
山県有朋　　175
山下奉文　　225
山本五十六　197, 201, 206
山本権兵衛　175

リース・ロス, F.　287n
リスト, F.　23, 165
若槻礼次郎　173n

311

事項索引

あ 行

アウタルキー　1
　　——の自給度　98
　　海洋帝国——　166
　　日満——　196
　　日満支——　173
　　日満北支——　69
　　日中——　163, 170
　　融和的——圏　1, 8, 95
アウタルキー思想　163, 179, 195
　　海軍——　183
　　広域——　180
秋丸機関　257
アジア太平洋戦争　1
石原構想(国防国策大綱)　58
宇垣軍縮　210
運用思想　206
英米との協調路線　287
援蔣行為　110
応急物動計画　122, 125
大山事件　105

か 行

海軍工廠　206
海軍省艦政本部　238
海軍省軍事普及部　281
海軍の石油消費　153
海主陸従　177
外生的要因　54n, 130
開戦決断の経済的側面　123
海大型　248, 251
海大Ⅵ型　248, 251, 269
海務院　134
科学主義工業　230
価格統制　28
仮想敵国　177, 281
加藤調査団　214
「加藤伝言」　171
賀屋・吉野三原則　→財政経済三原則
関税同盟　274
　　日支——　23
艦船(艦艇と船舶)　237
艦隊決戦　257
　　——構想　168
艦隊派　164
艦艇建造の占有率　259
関東軍　36
　　——司令官　69
企画院　43
棄却　116
　　——域　120
企業整備　27, 121
技術移転　191
北樺太油田　168, 186
北支那開発株式会社　106
帰無仮説　116, 120
九七重爆　213
強兵富国　177
協力工場(下請工場)　235
金星(航空機エンジン)　213, 214
空母の集中運用　206
組立工場(責任工場)　234
軍拡計画　58, 280
軍事傾斜度　116, 193
軍事生産力　55
軍事的合理性　4
軍事と外交の両輪　193
軍需局　30
軍需工業拡充計画　55
軍需工業動員
　　陸軍——計画　31

――法　29
軍需工業品　61
軍需動員計画　34, 68
軍需品自給(現地調弁)　85
軍需品製造工業　21, 69
軍備格差　59
軍備充実計画　69
軍備制限の均等主義　173
軍備整備計画　59
軍令部第一課　138
計画経済　19
計画と実際の乖離　275
経済制裁　198
経済封鎖　40, 178
決戦思想　163n
決戦正面　154
減価償却費　66
原材料の入手難　260
現地調弁主義　84
工期と価格　258
航空機量産方策　222
航空撃滅戦　207
　　――ドクトリン　212
工作機械　6
鉱石比　149
抗戦力調査　257
高度国防国家　16
後発産業　206
高品質高コスト生産　83
合理化と集中化　81
国際収支の均衡　71n
国策の基準　58, 99
国富　56, 276
国防国策大綱　→石原構想
国防産業　69
国防資源　39
国防方針　175
国力判断　122, 124, 127
国家戦略の不在　193
国家総動員計画　19

さ　行

在華紡　113
最終戦争観　38
財政経済三原則(賀屋・吉野三原則)
　72
再生産　45, 46
　　――表式　45
在米日資産凍結　126
産業設備営団　263
三軍制　222
塹壕戦　2
三国同盟　125, 199
自給自足経済　→アウタルキー
自給率
　　――の変化　120
　　原油の――　183
　　戦略資源の――　96, 115
資源局　31
資源圏　140
資源の還送　88
自己調整的な市場　9
自己転回　12, 17
仕込船(ストックボート)　246
下請企業　208, 223, 229
実行の可能性　218, 275, 279
実質戦争資財　25
支那駐屯軍　48, 102
シーパワー　179
資本収支　87
資本節約的改変　89
資本の投資先　195
社会主義五カ年計画　65
社外船　147
シャドー・スキーム　220, 223
集権化された経済　82
重心
　　海軍の戦力の――　154
　　共栄圏の――　160
　　敵の――　3n
重要産業五年計画　55

重要産業統制法　41
需給両面の循環　276
熟練の大衆化　230
手段に目的を適合させる合理性　276
シュリーヘン・プラン　2
巡潜型　248, 251, 269
情報の共有　81
条約派　164
昭和12年度海軍軍備補充計画　→〇三計画
昭和12年度予算　58
初期条件　223
　　経済の──　18
「指令」経済　76, 82
シーレーン　174
仕分け　223
人造石油　61, 62, 168, 190
出師準備　33, 239
「裾野」となる工業　221
西安事件　279
正貨　71n
制海権　139
「生拡」(生産力拡充)　53
「生拡」計画　55, 60
「生拡」構想　55
政策第一委員会(海軍)　200
生産拡充計画　88
生産財　61
生産転換指令　78
生産の奇跡　79
生産力拡充　→「生拡」
生存圏　174
成長のエンジン　57
制度設計　11
制度的基盤　223
正の相関　118
製品の歩留り　78
石油全面禁輸　88, 126, 168, 199
石油の自給化政策　168
石碌鉱山　146
戦艦中心主義　241

漸減邀撃構想　202
銑鋼一貫企業　149
戦時型工作機械(単能機)　234
「戦時期経済」体制　9, 76, 123
戦時計画造船　238
戦時経済思想　1, 9
戦時経済体制　1, 9, 11, 15
戦時公債　28
戦時動員経済　19
戦時標準船制度　240
戦場圏　140
戦争形態への適応性　12, 237
船舶運営会(運営会)　135
船舶改善助成施設　250
船舶喪失の海域分布　140
戦標船(戦時標準船)　237, 259
　　第二次──　265
殲滅戦　3
専門工作機械　232
戦略爆撃　6, 213
　　──調査団　10
占領地行政　106
造船承認制度　261
造船労働者1人当たりの生産性　237, 270
総動員機関　17
総動員期間計画　33
　　暫定──　33
　　第二次──　34
総力戦　1, 7n
　　──経済体制　17
速戦即決　163
続行船　266, 269
ソンム会戦　5

た　行

大アジア主義　287
大艦巨砲　253
第三次補充計画　→〇三計画
対ソ・対米同時戦争　58, 261
対中奥地戦略爆撃(百一号作戦)　214

事項索引

「大東亜共栄圏」　10, 96, 124, 129, 159
「大東亜物流圏」　121, 123, 129
対日還送　85
対日石油全面禁輸　→石油全面禁輸
対米通商破壊戦　237
対北方作戦(対ソ全面戦争)　68
大陸封鎖　38
大量生産　218
多重回帰式　136
多量生産　218n, 225
単能機　231
単能工　231
地上作戦協力　207
中央計画委員会(ドイツ)　80
超重爆撃機整備構想　211
徴用船舶　36
鎮守府　142
低金利政策　59
帝国国防方針　59
転換期　12, 273
田独鉱山　144
ドイツ地政学　167
ドイツ方式　229
動員計画　34
東海(東シナ海)　169, 170
道義的禁輸　198
投資効率(資本の生産性)　92
統制機構　83
特殊権益　39, 174
特殊鋼　79
特設艦　239
特許権購入　192
トラファルガーの海戦　180
取引コスト　261

な　行

内外価格差　66
内閣直属の第一委員会　73
内製化　208
中支那振興株式会社　107
流れ生産　226

ナチスの生存圏思想　167
ナチスモデル(第二次四カ年計画)　65
南守北進　58
南部仏印進駐　168, 199
南方運航会社　136
二正面戦争　274
日独防共協定　187, 279
日満経済統制方策要綱　56
日満財政経済研究会　54
日満支経済圏内外貿易マトリックス　107
日満支経済連関(循環)モデル　96, 111
日満支航路　142
日蘭会商　198
日中共同の(自給)経済圏　169n
2.26事件　58
ニューヨーク急航線　249
農村の工村化　230
ノンパラメトリック検定　116

は　行

八・八艦隊　177
バトル・オブ・ブリテン(BOB)　219
パナマ運河　59, 253
パフォーマンスの格差　238
礬土頁岩　150, 151
万能機(多能機・汎用機械)　233
万能工　231
非軍事の民生部門　75
避戦(臥薪嘗胆)　128
標準化　225
標準型(プロトタイプ)　257
標準船　243, 261
ファシズム体制　16
封鎖　180
不耕作地　161
富国強兵　177
賦存条件　79
普通鋼鋼材の用途別消費　259
物資需給計画　73
物資動員計画(物動)　27, 53, 73

315

原料——　73
物資の需給調整　72
物資の生産と物流　143
物動　→物資動員計画
負の学習効果　119
負の環境　215
負の機能　77
負の相関関係　137
負の認識転換　284
浮遊切符　77n
ブロック
　　——経済　195
　　東洋経済——　41
　　日満華北経済——　105
　　日満支経済——　95, 98
　　「日・満・支」——　10
分業工場　234
兵站　4
平炉企業　149
貿易依存度　116, 193
法幣　110
ボーキサイト　150, 151
北守南進　58, 167n

ま 行

マザーマシン原理　233
マルクス経済学　15
〇三計画(昭和12年度海軍軍備補充計画／第三次補充計画)　59, 197, 252, 266, 279
満洲産業開発五年計画　55, 68, 84
満鉄経済調査会　54n
満蒙問題　37
ミッドウェー　263
民生用鋼材　78
民力涵養　43
無制限潜水艦戦　138
目的と手段の適合性　12, 207, 211
目標数字　66

木曜会　36, 216
模倣生産　208

や 行

山下独伊軍事視察団　225
大和型戦艦　59
有意　116, 137
優秀船施設(優秀船舶建造助成施設)
　　254, 255, 266
輸入為替管理令　70
膺懲　43, 215
用兵綱領　59

ら，わ 行

蘭印油田　168, 186
陸海軍部局長会談　200
陸軍省軍務局　55
陸軍省新聞班　102, 281
陸軍省整備局　32
　　——動員課長　32
陸軍省戦備局　55
陸軍の対中作戦(戦争)計画　105
陸送転移　155
流通速度　78
量産システム　208
遼陽会戦　5
両論併記　59
臨時軍事調査委員　17, 205
連続決戦構想　168, 201
労働生産性　46
労働力の稀釈化　46
労働力の振替　68
盧溝橋事件　95
ロンドン軍縮会議
　　第一次——　173
　　第二次——　59
ロンドン世界経済会議　195
ワシントン海軍軍縮条約　59, 164, 173

■岩波オンデマンドブックス■

戦時経済体制の構想と展開
――日本陸海軍の経済史的分析

```
              2011 年 2 月24日   第 1 刷発行
              2012 年 1 月13日   第 2 刷発行
              2016 年 1 月13日   オンデマンド版発行
```

著 者　　荒川憲一（あらかわけんいち）

発行者　　岡本　厚

発行所　　株式会社　岩波書店
　　　　　〒101-8002 東京都千代田区一ツ橋 2-5-5
　　　　　電話案内 03-5210-4000
　　　　　http://www.iwanami.co.jp/

印刷／製本・法令印刷

© Kenichi Arakawa 2016
ISBN 978-4-00-730354-8　　Printed in Japan